中華大藏經

續編 10

漢傳注疏部（一） 第四册

中華書局

第一〇册目録

〇二二八

金剛經疏〔一〕

（首殘）□□初。果了，須陁洹。

□念無？舉「須菩提，於意云何？斯陁含『我得斯陁含果』不？」是弟二問也。須陁洹人尚不生念，斯陁含人豈敢生念？斯陁含人，進斷六品煩惱，生二家，即證得二果。我得斯陁含果无？問竟也，答舉「須菩提言：不也，世尊！」是直答也，不能生念。「何以故？」徵，徵以何故？從以下斯陁含疎，舉「斯陁含，名一往來，而實无往來，是名斯陁含」。「斯陁含」者，是此西音，此名往來，亦名薄貪嗔。貪嗔邪見賊菴你也，故薄貪嗔欲，似如來大圓鏡智，名一反往來得无餘故。喻：趙老停查，合家惣滅門。趙老兒從西征迴，改業治畜生，其大富，後有查還來，趙云：且脱菴你也。斯陁含名，結得成名。

上來諸文不同斯陁含。斯陁含了既不生念，問陁〔二〕那含人生念无？舉「須菩提，於意云何？阿那含能作是念『我得阿那含果』不」者，是第三問也。若一來若一間，總名斯陁含，修斷九品，名阿那含。問竟也，須菩提答舉「須菩提言：不也，世尊！」是正答也，不能生念。「何以故？」徵，徵以何故？從此以下釋，看舉「阿那含，名爲不來，而實无來，是名阿那含」者，譯語釋也。臭身者，漏身也；虫身者，一切虫身也；食身者，阿那含人不食五穀之類也；毒身者，龍蛇蝎等也。更不還來欲界受身，欲界攝不得，故名不來。《經》云：不來相而來，不見相而見。若來以更不來，若去以更不去，西方名阿那含；此名不來，是名阿那含；從實立名阿那含。

阿那含人既不生念，問阿羅漢人生念无？舉「須菩提，於意云何？阿羅漢能作是念『我得阿羅漢道』不？」是第四問也。問竟，舉「須菩提言：不也，世尊！」是直答也，不能生念。「何以故？」徵〔三〕，看舉「實无有法名阿羅漢」，西方名阿羅漢，此名无生，亦名无著，我生已盡，不受後有。誦曰：无量劫來爲恩愛，不能割捨離舉緣。還復將身歸惡趣，貪財競色受諸惱。

阿羅漢三名无賊。賊有三義：一密入人家，二偷人財物，三共主啾唧。從此以下，番釋阿羅漢分疎。看舉「世尊，若阿[四]羅漢作是念『我得阿羅漢道[五]』，即着我相、人相、衆生相、壽[六]者相」者，此番顯也，總名離一切相，故名阿羅漢。從此以下引證，看舉「世尊，仏說我得无諍三昧，人中最爲第一，是第一離欲阿羅漢」者，用以證成過去諸仏、未來諸仏、現在諸仏入无諍三昧，是阿羅漢引證成。「諍」者，啾唧義。羅漢人故名「无諍三昧」者，西方音，此名等持、平等持，心一境性故，欲界煩惱故名爲「諍」。

沙弥愛味，被海龍之灾；比丘愛花，被河神之所罵。五欲者，色、聲、香、味、觸，非唯離欲欲而得離欲名。從此下引證[七]成，舉「世尊[八]，我不作是念『我[九]是離欲阿羅漢』」。「世尊」者，稱仏所說也，但有證智，无妄念故。從此以下證成，看舉「我若[一〇]作是念，我得阿羅漢道，世尊則不說」，仏如實知，无妄語故。從此以下，釋成是阿羅漢无，舉「須菩提是樂阿蘭那行者，以須菩提實无所行，而名須菩提是樂阿蘭那行」，自念我得阿羅漢道，即未離欲，非阿蘭那行者，是此西音，此名寂靜行也。

上來諸文不同，四沙門果並了。從此以下，降伏正報相、依報相，事在明朝。從此以下說燃燈仏，以廣所聞，扵中有二，先舉初文。舉「仏告須菩提：扵意云何[一一]？如來昔在燃燈仏所，扵法有所得不？」問所解也，如來昔在然燈仏所，有法得？无法得？仰答也。從此以下止陳實狀，須菩提分踈，舉「世尊！如來在燃燈仏所，扵法實无所得」，以解仰答也。釋迦曾供養百萬恒沙諸仏，不得仏，何以故？以有所得故，所以不得仏；後扵燃燈仏乃蒙受記，何以故？以无所得故，此名真得。喻：有一小兒覓度，處處求阿師，處處求索，郎敬不得度，何以故？有以覓心，於後自讀經即得。「然燈」者，會須自然，即得成仏。「摩納仙人」者，然燈仏与受記，今釋迦者是也。「四緣」者，一因緣，二无上緣，三等无間緣，四所緣緣。一切法具此四緣，然可成仏。言「於」者，於自身中、十八界中求其定主，竟不可得，然可得記。

上來諸文[一二]不同，降伏正報相了。從此以下，降伏依報相。於中有三問答，先舉初文，舉「須菩提，於意云何？菩薩莊嚴仏土不？」問所解也：菩薩莊嚴仏土无？問竟也，答「不也，世尊！」以意正答也。「何以故」者，自徵自釋。若也不莊嚴，如得淨土，從此以下釋，看舉「莊嚴仏土者，增益心謗則非莊嚴，損陷心謗是名莊嚴」者，離有離无，啓會中道[一三]。謂取形故，計爲清淨，則非莊嚴；取於妄説，實嚴故，此莊嚴是名莊嚴；不依形相，但依實體，名真莊嚴。《維摩經》云：以其心淨，仏土淨故，此名真莊嚴。所見有四，各見不同，且如諸天見水唤作瑠璃，餘者三種，以廣所聞。

從此以下，釋迦一一教真莊嚴。舉「是故，須菩提，菩薩摩訶薩應如是生清淨心」，教真莊嚴也，似我生清淨心即得成仏，須三業清淨。一切者，總名菩薩；大者是摩訶薩；小者是菩薩。衆生有疑，若爲生清淨心，舉「不應住色生心，不應住聲、香、味、觸、法生心」，若住諸塵，非淨心故。「不應住色生心」者，有外界内界，内外俱捨，故名「不住色生心」。「聲、香、味、觸、法生心」於六塵境界，元无染著，若住諸塵，非淨心故。從此以下結勸修學，舉「應无所住，而生其心」即得解脱，不取下塵界。「无所住」者，心自淨也。

上來諸文不同，降伏依報相了。從此以下，第六降伏勝身相。仏謂[一四]：末代衆生妄情執著，富者陵貧，故須降伏。爲遣此疑，依喻審問，於中有兩問答。先舉初文，舉「須菩提，譬如人身如須彌山王，於意云何？是身爲[一五]大不？」問所解也，於諸山中最大故名山王，爲遣此疑，依喻審問。問竟也，答舉「須菩提言：甚大，世尊！」是領答也，須彌山縱廣八万四千由旬，故以爲喻，「須菩提言：甚大，世尊！」。「何以故？」徵，從此以下釋成大義，舉「仏説非[一六]身是名大身」者，須彌山雖高，心无分別，仏身亦尔，不分別衆生仏身。世間八法，所不能動。八法者，生老病死，地水火風，故名世間八法。衢師羅長者，見三尺身；應持菩薩，見千尺身；阿脩羅大身无智慧；舍利弗身子小智惠大；可向身量理看，須菩提。

上來諸文[一七]不同，第六降伏勝身相了。從此[一八]以下，第七降伏染福相。於中有三四五礼，先舉初文，舉「須菩提，如恒河中所有沙數，如是沙等恒河，於意云何？是諸恒河沙寧爲多不？」「於意云何」者，問彼所解。「是諸恒河」者，因神立稱，故名恒河；東面流出，遶阿耨大池，流入東海。京州真諦法師：其河初，初水出處，闊一由旬，滿中細沙，与水同流，取一河内所有諸沙，以沙計河，一沙一河爲甚多，如是諸河沙可説爲多不？釋迦問竟[一九]也，須菩提答舉「須菩提言：甚多，世尊！」是畧答也。爲多，須菩提兩迴答，前畧答，後釋答。釋答看舉「但諸恒河[二〇]尚多无數，何況其沙！」是釋答也。

從此以下，釋迦實答，舉「須菩提，我今實言告汝」者，合信也。「若有善男子、善女人以七寶滿」，貴財多也。「爾所恒河沙數三千大千[二一]世界，以用布施」，起行勝也。「得福多不？」問彼所解也。得福多，釋迦問須菩提多少，舉「須菩提言：甚多，世尊！」是領答也。

從此以下，釋迦教量，看舉「仏告須菩提：若善男子、善女人」者，亦取發心向大乘也。「於此經中乃至受持四句偈等，爲他人説」，事業勝也。「而此福德，勝前福德」，「勝前福德」者，正校量也。勝有四種：一攝授勝福，持經勝布施；二堪受敬養；三難作能作；四能生勝想。聽《金剛經》者，得此四箇勝。「勝前福德」者，攝授勝福也。誦曰：表知持經四句偈，勝施恒沙七寶因。是故顯示諸衆生，普令勸知實相義。

施非菩提因，法得菩提故。從此以下説校量，舉「復次，須菩提，隨説是經乃至四句偈等，當知此處一切世間天、人、阿修羅，皆應供養」者，「隨説是經」者，不簡取衆生諸勝劣也，即与隨説。「一切世間」者，俱是衆生類也。「間」者，輪迴六趣也。「皆應供養」者，堪受敬養也。爲物〔二二〕事天人供應，舉「如仏塔廟」，「如仏塔廟」者類，令解也，西方本音名窣堵波，傳者訛畧而云塔也，譯就中言名高勝處，三界不能動得。「廟」者，貌也，是此中言塔者，勝者所居，皆應供養。從此難作能作，舉「何況有人盡能授持、讀誦！須菩提，當知是人成就最上第一希有之法」者，又般若相勝〔二三〕前之五度，故名「第一希有之法」。總授持、讀誦得何物？舉「若是經典所在之處，即〔二四〕爲有仏，若尊重弟子」，「尊重弟子」者，真菩薩也。三乘弟子，菩薩爲尊，此名結文。「外器」者，天親釋也，故名外器也。

上來諸文不同，是第二讚深生信，并降伏七箇相並了。從此第三，當立名勸學。扵中有二問答，先舉初文，舉「須菩提白仏言：世尊，當何名此經？我等云何奉持」者。「當何名此經」者，問前所説經之總名；「我等云何奉持」者，問得名已，受持軌範，範是則也。此是須菩提索經名，須菩提言：我所得惠眼，未曾得聞如是深經，敬法希奇，伏望世尊與我説名。喻：隱士撫琴懃，半道索名，爲此希奇，所以半道問名，其琴所撫曲名《青磎》，幽澗嚮山，石一非泉。須菩提請問竟，釋迦答舉「仏告須菩提：是經名《金剛般若波羅蜜》」，答前問也；「以是名字，汝當奉持」，答後問也，此是畧答，答竟。「所以者何」者，徵問廣釋，舉「須菩提，仏説般若波羅蜜，名句味也，是智惠。則非般若波羅蜜」者，遮取著也，依名言取非實故，所以不言。「是名般若波羅蜜」，是到彼岸也。喻：昏定晨省，即是孝養。

「扵意云何？」下三〔二五〕問顯示是金剛義，即般若波羅蜜故。第一「扵意云何？」破説法相；第二「扵意云何？」破世間微塵相；第三「扵意云何？」破卅二見如來相。若善男子、善女人，破有身命懈怠相，無説法者空斷相。

從此以下，第一破説法相。舉「須菩提，扵意云何？」問所解也。「如來有所説法不？」是第一問，問竟也，答舉「須菩提白仏言：世尊，如來无所説」者，是第一答，正説法時，无能所故。夫説法者，无説无示；其聽法者，无聞无得。但以方便曉悟衆生，實无有法如來可説，此破説聽能行等相，故名金剛。

從此以下，第二破世間微塵相〔二六〕。舉「須菩提，扵意云何？」問所解也。「三千大千世界名一仏刹，所有微塵凡夫妄計，喻煩惱是爲多不？」是第二問，問竟也，答舉「須菩提言：甚多，世尊！」是第二答，然是失旨，故須如來重自正説。從此以下，釋迦正釋，舉「須菩提，諸微塵取彼所解，如來説非微塵，示現正義，是名微塵」，貪嗔等相乃是實塵。從此以下破世界，舉「如來説世界非世界，凡夫妄計，是名世界」，此破微塵及世界，名相世界，總是喻也。

從此以下，第三破卅二相。舉「須菩提，扵意云何？」問所解也。「可〔二七〕以卅二相得見如來不？」是第三問。最可敬者，所謂如來觀如來者，多觀妙相，能破此相故。問「可以見如來不？」「不也，世尊！」是直答也。「何以故？」徵，不敢自決，引仏言成，舉「如來説卅二相是隨俗相，即非卅二相」，能破此相，故名金剛。

從此以下，破我我等相。舉「須菩提，若善男子、善女人，以恒河沙等身命布施」者，破我我所，身命尚〔二八〕捨，知復何慳？知身非身，命是假命，放捨身命，施与衆生，破无説法空斷相也。

舉「若復有人，於此經中乃至受持四句偈等，爲他人説，其福甚多」者，破无説法，空斷相也。此是結文，前頭破空取有，後破有取空。

上來諸文不同，立名勸學了，明朝領解修行。此下第四領解修行，於中有二，先舉初文，舉「尒時，須菩提聞説經者，簡昔曾聞，顯希有也，深解義趣者，善相句義，得意趣也；對除无失，向大乘故，涕淚悲泣者，喜極曰悲，自鼻曰涕，自目曰淚，含啼曰泣，舍利不聞説法經，懽喜勇躍，而白仏言：希有，世尊！者，從仏説如是甚深經典者，是希有也，從甚深智之所發故，我從昔來所得惠眼，未曾得聞如是之經者，未聞而聞，成希有也，聞思修惠，俱名惠眼」，此是須菩提領解修行。

文從此以下，須菩提勸修。舉「世尊，若復有人」者，不簡貴賤；「得聞是經」者，勸當時也；「信心清淨」者，於正聞時信无疑故；「則生實相」者，於思修時如實解故；「當知是人成就第一希有功德」者，得法利也。三惠所成，皆名功德；依難聞法，得希有名。喻：如意珠所求皆得，衆生不免落地獄，此般若經能究衆生地獄苦。此下教實相，舉「世尊，是實相者信心清淨之所生也，則非實相」者，无相實相，非言説等所有相故，是故如來説名實相者，有巧方便，顯示衆生。從此以下，須菩提著哭，舉「世尊，我今得聞如是經典，信解受持，不足爲難」者，判令爲易也。已得惠眼，親從仏聞，理在不疑，有何難處？此以下説愁意，看舉「若當來世者，現前无仏也，後五百歲，其有衆生者，謂有持戒及修福也，得聞是經者，展轉傳聞也，信解受持者，信文解義，得念總持也，是人則爲第一希有者，斷後爲難也，於難信解處時難信解故，故名希有」。

「何以故？」此釋迦徵，以下有三徵釋，先舉初文，舉從此[二九]以下須菩提分踈。「此人无我相、人相、衆生相、壽者相。」極顛倒[三〇]時，能離四倒故。喻：畫師修壁，不久即有形像，此名第一希有。「所以者何？」第二徵也。徵何所以无我等相，故名第一希有？緣何物事无顛倒？舉「我相即是非相，人相、衆生相、壽相者即是非相」者，以彼倒相非真實故，无无相倒。「何以故」者，第三徵也。徵竟也，舉「離一切諸相」者，想不現也；「則名諸仏」者，離諸倒相即實相故，是故説言「離一切相，則名諸仏。」

總是須菩提勸修了，從此以述勸文，有三節，先舉初文。舉「若復有人，得聞是經，不驚不怖不畏，當知是人甚爲希有」者，驚怖五，不驚怖有五，當知是人甚爲希有。「何以故」者，徵緣何物事不驚怖？舉「須菩提，如來説第一波羅蜜，非第一波羅蜜，是名第一波羅蜜」者，顯示此法門爲大波羅蜜因故。喻第一邪郎賣奴，更喻餺羅，更喻嫁女媒人，更喻靴楦。尋文得義，是第一故。

上來諸文不同，離著教果了。從此以下，第三於修行時離嗔慳過。舉「須菩提，忍辱波羅蜜」者，衆所謂也；「如來説非忍辱波羅蜜」者，欲斷所疑也。此於修行時，離嗔慳過也，從此證成。「何以故？」徵其義也，何物是真辱？舉「須菩提，如我昔爲哥利王者，事證也，割截身體，我於尔時者，世流布語无我相、人相者，離報著，言照見五藴皆空，一一无我无衆生相、无壽者相者，不見嗔怒害我者相，故言无衆生、无壽者相」，此引事證成。「哥利羅王」者，是烏傑利城人也。「爲」者，作也；「爲」者，被也。以空无相，故无嗔害。「何以故？」下重徵番釋，看舉「我於往昔節節支解時者，刖足截手，各於節節，分四支故，若有我相、人相、衆生相、壽者相，應生嗔恨」，无我相无人相，多少時去來？從此以下，結者止陳實狀。舉「須菩提，又念過去於五百世作忍辱仙人，於尔所世无我相、无人相、无衆生相、无壽者相」，爲明爲劫久聞此經，以曾多劫堪忍衆苦，即得成仏，但須修己无嗔恨心，故列此文，以爲永施。釋迦成道先度驕陳如，是釋迦大善知識，前文已釋。

以上三果並了，第四於傳法時離取相過，舉「是故須菩提，菩薩應離一切相，發阿耨多羅三藐三菩提心」者，於傳法時離取相過也。前文已說「離一切諸相則名諸仏」，此文又說「離一切相發菩提心即是菩薩」，轉相勸發，因果相承，即得解脱。滅度一切衆生是仏大事，作勿生「離一切相」。舉〔三〕「不應住色生心，不應住聲、香、味、觸、法生心」者，皆是生死，故說「不應住色生心」者，五蘊空寂。「不應住聲、香、味、觸、法生心」者，不染六塵境界。住六塵者起或業，故有或業者當受苦，故作勿生「住心」，即得成仏。舉「應生无所住心」者，一切諸法性无住住乃是真住，是真住者，即心自住實无所住，即得涅槃。離一切相，即名真住；離有无啓會中道，即得成仏。

住少許得无？舉「若心有住，則爲非住」者，不知外性非性，不是自覺聖智，住故不得。從此以下引證，看舉「是故，仏說菩薩心不應住色布施。須菩提，菩薩爲利益一切衆生，應如是布施」者，此引仏正言以爲法也。凡一切者，總名菩薩，作如是見，即解此經。上求菩提，下化薩埵，此西音，譯就中言，故名道心衆生。誦曰：菩提子由如脚底塗，從他納納踏，心頭念念低。緣何物事？舉「如來說一切諸相即是非相，又說一切衆生則非衆生」者，所執我人相无性故，但隨妄情而施設故，不知實恒遍不離者是正趣生；不知如來施設依者是二无我。

次下第五，於仏所說離不信過。舉「須菩提，如來是真語者、實語者、如語者、不誑語者、不異語者」，第五於仏所說，離不信過也。如來昔說小乘，且令脱苦；今說大乘，乃令得樂。從此以下，釋迦得仏用，何物法得仏？舉「須菩提，如來所得法，此法无實无虚」者，善分別相自心現，知外性非性，於法實无所得，故名无實。

次下第六，於行施時，離障〔三〕道過。舉「須菩提，若菩薩心住於法而行布施，如人入闇即無所見」者，第六於行施時，離障道過。誦曰：身雖處世明，足仍闇中行。直知檐外事，豈憶襜來迎。參差神皃朽，恍惚夢還驚。但令善根熾，示死亦如生。

從此出能斷道，看舉「若菩薩心不住法而行布施，如人有目，日光明照，見種種色」者，出能斷道也，明闇不相捨離。前頭六段總是祇樹給孤獨園勸當座下徒衆，後勸末代。

以上六文，教利六道。從此以下，喻勸末代弘經。舉「須菩提，當來之世，若有善男子、善女人，能於此經受持、讀誦，則爲如來以仏智惠，悉知是人，悉見是人」者，出弘經者，攝授正法成熟，衆生乃可名爲善男子、善女人。仏惠悉知悉見者，仏无礙智惠攝授也。仏知見德何功德？舉「皆得〔三三〕成就无量无邊功德」者，以利誘也。長短言之則无量，仏智不能知分劑故。

上來諸文不同，利過勸並了。次下第二得勸，舉「須菩提，若有善男子、善女人，初日分以恒河沙等身布施；中日分復以恒河沙等身布施；後日分亦以恒河沙等身布施」者，一九時放捨身命布施，夜三時不論，各以恒河〔三四〕沙身命布施者，其數多也。經多少時布施？舉「如是无量百千万億劫以身布施」者，時分長也，此樂福宜多。問何處得有尒所身命布施？答假設爲言，示應語也。喻：孝順兒孝養阿孃，頂戴母遶須彌山千迊，由无足日，菩薩亦然。

何物定得？舉「若復有人聞此經典，信心不逆，其福勝彼，何況書寫、受持、讀誦、爲人解説」者，依本宣傳，曰説開闡意義，曰解功德多少，説相皃將來。舉「須菩提，以要言之，是經有不可思議、不可稱量无邊功德」者，若廣別説，窮劫不盡，故巧方便，畧要言之。

阿誰合聞？此第二向勝乘。舉「如來爲發大乘〔三五〕者説，爲發最上乘者説」者，向勝乘也。聲聞緣覺是小乘者，不聞此經。有漸悟者，迴心向大，是發大乘者，仏乃爲説。漸悟者，一千二百阿羅漢是也。

阿誰悉知悉見？舉「若復有人，能受持、讀誦、廣爲人説，如來悉知是人，悉見是人，皆成就不可量、不可稱、无有邊、不可思議功德」者，即以上利，勸行法行。悉知見等義同前釋。

緣何物事合得聞？舉「如是人等，則爲荷擔如來阿耨多羅三藐三菩提」者，當重任也。如：理天下是天子事，委任大臣，臣荷重任。阿耨菩提是如來事，付囑菩薩即荷如來重擔，菩薩即荷如來重擔。

「何以故？」釋看舉「須菩提，若樂小法者，著我見、人見、衆生見、壽者見，則於此經不能聽受、讀誦、爲人解説」者，謂二乘人，則此經不能聽受及自讀誦。三昧樂，不樂言説，故小乘者縱聞此經，亦不得成仏。

得成仏竟，一切皆應供養无？舉「須菩提，在在處處，若有此經，一切世間天、人、阿修羅所應供養」者，得尊貴也。隨何時分説爲在在？在持此經者，故名在在。緣何物事得供養？舉「當知此處則爲是塔，皆應恭敬，作礼圍遶，以諸花香而散其處」者，花則光色鮮榮，見者悦預；香則美氣氛馥，聞者安樂。以財表敬，莫此爲先。

上來諸文不同，得利勸了。次下釋滅罪勸，先勸即會，次勸末代。於中有兩段經文，先舉初文。舉「復次，須菩提，若善男子、善女人受持、讀誦此經，若爲人輕賤，是人先世罪業應墮惡道，以今世人輕賤故，先世罪業則爲消滅，當得阿耨多羅三藐三菩提」者，滅業過。何從滅罪亦能善？諸所作業，畧有二種：一者定受，二者不定受。不定受中，有業時定而時不定，業前方便及業後起。此之一段勸即會。

後勸末代，有四句經，先舉初文。舉「須菩提，我念過去无量阿僧祇劫，於燃燈仏前，得值八百四千万億那由他諸仏，悉皆供養承事，无空過」者，精懃无間，不虚度也。此問文，念昔多福也。會自然燈照，故名然燈仏。從此以下，以經校量。舉「若復有人，於後〔三六〕末世，能受持讀誦此經所得功德，於我所供養諸仏功德，百分不及一，千万億分乃至筭數、譬喻所不能及」者，以經校量也，无勝多法可爲喻故。從此以下，將護彼意。舉「須菩提，若善男子、善女人，於後末世，有受持讀誦此經，所得功德，我若具説者，或有人聞心則狂亂，狐疑不信」者，將護彼意也。仏若具説末世受持所得功德，唯仏与仏乃能具知，亦能具説；狐疑則不能趣入，不信則起穢濁心。從此以下，勸彼令知結。看舉「須菩提，當知是經義不可思議，果報亦不可思議」者，勸彼令知也。仏説此經，欲以一切諸仏功德施与一切學法衆生。如是深經，時乃説之，甚爲難得，名不可思議一切諸仏。喻：興易廣得錢財，後与子孫，還得富貴。菩薩教衆生，亦復如是，令仏種不斷故。

上來諸文不同，念昔多福四句經並了。誦曰：仏常在世間，不染世間法。不分別世故，敬礼无所觀。

又曰：著你世間衣，喫你世間食。共你和光塵，你見自不識。

已前上中兩卷了，從此以後入下〔三七〕卷。次下當釋，趣究竟地无住般若，如來功德於此分中，初善現畧問，次如來廣説。於中有二，先舉初文。舉「尒時，須菩提白仏言：世尊，善男子、善女人發阿耨多羅三藐三菩提心，云何應住？云何降伏其心」者，初略問也。「善男子」者，是發心人，「發阿耨多羅三藐三菩提」者，是發大心，此爲依也。發心有四：一發信心，二發解心，三發行心，四發證心。前三發心，前文已説，從此入證，釋迦答舉「仏告須菩提：善男子、善女人發阿耨多羅三藐三菩提者，當生如是心『我應滅度一切衆生』」者，衆生不能自滅度，故菩薩應作滅度衆生是仏大事，是故菩薩應住此心，如來廣説作何等度。

若爲度脱，舉「滅度一切衆生〔三八〕已，而无有一衆生實滅度」者，答降伏心也。於中有三：一行菩薩行，降伏我相，心入无我故；二於如來地，降伏法相，心入於法空故；三於生死涅槃地，降伏有住，心得无住故；證了我空，如來不滅故。「何以故？」徵，於徵隱文未得義故。據何事不得名衆生？舉「若菩薩有我相、人相、衆生相、壽者相，則非菩薩」者，是可滅度非實衆生也。「所以者何」者，以未證真，不了俗故。從此示現證義，舉「須菩提，實无有法發阿耨多羅三藐三菩提心〔三九〕者」，无一衆生〔四〇〕實滅度故。十八界聚，名一衆生。十八界中，无一定主，不可謂有一衆生故；十八界法，无一獨用，不可説有實法發心。説有衆生及發心者，皆是方便，隨俗説也。

上來諸文不同，降伏我相，心入於我空智了。從此以下，降伏法相。於中三段經文，先舉初文，舉「須菩提，於意云何？如來於然燈仏所，有法得阿耨多羅三藐三菩提不？」爲表聖賢知證同，故有法得不言，言无實法也。有法得？无法得？「不也，世尊！」善現此答爲成仏義，故言不也。從此須菩提釋答，看舉「如我解仏所説義，仏於然燈仏所，无有法得阿耨多羅三藐三菩提」，「阿耨多羅三藐三菩提」者，一切法性无住，住尚不自得，何能得餘？况然燈仏時，釋迦未有。既无所得，能得亦无，爲釋迦時，然燈已滅，能得已无，所得寧有不？道法都无，但无能所得。

從此釋迦聊述，舉「仏言：如是如是。須菩提，實无有法如來得阿耨多羅三藐三菩提」者，「實无有法，如來得菩提」者，述彼所説，言當義故。從此以下辨，看舉「須菩提，若有法〔四一〕如來得阿耨多羅三藐三菩提者，然燈仏則不與我受記『汝於來世當得作仏，号釋迦牟尼』」者，辨也，先番後順，此即番也。若有法得菩提者，即應与法記，不合与我記；我謂世俗假者，如終一性，故得与記。法謂執持，念念不住无受記者，故名与記。釋迦是性，譯之爲能，上代先祖能爲王故，又明現在能化衆生，善療衆病，得已利故。牟尼者，寂滿義，身、口、意滿，大寂靜故。釋迦牟尼仏，是西音，譯就中言能人寂滿覺。釋迦者，能人也，種種捨施，故名能人。現在者，所以不能人捨施，故名不能人。

從此順釋，看舉「以實无有法得阿耨多羅三藐三菩提，是故〔四二〕然燈仏与我受記，作是言『汝扵來世當得作仏，号釋迦牟尼』」者，順辨也。十八界中无得記者，是故然燈不受法記；仏語无有不如我故，是故然燈与我受記者。知有假者，无斷滅故；諸有所說，皆如實故；汝扵來世者，以非常故；雖念念滅，無失懷故；當作仏者，扵受記時，未得作故；所化根機，當成覺道，後當滿故；号釋迦牟尼者，仏眼明見，无錯謬故。會須自然燈，即得成仏；看他然燈，无有是處，會須自照。

「何以故」者，徵也。若全無仏，落斷滅見。未曾審如來是義，故如來者，如諸法義，即如來故。是何物義？舉「如來者，即諸法如義」者，釋也。十号，号人而不号法，法無名号，不可与記。「即諸法如義」者，是如諸法義。西方語法，与此不同，遂令譯者倒置〔四三〕其義。法有何義？令如來如應知諸法，有不動義。喻：草束取亦不生嗔，不取亦不生喜。若如是見解，即得成仏。得作心覔仏，得无。舉「若有人言如來得阿耨多羅三藐三菩提」者，斥妄也。言有所得，非如來故。

從此以下顯真，看舉「須菩提，實无有法仏得阿耨多羅三藐三菩提」者，顯真也。知无所得，即如法故。如來有法得？无法得？舉「須菩提，如來所得阿耨多羅三藐三菩提，扵是中无實无虛」者，令住也。扵所得中離二障故，法則无實；不可得故，智乃无虛；稱法知故，此結人如法。一切法是仏法不是？舉「是故如來說一切法皆是仏法」者，攝法屬人也。一切衆生、三乘聖者，但有法忍，未有法智，所以不成仏。實知諸法非彼有故，唯諸如來住成自性，同有法智，已超法忍，有如實智法，是仏有知一切法无實，即得成仏。恐衆生一切法理覓，仏去遮却，舉「須菩提，所言一切法者，即非一切法，是故名一切法」者，遮也。言所言者，非仏法也，不依言而取法，故知一切法離言性故。「是故名一切法」，所言一切法，是言一切，故離言非一切，是施設處。「施設處」者，一法即是一切法故。此第一菩提果了，誦曰：或復曾修戒定惠，不知諸法本元由。妄執我見以爲真，所作違於无我理。以違利故名顛倒，還被業知之所牽。常生三界牢獄中，縱得生天不脱苦。

從此第二法身果。文有三句，先舉初文，舉「須菩提，譬如人身長大」者，如來密言也，從此善現說，看舉「須菩提言：世尊，如來說人身長大，則爲非大身，是名大身」者，入真也。不被三界纏縛，解脱是如來身，智惠是如來身，具一切智是如來身。

從此以下，菩薩證得大身无。舉「須菩提，菩薩亦如是」者，如來類明也。菩薩亦尓，證得大身。菩薩若爲化衆生，舉「若作是言『我當滅度无量衆生』，則不名菩薩」者，菩薩有此相者，非淨果也。菩薩雖度衆生，不立衆生相；菩薩說法，不立說法相。喻：女官著衣，女官立少許相得无？「何以故」者，如來自徵也。從此以下釋，看舉「須菩提，實无有法名爲菩薩」者，義釋也，无一定法名菩薩故。但豈方便教化衆生，故名菩薩。據何物道理，不立衆生相？舉「是故仏說一切法，无我、无人、无衆生、无壽」者，法自无我，何得名人！

上來諸文不同，法身果了。次釋淨土果，文有四句，謂立徵釋結。先舉初文，舉「須菩提，若菩薩作是言『我當莊嚴仏土』，是不名菩薩」者，立也。或者疑云：菩薩有此二相非真菩薩，若菩薩莊嚴仏土在〔四〕。「何以故」者，是徵句也。徵竟也，釋：看舉「如來說莊嚴仏土者，即非莊嚴，是名莊嚴」者，即是釋句。遮增益也，是名莊嚴；遮損滅也，心淨則仏土淨。妙境者，淨土是也，但修菩提，即得於此生長。從此以下結，看舉「須菩提，若菩薩通達无我法者，如來説名真是菩薩」者，結也，離妄想相，得真知故。《瑜伽論》説：菩薩有五功德，又五希奇。疏文廣釋。

上來諸文不同，淨土果了。以下當釋功德清淨，於中有四，先舉初文，舉「須菩提，於意云何？如來有肉眼不？」於功德清淨中有四：一眼智清淨，二身相清淨，三境界清淨，四心行清淨，此四清淨攝一切淨，是第一問也。問竟也，舉「如是世尊，如來有肉眼」者，是須〔四五〕菩提隨俗答也，「如來有肉眼」。无障隔處，見者是肉眼見；此言見者，非正見也，是第六意識生分別故。第六識者，心是也。《法花經》云：應以種種身得度者，即現種種身，而爲説法。

此下第二問「如來有天眼无？」舉「須菩提，於意云何？如來有天眼不？」天眼有二，具在疏中。問竟也，舉「如是，世尊，如來有天眼」，是第二答也。第四禪者，五淨居天是也。「天眼」者，亦以肉團爲體，發光見色。《法花經》云：若能受持讀誦，見障外色，此名現世見。

從此第三問「有惠眼无？」舉「須菩提，於意云何？如來有惠眼不？」是第三問。問〔四六〕竟也，舉「如是，世尊，如來有惠眼」，是第三答也。《維摩經》云：仏以一音演説法，衆生隨類各得解。觀察決擇稱之爲惠，喻大圓鏡智，種種皆見。

從此以下，第四問「有法眼无？」舉「須菩提，於意云何？如來有法眼不？」是第四問。問竟也，舉「如是，世尊，如來有法眼」，是第四答。眼者，是涌〔四七〕泉義，證濟一切，故名涌泉。泉水不分別一切衆生，自分別泉水。喻：海水盤裏〔四八〕著盤裏，海水椀裏著椀裏，海水水皆一等，器有差別不同，水皆一等。

從此以下，第五問「有仏眼无？」舉「須菩提，於意云何？如來有仏眼不？」是第五問。問竟也，舉「如是，世尊，如來有仏眼」，是第五答也。以前諸文，皆有遮立，何爲此文何不遮邪？此文是第一義諦，所以不遮。

從此以下，釋智清淨有三。先舉初文，舉「須菩提，於意云何？恒河中所有沙，仏説是沙不？」從此以下，須菩提答。舉「如是，世尊，如來説是沙」。此第三問恒河中有多少沙。舉「須菩提，於意云何？如恒河中所有沙，如是等恒河，是諸恒河所有沙數仏世界，如是寧爲多不？」從此第四答，看舉「甚多，世尊！」此須菩提問，釋迦答，看舉「仏告須菩提：尔所國[四九]土中所有衆生，若干種心」者，種難計，故名若干。從此以下顯能知，舉「如來悉知」者，此顯能知也。此下兩徵兩釋，作何物心想？「何以故？」是初徵也。從此以下，釋迦分踈，知衆生心无。舉「如來説諸心皆爲非心，是名爲心」者，貪、嗔、邪見心取，作罪者、發者、不簡不信者，簡却爲勿妄相顛倒。「所以者何」是第二徵也。第二釋，看舉「須菩提，過去心不可得，現在心不可得，未來心不可得」者，三心之中，是何心造罪？過去心已過，未來心未到，現在心不住，何須一一妄起[五〇]執著？

第三讚染生信，相中有三，先舉初文。舉「須菩提，於意云何？若有人滿三千大千世界七寶以用布施，是人[五一]以是因緣得福多不？」從此須菩提述答，看舉「如是，世尊，此人以是因緣得福甚多」者，第二述答也。何物是多？舉「須菩提，若福德有實，如來不説得福德多；以福德无故，如來説得福德多」者，此釋成也。

三事不空者，見乞人、見財物、見自身施，此不空三事。體空者，不見乞人、不見財物、不見自身施者，此三事體空。從此眼智，有兩問答。先舉初文。舉「須菩提，於意云何？仏可以具足色身見不？」問竟也，答看舉「不也，世[五二]尊，如來不應以具足色身見」，色身不是如來。「何以故」者，欲明義也。從此明，看舉「如來具足色身，即非具足色身，是名具足色身」者，由身不具，令身闕故。第二如來可以諸相无，舉「須菩提，於意云何？如來可以具足諸相見不？」是第二問也，如來不可諸相見，「不也，世尊！」以理正答，「如來不應以具足諸相見。」「何以故？」徵，徵竟也，舉「如來說諸相具足即非具足，是名諸相具足」者，文勢同前，義准可知，无勞廣釋。

上來諸文不同，身相清淨了。次下釋境清淨，相中有兩三箇徵詰。先舉初文，舉「須菩提，汝勿謂如來作是〔五三〕念，『我當有所說法』」者，遮彼所有，仏无此念，不應謂故。「我當有所說法，莫作是念」者，「莫作」，謂如來作是念也。「何以故？」徵其遮意。從此以下徵遮意，看舉「若人言如來有所說法即爲謗仏，不能解我所說故」，釋遮意也。謗仏即有罪，不解即无利。已遮妄計，須教實解，解即有益，无謗罪故。從此以下，示現正義，看舉「須菩提，說法者无法可說，是名說法」者，法不受教，衆生受教，仏爲衆生隨根異說，根有種種，說亦如之。

上來諸文不同，境界清淨了。次釋心行清淨，文有四。先舉初文，舉「須菩提白仏言：世尊，仏得阿耨多羅三藐三菩提，爲无所得邪」者，如來顯說中有四字句：一印成，二出體，三立法，四遮。從此无印，看舉「如是如是」者，即也，印竟也。從此成，看舉「須菩提，我扵〔五四〕阿耨多羅三藐三菩提，乃至无有少法可得，是名阿耨多羅三藐三菩提」者，成也。不可以身得，不可以心得。

從此出體，看舉「復次，須菩提，是法平等，无有高下，是名阿耨多羅三藐三菩提」者，出體也。是法平等有三：一者事平等，二者相平等，三者性平等。從此第三法，舉「以无我、无人、无衆生、无壽者」立也。法有我衆生，是修皆到，縱有善法，則分別俱行，所以不得；无人无壽者，所修皆正，不与分別俱，所以別得。

從此以下，何物名善法？舉「修一切善法〔五五〕」者，「如來說非善法」者，遮也，作物生名善，舉「則得阿耨多羅三藐三菩提」者。「修一切善法，則得阿耨多羅三藐三菩提」，太寬遮却，舉「須菩提，所言善法者，如來説則非善法，是名善法」者，遮也，意令離文字故。喻：女兒作妝[五六]，空説不得妝，會須開鏡，合然始得妝。

次施大利，以法教量。舉「須菩提，若三千大千世界中所有諸須彌山王，如是等七寶聚，有人持用布施」，以俗譬喻方便，顯多須彌山王。最大故名山王，其山縱廣八万四千由旬。因仏《地論》説：一四天下，有一須彌山，須彌山外有七重金山，金山之中有七由海水，水皆八得。八得者：一輕，二冷，三軟，四美，五清淨，六不臭，七飲時條適，八飲以无患。是中輕、冷、軟三種是觸塵，美一種是味塵，清淨一種是色塵，不臭一種是香塵，條適、无患是具世力，是八和合，假名爲水。故知諸大亦是假名。

從此以下教量，看舉「若人以此般若波羅蜜經乃至四句偈等，受持讀誦，爲他人説」，相前福德「百分不及一，百千万億分乃至竿數、譬喻所不能及」者，是謂此經，爲利大也。

從此以下釋，第三无妄失念。舉「須菩提，於意云何？汝等勿謂如來作是念，『我當度衆生』」者，顯仏无此念也。釋迦遮須菩提，舉「須菩提，莫作是念」者，正遮疑者之所疑也。「何以故？」自徵遮意，緣何物事不念？舉「實无有衆生如來度者」，仏以平智知平等法，平等法界中，无實衆生，故意不立衆生相。設使有衆生度无？舉「若有衆生如來度者，如來則有我、人、衆生、壽者」，就彼解也，據仏法有衆生无？舉「須菩提，如來説有我者，即非有我」者，但有我相，非實我故。阿誰有我？舉「而凡夫之人以爲有我」者，是彼外道倒見。雖有我見，不見我有，不見仏性，无般若故。誦曰：凡夫人妄相起貪嗔，日日憂他死，寧愁自己身？

又曰：衆生福業薄，不堪受法藥。破袋盛真珠，出門還漏却。

凡夫有无？舉「須菩提，凡夫者，如來説則

非凡夫」者，是仏真智也。以凡夫見如來，亦凡夫謂仏，爲悪人共仏事，利故。誦曰：凡夫相何似，總是淨虛无。識心除妄想，捨報利凡夫。

次釋現見法身，有六字句。先舉初文，舉「須菩提，扵意云何？可以卅二相觀如來不」者，審問也。妙相者，即智深。智深者，四智菩提也。審問竟，舉「須菩提言：如是如是，以卅二相觀如來」者，誤答也，餘類无此相，是不共法。從此以下，釋迦呵須菩提。舉「仏言：須菩提，若以卅二相觀如來者，轉輪聖王則是如來」者，阿難也。呵令捨邪，難令入正，此相望例，出不定過。

從此以下正解，看舉「須菩提白仏言：世尊，如來解仏所說義，不應以卅二相觀如來」者，正解也。得正難已，正解生故，從此須菩提伏也。

相皃理无如來，從此第五示現令見，舉「尒時，世尊而說偈言：若以色見我，以音聲求我。是人行邪道，不能見如來。」偈言者，示現令見也。「色見我」者，相好觀也；「音聲求我」者，說法觀也；「行邪道」者，相非如來，生如來想，此妄想心，非正見故；「不能見如來」者，不見[五七]如來妙法身。故觀有二種：一正觀，二邪觀。正觀有五：一色蘊如聚末，二受蘊如浮泡，三相蘊如陽焰，四行蘊如芭椒，五識蘊如幻化。

從此以下，拔彼疑心。看舉「須菩提，汝[五八]若作是念，如來不以具足相故，得阿耨多羅三藐三菩提」者，拔彼疑心也。語稍難解者，以相言中少一豈字，又相語末少一邪字，實生如是疑。舉「須菩提，莫作是念」者，遮彼疑也。從此以下，示現正義。看舉「如來不以具足相故，得阿耨多羅三藐三菩提」者，教令解也。阿耨菩提當不可得，云何修具能爲得因？次下當釋生死涅槃地，降伏有住心，得无住處。相中有二，先說不住无爲，後說不住有爲。不住有爲，文有一訟不住染：五欣仏妙智，六熾然精進。

相中有二，先舉初文。舉「須菩提，汝若作

是念，發阿耨多羅三藐三菩提心〔五九〕者，説諸〔六〇〕法斷滅」者，呵也，説諸法斷滅无。舉「莫作是念」者，教也，除相取故，莫立相趣。「何以故？」徵也，求正義故。從此以下，釋迦分踈。舉「發阿耨多羅三藐三菩提心者，於〔六一〕法不説斷滅〔六二〕相」者，釋竟〔六三〕也。一切總是法身作，如何簡弃？須菩提，不捨生死，不入涅槃，衆生界无盡，菩薩願亦然。

從此以下，第二了知諸行。舉「須菩提，若菩薩以滿恒河沙等世〔六四〕界七寶持用〔六五〕布施」者，第二了知諸行也。從此以下，功德大小。舉「若復有人知一切法无我，得成於忍，此菩薩勝前菩薩所得功德」者，了知諸行无染著故。從此釋勝所由，緣何物事勝？舉「須菩提，以諸菩薩不受福德故」，釋知勝所由也，知无我以不受福德故。菩薩行有二：一自利行，二利他行。故云「菩薩不受福德。」受敬不受是菩薩行，不受非菩薩行，受敬不捨非菩薩行。菩薩行，行由如大地，故名「不受福德」。從此善現生疑菩薩不受福德，舉「須菩提白仏言：世尊，云何菩薩不受福德」者，善現生疑也，未能了達「不受」義故。從此釋看，爲何物不受福德？舉「須菩提，菩薩所作福德，不應貪著，是故説不受福德」，如來重釋也。知法無我者，不著我所，故菩薩退果不退行；凡夫人行果俱退，聲聞人行果俱不退。

從此第三入仏威儀。舉「須菩提，若有人言如來若來、若去、若坐、若卧，是人不解我所説義」，第三入仏威儀也。闕住威儀，所以大人不合住威儀，立亦如之。不解如來所説義，「何以故」者，如來自徵，現見威儀，云何不解？舉「如來者，无所從來，亦无所去，故名如來」者，仏還自解，坐不離行，行不離坐，意諸法无㝎相。

從此以下，第四輪迴不染。相中有二，先舉初文。舉「須菩提，若善男子、善女人，以三千大千世界碎爲微塵，於意云何？是微塵衆寧爲多不？」第四輪迴不染也。相中有二：先遣細相，无塵即不染；後遺麁相，无麁即不著。問「微塵衆寧爲多不？」「甚多，世尊！」是畧答。「何以故？」釋舉「若是微塵衆實有者，仏則不説是微塵衆」者，先自是塵，不須拆故；實塵能染，不可離故。既无實塵，「所以者何？」更重徵起，釋迦分踈。舉「仏説微塵衆則非微塵衆」者，假想分拆，无實塵故。從此破相，看舉「世尊，如來所説三千大千世界，則非世界，是名世界」者，遣麁相也。先遣、次釋、後印。初破微塵，喻无所蘊；次破世界，喻无思蘊。初破微塵，喻器不實；次破世界，喻无衆生。初破微塵，喻无煩惱；次破世界，喻无身心。初説微塵，喻仏化身，遍周法界，教化衆生；次説世界，喻諸衆生，得聞仏法，苦身以盡。

總不實，「何以故？」從此以下番釋，舉「若世界實有者，則是一合相」，番釋也，意一切物无實，世界者亦復如是。從此引仏言成，舉「如來説一合相，則非一合相，是名一合相」者，引仏所説成已，所解一切物不實〔六六〕无不實。從此以下，明「一合相」。舉「須菩提，一合相者，則是不可説，但凡夫之人貪著其事」者，如來印也，一切物皆不可説，即得成仏。所以一切相是不可説，恒沙諸仏參羅萬象，一法印也，皆到不可説，即得成仏。

上來諸文不同，總是輪迴不染了。次下第五欣仏妙智，文有三句。先舉初文〔六七〕，舉「須菩提，若人言仏説『我見、人見、衆生見、壽者見』。須菩提，於意云何？是人解我所説義不〔六八〕？」是初審問也。喻：父設客，不共家内平章，直喚客來，大兒少多解，以下小者總不解父意。亦如須菩提，須菩提喻大兒，小者喻末代凡品。問竟也，須菩提答舉「世尊，是人不解如來所説義」者，正答也，未〔六九〕成如來智深妙故。未成如來智深妙故，「何以故？」釋，從此以下，須菩提分踈。舉「世尊説我見、人見、衆生見、壽者見，即非我見、人見、衆生見、壽者見，是名我見、人見、衆生見、壽者見」者，彼但有見無我等故，所見既无，能非見故。意不生法相，生法相不可成仏。

從此以下，第三如來仰勸。舉「須菩提，發阿耨多羅三藐三菩提心者，扵一切法，應如是知、如是見、如是信解，不生法相」者，仰勸也。知從無始法相如是見，遣未來法亦如是，信解現在法皆如是，立少法相得无？舉「須菩提，所言法相者」，凡所有相也；「如來說即非法相」者，知彼諸相皆虛妄也；「是名法相」者，若見諸相非相，即見如來無相之相是實也。此一段便消文却，請勿怪之。

從此以下，釋第六熾〔七〇〕然精進。舉「須菩提，若有人以滿无量阿僧祇世界七寶持用布施」者，第六熾然精進也。財法二種，攝養衆生，缺〔七一〕一不可，此則財攝也。從此法攝，看舉「若有善男子、善女人發菩薩心者，持扵此經乃至四句偈等，受持讀誦，爲人演說，其福勝彼」者，此則法攝也。法攝勝財攝，財攝生勝福；法攝生智，生智即解脫，生福有染故。

釋迦牟尼仏若爲「爲人演說」，舉「云何爲人演說」者，請說法儀。從此以下，釋迦示傳法軌則。舉「不取扵相〔七二〕，如如不動」者，亦傳法無說，說无聽。聽聽同說同能善分數，諸法扵相第一義而不動故，放捨身命任衆生用，即是「如如不動」。「不取扵相，如如不動，何以故」者，乘前問起，此經六義已如前釋，後有一訟，此即當宗，舉若爲「一切有爲法，如夢幻泡影。如露亦如電，應作如是觀」。「一切有爲法」，是所觀境；「如夢亦如電」，喻示境相；「應作如是觀」，結勸修學。然依論釋，訟有九喻，如星、翳、燈、幻、露、泡、夢、電、雲。誦曰：親同宿林鳥，曉即隨緣去。恩愛當頭栖，相看如陌路。合煞父將知，妻奴子非君。已有萬貨，豈我常珍。自非十善菩提，自外盖非身寶。所恨生生貪恡，不以善善爲懷。一旦墮落三塗，臨急將何憑託。後悔悔之不及，更求求亦无由。自然甘羅其中，進退欲何遊越。

此《經》一部，約有三文：一經前由叙分，二當根正説分，三信受流行分，此文當宗，即其是也。舉若爲「仏説是經已，長老須菩提及諸比丘、比丘尼、優婆塞、優婆夷，一切世間天、人、阿修羅，聞仏所説，皆大歡喜，信受奉行」，文相皎然，无勞廣説。

校勘記

〔一〕底本據斯二〇四七。底本部分文字污損，據《大正藏》録文補全。

〔二〕「陁」，疑爲「阿」。

〔三〕「徵」，底本作「釋」，據文意改。

〔四〕「阿」，底本脱，據《金剛經》（《大正藏》本，下同）補，下同。

〔五〕「我得阿羅漢道」，底本脱，據《金剛經》補。

〔六〕「壽」，底本作「受」，據《金剛經》改。

〔七〕「證」，底本脱，據文意補。

〔八〕「世尊」，底本脱，據《金剛經》補。

〔九〕「我」，底本脱，據《金剛經》補。

〔一〇〕「我若」，底本作「若我」，據《金剛經》改。

〔一一〕「於意云何」，底本脱，據《金剛經》補。

〔一二〕「文」，底本脱，據文意補。

〔一三〕「道」，底本脱，據文意補。

〔一四〕「謂」，底本作「爲」，據文意改。

〔一五〕「身爲」，底本脱，據《金剛經》補。

〔一六〕「非」，底本作「大」，據《金剛經》改。

〔一七〕「文」，底本作「仏」，據文意改。

〔一八〕「此」，底本脱，據文意補。

〔一九〕「竟」，底本作「敬」，據文意改，下同。

〔二〇〕「河」，底本作「沙」，據《金剛經》改。

〔二一〕「大千」，底本脱，據《金剛經》補。

〔二二〕「物」，底本作「勿」，據文意改，下同。

〔二三〕「相勝」，底本作「勝相」，據文意改。

〔二四〕「即」，《金剛經》作「則」。

〔二五〕「三」，底本作「四」，據文意改。

〔二六〕「相」，底本脱，據文意補。

〔二七〕「可」，底本前衍「不」字，據《金剛經》删。

〔二八〕「尚」，底本作「上」，據文意改。

〔二九〕「此」，底本脱，據文意補。

〔三〇〕「倒」，底本作「到」，據文意改，下同。

〔三一〕「舉」，底本後衍「不應住色生心」六字，據文意删。

〔三二〕「障」，底本脱，據文意補。

〔三三〕「得」，底本作「德」，據《金剛經》改。

〔三四〕「河」，底本脱，據文意補。

〔三五〕「乘」，底本脱，據《金剛經》補。

〔三六〕「後」，底本脱，據《金剛經》補。

〔三七〕「下」，底本脱，據文意補。

〔三八〕「生」，底本脱，據《金剛經》補。

〔三九〕「心」，底本脱，據《金剛經》補。

〔四〇〕「生」，底本脱，據文意補。

〔四一〕「法」，底本脱，據《金剛經》補。

〔四二〕「是故」，底本脱，據《金剛經》補。

〔四三〕「倒置」，底本作「到智」，據文意改。

〔四四〕「在」，疑後有脱文。

〔四五〕「須」，底本脱，據文意補。

〔四六〕「問」，底本脱，據文意補。

〔四七〕「涌」，底本作「勇」，據文意改，下同。

〔四八〕「裏」，底本作「理」，據文意改，下同。

〔四九〕「國」，底本脱，據《金剛經》補。

〔五〇〕「起」，底本作「豈」，據文意改。

〔五一〕「人」，底本脱，據《金剛經》補。

〔五二〕「世」，底本脱，據《金剛經》補。

〔五三〕「是」，底本脱，據《金剛經》補。

〔五四〕「於」，底本作「相」，據《金剛經》改。

〔五五〕「法」，底本脱，據《金剛經》補，下五「法」字同。

〔五六〕「妝」，底本作「莊」，據文意改，下同。

〔五七〕「見」，底本脱，據文意補。

〔五八〕「汝」，底本作「須」，據《金剛經》改。

〔五九〕「心」，底本脱，據《金剛經》補，下一「心」

字同。

〔六〇〕「諸」，底本脱，據《金剛經》補。

〔六一〕「於」，底本作「相」，據《金剛經》改。

〔六二〕「滅」，底本脱，據《金剛經》補。

〔六三〕「竟」，底本作「迦」，據文意改。

〔六四〕「世」，底本脱，據《金剛經》補。

〔六五〕「持用」，底本脱，據《金剛經》補。

〔六六〕「實」，底本作「是」，據文意改。

〔六七〕「文」，底本作「聞」，據文意改。

〔六八〕「不」，底本脱，據《金剛經》補。

〔六九〕「未」，底本作「爲」，據文意改，下一「未」字同。

〔七〇〕「熾」，底本作「識」，據文意改。

〔七一〕「缺」，底本作「勸」，據文意改。

〔七二〕「於相」，底本作「相於」，據《金剛經》改。

（司冰霜整理）

○二二九

金剛經疏[一]

（首缺）

故女人以嗔爲力，欲有所索，必先嗔故；國王以嬌豪爲力；羅漢以精進爲力；諸佛以大悲爲力；比丘以忍爲力。故《遺教經》云：能行忍者，乃可名爲有力大人。七佛偈云：

忍辱第一道　佛説无爲最
出家惱他人　不名爲沙門

忍雖有三，今此中取无生法忍。何以故？依經起行，无人、法二執故。文中有三：一能忍，二无苦，三有樂。此明能忍也。

无生法忍，唯諸佛之所窮，故名如來忍辱波羅蜜；非餘人之能究，故説非波羅蜜。今言「忍辱波羅蜜」者，是如來清淨善根；「非波羅蜜」者，非二乘人善根。若然者，依經起行，既生无生之勝忍，豈見苦受之所倦哉？故偈曰：

能忍於苦行　以苦行有善
彼福不可量　如是最勝義

「能忍於苦行」者，依經起苦行能忍也。「以苦行有善」者，由此苦行以清淨忍善根爲體，故言「有善」也。「彼福不可量」者，彼忍善根非餘人所惻量也。「如是最勝義」者，唯如來之所量也。故曰：忍辱波羅蜜，説非忍辱波羅蜜。

《經》曰「何以故」至「无壽者相」者，自下明无苦，一立无苦，二證无苦，此立也。前明有苦而能忍，此明有忍故无苦。何者？若見自我、他我之異，便見能害、所害之殊；我於爾時依經脩行，既无兩我之執，則不見歌利爲能害，我身爲所害，既无兩害之體，苦受從誰而生？

論經云：无我相、人相、衆生相、壽者相，无相亦非无相。真諦云：无我等相者，无自相也；无相者，无他相[二]也；亦非无相者，非不有悲智相也。无著云能忍者，謂達法无我。故如《經》「如來説羼提波羅蜜」。案：此謂无生法忍也。

又云：云何知忍相？若他於已起惡等時，无有我等相，不生嗔想，亦不於羼提波羅蜜中生有想，於非波羅蜜中生无想。案：此解稍異。今明於忍度上不作法想，於非忍上不作非法想，故曰无相亦非无相也。此等雖有不饒益事，而是法思惟忍攝也。歌利王事，此中應廣説。

《經》曰「何以故？我於往昔」至「應生嗔恨」者，證也，更曉无苦義。節節支解，害事極也；不生嗔恨，忍力猛也。嗔恨因我執而生，我執既无，嗔恨從誰而作？然嗔是大惑，恨是小纏；大惑即可報之以殺心，小纏但可加之以楚毒；由嗔具五義，故名大，恨不具，故名小，如心説。

《經》曰「須菩提！又念過去」至「无壽者相」者，明有樂也。前明有忍故无苦，此明无苦故有樂。何者作忍？仙人顯有慈悲、无我等相，明无嗔恨，无嗔恨故无苦，有慈悲故有樂。偈曰：

離我及恚相　實无於苦惱

共樂有慈悲　如是苦行果

案：上半明无苦，无自他相故；下半明有樂，有悲智相故。由悲有樂，由智无苦，悲智和合，故名共也。

《經》曰「是故須菩提」至「三菩提心」者，自下第二，更防其過也。夫見苦而行苦者，則心疲而退没；忘苦而行苦者，則心輕而進昇。爲防退没之行，所以教發无住之心也。

文中有四：一示无住心，二示无住境，三示无住鄣，四示无住行；此明无住心也。夫菩提以无住爲體，若能忘相發心，心即泯同无住，所以離相發心，即无住之體也。无著云爲顯示流轉苦對治，故説應離一切相〔三〕等。案：流轉者，謂生死流轉。若著相行施，則於流轉中有疲乏之苦，今爲對治，言離一切相也。偈曰：

爲不捨心起　脩行及堅固

爲忍波羅蜜　習彼能學心

「爲不捨心起」者有二：一不捨菩提心，二

不捨无相心也。故言應離一切相，發阿耨菩提心，此則不捨心也。「脩行」者，謂不住色、聲、香、味、觸而脩行也。「堅固」者，若離於相，脩行堅固也。論釋發心脩行何所爲。

「爲忍波羅蜜，習彼能學心。」案：「忍波羅蜜」者，如來忍度也；「能學心」者，初地心也。今爲求如來忍度，發心脩行，求初地能學之心也。又「忍波羅蜜」者，初地心也；「能學心」者，地前心也，故習地前无住心也，故曰「習彼能學心」。故論曰：入初地羼提波羅蜜，此名不住心。案：「不住」者，不住法、非法也故，「无著」云於非法及法无我中皆不住故。

《經》曰「不應住色生心」至「應生无所住心」者，此示无住境也。不住色生心，令離報恩鄣；應不住聲、香、味、觸、法生心，令離果報鄣；應生无所住也，令離相疑鄣也。真諦云：此中應具離三鄣，一己身，二報恩，三果報。「已身」者，若著己身，即起二見，謂常見、斷見。由常故不求未來，由斷故不見未來，故鄣脩行也。餘二可見。

《經》曰「若心有住，則爲非住」者，此示无住鄣也。若心有住，住前二境，則爲非住，不住菩提。若有此心，便成鄣也。真諦云：若心有住者，住三執也。三執者，一常見，二斷見，三有无見。爲離常見故，不令住法；爲離斷見故，不令住非法；爲離有无見故，即令住中道。前一破凡夫執分别性爲有，次一破凡夫執依他性爲无，後一破二乘執真實性亦有亦无。若不離此三執，即不与菩提相應，故言非住也。

《經》曰「是故佛説」至「布施」者，此示无住行。夫昇高者必自邇，涉深者必自淺。是故欲入无住之心位者，應脩无住之行也。无住心位，初地已上；无住行位，道種已還。故《攝論》云：願樂住六波羅蜜，雖是世間法，能引出世心。真諦云：无住心者，即真心。若與忍辱相應，位在三地；若与施相應，位在初地；若与戒相應，位在二地；四地已上，精進、禪定、智惠、方便、願、力、智，隨義應知。爲不捨此真心，故離一切相，發心脩行也。

通論地上束爲四僧，俱脩六度。一无羞僧，謂破戒人；二啞羊僧，謂凡夫持戒；三有羞僧，謂二乘人；四第一義僧，謂真菩薩。初三地脩世間行相，同凡夫不堪斷決，譬之啞羊；次四地脩出世行相，同二乘不復作惡，譬之有羞；後三地脩出出世行，是菩薩自位不離雜道，故稱第一義。一切浄土中有凡夫、二乘者，悉須作此判之。若就實爲論，則浄土中无復凡夫、二乘。故《往生論》曰：女人及根缺，二乘種不生也。寄相則有，故《觀經》明三輩九品，則凡夫、二乘亦往生也。波頗云：應佛浄土有凡夫、二乘，報佛浄土則无。真諦云：凡夫、二乘於穢土中見阿彌陀佛，諸菩薩於浄土中見阿彌陀佛。案：此二説，報土則一向純浄，應土則有染有浄。

《經》曰「須菩提菩薩」至「應如是布施」者，自下約无住斷疑兩重：一約斷疑，二約自行斷。外化者疑曰：若其无住，爲誰脩行？若見衆生可爲，應名住著衆生。今明：約俗可言有爲，約真即无所爲。故偈曰：

脩行爲衆生　如是因當識
衆生及彼事　遠離亦應知

上半明俗，下半明真。文有兩重：一約俗，二約真。此約俗也。「爲利益一切衆生，應如是布施」者，明約俗有衆生，可言有爲，故言「爲利益一切衆生，應如是布施」。何以故？由約俗諦，陰、界、入等有故。言「利益」者，三檀分別，即令[四]衆生捨三種苦，得三種樂。由資生檀故，令捨貧窮苦，得巨富樂；由无畏檀故，令捨怖畏苦，得安穩樂；由法檀故，令捨生死苦，得涅槃樂。

菩薩所以能三檀利益衆生者，六真七似故，能利益衆生。六真者，謂以六度利益衆生也。以施令成善器，以戒令其禁守，以忍耐與違惡，以進助其順善，以定化令入法，以智斷其疑網。如偈：

説令器及禁　耐惡与助善
入法亦斷疑　六行饒益事

七似者：一似母，二似父，三似善友，四似同侶，五似健奴，六[五]似闍梨，七似和上。此七各有五業，合世五種饒益。如《法華纘述》中説：由菩薩能具六真七似，能利益衆生，故言「爲利益一切衆生，應如是布施」也。

《經》曰「如來説一切諸相」至「則非衆生」，此約真也。意明約真，得言无住。何者？諸相是衆生之體[六]，衆生即衆生之名。諸相非相，體空而非實；衆生非生，名空而是假。名體空矣，何所住哉？故偈曰：

假名及陰事　如來離彼相
諸佛无彼二　以見實法故

案：初二句約真无住，後兩句證无住意。无彼二者，无名及體也，餘可見。无著云：由不无衆生，故衆生相違時，即[七]生疲乏，故顯示人无我、法无我等。案：此即約真无住也。真諦云：假名者有二，一通名，謂六道名；二別名，謂父母所立名。此二名若離六根、六識，名則不可得，故名是假。若離名色，根識亦不可得；若離四大，色亦不可得。不可得即[八]是境无，境无故識无，識无故衆生名、體並皆无也。名色无者，分別无也；識无者，依他无也。二既空矣，何所度哉？故言約真即无所爲也。

《經》曰「須菩提！如來是真語者」至「不異語者」者，前約外化明无住，此約自行明无住。疑曰：道若无住，不應与果爲因；若住果者，何得復名无住？今明道雖不住而能爲因，此乃證真者之所通，非理外者之能達。但可依我語以取信，憑聖教以[九]脩行耳。文有二重：一勸信，二防過。此勸信也。

五語爲顯四意，「真語」説真智，「如語」説真如，「實語」説四諦之理，「不誑語」記三世之事，

「不異[一〇]語」總定前四[一一]不可迴也。故偈曰：

果雖不住道　而道能爲因
以諸佛實語　彼智有四種

然初兩句明因果俱无住果。由離相故，不住因中因；由離相故，不住於果。雖各不住，而因果相承，此則无住之中住也。問：无住之住，豈非住耶？答：約俗則有因果，得論有住非住；約真明无因果，不得論有住不住也。故无著云：俗諦故有因果及菩提。

次兩句總標五語，偈曰：

實智及小乘　說摩訶衍法
及一切受記　以不虛說故

「實智」者，謂真語也；「小乘」者，實語也；「摩訶衍」者，如語也；「一切受記」者，不誑語也；「以不虛說」者，不異語也。

无著云：「真語」者，爲顯世諦相故；「實語」者，爲顯世諦脩行，有煩惱及清淨故；「如語」者，爲第一義諦相故；「不異語」者，爲第一義脩行，有煩惱及清淨故。案：前二語明說俗爲實，後二語明說真不虛。

真諦云：「真語」謂如來自誓。自誓有二：一明如來所轉法輪，一切世間婆羅門、天、魔等，无能翻我所說；二明如來立十號名，一切世間婆羅門、天、魔等，无能破壞此名。由說真，故名「真語」也。「實語」者，約小乘，說四諦三解脫門。一切諸法无自性空，空故无相，无相故无願，此但約人空說也。雖有三名，總同一體。此說實，故名「實語」也。「如語」者，約大乘，說三性三无性，即法空真如，謂三解脫門。此等三門能離三鄣，故《佛性論》云：知分別性，通達空解脫門，能除肉煩惱；知依他性，通達无願解脫門，能除皮煩惱；知真實性，通達无相解脫門，能除心煩惱。初解脫鄣，次禪定鄣，後一切智鄣，離此三鄣，悟於如如。說如如，故名「如語」也。「不誑語」者，記三世事必无錯謬。不同餘人有著不著，此四語皆從境得名也。

《經》曰「須菩提！如來所得法，此法无實无虛」者，防過也。前既舉言以勸信，或畏守言而失道，爲防彼故，今對治之。「此法」者，即目如來言教之法。「此法」是佛法辨之所通，是佛辭辨之所説，與佛相應故，是「如來所得法」。夫道處无言，守言則失道，所以「此法无實」；然言能示道，離言不見道，所以「此法无虛」。言能示道故，指月之譬；與道處无言故，捨船之喻作也。

偈曰：

隨順彼實智　説不實不虛
如聞聲取證　對治如是説

上半立義，下半釋義。由如來言説，隨順實智，故不虛；證理无言，故不實。「如聞聲取證，對治如是説」者，謂聽法之時，離於二取，爲破執言，是道非道，故言「對治如是説」也。故无著云：如來正覺法及説，於中无實无妄。「无實」者，如言説性非有故。案：言説體虛，自性空也。「无妄」者，不如言説自性有故。案：言説雖空，所顯之理自性有也。真諦云：非實非虛者凡有三意。一了不了，二至不至，三顯實事。初意者，依了文取，理即非虛；依不了文取，理則非實。次意者，尋言能至，道則非虛；道處離言，故則非實。後意者，言非實者，實是非實；言非虛者，實是非虛；虛實既實，即顯如來實語也。

然如來説法有實有虛，由四意四依。□……□《莊〔一二〕嚴論》説：一平等意，如佛〔一三〕説往〔一四〕昔毗婆尸佛即我身〔一五〕是如是等。案：約法身因果平等，作如是説。二別義意，如佛説一切諸法无自性故〔一六〕無生等。案：前爲二乘説人无我，今爲菩薩説法无我。然前説人无我者，意在別義法无我也。三別時意，如佛説若人願見阿彌陀佛，一切〔一七〕皆得往生，此由往別時得生，故如是説〔一八〕。四別欲意，彼人有如是善根，如來或時〔一九〕讚嘆〔二〇〕，或時毀呰〔二一〕，彼少善根便爲足〔二二〕故，如是等説〔二三〕。

然此四□意者，事或實虛，同以□□□意，

故名意也。立四意[二四]者，爲破八部。立[二五]平等意者，破輕佛部。有人云：爲之□□爾生滅，生即有滅，佛与我同，遂生輕慢。爲破此部[二六]，□平等意，過去毗婆尸佛即是我身，豈同汝生滅也？立別義意者，破輕法部。有人云：乃至嬰兒，亦能見色聞聲，解人意義，法有何難？破此部故，說三无性法入地方悟也。立別時意，破懈怠部。有人聞長時起行，方生淨土，聞此即生懈怠。爲破此部，故言□□□生不退地也。立別欲意，破後五部。一破少欲部，□□□已不持戒故，須毀施讚戒也。二破貪行部，謂貪□□□境讚淨土也。三破慢行部，謂執自土爲勝故，須□□□妙淨土也。四破悔行部，謂推山壓佛，不見臭□□□生惱故，須說於佛起不饒益事，得生善道。文□□□佛事，此中應廣說。五爲破不定部，有執二乘不定作佛，爲破此部，須說受記及一乘也。於此五中，皆先□讚後毀，故言樂欲意也。

四依者，《莊嚴論》名四節。一令入[二七]節，教諸聲聞入於法義令不怖色等有故。案：令悟人无我也。二相節，於分別等三性，无體、无起、自性清淨，說一切法故。案：令菩薩悟法无我也。三對治節，依斷諸過對治部故。案：通爲前二人也，爲小乘說□門令離四例，爲大乘說如如令離八例。四秘密節，依諸[二八]深語由[二九]迴語方得義故。案：爲破外道□……□，不堅堅固解，善住於顛倒，□爲□……□。不堅者本主煩惱，今乃目□……□能於不堅中堅固，即不出□……□謂解也；顛倒者謂常樂我淨執[三〇]，若人能於顛倒中解无常、无樂、无我、无淨，善住不退[三一]，即成聖者。良以善住之名，通□……□若執例則名凡，解例則成聖□……□煩謂慮所惱者，煩惱之名目人法□……□惱所惱，故不出生死。菩薩爲□……□相名爲受用，受用法樂故。故真諦云：□……□實有不達。是真无由執著虛妄□……□見故，心有住著，以住著故，不能得无□……□遍不遍也。而言闇者有三：一闇二□……□闇曰光能破大闇者二世□……□謂生盲人曾有目者屬大□……□皮肉心皮惑世間道能暫□故。但如闇□……□滅故，如大闇心惑，准菩薩登地，方能除□……□闇也。若菩薩心有住時，則墮十想，不能證十七空，□盲闇也。十想、十七空如《中邊論》説。

《經》曰「須菩提！當來之世」至「受持讀誦」者，從上初恒已來，大意主明經用〔三〕，自此訖於後，問義旨爲顯脩行。脩行兩重：一□脩，二美業勸脩。四重：一教因，二示果，三舉劣，四顯勝。此教因也。「能於此經」，脩行處也；「受持讀誦」，脩行事也。脩行有二種：一文，二義。文有三種：一受，二持，三讀誦。義亦有三：一從他聽聞，二内自思惟，三如説脩行。由此義故，復成二德：一爲説者能利他故，二爲行者能自利故。由自利、利他能顯法有二種，人有三種。法二者：一顯能詮，謂十二部經，即是文字；二顯所詮，謂道及果，即脩行義。人三者：一能持，二能説，三能行。能行者，自利成熟自善根故；能説者，利他成熟他善根故；能持者，利自他由自憶持爲他説故。然約文及義，合有十種正行：一書寫，二供養，三傳流，四諦，五自讀，六憶持，七自誦，八廣説，九思惟，十□……□。

（尾缺）

校勘記

〔一〕底本據斯二〇五〇。

〔二〕「相」，底本脱，據文意補。

〔三〕「相」，底本作「想」，據文意改。

〔四〕「令」，底本作「登」，據《金剛經疏》（《大正藏》本，下同）改。

〔五〕「六」，底本前衍「五」字，據文意删。

〔六〕「之體」，底本脱，據《金剛經疏》補。

〔七〕「即」，底本脱，據《金剛般若論》（《大正藏》本）補。

〔八〕「得即」，底本作「即得」，據文意改。

〔九〕「以」，底本脱，據《金剛經註疏》補。

〔一〇〕「異」，底本後衍「一」字，據文意删。

〔一一〕「四」，底本後衍「迴」字，據《金剛經註疏》删。

〔一二〕「莊」，底本缺，據文意補。

〔一三〕「佛」，底本脱，據《大乘莊嚴經論》（《大正藏》本，下同）補。

〔一四〕「往」，底本脱，據《大乘莊嚴經論》補。

〔一五〕「即我身」，底本缺，據《大乘莊嚴經論》補。

〔一六〕「故」，底本脱，據《大乘莊嚴經論》補。

〔一七〕「一切」，底本脱，據《大乘莊嚴經論》補。

〔一八〕「説」，底本作「等」，據《大乘莊嚴經論》改。

〔一九〕「時」，底本脱，據《大乘莊嚴經論》補。

〔二〇〕「嘆」，底本脱，據《大乘莊嚴經論》補。

〔二一〕「毁呰」，底本缺，據《大乘莊嚴經論》補。

〔二二〕「善根便爲足」，底本缺，據《大乘莊嚴經論》補。

〔二三〕「説」，底本脱，據《大乘莊嚴經論》補。

〔二四〕「四意」，底本缺，據文意補。

〔二五〕「立」，底本脱，據文意補。

〔二六〕「鄣」，底本缺，據文意補。

〔二七〕「入」，底本缺，據《大乘莊嚴經論》補。

〔二八〕「諸」，底本缺，據《大乘莊嚴經論》補。

〔二九〕「由」，底本脱，據《大乘莊嚴經論》補。

〔三〇〕「淨執」，底本缺，據《大乘莊嚴經論》補。

〔三一〕「若人」至「不退」，底本缺，據《大乘莊嚴經論》補。

〔三二〕「用」，底本缺，據《金剛經註疏》補。

（司冰霜整理）

〇二三〇

金剛般若經挾註[一]

（首缺）

見諸相非相，即見如來。如來□……□法空□……□離相而見矣也。

須菩提白佛言：世尊，頗有衆生得聞如是言説章[二]句，生實信不？凡夫心信，因取相生□……□恐聞是理，無處寄心□……□。

佛告須菩提：莫[三]作是説。般若深宗，爲最上乘者，説聞□……□即悟，不應不信，故莫作此問也。如來滅後，後五百歲，有持[四]戒修福者，於此章句能生信心，以此爲實[五]。□……□況今正法流通，而無信耶？當知是人不於一佛、二佛、三四五佛而種善根，已於[六]無量千万佛所種諸善根。□……□。聞是[七]章句，乃至一念生浄信者。不見□……□能生□……□。

須菩提，如[八]來悉知悉見，是諸衆生得如是無量福德[九]。□……□具佛法眼，故能悉見知見，是浄信衆生，得如是無量福德。何以故？是諸衆生無復我相、人相、衆[一〇]生相、壽者相，無法相亦無非法相[一一]。□……□一念浄，三空頓解；若計諸相，則不名浄信。能信般若，知達法空，故知是衆生無復諸相。何以故？是諸衆生，若心取相[一二]，則爲著我、人、衆生、壽者。何以□……□相，即□……□生浄信也。若取法相，即著我、人、衆生、壽者。何[一三]以故？若取非法相，即著我、人、衆生、壽者。是故不應取[一四]法，不應取非法。不取法相，以空破有。若□……□滯空不空，還著有相□……□。以是義故[一五]，如來常説「汝等比丘知我説法，如筏喻者」。法尚應捨，何[一六]況非法！以是不取於相故，如來常説，説無□……□法本破於有，若知有不有，遂悟□……□岸，筌以取魚，得魚忘筌，到岸捨筏。故大聖□……□諸見，諸見既除，空法亦盡，況非空法，其可□……□。

須菩提，於意云[一七]何？如來得阿耨多羅三藐三菩提耶？如來有所説法[一八]耶？前令捨法，遣彼兩偏，則佛於菩提如何獨得，而爲人説法耶？

須菩提言：如來解佛所説義[一九]，無有定法名阿耨多羅三藐三菩提，亦無有定法〔一○〕如來可說。無上正道，寂然無體，無相□……□悟，佛得菩提已，悟則無佛□……□。何〔一一〕以故？如來所說法皆不可取、不可說、非法、非非法〔一二〕。□……□衆生，離相故不可取，離言故不可說。而妙□……□不有，非非則不無，不有不無，離諸言相，故□……□。所以者何？所以佛當說法，而無定法可說者何？一切賢聖皆以無爲法而有差〔一三〕別。無爲法中本無差別，三乘賢聖根識不同，一音演說，淺深隨□……□。未悟則量病授藥，故常說法；已悟則藥病皆除，無法可說。

須菩提，於〔一四〕意云何？若人滿三千大千世界七寶，以用布施。□……□若人財寶之施。以明章句，理實非虛。是人所得福德寧爲多不？

須菩提言：甚多，世尊！七寶珍異，三千皆滿，無性之福，施廣增多。何以故？是福德即非福德性，是故如來說福德多。所以施廣而福多，由非福德性故；若是福德性，則不應寶而福多。只由無性之福假外緣，是故如來說福德也。

若復有人於此經中，受持乃至四句偈等，爲他人說，其福勝彼。財施之福，非福德性，福雖因施，不趣菩提；持經之功，句偈雖少，能令衆生除煩惱障，是真福德，故勝於彼。何以故？須菩提，一切諸佛及諸佛阿耨多羅三藐三菩提法，皆從此經出。般若正智，圓照無礙，無上正道，因是發明，諸佛始則自修，終以化物，利濟弘遠，何莫由斯？須菩提，所謂佛法者〔一五〕，即非佛法。法無自性，證則弥同，因教悟空，故稱佛。法由教立，悟不滯空，直論無法可非，豈但「即非佛法」？

須菩提，於意云何？須陁洹能作是念「我得須陁洹果」不？修習無漏，證無漏果，悟無所得，名須陁洹。借小乘之無我，明般若之忘相。

須菩提言：不也，世尊！是人不起得果之念。何以故？須陁洹名爲入流，而無所入，不入色、聲、香、味、觸、法，是名須陁洹。習無漏果，則名入道流，不取果相，故無流可入。豈以忘相而無道流可入，復於有我而入聲色六塵耶？

須菩提，於意云何？斯陁含能作是念「我得斯陁含果」不？斷欲界思惟，得人我空相，證果之時，有斯念不？

須菩提言：不也，世尊！是人不起得果之念。何以故？斯陁含名一往來，而實無往來，是名斯陁含。

盡天人趣，獲往來生一。斯往來，則明所得果；不取果相，故實無往來。若見一往來果，是生我慢，則非斯陁含。

須菩提，於意云何？阿那含能作是念「我得阿那含果」不？斷欲界思盡，更不復來，證果之時，有斯念不？

須菩提言：不也，世尊！是人不起得果之念。何以故？阿那含名爲不來，而實無不[二六]來，是故名阿那含。達無人我，不復還來，故名不來。人法二空，無取住相，故實無來，即阿那含，而具斯義。

須菩提，於意云何？阿羅漢能作是念「我得阿羅漢道」不？修習智慧，斷除煩惱，證果之時，有是念不也？

須菩提言：不也，世尊！是人不起得果之念。何以故？實無有法名阿羅漢。以斷煩惱，名阿羅漢。煩惱性空，斷無所斷，悟無所斷，豈復別有阿羅漢耶？世尊，若阿羅漢作是念「我得阿羅漢道」，即爲著我、人、衆生、壽者。若取果相，即計有我，於我不忘，諸相咸著，更[二七]相受報，衆惱皆生，取相受生，豈名羅漢？世尊，佛説我得無諍三昧，人中最爲第一，是第一離欲阿羅漢。善吉樂阿蘭行，得三昧，定深入觀，不相違諍，凡諸人中，最爲超勝，故云第一。三界煩惱，逐境受[二八]累，是名爲欲，如是悉離，故亦云第一。世尊[二九]，我不作是念「我是離欲阿羅漢」。我於尒時，曾不起念，云「有欲可離，有果可得」。世尊，我若作是念「我得阿羅漢道」，世尊則不説須菩提是樂阿蘭那行者。我若起念，計有得果，獲離欲道，即成著我，違無諍行，則世尊不應説我是樂阿蘭那也。以須菩提實無所行，而名須菩提是樂阿蘭那行。於行無行，是了空相。

佛告須菩提：於意云何？如來昔在然燈佛所，於法有所得不？將明菩薩亦悟於空，故却問：我昔爲菩薩，於然燈佛所受記菩提，當尒之時，見有菩提法可得不？

不也[三〇]，世尊！如來昔在然燈佛所，於法實無所得。悟法性空，得無生忍，勤行般若，勝果則曰菩提，深入正觀，諸佛由之授記。

須菩提，於意云何？菩薩莊嚴佛土不？菩薩修持浄土行業，見有浄土，可莊嚴不？

不也，世尊！何以故？莊嚴佛土者，即非莊嚴，是名莊嚴。万行不常，畢竟空寂，示有修習，假名莊嚴；國土本空，無莊嚴相，能了無相，即以是莊嚴，故是名莊嚴也。

是故，須菩提，諸[三]菩薩摩訶薩應如是生清净心，不應住色生心，不應住聲、香、味、觸、法生心。是以修習者，故不取莊嚴之相，應如是生畢境空寂心。是心清净，故不住於色及聲、香等。若於是法而生心者，即非清净心；所證之果，非畢境果。故不應如是也。應無所住，而生其心。知色相空，心無所住，故於無所住，生清净心。雖假生心之名，而無住心之相。無住正觀，慧照湛然，是則以不住法，住般若中也。

須菩提，譬如有人身如須弥山王，於意云何？是身爲大不？身相空假，如須弥山，雖有大名，皆非實體，不應起心取相，以爲大身。破前取色之心，故起大身之問。

須菩提言：甚大，世尊！何以故？佛説非身是名大身。觀乎泰山木石同壇，和合衆材，假名爲大，本無自性，何定大耶？所以佛説非身是名大身，不應生心以取身相，如色聲等不可取。

須菩提，如恒河中所有沙數，如是沙等恒河，於意云何？是諸恒河沙寧爲多不？以一恒河沙而數於河，河中之沙亦復如彼，如此之數，爲多不耶？

須菩提言：甚多，世尊！但諸恒河尚多無數，何况其沙！以沙數河，河尚無數，况復於沙，實爲甚多！

須菩提，我今實言告汝，若善男子、善女人，以七寶滿尒所恒河沙數三千大千世界，以用布施，得福多不？

須菩提言：甚多，世尊！無性之福，施廣福多。沙河大千，其數無量，故知所得福至於甚多！

佛告須菩提：若善男子、善女人，於此經中乃至受持四句偈等，爲他人説，而此福德勝前福德。財施雖多，無益慧解；章句雖少，必趣菩提。以此挍量，故無等級。

復次，須菩提，隨説是經乃至四句偈等，當知此處一切世間天、人、阿修羅，皆應供養，如佛塔廟。更標勝義，以勸修行。佛滅度後，有塔廟、遺像。若復有人隨説是經兼持句偈，則天、人等輩皆當供養，如彼塔廟。何况有人盡能受持讀誦？須菩提，當知是人成就最上第一希有之法。般若正智能趣菩提，若人受持必生信解，即知是人能成就無上菩提，故云最上第一希有之法也。若是經典所在之處，即〔三二〕爲有佛，若尊重弟子。此云經典所在之處，則上成就希有之人，勝法在人，則爲有佛，少有差降，猶如尊重弟子。

尒時，須菩提白佛言：世尊，當何名此經？我等云何奉持？前來所明，皆無定法，法雖無定，教必有宗，欲宣是義，故起斯問。

佛告須菩提：是〔三三〕經名爲《金剛般若波羅蜜》，以是名字，汝當奉持。般若正智，喻如金剛，破煩惱障，了出中道，渡貪愛流，超到彼岸，故以是名字，無量勝義。汝當循名責實，依是奉持。所以者何？須菩提，佛説般若波羅蜜，即非般若波羅蜜，是名般若波羅蜜〔三四〕。説般若法，差煩惱病。煩惱是妄，由執見生，妄病既除，真法應捨。若執持般若，不解空義，惟此般若亦成煩惱。故佛説般若波羅蜜，則無定法名般若。

須菩提，於意云何？如來有所説法不？前云「即〔三五〕非般若」，未明所以「即非」，故却質此疑，以通前義。

須菩提白佛言：世尊，如來無所説。於言無滯，終身言而未嘗言；於法無取，終身説而未嘗説。如我所説，則法尚應捨；昧於斯道，則言者不知。故於此二夜口，我都無所説。

須菩提，於意云何？三千大千世界所有微塵，是爲多不？

須菩提言：甚多，世尊！前明理教無取，此明境界亦空。

須菩提，諸微塵，如來説非微塵，是名微塵；如來説世界非世界，是名世界。散彼世界，以爲微塵，於彼塵中，本無自性，積彼微塵，以成世界，於此世界，豈有性耶？本無自性，故非微塵；爲是假緣，是名世界。

須菩提，於意云何？可以卅二相見如來不？

不也，世尊！不可以三十二相得見如來〔三六〕。法本無言，因言立教；身本非相，因相見身。因言立教，既不可執言而求理；因相見身，故不可取相而見佛。何以故？如來説卅二相即是非相，是名卅二相。假立身相以表法王。諸法本空，身相非有，能知諸相非相。色相皆空，即此妙身是名卅二相。

須菩提，若善男子、善女人，以恒河沙等身命布施，若復有人，於此經中乃至受持四句偈等，爲他人説，其福甚多。多以身命布施，勝報尚有輪迴，少能受持是經，累盡自無生滅，挍量其福，持經甚多。

尒時，須菩提聞説是經，深解義趣，涕淚悲泣而白佛言：希有，世尊！佛説如是甚深經典，我從昔來所得慧眼，未曾得聞如是之經。昔得慧眼，於有見空；今聞是經，於空亦遣，是名中道，故未曾聞。善吉解空，久得深趣，將欲起教，以示未來，故涕淚悲泣，歎其希有。世尊，若復有人得聞是經，信心清淨，即[三七]生實相，當知是人成就第一希有功德。信不著相，是清淨心。得清淨心，則能照般若真實之相，得茲實相，必趣菩提，菩提果成，即名第一希有功德。世尊，是實相者，即是非相，是故如來説名實相。以般若智，趣真實相。夫實相者，豈有相哉？則妙色法身，真空無礙，非假有相，離空無相。即此之相，非實相耶也？世尊，我今得聞如是經典，信解受持不足爲難。親承受記，久悟[三八]空法，今復聞説，信解非難。若當來世後五百歲，其有衆生得聞是經，信解受持，是人即爲第一希有。像法之中，去聖逾遠，但聞遺教，便解奉持，則知是人了甚深義，無出其右，故云第一。何以故？此人無我相、人相、衆生相、壽者相。何以故此人得名第一希有者？爲不著如是等相故，能信解是經，得爲第一。所以者何？我相即是非相，人相、衆生相、壽者相即是非相。於我無相，妄計有我。了我、了我相非相，即不著人、衆生、壽者矣！何以故？離一切諸相，即[三九]名諸佛。何以故此人無我則爲希有者？能離諸相，即是菩提，故爲希有。

佛告須菩提：如是如是。印可其説。若復有人得聞是經，不驚、不怖、不畏，當知是人甚爲希有。於無爲法而有差別，如是賢聖優劣不同也。小二乘係執因果、福德、報應，聞是深義，必當驚怖。能不怖畏，已是希有，况能信解而受持耶也？

何以故？須菩提，如來説第一波羅蜜，即[四〇]非第一波羅蜜，是名第一波羅蜜。諸法莫二，故云第一。到彼岸者，爲對此流，此流已盡，彼岸何有？是知諸法但亦假名，累盡名去，故非第一；於斯了義，能入深門，故是名第一波羅蜜。須菩提，忍辱波羅蜜，如來説非忍辱波羅蜜，是名忍辱波羅蜜[四一]。忍辱者，明無我也。人辱我忍，以爲勝行。本無人我，誰忍辱[四二]耶？

何以故？須菩提，如我昔爲歌利王割截身體，我於尒時無我相、無人相、無衆生相、無壽者相。無我無人，誰忍誰辱？何以故？我於往昔節節支解時，若有我相、人相、衆生相、壽者相，應生嗔恨。前舉割截無我，以明無忍；今舉不生嗔恨，復明無我。小乘計執我相，則多起貪嗔，今臠裂支體，不生嗔恨者，則復何外相預其間乎？知無我矣！

須菩提，又念過去於五百世作忍辱仙人，於尒所世，無我相、無人相、無衆生相、無壽者相。了無我相，非止此生，當於尒時，已達斯趣。

是故，須菩提，菩薩應離一切相，發阿耨多羅三藐三菩提心。從前已來，明無相降住之義，今明離相無住，乃是菩薩發心，況於菩提且無定法，發心取相不亦難乎？不應住色生心，不應住聲、香、味、觸、法生心，菩提無定相可取，況六塵乎？是假合相，不應生心住於此。應生無所住心。以有所住，即著諸相，故勸於無所住。而生其心，斯對辯也，夫無所住，豈生心哉？若於無所住而生心，是未免於有所住也。但於一切法無所住，以此爲生心尒，非謂別生無所住心也。故下文云。若心有住，則爲非住。此又遣無所住也，言若心於無所住有住，則爲非住無所住也。是故，佛説菩薩心不應住色布施。引前佛説以證今義。須菩提，菩薩爲利益一切衆生，應如是布施。菩薩住相布施，未名懸解，衆生欲求利益，不亦難乎？故菩薩用心，應如是不住相布施也。如來説一切諸相，即是非相。如來所説福德、因果、報應等一切諸相，皆因衆生妄心起念尒。於法性本空，是故非相。又説一切衆生，即非衆生。若住相布施，則見有施者受者；今不住相，則無我相、人相。生性空故，即非衆生。

須菩提，如來是真語者、實語者、如語者、不誑語者、不異語者。夫無我、人相及無住布施，此甚深般若，中道義門，恐二乘之人不生信實，故因五語，以示真如，善吉當知，不誑不異。須菩提，如來所得法，此法無實無虚。有虚有實，約教以示人；無實無虚，兩忘而自化。故如來説法，寄實以遣虚；虚法既忘，實法亦盡。故於是法，無實無虚。須菩提，若菩薩心住於法而行布施，如人入闇，即無所見。存受施法，計報應果，則不了般若無相之義，是無明慧，故如入暗，無所見也。若菩薩心不住法而行布施，如人有目，日光明照，見種種色。太陽朝昇，有目者見諸色象；般若圓就，無住者了諸法空。爲利衆生故，行不捨之檀，不住諸相，則未嘗生心布施也。

須菩提，當來之世，若有善男子、善女人，能於此經受持讀誦，即[四三]爲如來以佛智慧悉知是人，悉見是人，皆得成就無量無邊功德。印可勸修如上深義。

須菩提，若有善男子、善女人，初日分以恒河沙等身布施，中日分復以恒河沙等身布施，後日分亦以恒河沙等身布施，如是無量百千万億劫以身布施。日分〔四四〕三時，以内財施，如是億劫，計福德多。若復有人聞此經典，信心不逆，其福勝彼。聞前不住之施，即順無相之心，唯此信心，可名達解，則達解之福，勝彼施身。何况書寫、受持、讀〔四五〕誦、爲人解説！信心不逆，其福已多，况能書誦而爲人解説？弘益之利其可量乎？

須菩提，以要言之〔四六〕，是經有不可思議、不可稱量無邊功德。以要□……□大□……□與真如等，故非思議得其淺深，稱量得其輕重，如是功德豈有邊際耶？如來爲發大乘者説，爲發〔四七〕最上乘者説。上品利根，了真實相，是名大乘，得無生觀，深入祕藏，加最上之号。非如來聊簡二乘而不爲説，但二乘之人未能解了尒。若有人能受持、讀誦、廣爲人説，如來悉知是人，悉見是人，皆得成就不可量、不可稱、無有邊、不可思議功德。大乘最上之人，能以般若自利、利他者，佛心悉知，佛眼悉見，皆知是人成就無相勝義。是法離一切相，無斷、常、邊故，其功德不可稱量、思議知也。如是人等，即爲荷擔如來阿耨多羅三藐三菩提。是人深達般若，廣爲人説，即是荷負正法，擔運勝義，令諸衆生，成就功德。何以故？須菩提，若樂小法者，著我見、人見、衆生見、壽者見，則於此經不能聽受、讀誦、爲他人説。小乘著相，於此深義，不能信奉也。

須菩提，在在處處，若有此經，一切世間天、人、阿修羅所應供養，當知此處即〔四八〕爲是塔，皆應恭敬，作礼圍繞，以諸華香而散其處。此經示〔四九〕人，諸佛無上正遍知道。塔者，諸佛遺像之所在也。了義當趣菩提，聞經即如見佛，故是經所在之處，同於塔廟遺像。故天、人、阿〔五〇〕修羅所應供養，作礼圍繞，示尊敬之意；華香散灑，表〔五一〕浄信之心。非謂求悟於香華，解空於罄折也。復次，須菩提，若善男子、善女人受持讀誦此經，若爲人輕賤，是人先世罪業應墮惡道，以今世人輕賤故，先世罪業則爲消滅，當得阿耨多羅三藐三菩提。以此敦勸持經之人尒。夫業若先定，應墮惡道，即鈍根聞必驚怖，安能信奉而讀誦此經耶？若後五百歲，聞是章句，能生信心者，此人已於千万佛所，種諸善根，復若爲人輕賤乎？況此經，佛爲大乘最上乘者説，皆真實、不誑，不應苟勸愚人崇信，而發菩提取相之言，將如來別有深意乎？爲譯經之人失其旨。

須菩提，我念過去無量阿僧祇劫，於然燈佛前，得值八百四千万億那由他諸佛，悉皆供養承事，無空過者。明我今日所證菩提，亦由昔來功德所致〔五二〕也。若復有人，於後末世能受持讀誦此經，所得〔五三〕功德，於我所供養諸佛功德百分不及一，千万億分乃至算數、譬喻所不能及。末世人訛，勝心難發，故於此時能持經者，功德甚多，以我昔供養校量，百分不及其一，乃至千万億分功德〔五四〕不如〔五五〕。須菩提，若善男子、善女人，於後末世有受持讀誦此經，所得功德，我若具説者，或有人聞心則狂乱，狐疑不信。報施之福，人皆取相章句，功德所趣無爲菩提勝因，因〔五六〕是而悟，悟則獲證，卒難詳説。小乘執滯謂無，是以狂亂狐疑，不能實信。須菩提，當知是經義不可思議，果報亦不可思議。深奥祕藏，歸趣菩提。以供養百千万佛，猶不若持經功德，故無相勝義非思議，及至於果報，亦復如之。

尒時，須菩提白佛言：世尊，若善男子、善女人，發阿耨多羅三藐三菩提心，云何應住？云何降伏其心？首章此問以明發心降住之義，今恐菩薩存「我發心能作」，如是降住，則障解空、不住之道。故於此，重破實無菩薩發心，來問雖同，往明則異。

佛告須菩提：善男子、善女人，發阿耨多羅三藐三菩提者，當生如是心「我應滅度一切衆生」。衆因緣生，本非有法，妄心執起，著衆生相。今悟性空，則衆緣自滅。菩提中道，應發是心也。滅度一切衆生已，而無有一衆生實滅度者。但滅妄想尒，若計滅此妄，未離妄心。今有妄既滅，無空亦捨，反照於性，不住於常，及吾無身，誰受滅度？何以故？若菩薩有我相、人相、衆生相、壽者相，即非菩薩。離彼四相，是名無我，於我無矣，誰當滅耶也？所以者何？須菩提，實無有法發阿耨多羅三藐三菩提心者。菩提無定法，法空也；實無發心者，生空也。法空無所住，生空無降伏，正觀如此，是名菩薩，豈復別有一我，云度衆生哉〔五七〕？須菩提，於意云何？如來於然燈佛所，有法得阿耨多羅三藐三菩提不？若前云無法發菩提心，則不應於然燈佛所受菩提記。欲斷此疑，故却問。善吉云：於汝意以爲云何？如來於昔時，有方不也，世尊！如我解佛所説義，佛於然燈佛所，無有法得阿耨多羅三藐三菩提。推解於佛，以明勝義。以無所得故，故受菩提記，豈有發心者而得菩提耶？欲明不發得法心，乃真發心尒。

佛言：如是如是。須菩提，實無有法如來得阿耨多羅三藐三菩提。許善吉之言，是承〔五八〕前問之無得。須菩提，若有法如來得阿耨多羅三藐三菩提，然燈佛則不與我授記「汝於來世，當得作佛，號釋迦牟尼」。於菩提中爲有法可得，發如是心，則不證斯果，定〔五九〕不應授記。以實無有法得阿耨多羅三藐三菩提，是故然燈佛與我授記，作是言「汝於來世，當得作佛，號釋迦牟尼」。以般若智了諸法，如悟生法空，離斷常見，豈別有法得菩提耶？以是無得之故，故然燈佛知我修行，與我授記尒也。何以故？如來者，即諸法如義。如者，法性也，是性清浄，無有定相，遂通於感，物得皆如，既如陰如陽，亦不皦不昧。悟斯如義，來成佛果。了此空相，寂然无體，豈於有法而得是耶？

法得菩提不？

若有人言，如來得阿耨多羅三藐三菩提，若有此言，即非如義。須菩提，實無有法佛得阿耨多羅三藐三菩提。約諸法如義，則如來必不於有得法中得菩提也。須菩提，如來所得阿耨多羅三藐三菩提，於是中無實無虚。此又雙遣也。前云以有法得者，虚妄也；以無法證者，真實也。此乃寄無以遣有，假實以明虚。虚有之妄既除，實無之法亦無，但約邊以趣中道尒，於是中豈有虚實耶？是故，如來説一切法皆是佛法。一切法中，皆有中義，能超中道，即會於如，故諸法得中皆佛法。須菩提，所言一切法者，即非一切法，是故名一切法。因緣生法，本無自性，無性非有，故即非一切法也。爲因緣故，有假名生，假名非無，是故名一切法也。須菩提，譬如人身長大。一切法，假因緣生，如人身長大，亦資百骸九竅，以賅而存尒。

須菩提言：世尊，如來説人身長大，則爲非大身，是名大身。人身長大，假合衆緣。分分不同，則爲非大；而身相具足，是名大身。則知不離假合之身，而有大身；不離因緣生法，而有佛法。煩惱之外，豈復別有涅槃耶？

須菩提，菩薩亦如是。勸菩薩亦當作如是解，行於中道。若作是言「我當滅度無量衆生」，則不名菩薩。

以計有衆生故，則著於相；不取中道故，不得名道心衆生。何以故？須菩提，實無有法名爲菩薩。於五聚陰中，實無有一法，名爲菩薩。是故佛説，一切法無我、無人、無衆生、無壽者。以結前「無有法名菩薩」故，不著此四相，無是等相，則不應別有菩薩度衆生。須菩提，若菩薩作是言「我當莊嚴佛土」，是不名菩薩。於内無相，不應言我度衆生；於外無相，不應言〔六〇〕莊嚴於佛土。何以故？如來説莊嚴佛土者，即非莊嚴，是名莊嚴。無相莊嚴佛土，即非有相莊嚴之法。能了無相，是名莊嚴。故菩薩不應計「我當〔六一〕莊嚴佛土」也。須菩提，若菩薩通達無我法者，如來説言真是菩薩。於人無我，於法無我，忘於四相，不取六塵，能如此者，則不應計有衆生可滅度，有浄度可莊嚴，通達若斯，是真道心衆生矣也。

須菩提，於意云何？如來有肉眼不？

如是，世尊，如來有肉眼。色相同衆生，即肉爲眼，故云肉眼也。

須菩提，於意云何？如來有天眼不？

如是，世尊，如來有天眼。於眼浄根，普照一切，故云天眼。

須菩提，於意云何？如來有慧眼不？

如是，世尊，如來有慧眼。依定發慧，了一切相，故云慧眼。

須菩提，於意云何？如來有法眼不？

如是，世尊，如來有法眼。了一切法，於法無滯，故云法眼。

須菩提，於意云何？如來有佛眼不？

如是，世尊，如來有佛眼。總彼衆相，成我妙身，圓對無礙，故云佛眼。是五眼者，約事爲名，以所觀之境，因能觀之用，如彼摸象生斯異号，於我佛身，故爲同體。若別爲階級次第，或云修證不同，此則以色見如來，非謂通於無相也。

須菩提，於意云何？如恒河中所有沙，佛説是沙不？

如是，世尊，如來説是沙。如來説法，常以河沙爲喩。

須菩提，於意云何？如一恒河中所有沙，有如是等恒河，是諸恒河所有沙數佛世界，如是寧爲多不？

甚多，世尊！一河之沙數等諸河，諸河之沙，有如世界，如此世界，實爲甚多！

佛告須菩提：尒所國土中，所有衆生，若干種心，如來悉知。世界已多，是中衆生心心攀緣，數不能舉。如是心等，如來悉知。何以故？如來説，諸心皆爲非心，是名爲心。何以故？如來悉知，謂此諸心，皆由妄起，與物相力，逐境交馳。如是等心〔六二〕，是生知見。妄法非有，異境皆空。唯淨信心，如所教住，證達本末，是名爲心。所以者何？須菩提，過去心不可得，現〔六三〕在心不可得，未來心不可得。以三世法，求生知心，是心無常，求不可得。前云非心名心，借常心以破妄，此云求不可得，又遣破妄之常。然不將不迎，應而無主，万境咸入，我用不疲，千相取容，其求皆給，不唯般若之蘊乎！

須菩提，於意云何？若人滿三千大千世界七寶，以用布施，是人以是因緣得福多不？

如是，世尊，此人以是因緣，得福甚多。施寶求福，以果酬因，故知福德甚多。

須菩提，若福德有實，如來不説得福德多；以福德無故，如來説得福德多。寶施求福，非福德性，未絶因地，故説果多。七寶既盡，假名所獲，亦非有實。非有實故，故不取相，是以如來應緣而説，云得福多。若行深般若，歸趣中道，罪既不至，福亦不來，心如教住，法尚應捨，有何福德於其間哉？

須菩提，於意云何？佛可以具足色身見不？

不也，世尊！如來不應以具足色身見。色爲有分，身假緣成，凡是色身，皆非妙相，故不應以此見如來也。何以故？如來説具足色身，即非具足色身，是名具足色身〔六四〕。具足色身，分分假合，故即非具足色身；離假合身，别無真身，故是名具足色身。當試論之，夫無色之色，見一切色；非身之身，見一切身。若以色色空，縱妙身而有我；以空空色，雖色身而見佛。豈復捨此，而别有色身、妙身耶？

須菩提，於意云何？如來可以具足諸相見不？

不也，世尊！如來不應以具足諸相見。何以故？如來説諸相具足，即非具足，是名諸相具足。以一色身，不應見佛，今就諸相得見不耶？則一一相中，同一色相，故不應以此得見如來也。

須菩提，汝勿謂如來作是念「我當有所説法」，莫作是念。爲衆生説，如彼筏喻，故如來無説之念，汝不應作是思惟。何以故？若人言「如來有所説法」，即爲謗佛，不能解我所説故。法無定法，説豈説耶？若人以我有法可説，是人不解般若空義，與我説法之謗尒。須菩提，説法者無法可説，是名説法。言者在意，得意而忘言；法者辯空，悟空而無法。空本無法，故云「無法可説」，了是義者，得法甚深，故云「是名説法」。

須菩提白佛言：世尊，佛得阿耨多羅三藐三菩提，爲無所得耶？前云無法可説，善吉啟問，欲明無法所由，故云若無法可説者，則佛於菩提無所得耶？

如是如是，須菩提，我於阿耨多羅三藐三菩提，乃至無有少法可得，是名阿耨多羅三藐三菩提。於菩提中無有少法，若有少法不名菩提。爲無法可得，而能感而遂通，故名菩提也。

復次，須菩提，是法平等，無有高下，是名阿耨多羅三藐三菩提。於菩提道本無異門，泯彼色空，離於常斷，一相無二，是無爲法，適使万殊，咸其自已，涅槃煩惱，究竟無餘，只於是中名菩提義。以無我、無人、無衆生、無壽者，修一切善法，即得阿耨多羅三藐三菩提。無彼四相，明已悟空，習此中道，云修善法，不滯無有，名得菩提。須菩提，所言善法者，如來説非善法，是名善法。稱中道者，因邊獲稱，若存中法，不異於邊。故聖人説空，以破於有，故（六五）云善法；有法既盡，亦無空法，故非善法；能遣斯遣，深入菩提，是名善法。

須菩提，若三千大千世界中所有諸須弥山王，如是等七寶聚，有人持用布施，若有人以此《般若波羅蜜經》，乃至四句偈等受持、讀誦（六六）、爲他人説，於前福德百分不及一，百千万億分乃至算數、譬喻所不能及。如此挍量，前來已説，於所明義，一一不同。前云是法平等，不應經優而寶劣，故重宣此義，將遣是疑，只爲般若平等，故勝如山之寶尒。

須菩提，於意云何？汝等勿謂如來作是念「我當度衆生」。須菩提，莫作是念。如來無是念，故汝莫作是思惟。何以故？實無有衆生如來度者，衆生正性，本來清淨，六根起想，煩惱病生，觀生本空，有何可度？若有衆生如來度者，如來則有我、人、衆生、壽者。般若中觀，離諸名相，若見衆生可度者，則於法如中，不了空義。

須菩提，如來說有我者，即非有我，而凡夫之人以爲有我。前云我於然燈佛所，則是說有我也，然但曉凡順俗，非係有我不同，凡夫執著我相。須菩提，凡夫者，如來說即非凡夫，是名凡夫〔六七〕。未達中道，是名凡夫；了般若空，則證等覺，故即非凡夫。

須菩提，於意云何？可以卅二相觀如來不？乘如證覺，既非有我，故不應以卅二相觀。

須菩提言：如是如是，以卅二相觀如來。凡夫之人，以相求佛。

佛言：須菩提：若以卅二相觀如來者，轉輪聖王即是如來。汝若以相見如來者，轉輪聖王亦具是相，則應是如來；輪王既非如來，故如來不應以卅二相見。

須菩提白佛言：世尊，如我解佛所說義，不應以卅二相觀如來。善吉深達法性，故不作凡夫解。

尒時，世尊而說偈言：以偈如頌，非四句義。

若以色見我　以音聲求我
是人行邪道　不能見如來

無色見色，不可以色見；非聲應聲，不可以聲求。將令深趣涅槃，必依聲色之外，故以色聲求佛，是人甚好住，焉得見如來也？

須菩提，汝若作是念「如來不以具足相故，得阿耨多羅三藐三菩提」，須菩提，莫作是念「如來不以具足相故，得阿耨多羅三藐三菩提」。前破有相不見如來，恐衆生即作無相求佛，故此破云「汝勿謂無相可得菩提」。菩提非有無，故以有無求，皆不得也。《論》曰：大聖說空法，爲離〔六八〕諸見故；若復見有空，諸佛所不化。今者捨有而滯無，亦猶〔六九〕避溺而投火也。須菩提，汝若作是念「發阿耨多羅三藐三菩提者，說諸法斷滅」，莫作是念。汝若作無相而發道心者，是斷一切行，滅一切法，不得中道也，是故莫作是念也。何以故？發阿耨多羅三藐三菩提者，於法不說斷滅相。菩提中道，不有不無。若作有念者，則墮於諸法常，諸法實非常；若作無念者，則墮諸法斷，諸法實非斷。故於菩提中，不得生有無見，亦不得作常斷說。

須菩提，若菩薩以滿恒河沙等世界七寶持用〔七〇〕布施，若復有人知一切法無我，得成於忍，此菩薩勝前菩薩所得功德。離彼兩邊，契於中道，悟無生忍〔七一〕，勝福甚多，財施〔七二〕校量非及也。知無有〔七三〕我，亦無無我，遣之又〔七四〕遣，深入菩提，故知一切法無我。何以故〔七五〕？須菩提，以諸菩□……□。

（尾缺）

校勘記

〔一〕底本據斯二〇六八。經題據《大正藏》本擬補。

〔二〕「頗有衆生得聞如是言説章」，底本缺，據《金剛經》（《大正藏》本，下同）補。

〔三〕「佛告須菩提莫」，底本缺，據《金剛經》補。

〔四〕「如來滅後後五百歲有持」，底本缺，據《金剛經》補。

〔五〕「心以此爲實」，底本缺，據《金剛經》補。

〔六〕「三四五佛而種善根已於」，底本缺，據《金剛經》補。

〔七〕「聞是」，底本缺，據《金剛經》補。

〔八〕「須菩提如」，底本缺，據《金剛經》補。

〔九〕「如是無量福德」，底本缺，據《金剛經》補。

〔一〇〕「衆生無復我相人相衆」，底本缺，據《金剛經》補。

〔一一〕「法相」，底本缺，據《金剛經》補。

〔一二〕「何以故是諸衆生若心取相」，底本缺，據《金剛經》補。

〔一三〕「壽者何」，底本缺，據《金剛經》補。

〔一四〕「生壽者是故不應取」，底本缺，據《金剛經》補。

〔一五〕「以是義故」，底本缺，據《金剛經》補。

〔一六〕「法如筏喻者法尚應捨何」，底本缺，據《金剛經》補。

〔一七〕「須菩提於意云」，底本缺，據《金剛經》補。

〔一八〕「三菩提耶如來有所説法」，底本缺，據《金剛經》補。

〔一九〕「提言如來解佛所説義」，底本缺，據《金剛經》補。

〔一〇〕「藐三菩提亦無有定法」，底本缺，據《金剛經》補。

〔一一〕「何」，底本缺，據《金剛經》補。

〔一二〕「可説非法非非法」，底本缺，據《金剛經》補。

〔一三〕「爲法而有差」，底本缺，據《金剛經》補。

〔一四〕「須菩提於」，底本缺，據《金剛經》補。

〔一五〕「者」，底本脱，據《金剛經》補。

〔一六〕「不」，底本脱，據《金剛經》補。

〔一七〕「更」，底本脱，據文意補。

〔一八〕「受」，底本作「愛」，據文意改。

〔一九〕「世尊」，底本脱，據《金剛經》補。

〔二〇〕「不也」，底本脱，據《金剛經》補。

〔二一〕「諸」，底本脱，據《金剛經》補。

〔二二〕「即」，底本作「則」，據《金剛經》改。

〔二三〕「是」，底本作「此」，據《金剛經》改。

〔二四〕「是名般若波羅蜜」，底本脱，據《金剛經》補。

〔二五〕「即」，底本作「則」，據《金剛經》改，下一「即」字同。

〔二六〕「不可以三十二相得見如來」，底本脱，據《金剛經》補。

〔二七〕「即」，底本作「則」，據《金剛經》改。

〔二八〕「悟」，底本作「悞」，據文意改。

〔二九〕「即」，底本作「則」，據《金剛經》改。

〔三〇〕「即」，底本脱，據《金剛經》補。

〔三一〕「是名忍辱波羅蜜」，底本脱，據《金剛經》補。

〔三二〕「忍辱」，底本作「辱忍」，據文意改。

〔三三〕「即」，底本作「則」，據《金剛經》改。

〔三四〕「日分」，底本作「分日」，據文意改。

〔三五〕「讀」，底本缺，據《金剛經》補。

〔三六〕「要言之」，底本缺，據《金剛經》補。

〔三七〕「説爲發」，底本缺，據《金剛經》補。

〔三八〕「即」，底本作「則」，據《金剛經》改。

〔三九〕「示」，底本作「出」，據文意改。

〔五〇〕「阿」，底本脱，據文意補。
〔五一〕「表」，底本後衍「清」字，據文意删。
〔五二〕「致」，底本作「到」，據文意改。
〔五三〕「得」，底本作「德」，據文意改。
〔五四〕「德」，底本作「歷」，據文意改。
〔五五〕「如」，底本作「知」，據文意改。
〔五六〕「因」，底本脱，據文意補。
〔五七〕「哉」，底本作「我」，據文意改。
〔五八〕「承」，底本作「成」，據文意改。
〔五九〕「定」，底本後衍「光」字，據文意删。
〔六〇〕「言」，底本脱，據文意補。
〔六一〕「當」，底本作「能」，據文意改。
〔六二〕「心」，底本脱，據文意補。
〔六三〕「現」，底本作「見」，據《金剛經》改。
〔六四〕「是名具足色身」，底本脱，據《金剛經》補。
〔六五〕「故」，底本脱，據文意補。
〔六六〕「讀誦」，底本脱，據《金剛經》補。
〔六七〕「是名凡夫」，底本脱，據《金剛經》補。
〔六八〕「離」，底本作「破」，據《中論》（《大正藏》本）改。
〔六九〕「猶」，底本作「由」，據文意改。
〔七〇〕「持用」，底本脱，據《金剛經》補。
〔七一〕「忍」，底本脱，據文意補。
〔七二〕「施」，底本脱，據文意補。
〔七三〕「無有」，底本缺，據文意補。
〔七四〕「又」，底本作「有」，據文意改。
〔七五〕「何以故」，底本脱，據《金剛經》補。

（司冰霜整理）

〇二三一

金剛般若義記一卷上[一]

（首殘）

然真宗虛寂，妙絶言像。言像既絶，豈容名數於其間者？但衆生居見聞之境，處視聽之域，自非垂影像之迹，布聲言之教，无以引之以歸宗，延之以入軌。是以大聖如來，將欲曜真儀於浄土，垂應形於娑婆，故能降神兜率，誕應王宫，降魔成道，處世垂化。形言之迹，自玆而興。

但群生根有利鈍不同，心有廣夾[二]之異，致使一味聖典无量軀分。教雖軀分，大判唯二：一曰大乘滿字法門，二曰小乘半字法門。「大乘滿字法」者，如来始從得道，終至涅曰，大[三]行之徒諸菩薩等，説《華嚴》《十地》《大雲》《法鼓》《摩訶般若》《大集》《涅槃》，如是无量諸修多羅海。是等諸經，皆辨生、法二空，无作四諦説，應大機，進成大行，運物中極，故曰「大乘滿字」。言周義足，稱曰「滿」字。「小乘半字教」者，如来始欲鹿苑，終至娑婆羅，爲聲聞、緣覺小行之徒，説《戒律》《毗曇》《阿含》《雜藏》，如是无量小乘契經。是等諸經，但明生空，及有作四諦説，應小機，進成小行，運物未極，稱曰「小乘」。言局義隱，名爲「半」字，故經云：如是苦等，我於彼經，竟不説之。今此經乃是大乘滿字所攝。

就大乘滿字教中，如来一代，凡説八部《般若》，利益當時。何者爲八？初部十万偈，第二部二万五千偈，此之二部，猶在西國，此土所無；第三部一万八千偈，此中名爲《大品般若》；第四部八千偈，此中名爲《小品般若》；第五部四千偈，第六部二千五百偈，此之二部，由在胡本，未曾翻[四]譯；第七部六百偈，此中名爲《文殊般若》；第八部三百偈，而此名《金剛般若》。

然數雖有八，得名唯二。前之七部，同名《摩訶般若》；第八一部，名《金剛般若》。然名既唯二，所以有八部者，此乃時會不同，廣略有異[五]，故有八部之數。前七《摩訶》，對小彰大，以法爲名，非无金剛之義；弟八《金剛》，此乃寄喻明法，顯其治或[六]之功，非无摩訶之義，且倚互彰名。

又《仁[七]王》《光讚》《大空》《道行》等，流支三藏云：此皆十万偈《般若》中一品，非是別部。八部大宗，莫不皆名。窮衆典之要義，盡万法之剛，顯明常仏果，至極圓報。仏性正因，及十地了因，二種智慧，顯性之解，解滿性顯，則證於常果，於菩薩所行，其德具足。若談其躰，則古今清浄，離有離无，言語道斷，心行處滅。若辯其用，則无相未常不相，大用无方，曠周法界。此是八部大宗。

今言「金剛」者，此借喻之名。然世間金剛，有其多義。金，略明三種：一寶中最精，希有難得，若人得者，則除貧得福；二躰性堅實，能壞万物，不爲万物所沮；三隨寶住處，能辟毒氣。喻般若亦尒：一[八]明般若妙慧，万行中主，若人得者，則離生死貧窮，證涅槃福樂之果；二明般若智慧，以此法性爲躰，能弥或盡原，不爲煩或所沮；三明般若住處，不爲邪魔所繞。有此相似，借之爲況，故云「金剛」。

「般若」者，非[九]是中國語音。此方云「智慧」，能照盡空原，窮監万有，故云「智惠」。仍彼語音，稱曰「般若」。

「波羅密」者，亦是西音。此方名「度」，亦言「到彼岸」，明大涅槃，清昇累表，名爲「彼岸」。若人修學般若，則能超度生死，到大涅槃。存彼語音，名「波羅密」。

「經」者，中國[一〇]名「修多羅」。此方名爲「本」，明聖人言語，能与衆生生善滅惡，修道之本。又理教相望，互爲「本」義，明理不自顯，由教故彰，若不得言，无以得證。故《論》云：果雖不住道，而道能爲因。此明教爲理本。然教不自㦲，由理故生。故《論》云：若不證者，則不能說。此明理爲教本。具此二義，故名爲「本」。今言「經」者，乃是此方五經之名，鬚其字當修多羅，非正相翻，所以得用「經」字。相鬚者，凡有三義：一說人相似，二常義是同，三所随人情所貴。具此義故，以「經」代之。「經」者，常也，雖復先賢後聖代謝不同，而君子風礼始終常定，故名爲常。明仏法亦尔，然三世諸仏，雖復随滅去留，而教軌常定，故名爲「經」。

「論」者，仏去世後，像連之中，北天竺[二]有大乘開士，名和修槃陁，亦名婆藪豆。此方云天方菩薩，亦名天親菩薩。付法藏中，是苐廿人，實是高行大士，妙辯超群，遍見如来大小教意。常以此《經》文約義隱，理教玄蜜[三]，恐末代衆生尋此略文，取悟莫由。故能仰依聖典，圓制茲論，廣釋實相，敷宣玄要。欲今顯剛中舉，大道再興，然无盡法燈，庚暉長夜。問答解釋，目之名「論」。

故名此經云《金剛般若波羅蜜經》。然聖人出世，正爲利益衆生，但利道多途，化門非一，化意業冥加，与念增道。然能化有三，爲化衆生亦有三種：一邪歸依，二未知法，三禪嘿衆生。「邪歸依」者，此人有心求出，但所憑非正，故曰「邪歸依」。如来爲此衆生，故以身業神通，顯仏法勝事，轉彼邪心，迴令入正，此是身業益利邪歸衆生。「未知者」，此人敬信仏法，但於法未解。故以口業辨才，廣說三乘教門修道方軌，令使得知，此是口業教化未知法衆生。「禪嘿」者，此人唯樂獨靜，厭於憒閙，宜以意業冥加，使增道位，此是業利益禪嘿衆生。此汎舉三人，彰三業不同。

若就一人始終，亦須三業。何者此人？雖有心求道，而不歸得方，故先示身業神通，令生正信。雖得正信，猶未知法，次以口業就法，令使得解。雖復生信、得解，猶未得證，故以意業与念，令使得證。

今此經乃是三業中口業利益，爲未知法衆生轉法輪，令使得知□□□如是已下終盡奉行，是經之大躰。

若依此方舊解，不問廣略，皆爲三分，謂序、正、流通。依外國法師，就此經中，分開爲十二分。苐一序分，苐二護念付囑分，苐三住分，苐四如實修行分，苐五如来非有爲相分，苐六信者分，苐七校量分，苐八顯性分，苐九利益分，苐十斷疑分，苐十一不住道分，苐十二流通分。

若以三分相收：初明加其序；復帖流通；中間十分，還是正説。然十二分釋名生起，具作疑情，至時當解，今略以義次，令文勢相連。所以十二分中，先明序者，但如来曠劫積德，證法在己，欲以己之所得，説示衆生，而衆生未知如来得是不思議法。是故先假時託處，發起群機，藉此由致，下正説得起，是故苐一別明其序。序義已彰，宜應即説，但法須人請，若不請而説，則聞法之徒，不生難遭之相。是故須菩提將請先歎，歎如来善能護念付囑二種菩薩，即以歎爲名，是故苐二次明護念付囑分。讚歎於前，即便請問住地方軌，如来依請而答，廣明住地法用，是故苐三次明住分。然住德雖滿，勝進宜行，若不更修万行，則仏果路遥，无以速證，是故苐四次明如實修行分。然勝行既成，則因道圓備，但因不妄施，理招勝報，无相因成，无爲果就，是故苐五次明如来非有爲相分。然因深果妙，聖不虚辨，苐六信者分。既當機而説，必有信受深經，其福弥多，自非假近相比，无以顯持經福大，是故苐七次明校量勝分。然持經獲福，則能資發妙解，顯本真无，證爲己用，是故苐八次明顯性分。然性理既顯，則慧觀轉明，能令行人近除罪障，當獲妙果；未成仏已来，人天勝報莫不備受，故苐九明利益分。然人天近報，可何尔而招菩提大果？寧可即得？自非備斷衆疑，无以可證，是故苐十次明斷疑分。然疑網既消，則能甄除生死，故与世同居，復能具大慈悲，鬧悼三有，不住涅槃，故次明苐十一明不住道分。然上来所説，皆是利益當時，而如来大悲，復欲以此勝法，澤沾遐代，是故第十二分次明流通分。

初明序分。言「序」者，説前由致，發起所説，目之爲序。序有二種：一是證信，二是發起。「證信序」者，就所爲作名；「發起序」者，當躰爲目。就二序中，解有三翻：一明立二序意，二釋二序名有与奪，三判二序經文通局。

初明序意，凡言「序」者，与經作序。經既无二，何意序便有二？解云：經若唯一，序亦无殊，但今一經爲二經，故須立二序。何者一經爲二？然法出仏口，是仏所説經；轉付阿難，是阿難所傳經。但阿難所傳書之竹帛，利益未来；如来所説，利益現在。正以人有上下傳不同，益有現未二時之異，以斯義故，一經爲二。對此二經，須立二序。對現在如来説，須立「發起序」；對未来阿難傳，須立「證信序」。

第二次辨二序名有与奪。然二序大意都爲生信，若无信器，法則不傳。是故如来將欲説法，先現瑞相，發起浄信，以此發起，令物生信，即是「證信序」。然阿難所引，發起所傳，亦是「發起序」。若尔，二序皆通，何意阿難經初名「證信序」，如来經初立「發起序」？釋云：仏是大聖，理合可信，故就序爲名，名「發起序」。阿難是不足之人，恐未来不信，故就證信事爲名，故名「證信序」。

第三次解二序。經文前却「如是我聞」兩句。望現在如来經，一向无發起；望未来阿難經，一向是證信。「一時」已下，望如来現在皆發起義。何以得知？然時處及人是起説中要，故知有發起。「尔時世尊」已下，阿難引来，亦成證信義。但經初六句，是仏教阿難置在一切經首，故判爲「證信序」。「尔時世尊」已下，明發起事别，不同餘經，故判爲「發起序」也。

就「證信序」中有六句：一如是，二我聞，三一時，四婆伽婆，五住處，六同聞。然六句聞然，大意皆爲生信，亦得義兼，表異外道阿㐌爲吉等證生信，所以先標「如是」者。若不先標法躰在初，則信无所歸，是故先明「如是我聞」者。出能聞人，既舉法在初，聞必有人，故次明「我聞」。「一時」者，明聞經時節。既有能聞之人，聞必有時，故次明「一時」。「婆伽婆」者，辨能說人。難云：聞有時，未知從誰而聞？故次明仏「婆伽婆」。雖辨說人，然說必有處，故次云「在舍婆提城」。雖知處所，猶未知与誰共聞，故次云「与大比丘衆千二百五十人俱」。文義相乘，皆爲成信也。

「如是」者，是信順之辭。然仏法大海，以信故入，以智故度。信者當言「是事如是」；不信者當言「是事不如是」。有信之人，入仏法中，多所利益。是故仏法初首，先唱如是，未期信相，釋論廣說。此但釋大意，猶未消文。

今信「如是」者，解有二種：一就仏，二就理。就仏解者，明三世諸仏所說不異，故名爲「如」，以同說故，得名爲「是」，正以諸仏同說，是故可信。就理者，明諸法實相，古今不異，故名爲「如」，如說故，得名爲「是」，既是如理之言，不增不減，決定可信。故言「如是」。

□□「我聞」者，次解能聞人。應問：是中言我者誰？又仏法无我，何故稱我？又復正應耳聞，何故言我聞？釋云：是中言我者，若就別傳，則是須菩提；若據通傳[三]而言，是阿難云我聞。然如来所說，有三乘法藏，傳持法人，亦有三種：一名阿難陁，此方名歡喜，持小乘法藏；二名阿難陀拔陀，此方名歡喜賢，持中乘法藏；三名阿難陀婆伽羅，此方名歡喜海，持大乘法藏。三名雖殊，正是一人。如舍利□□天[四]女，「汝於三乘當何悉求？」天曰，「若以小乘化我，即爲聲聞」等，此亦如是。以法不同，故作三名，此義出《闍王懺悔經》。此三人中，前二人有親聞者，有傳聞故。千結集中，阿難昇坐說偈云：「仏初說法時，尔時我不見，如是展轉聞。」仏遊彼羅奈，爲五比丘說四諦之法輪，不得皆云親聞，茀三阿難得言常聞。故《涅槃》云：「阿難多聞士，自然能解了，是常及无常。」或云得覺性三昧，一切常聞，故知是阿難稱我也。

然一切諸經，皆總□□□□有別傳者。此經別傳，是須菩提。何以得知？下經中須菩提聞名請受，故知是也。又復依文殊結集中，明如来在此世間外，不至彼世界，諸仏集説法，即名《諸仏集會經》，亦名《諸仏諮經》。文殊後時結集大乘，召諸菩薩及大羅漢，无量无邊，各各稱某甲經我從仏聞，須菩提云：《金剛〔一五〕般若》，我從仏聞。以此文證，故知是也。

然仏法我无，何故稱我？釋云：理雖无我，而不壞假名。若不言我，則亦无聞，化道則絶，是故□□□我而得説我。如人以金易銅，賣買法尔，人无嗟者。世俗諦〔一六〕中假名説我，智者不怪也。

聞者耳根不壞，聲在可聞境，意欲作聞相，因緣和合，應言耳聞。云何言「我聞」？釋云：雖无神主，而不无假名，縮御以別歸總，故稱「我聞」也。

「一時」者，辨説經時節。如《仁王經》中，明如来昔廿九年説《摩訶般若》《天王聞般若》《光讚般若》《金剛般若》。以此文證，是知時節。而解者不以爲定，未能□□□□，以説此一部經竟，故總云「一時」也。

「婆伽婆」者，是能説人。正以從仏邊聞，是故可信。然「婆伽婆」，是中國語音。諸仏无量名中，謂此名最勝，統合多義。或言解空義，復能分別諸法總相；或言有人名聲；或言能破煩惱；或言是大丈夫義。既衆多不可定釋，故存胡本，名「婆伽婆」也。

「在舍婆提城」者，辨其住處。然法身无像，不假方土所居，或言如来常在聖行中住，而言在舍婆城者何也？釋云：仏有二種。一父母生身，□□□□身仏。今就父母生身，随化所居，故言「在」也。

「舍婆提」者，是中國語音。昔兄弟二人，弟名舍婆，此云幼少；兄名婆提，此云不可害，於此處學仙道。後人于中立城，即因人以爲名，弟略去婆，兄略去阿，故云「舍婆提城」也。釋論中廣解住城因緣，如来所以多住二城，爲報生身恩，多住舍婆提；爲報法身恩，多住王舍城；又此二城，多有聰明利智諸大論師，如来如師子王；又有邪見重病，如来如藥□□；又此二城，恒常豐樂；又爲護釋種弟子□□□□量因緣，是故在舍婆提城也。

「祇樹給孤獨薗」者，共其別處，但彼城是寬廣，有二精舍，一摩伽羅母堂，二祇陁精舍，故須曲指住處。「祇」者，是波斯匿王太子，名祇陁。「給孤獨」者，是須達長者，此人好濟孤貧，因人即号「給孤獨氏」。但祇陁先有此薗，須達後時布金買得，因相尔歡□□□精舍。祇陁因樹爲名，須達從薗受稱，並存□□□□祇樹給孤獨薗也。

「与大比丘」者，出□……□具例諸衆中，但舉比丘復不□……□。「比丘」者，是外国語音。此方无名□……□是出家名字。或言「怖魔」，是人□……□唱言：某長者子，今日出家，虛空□……□，魔王聞之，即大驚怖，故云「怖魔」。□……□月天女問舍利弗四種食法，舍□……□歷星月，因得食名爲仰口；□……□而得利者名爲下口；憐國聘使，通□……□名爲方口；和合湯藥行醫□……□食名淨乞士。「大」者，皆是无學□……□大人恭敬；或言徒衆大，故名大比丘也。□……□伽，此云和合衆。四人已上，終至百千，同一□……□名和合衆。「千二百五十人」者，舉其大數□……□人有千眷屬，沙然道有二百五十弟子，□……□度故云「千二百五十人俱」也。然是等諸□……□以常隨仏者，釋云：爲報仏恩。常隨□……□嚴徒衆益仏德，轉尊又爲聽法□……□云无求，何故聽法？仏尚聽法，堂□……□。釋論說：上来六句明證信，□……□已下明彂起序。但彂起不□……□地廣集有緣，或自時□……□使物致疑，或入三昧□……□食由緣昪坐入□……□。

（尾殘）

校勘記

〔一〕底本據斯一〇八七背。

〔二〕「夾」，通「狹」。

〔三〕「大」，疑前脱「爲」字。

〔四〕「翻」，底本作「幡」，據文意改，下同。

〔五〕「異」，底本作「以」，據文意改。

〔六〕「或」，通「惑」。

〔七〕「仁」，底本作「人」，據文意改，下同。

〔八〕「一」，底本脱，據文意補。

〔九〕「非」，底本脱，據文意補。

〔一〇〕「中國」，疑爲「西音」。

〔一一〕「笠」，疑爲「竺」。

〔一二〕「蜜」，通「密」。

〔一三〕「傳」，底本脱，據文意補。

〔一四〕「天」，底本作「大」，據文意改。

〔一五〕「剛」，底本後衍「波」字，據文意删。

〔一六〕「諦」，底本作「帝」，據文意改。

（司冰霜整理）

○二三三二

金剛般若經疏[一]

（首殘）

□……□各爲究竟□……□相乖違，亦違究竟一實中道，□□佛説三種究竟，猶豫多端，若爲證會？又依《深密》[二]，佛自會釋，諸説空教，唯依遍計，説諸法空，如何可言？破相宗中，三性俱遣，餘一一義，有多妨礙，□舉可知，不能繁廣。當知《瑜伽》，補處宣説，乃□□解釋一切諸經，勿謂但釋《深密》等教，故彼《論釋》□□□云：此論殊勝若蓮華，猶如寶藏如大海，具顯[三]諸乘廣大義，善釋其文無有遺。又云：今説此《論》，所因云何？謂諸有情，無始時來，於一切法處中實相，無知疑惑，顛倒僻執。乃至如來[四]出世，隨其所宜，方便爲説種種妙法處中實相，令諸有情知一切法[五]。如是如是空，故非有，如是如是有，故非空，了達諸[六]法非空非有，遠離疑惑、顛倒、僻執，修行滅障，得[七]三菩提，證寂滅樂。佛涅盤後，魔事紛起，部執競興，多著有見。龍猛菩薩證極喜地，採集衆義，無相空教，造《中論》等，究暢真要，除彼有見。聖提婆等諸大論師，造《百論》等，弘闡大義。由是衆生復著無見。無著菩薩位登初地，證法光定，得大神通，事[八]大慈尊，請説此《論》。理無不窮，事無不盡，文無不[九]釋，義無不詮，疑無不遣，執無不破，行無不修，果無不證。正爲菩薩，令於諸乘境、行、果等，皆得善巧，勤修大乘，證大菩提，廣爲有情，常無倒説。兼爲餘乘，令依自法修自分行，得自果證。如是略説此《論》所由，故知通釋一切聖教，除空、有見，起處中行，寧説《瑜伽》唯法相宗？

問：豈不諸經多説法相，或多破相，或復融會，寧不分宗？答：准言諸教，無此三義，但説定判。如是如是經之與論，彼[一〇]彼宗攝，即爲不可，皆□□故。是故應説大乘妙理，隨何等經，皆有法相、破口、口會，雖有偏明一義多處，理實此三不相捨離，以辨法體、除執、會通義皆遍故。

問：若爾，何故於大乘中，中宗、邊宗，清辨、護法，無相、法相，諸宗各别？答：但由釋者製作不同，隨能釋意，説宗有異，非是佛語墮諸邊故，先别立宗。由此應説，於大乘中，宗分有二，一勝義皆空宗〔二〕，二〔三〕如應理圓實宗。即是龍猛菩薩，下至清辨論師，依無相教，説勝義中一切皆空，世俗是有。《掌珍》頌云：真證有爲空，如幻緣生故，無爲無有實，不起似空花。乃至不立三性唯識等。後宗即是慈氏〔三〕如來，乃至護法菩薩，依《深密》等顯了言教，説勝義諦非空、非不空。《辨中邊論》慈尊頌曰：虚妄分别有，於此二都無，此中唯有空，於彼亦有此，故説一切法，非空非不空，有無及有故，是則契中道。三性之中，遍計性無依圓，是故有二乘别。

問：所言勝義及世俗諦，其相如何？答：還依二宗，所説有異。且勝空宗，真勝義諦，一切教都空，世俗諦中，可有色心修斷等法。如《經》説云「凡所有相，皆是虚妄」，此世俗諦；「諸相非相，則見如來」，此勝義諦。「四生、三界所有衆生」，是世俗諦；「實無衆生得滅度者」，是勝義諦。應理宗説，真俗二諦，二義不同。一依人辨諦，二約法辨諦。二種二諦，俱通空有。且依人者，《涅盤經》云：上智所知名勝義，中智所知名世俗，二智所知皆通有，故知二諦空有俱通。言依法者，法有勝劣，互相形待，而爲真俗。此有四重：一虚實二諦。瓶、軍、林等虚，爲世俗；蘊、處、界等實，爲勝義。二理事二諦。蘊等事法麁，爲世俗；四諦道理細，爲勝義。三淺深二諦。四諦安立淺，爲世俗；二空真如深，爲勝義。四詮旨二諦。二空真如帶詮，世俗；一真法界亡詮，勝義。總有五法，初軍、林等，俗而非真，後一真法界，真而非俗，中間三法亦真亦俗，互相形故。廣如《唯識》第九、《顯揚》第六、

《大論》等説。然初一種，世間共執以爲實有我法性故，空而非有；餘之四法，通是依他、圓成性故，有而非空。故説二諦體通空有，非如前説，勝義皆空。

既知二宗所説二諦，次應徵問空有所由。勝空者曰：《大經》説云「設有一法過涅盤者，我亦説爲如幻如化」。《般若心》云「色即是空，空即是色，受、想[一四]、行、識亦復如是」。此《經》亦云「般若波羅蜜即非般若波羅蜜」，乃至「無法可説」等。准此等教，諸法皆空。又《五蘊》云，法若有體，自可能生，既藉衆緣，明知非有。如結手巾爲兔等像，無兔等性。應理者曰：即准此《經》「福聚無量」如何非有？又説「如來有五眼」等，又「發阿耨菩提者，扵法不説斷滅相」等，又復《經》云「有爲、無爲名爲有，我及我所名爲無」，又云「無我、無造、無受者，善惡之法亦不亡」等。雖説藉緣，豈[一五]幻化體都無所有？由應理者亦以幻化喻依他故，星、翳、燈、幻喻有爲故。又説「衆生我皆令入無餘滅度」，若皆空者，何假令空花而盤扵涅盤？勝空者云：此等諸法文，皆據俗諦，非真空中有造修等。應理難曰：汝[一六]之俗諦，與勝義諦爲一爲異？若言一者，有空相違，不見苦樂及冷熱等間爲一故；若言異者，二諦本俱，如何一有，而一非有？彼答：二諦其體無别。俗諦體有，可苦樂等，非體通過[一七]，二諦相對，妄情是有，真理皆空。今隨妄情，説俗諦有，就實而談，俗諦亦空。難曰：世俗妄故，令捨俗諦入真空者，豈無諸法斷滅相過？答：體既是無，無可斷滅，故言不説法斷滅相。此與應理解釋全别。

問曰：依勝空説，妄有真無，二諦體一，未審應理所説二諦爲一爲異？答：應理所説，非一非異。何以故？義用别故非一，無别體故非異。即如瓶、軍、林等，五法相望，展轉皆爾，既非一異，翻此即説，或異或一，皆無有妨。《仁王經》云「有無本自二，譬如牛二角，照解見[一八]無二，二諦常不即，解心見無二，求二不可得，非謂二諦一，非二何可得，於解常自一，於諦常自二，通達此無二，入真第一義。」頌意，真如爲勝義諦，依他、遍計爲世俗諦，二智境故名爲諦異，唯約真智即稱解，或一或異〔一九〕，皆無有違。《唯識》亦云「故此與依他，非異非不異，如無常等性，非不見此彼」。《瑜伽》七十五云「於大乘中，或有一類惡取空故，作如是言，由世俗故，一切皆有，由勝義故，一切皆無。應告彼言，何者世俗？何者勝義？彼若答〔二〇〕言義，一切法皆無自性，是名勝義，若於諸法無自性中，自性可得，是名世俗。何以故〔二一〕？無所有中建立世俗〔二二〕，假設名言而起説故。應告彼曰，汝何所欲？名言世俗爲從因有自性可得，爲唯名言世俗説有？若名言世俗從因有者，名言世俗從因而生，而非是有，不應道理。又應告言，長老，何緣諸可得者，此無自性？此難俗有，勝義即無。彼若〔二三〕答言，顛倒事故。謂心顛倒，於無謂有，如見空花。復應告言：汝何所欲？此顛倒事，爲有爲無？若言有者，説一切法由勝義故皆無自性，不應道理；若言無者，顛倒事故，諸可得者，此無自性，不應道理」。既無顛倒，從何起執？而言顛倒事故，諸可得者，此無自性。勝〔二四〕空者〔二五〕曰：《大菩薩藏經》第二卷云，空與菩薩，性〔二六〕無有二，由無二故，不可言説。又云，遠離取執勝義諦中，無法可得，由性無故，説名爲空。由此説空爲極了義。應理者：此亦非證。謂依瞬若，遍計無，故與覺無二。又瞬若多空性真如與覺無二，不言菩提體即空無，若實皆空，何空何覺？若云隨破妄情，空覺無二，據勝義諦，無覺無空，即應分別兔角長短。此既不爾，彼云何然？又云，遠離取執勝義諦中，無法可得，不言非執勝義諦中亦空無法。又若二諦體性是一而非有者，應無凡聖、染淨作業，人天五趣，即無三惡悲所度生，菩薩徒〔二七〕自行於勤苦，以空無故，誰爲誰説，何法何求？不應智者爲除幻敵，求石女兒，用爲軍旅。又凡夫妄倒，可有世俗色、心等法。諸佛如來妄倒已斷，何有色身淨妙土等？若言，以佛悲心，爲衆生故，示〔二八〕現身土，衆生妄倒若已斷盡，諸佛身土亦不立者，勝義既空，悲智之心亦應非有，誰爲能度衆生之本？故言空者，是密意說。教理既然，故與前說《掌珍》比量作聖教相違過，以違法教不空義故。《唯識》亦云「彼特違害前所引經」。勝空者曰：我亦有教，引前所說《大般若》等爲證成故。應理者曰：教有顯了及不可了〔二九〕義，違顯了教，故汝爲過。謂《深密經》說，第二時以隱密相轉正法輪，說一切空非真了義。又云「相、生、勝義無自性，如是我皆已顯示〔三〇〕，若不知佛此密意，失壞正道不能往。」《經》既自說諸法無性無量隱密相，非真了義，今判說空爲第一說，是故爲過。

問曰：龍猛、無著俱登極喜，同證法性，智見不殊，因何二宗所說有異？答：據其至理，平等無差，佛對根宜，顯密異說，菩薩亦爾，對根宜聞，所弘各異。由著有見，龍猛菩薩密弘於空。空見若生，亦成其病，故須雙說，非有非空，遠離二邊，契會中道，如向《瑜伽釋論》等說。又復大乘無相空教，依真智境，遣一切相，密說皆空。諸大菩薩對著有病，弘斯密教，非於中道而不證悟。末〔三一〕葉不悟，廣與乖諍，豈菩薩有所相違？上通辨宗，隨其勝空及應理者所弘二諦，並此《經》明。如《功德論》咸歸通二宗解，智者當悉。

別明宗者，題名般若，故即爲宗。般若有三：實相、觀照及與文字。慈恩三藏依諸經論，更加二種，謂即境界及以眷屬。通有五法，一般若性，二般若相，三般若因，四般若境，五般若伴。剋性相從，俱名般若。

若有義，此經觀照爲宗，說能斷故。如《大經》說，六度之中，其般若度爲州、爲諸、爲遵、爲首、爲燈炬等，故此唯以惠相爲宗，即無分別本、後二智，通生法空。或取加行，亦不違理，由十八住通攝地上位故。有義，亦以實相般若爲經所宗，能斷性故，真理爲本，智方生故，金寶亦喻如來藏故，《經》中廣明無相真理法身極果，是無相智正所觀故。若辨如體，諸釋不同，如《淨業障經疏》述。問：何不取文字等三？答：非《經》正明，彼是末故，此二本故，菩提、涅盤二爲體故，即五法性攝三身故，能緣所緣，能依所依，若性若相，功德本故。第三門訖。

第四所被根宜者，初辨根性，後以教被。且初根性，差別不同。一乘五性，自古紛諍。今略敘之，三説不同。

一云：衆生皆有佛性，決定無有定性二乘及無性者。《涅盤經》第二十七云「師子吼者，是決定説，一切衆生悉有佛性」，又云「一切衆生悉皆有心，凡有心者，悉皆當得阿耨菩提，是故我説，一切衆生悉有佛性」，又第三十七云：「爲非佛性，説於佛性。非佛性者，所謂牆壁、瓦石無情之物，離如是等無情之物，是名佛性。」准此經文，非是准理，有情五蘊不被簡故，亦非少分離無情物是佛性故，豈可爲作非佛性説於佛性，佛性[三二]之中有非佛性？如説離有爲法説於無爲，無爲之中有有爲耶？又《涅盤》云，一切衆生皆有三定，謂上、中、下。上者佛性，中者初禪，下者大地。中定非是少分，故知如上定，亦是一切，同一文故。既云是定故，非准理説，《首楞嚴》定爲佛性故。《法華經》云「一大事因緣，出現於世[三三]，欲令衆生開佛知見，使得清淨」等，又云「十方佛土中，唯有一乘位，無二亦無三，除佛方便説，但以假名字，引導於衆生」。《佛性論》云：二空真如名應得因，以應得佛果，故名應得。故知[三四]有理性者，定有行果。理既一切皆有行果，故非少分。若謂《法華》二乘無滅，悉當成佛，此説不同定二乘，非是定性者，不然不定亦成佛。教起初轉法[三五]輪，今[三六]説與昔[三七]説若同，何爲慇懃三請許説，增上慢人起誑驚怖，舍利弗等疑佛爲魔？良由今昔懸殊，有斯疑訪。故《經》云「所以未曾説，説時未至故，今正是其時，決定説大乘。」故知今説非先説也。

二云，種姓有五，一聲聞姓，二緣覺姓，三如來姓，四不定性，五無種性。問：云何得知有無種姓？答：四卷、八卷二《楞伽經》皆云，大悲菩薩，一闡提人，畢竟不成覺。若皆有姓，衆生即應有成佛盡，如何大悲畢竟不作？又《勝鬘經》云「離善知識，無聞非法衆生，以人、天善根而成熟之」。《善戒經》云：無種姓人，無種姓故，雖復發心，勤行精進，終不能得〔三八〕菩提。《地持》《瑜伽》亦同此説。又《涅盤經》三種病人，第三若遇、不遇良醫，決定不差。若是有姓，如何不差？又恒河七人，第一當没，七人各一，即無種姓。《大莊嚴論》第一説闡提有二種，一時邊，二畢竟。時邊有四，一者一向行惡，二者普斷諸善法，三者無解脱分善根，四者善根不具足。畢竟無涅盤法者，無因故，彼無般涅盤姓，謂但求生死，不樂〔三九〕涅盤。然有釋云：畢竟者，一約所斷善兼生得善，斷三世因盡，名爲畢竟無涅盤性。二約時，以有鈍根，長時流轉，不能生，名爲畢竟無涅盤法，不言盡未來際決定無性名爲畢竟。此釋不然，諸斷善根，但斷生得，非方便善。又伏現行，非無種子，如何無因？又與時邊普斷善法，應無差別。又斷善根，大小經論，俱是利根，非鈍根者。「畢竟」之與「盡未來際」，文别義同。若不爾者，究竟如虚空，應非遍法界。又《瑜伽論》第六十七，更有五難、六答，廣成無姓，此應撿敘。上來無姓，次成定姓。依《大般若》五百九十三「善勇猛請言，唯願世尊哀愍我等，爲具宣説如來境智。若有情類於聲聞乘姓決定者，聞此法已，速能證得自無漏〔四〇〕地；於獨覺乘姓決定者，聞此法已，速依自乘而得出離」乃至云「若有情類雖未已入正性離生，而於三乘姓不定者，聞此法已，速發無上正等覺心」。既決定外别説不定，明知别有決定聲聞。又《瑜伽》七十六，《解深密》第二，皆説一向趣寂聲聞。《華嚴》第四十，説定性緣覺，《大經》第一亦爾。《涅盤》第三十言[四一]「我於經中，爲諸比丘，説一乘、一[四二]道、一行、一緣」乃至「我諸弟子，聞我是説已，不解我意，唱言，如來説，須陀洹乃至羅漢皆得作佛」。若皆作佛，無決定姓，是解佛意，何須此説？若爾，如何《法華經》中唯説一乘而爲究竟？答：如《攝論》中，以十義會，《深密》亦有會一乘文。總依經論，佛性有三，聲聞有四，闡提有三。佛性三者：一理性，謂真如。二行性，謂無漏種子。三隱密姓，即慶勞之疇。聲聞四者：一應化，二退菩提心，三增上慢，四趣寂。闡提三者：一大乘，二斷善，三無種性。

上來兩家所引教文，並有明説，其互釋難，及會違文，一一研究，廣如《別記》。樂廣言論，勤説法者，皆應敘之。

三云：此有種姓及無種姓，乃是如來教密境界，散在諸經，佛不定説，如何前釋欲定是非？此十力中，種種界力之所知故，唯佛與佛爲能知之證一一。《涅盤》第十七云「三乘之法，説言一乘，一乘[四三]之法，隨宜説三。」乃至「如來明見衆生根故，終無虚妄，斷罪過故。雖無虚妄，若知衆生因虚妄説，得法利者，隨宜方便，則爲説之。是則諸佛甚深境界，非二乘知。」准此經文，豈可下凡謬爲商略？又彼卅四云「善男子！如來世尊爲衆生故，廣中説略，略中説廣。」乃至云「是故隨人、隨意、隨時，故名如來知諸根力。善男子！我若當於如是等義作定説者，則不得稱我爲如來，且知根力。」三十五云「善男子！如[四四]是諍訟，是佛境界，非諸聲聞、緣覺所知。若人於是生疑心者，猶能摧壞無量煩惱如[四五]須彌山。若於是中生決定者，是名執著。」乃至「善男子！如是執著，不名爲善。何如故？不能摧壞諸疑網故。伽葉復言，世尊！如是人者，本自不疑，云何説言不壞疑網？善男子！其疑者，即是疑也。」三十六云「善男子！我雖説言一切衆生悉有佛姓，衆生不解佛如是[四六]等隨自意語。善男子！如是語者，後身菩薩尚不能解，況於二乘、其餘菩薩？」

又後文「若有說言，一切衆生定佛性，定無佛性，是人皆名謗佛、法、僧。」准此等文[四七]，推功歸佛，謹述而已，故於諸釋，隨所愛樂，任情取捨，以有教理，各齊均故。不應於中起朋執心，强生偏見，謂契佛言，無有是處。然應是具敘諸家教理，欲令學者知所在故。問：理有一長，不應俱是。開釋教藏，須定指歸。今但和光，作不定說，將令後學何所承稟？答：義有可定，不可定者。不決定義，理通[四八]多解，豈可[四九]一向，要令定釋？佛尚不定，誰敢定乎？問：祕密難知，誠如所道。此土衆生樂聞佛性，何故如來不作定說？答：誰言一向樂聞說有？然諸佛衆生，自有二類。一聞佛性，欣樂有憑，勇猛進趣；若聞無性，無所因託，息進求[五〇]心。二者若聞一分無性，恐墮此緣，加功德進習；若聞皆有，恃此佛性，却生怠墮。由對機異，教不定明，但應精勤堅集行願，面奉金顏，當自知矣。

上來解釋根性不同。以經被者，若依初釋，更無異論。五性之家，應須料簡，約正所被，唯是上乘。《經》云，爲發大乘說故。即餘經云，爲諸菩薩說應六波羅密，今得一切種智。若約兼被，通諸二乘及以無姓，下列四衆，及於八部，無所簡故。《大般若》云，般[五一]若波羅蜜多，能辨聲聞[五二]及獨覺地。即前所引若勇猛文，亦被二乘。此下菩薩廣大之心，三界四生，俱令滅度。無著菩薩問云：何故願此不可得義？答：生所攝，故無過。至下當知。

第五依文正解者有二：初釋題目，後解經文。

釋經題者，秦、魏、梁本俱題《金剛般若》。唐、周[五三]兩本，同號《能斷金剛》[五四]。隋朝所翻，准彼論後，乃名《金剛斷割》。前三本略，後三具足。舉體攝用，但標法喻之名；體用雙彰，兼陳斷之因。廣略雖異，義則無違，初離釋，後令釋。

梵云「跋闍羅」，此云「金剛」。寶中最勝，體類多種。《正理論》云「帝釋有寶，名爲金剛，不爲餘衆生見。」

《真諦記》云：有六種寶，皆名金剛。一青色[五五]，能除一切災厄；二黄色，能隨人所須，出種種物；三赤色，能令人遊行空中；四白色，能出水清濁水；五空色，能出火；六碧色，能消諸毒。

上釋喻體，次舉義用。先依諸教，後據此《論》。

諸教如《涅盤》第二十四，廣讚金剛三昧「譬如金剛，所擬之處，無不碎壞，而是金剛無有折損。」又云「如諸寶中，金剛最勝。」依梁《攝論》，天親菩薩釋金剛定，四義爲喻「一能破煩惱，二能引無餘功德，三堅實不可破，四利用通達一切法。」定既如是，准智亦然。《對法論》第十二，釋金剛定四義「一無間非世間行，所間缺故。二堅固能壞一切障，非所壞故。三一味無分别性，純一味故。四遍滿緣一切法，共相真如爲境界故。」金剛亦四「一體無間隙，非沙石所雜。二可知。三純一類，不變不異。四遍滿世界，如金剛輪、金剛山、金剛座、金剛杵等。」總攬諸文，金剛十義。一最勝，二難見，三除災，四堅實，五稱求，六能引，七利用，八無間，九一味，十遍滿。

此《經》文義，亦有十種。最上第一希有法故，義及果報不思議故，罪業障惱爲消滅故，能破堅執非彼故，利生嚴土得菩提故，能生諸佛集善法故，通達無我智見淨故，非相心之所雜故，諸法如義體無爲故，福惠如空叵思量故。對前喻十，如次配釋。此雖義具，非本《論》意。本《論》四義：一細，二牢，三能斷，四相似。初三共義，觀照實相遍在諸教。後一不共，文字般若唯在此《經》。

《論》先標云「金剛能斷者，此名有二義相應，應知如説入正見行、入邪見行。」然釋此文，法説不同。慈恩解云：「二義相應」者，此顯金剛通能、所治。「如説」已下，是舉例釋。「正見謂正定聚，邪見謂邪定聚。行善惡行，能入彼聚，名彼二行。或泛指言，如説善惡二人，行善惡行，此行入正見聚類，此行入邪見聚類。邪正雖殊，俱名見行。今者能治三惠，所治二障，染善雖殊，俱名金剛。」如《涅盤經》云「金剛極堅，萬物不能壞，除白羊角及以龜甲。」意以二一[五六]障隨其所應，凡夫二乘所不能斷，唯發大菩提心，三惠方能折伏，或斷折或斷。此以所斷，喻於金剛如入邪見行。又如玉石性極堅牢，非物所壞，唯有金剛能摧破之。二障亦爾，非凡夫俗智、二乘真智之所摧壞，二乘不斷惑障習故。大乘三惠如彼金剛，方能伏斷。究竟斷位金剛修惠，故《經》唯説金剛喻定，此即能斷，喻金剛如入正見行，故言二義：一所破義，二能破義。若唯能破邪正二見，喻不相應，然《論》文略，不解出所治金剛，於能斷中菴含方顯。河南又釋：金剛但喻三惠及教，所以然者，《涅盤經》喻如金剛極堅，無能摧壞，除龜甲等。彼經亦爾，唯除闡提不能令立菩提之因，既羊角等以喻闡提，明非所斷。名爲金剛而言二義者：一證真如理，如入正見行；二斷諸惑，如入邪見行。此金剛智，能破大乘有善根人。根熟之者，二重障惑不能除，彼斷善根人身中惑[五七]故。又有釋云：准此《論》，初金剛難壞句義聚，明非所斷。雖有別處説煩惱難斷猶若金剛，此處説其可斷，不合以金剛爲喻。如説闡提難化以燋穀爲喻，若説闡提可治即不用此喻。而言「二義相應」者，金剛能斷堅、不堅物，名爲二義。

演曰：初釋爲勝，順《論》文故。正以金剛喻能斷智，兼喻所斷，顯智功能。

《十輪[五八]經》第二云「云何破相續，如金剛煩惱」，理有多途，喻亦何定？如説虛空以喻佛性，亦有以喻二障麁重。如正理門，門[五九]通理智，舉障難斷，猶[六〇]若金剛，以表智能殊勝超絶，非喻所喻，誰要今觀煩惱堅硬起觀行耶？若爾，《涅盤經》白羊等喻不相應，當云何通？答：《涅盤》文意，非釋此經。今借彼喻，以顯金剛是彼二物所對所礙，而喻所治，非謂涅盤障喻金剛。

上解金剛，通能所斷。《論》下別釋，唯就能斷，乃有四義，如前所引。

《論》云「細者，智因故；牢者，不可壞故。」隋朝諱「堅」，故翻爲「細」，取堅密義。智因，即種子不可壞，即現行智起惑除，明暗不並，故不可壞。又釋：智能證，如了因性，故名爲智因；以無間隙，非世間行所相雜，故名之細密；又以細妙，非二乘等麁所緣，故亦名細密；言不可壞者，顯所治障性堅難壞。若依此釋，《論》中四義，通能所斷。《論》又云「能斷者，般若波羅密中聞思修所斷，如金剛斷處而斷故。」此以智如金剛，可斷二障，如玉石等名爲斷處，即舉所斷以顯能斷。別作二障喻金剛解者，此舉能斷以顯所斷猶若金剛，謂聞思修所斷之障乃如金剛處而斷。然准《論》意，即釋題名「金剛能斷般若」，以初標云「金剛能斷」者，後又結云「是名金剛能斷」。釋中亦爾，先釋金剛，後釋能斷，此順西域語。若言「能斷金剛」，則順此語，皆不相違。總以能詮之教，所詮理、智及所斷障，喻於金剛。

《論》釋第四義云「又如畫金剛形，初後闊，中則狹。如是般若波羅蜜，中狹者，謂淨心地；初、後闊者，謂信行地、如來地。此顯示不共義也。」演曰：依此經教，文字般若初後廣明，中間即狹，不同餘經名不共義。是故此《經》獨名金剛，亦即餘分不同，所以一如畫金剛神，膞跨則闊，在腰則狹，有動位故，喻令進趣；二如畫金剛杵，兩頭闊，中腰狹，極堅勝故，令知深妙。

問：何故廣明信行、佛地，略淨心耶？答：此經意令發心修行佛種不斷，廣談果德，勸彼欣樂而能發心；地前初修者退轉故，廣示行相令其進入；初地已去，自證得故，非退轉故，不假多陳。故初、後廣，中間略說。又從凡位紹繼佛種，爰至佛果，不斷義成，中間可知，何煩廣說？故《經》文義，闊狹不同。雖如來地釋者即是十地位收，然《經》不明十地何相，還指佛果所有功德名如來地。故作是釋，至下當知。

問：《勝天王般若》云「般若波羅蜜，無〔六一〕有一法可爲譬喻。」如何今説智喻金剛？答：彼顯智勝超過萬法，無可全分相比況者，此約少分義用相似，故譬金剛。諸有智者，以喻解故。法藉喻明，徵由顯著，舉已見邊，證未見邊，和會一處，令〔六二〕義平等。所有正説，名之爲喻。即以顯了分顯未顯了分也〔六三〕。

「般若」，梵音，此云智慧，總有五種。文字，即是能詮教法；觀照，惠體；實相，真性；境界，即是空有二諦、三無性等；眷屬者，相應四蘊性，助伴五蘊性，隨其所應，即定、道共二種戒故。然此般若名寬通〔六四〕故，理該五種。就勝唯取實相、觀照，如宗中辨釋此智慧，初別後通。言別相者，具足梵音，應言「般羅賢若」，此翻爲「惠」，梵云「若那」，此翻爲「智」，體雖是同，俱別境惠，義用有異，故得名殊，擇法、決斷二種異故。即准《大品》《涅盤經》等，若字通曰智慧二義，此是智慧二字界故。「般那」兩字，是其字緣。以「般」助「若」爲慧，以「那」助「若」爲智。由是諸經十度之智、慧二別。《勝天王般若》云「菩薩具足般若，具足闍那門，能入衆生，諸根利鈍。」得般若門，分別句義。言通相者，由體同故，智處説慧，慧處説智，一切無違，即説第六名智度等。

問：題名「般若」，何故行中乃明布施？答：約前引後，即檀度收；後淨於前，即智度攝。互舉一種，理實相似。又立名據勝，修行約初〔六五〕，故檀、智二所舉各別。

言「波羅」者，此云彼岸。法有四種：理、教、行、果。但取於果，菩提涅盤以爲彼岸。教、理通因果，行唯在因。故未起苦，集爲河深；現起集，苦爲此岸。六度爲舟船，即以行人五蘊假者而爲所度。「蜜多」者，離義、到義。由修施等，離生生死，達至彼岸。《唯識》第九「要七最勝之所攝受，方可建立波羅蜜多。一安住最勝，謂要安住菩薩種姓；二依止最勝，謂要依止大菩提心；三意樂最勝，謂要悲愍一切有情；四事業最勝〔六六〕，謂要具行一切事業；五巧便最勝，謂要無相智所攝受；六迴向最勝，謂要迴向無上菩提；七清淨最勝，謂要不爲二障間雜。若非此七所攝受者，所行施等非到彼岸，由斯施等對波羅蜜多，一一皆應四句分別。」《辨中邊論》第二有十二最勝，是故皆得到彼岸名。《對法論》第十一有五義。《解深密經》由五因緣。此等相攝，如別章辨。

「經」者，梵音修多羅、修妬路，皆訛也。正云素呾纜，乃因四義，衣、綖、席、經，猶如瞿名仙、陀、婆等。今取經義，亦取綖義。何者？《四分律》云「如種種花，置於案上，風吹散落〔六七〕，若以綖連持，則不散失。」衆生根姓如案，佛說教義如花，若不連持，邪見暴風或當飄散；今結集連綴佛語，如綖貫花，如經持緯。《佛地論》云「以佛聖教，貫穿攝持所應說義及所化生。」如次可取綖、經二義。然其經字，即與此方經結名同。此方俗釋：經者，常也，法也。古今不易爲常，揩定是非爲法，津道物理爲經。佛教同之，亦無有失。小乘論中，《雜心》五義，謂湧泉等義。如常所說，經雖在教，依《瑜伽論》出經體中通取所詮，故總言經通教及理。金剛般若波羅蜜多，上通理、教，由此對經起互相望，總有四句，謂「金剛波若波羅蜜多即經」等，持業、依主，隨應解釋。

解經文中，先科判，後解釋。依無著菩薩科釋：此《經》有七義句、十八住處，餘二論釋無別科判。真諦三藏正宗分中分四：一護念付囑，二住，三修，四斷疑，兼序、流通，爲其六分。菩提流〔六八〕支依《金剛仙記》判爲十二分，一一廣多，既非論意今是不取。然晉朝道安法師，時人稱爲寶印手菩薩，科判諸經，以〔六九〕爲三分：序分、正宗、流通。後譯《佛地論》，親光菩薩釋《佛地論》經，三分正同。是知妙理潛通，慧心玄合，彌天之稱，豈虛也哉！言三分者：一教起因緣分，二聖教所說分，三德教奉行分。名雖少差，義理無別。即依[七〇]此判，經文有三：始從「如是」至「敷座而坐」爲序分。「時，長老須菩提，在大衆中」至「應作如是觀」爲正宗。餘名流通。

序分又二：初通序，即「如是」等；後別序，「爾時，世尊」以下文是。然此二序，有五對名：一，通、別對。諸經共有，當部別緣故。二，證信序、發起序對。初傳法者引證合住，後說法者別緣發起。三，經後序、經前序對。經後教置，經前自有故。四，阿難序、如來序對。從請得名，爲[七一]說方便故。五，未來序、現在序對。阿難後請，當時緣起故。雖有多，初二對名義理周盡，然各隨勝以立二名。不爾，證、起豈不遍也？

將釋通序證信，先以三門分別：一起之因由，二建立所以，三開合不同。起因由者，《摩訶摩耶經》《大悲經》《智度論》等具述其事，然《大悲經》優波離教阿難問，《大術經》等阿泥樓豆教者，二人共教，互舉其一。

請問四事者：一佛滅度後，諸比丘等以誰爲師？二依何處住？三惡性比丘如何調伏？四一[七二]切經首當置何言？佛教之云：我滅度後，以波羅提木叉爲汝大師，依四念處住[七三]，惡性比丘梵檀治之，梵默然故，不應打罵，任擯默故，一切經首當置「如是我聞[七四]」等言。

問：阿難但申四問，不增減耶？答：戒能上進，可以爲師；念處破倒，依之[七五]修學；梵法默然，能伏惡人。初明正行，次明正解，次明除障，此之三門必依聖教。由斯，所問不減不增。又破生死病，要具四事：一須名醫，二求妙藥，三識觸犯，四善經方。四義如次。佛大醫王，滅度之後，此四爲要，是故問之。有此即是三寶不斷。以戒爲師，即當佛寶；惡性比丘，既調伏已，衆得和合，即僧寶不斷；餘二，法寶、念住即通理行二法，結集教法，理等不斷，果法自成。是故四義更無增減。

後結集時，阿難依命，置「如是」等建立所以者。立「如是」等，自有四意：一爲除疑，二爲生信，三爲簡邪，四爲顯正。言除疑者，真諦引微細律。阿難昇座，衆有三疑：一佛大悲從涅盤起，二疑更有佛從他方來，三疑阿難轉身成佛爲衆說法。說「如是」等，三疑併斷。二生信者，《智度論》云「說時方，令人〔七六〕生信故。」信爲能入，智度□故。

問：信何功能最初令生？答：夫信體者，心淨爲性，如水清珠能清濁水，與一切善而爲根本。故《華嚴》云「信爲道元〔七七〕功德母」。□且如發心趣向三乘，有善法欲，信爲欲依，初令生於大乘位。聖胎三十以信爲首，五根、五力及七聖財皆信爲初，入聖即證四不壞信，信三寶故能越惡道，由信戒故離貧賤因。故《論》亦說有信現觀。《婆沙論》說，學佛法者「如大龍象，以信爲手，以捨爲牙，以念爲頸，以慧爲頭，於其〔七八〕兩肩，擔集善法」。象所飲噉，以鼻爲手，故學法者最初令生。又拔衆生出生死涅，須舉信手。後陳正宗，爲佛教手，序令生信，爲衆生手。兩手相接，出淤涅故。《智度論》云「如人有手，至於寶山，隨意所取；若其無手，空無所得。」有信心人，入佛法寶，能證道果；若無信心，雖解文義，空無所得。是故經初令生淨信。

三簡邪者，外道教初皆置「阿漚」二字，云梵王有七十二字，以訓於世。衆生轉薄，梵王瞋怒，吞噉佉字，唯此二字在口兩角。「阿」表於無，「漚」表於有，置彼教初。今置六句，爲簡於彼。故《智論》云：一切經首，當置信何？言簡異外道。四顯正者，三寶最吉祥故。我經初說佛爲佛寶，我聞比丘爲衆僧寶，如是一時及處爲法寶。法寶三者：一所說法，二說時，三說處故。

第三開合者，真諦記中開爲七事。一「如是」者，標所聞法；二「我」者，辨能聞人；三「聞」者，親承音旨；四「一時」者，顯所聞法者善合時宜；五「佛」者，明能說主；六「住處」者，顯說有處；七「大比丘」等，顯非獨聞。《智度論》中，「我聞」爲一，總說六義。一信，二聞，三時，四主，五處，六衆。世親菩薩《般若燈論》亦有六義，故彼頌云「前三明弟子，後三證師說，一切修多羅，其事皆如是。」

有引《法華論》云：證信序中分六成就者，謬也。或總分五，如《佛地論》，一總顯已聞，二說經時分，三明說經主，四說經處，五同聞衆。即合「如是我聞」爲一。今又助釋：可分爲五，謂能說爲一。然佛說法離四種失：一無非法，即「如是」；二，無非根，即「我聞」，此比丘；三，無非時，即「一時」；四，無非處，「在舍衛」等。或總爲四。真諦三藏所釋七事，總唯有四。初「如是」者，明所聞法；次「我聞」者，辨能聞人；次二證所聞法，後二證能聞人。又解云：能說能受，所學所依，故分爲四。「佛」爲能說主，「我聞」「比丘」爲受教人，「如是」爲所學法，「一時」及「處」爲說所依。能受弟子，有衆別故；說法所依，有時處故。或合爲三，即前三寶。又依《佛地》，義可分三：一總顯已聞及說教時，二別顯教主及說教處，三教所被根。或合爲二，一[七九]人，二法。人稟法以成德，法藉人以弘宣。兩相資成，互爲因果。一佛，二我聞，三比丘衆，此三屬人；一如是，二時，三處，此三屬法。人有師資，資中傳證；法有假實，假中時處，故總爲二。或合爲一，即證信通序。

經：如是。

演曰：自古多釋，今敘三門。一別解「如是」，二合解「如是」，三帶「我聞」解。初即「如是」兩字，各別訓釋；次即總申二字之意；後「如是」兩字連「我聞」解，非釋「我聞」。

初別解者，唐梵道俗，總有九釋：一[八〇]安法師云：有無不二爲「如」，如非有無爲「是」。如無所如，是無所是[八一]，如是故云「如是」。二支公云：教能顯理爲「如」，智能照理爲「是」。三智者禪師云：以文爲「如」，以理爲「是」。文以所詮爲「如」，理以無非爲「是」。四《註法華》云：「如是」者，感應之瑞。「如」以順根受名，「是」以無非立稱。衆生以無非爲感，如來以順根爲應。傳法者欲顯名教出扵感應，故建言「如是」。五〔八二〕《註〔八三〕無量義經》云：至人説法，但爲顯「如」，唯如爲是，故言「如是」。六澤州法師云：所説之法，如扵前事，故名爲「如」。説事如事，説理如是，理因亦爾，此説言皆當道理，故稱爲「是」。乖法爲非，如法爲是，此約法解。又約人解，阿難道：佛所〔八四〕説之法如過去佛所説，不異故名「如」，正而非邪故稱爲「是」。七梁武帝云：「如」即指法，「是」即定詞。如斯之言，是佛所説，故言「如是」。八長耳三藏云：「如是」有三。一就佛，三世諸佛共説不異名「如」，以用説故稱「是」。二就法，諸法實相古今不異，故名爲「如」；如如〔八五〕爲説，故稱爲「是」。三就僧，以阿難聞，望佛本教，所傳不異爲「如」，永離過非爲「是」。由此同説，稱理無謬，故經可信。九又相傳釋：真不違俗爲「如」，俗不違真爲「是」；順理爲「如」，是以遮妄爲「是」；攝福爲「如」，生慧爲「是」；教順扵理爲「如」，依教起行爲「是」；境「如」，智「是」等。歷法廣説，義乃無窮。

次合解「如是」，復有六釋：一肇法師云：「如是」者，信順之詞，信則所言理順，順則師資之言成。詞無繁約，非信不傳，則經别建言「如是」。二真諦記云：「如是」者，決定義。決定有二：一文，二理。三興皇法師云：「如是」者，是無差異義。四法智《註涅盤》云：「如是」者，阿難自明之詞也。金口所説，旨深意遠，非所仰測。而章句始末，正自「如是」也。五瑶公云：以離五謗名爲「如是」。第一句「如是」，此經離執，有增益謗〔八六〕。第二句「如是」，此經離執，無損減謗。第三句「如是」，此經離執，亦有亦無相違謗。第四句「如是」，此經離執，非有、非無愚癡謗。第五句「如是」，此經離執，非非有〔八七〕、非非無戲論謗。六《智論》第一云：「如是」義者，即是信也。不信者，言是事不「如是」。

後帶「我聞」，以釋「如是」。復有五釋：一光宅法師云：「如是」者，將傳聞前，題舉一部。如是一部，我親從佛聞，即爲「我聞」，作呼轍耳。二惠明云：「如是」者，直指之詞。謂如是之經，我從佛[八八]聞，非自造也。三《功德施論》云：「如是我聞」者，顯示此經是[八九]世尊現覺而説，非自所作。四《佛地論》云：「如是」總言，依四義轉。一依譬喻，謂當所説如是文句，如是我昔聞。二依教海，謂告時衆，如是當聽我昔所聞。三依問答，謂有問言：汝當所説，昔定聞耶？故此答言：如是我聞。四依許可，謂結集時諸菩薩衆咸共請言：如汝所聞，當如是説。傳法菩薩便許彼言：如是當説，如我所聞。又如是言信可審定，謂如是法我昔曾聞。此事如是，齊此當説，定無有異。五菩提流支依《金剛仙論》，一發心如是，二教化如是，三譬喻如是，四決定如是。發心如是者，自念我當如是發菩提心，修諸善行；教化如是者[九〇]，教示人[九一]言「汝當如是發菩提，修諸善行」；譬喻如是，人如是威德熾盛如日光明，智慧流廣猶如大海；決定如是者，我如是見，我如是聞等。今言「如是」，但取第四決定如是。演曰：此之四種，如次即當《佛地》所説，許可、教海、譬喻、問答，思準[九二]可知。總別凡有二十家釋。

經：我聞。

演曰：第二能聞，傳法菩薩自指己身，言如是法親從佛聞，故名「我聞」。非謂我聞，非謂我者，定屬一人。所言聞者，且小乘宗薩婆多師耳聞非識；經部翻此，譬喻師説，心、心所法和合[九三]能聞；依大乘宗，根、識、心所和合爲聞。《雜集》第二云「問：爲眼見色，爲識等耶？答：非眼見色，亦非識等。以一切法無作用故，由有和合假立爲見。」耳等亦爾。然諸聖教，就勝所依，或説根聞，以能分別；或説識聞，具前二義；説根、識聞，皆不相違。又依世俗，耳等能聞。依勝義理，耳非能聞，亦非識等。《瑜伽》五十六説「諸法自性，衆緣生故，刹那滅故，無作用故。」《智論》亦云「非耳及識意等能聞，從多緣和合，故得聞聲」乃至云「佛法中無有一法，能作能知」等。又耳根識，唯聞於聲而不[九四]聞教；若約名句，唯意識聞故。《瑜伽》言「聞謂比量，然由耳識親聞於聲，與意爲門，意[九五]方得聞。耳[九六]意爲緣，熏習在識，因聞所成，總説名聞。廢別耳等，總名我聞。」故《佛地》云「我謂諸蘊世俗假者，聞謂耳根，發識聽受。廢別就總，故説我聞。」

一問：何須廢別而説於總？答：若不言我，不顯自他。耳通一切，是誰耳聞？又復聞時，非唯耳等，待緣極多。若一一陳，遂成煩廣；若唯説一，義用不周。顯和合聞，總標假者。然「我」有三：一妄所執，謂外道等，所横計我。二假施設我，謂大涅盤，樂、淨、常、我，除二乘倒，强施設故。三世[九七]流布我，謂世共傳天授祠等。今傳法者，隨順世間自指稱我，不同前，即是無我之大我也。遍計無體，圓成無相，不可説聞。然就依他，亦無實聞，因緣和合，假説名聞。

二問：諸佛説法本除我執，何故不稱無我，爲言「我聞」？答：《瑜伽》第六，四義釋之。一言説易故，若説無我，通蘊、處、界，知此説誰？二順世間故。三除我怖故，言無我者，爲誰修學？四爲宣説自他染淨、因果事業，令生決定信解心故。所以稱我。《智論》第一，四悉檀中，依世界悉檀，説我無過，即當《瑜伽》順世間故。又云：世間語言有三根本。一見，二慢，三名字。前二不淨，後一通淨。一切凡夫，三種語言。見道學人，二種除見。今依第三，説我無失。

三問：既依名字，何故不言阿難聞？答：有五義。一示不乖俗宗。雖顯真諦[九八]，不乖俗理；雖顯妙言，不乖麁欲。顯真諦不離俗故。二我者，主宰、自在之義。《佛地論》云「顯不聞者有所堪能」。《集法傳》云「有三阿難。一阿難，此云慶喜，持聲聞藏。二阿難跋陀，此云喜賢，持獨覺藏。三阿難伽羅，此云喜海，持菩薩藏。但是一人，隨德名別。」阿難於教總持自在，若稱名字，雖順正理，無於諸法得自在義。由斯稱「我」，不道阿難。三表親聞，世聞共言「我見聞」，此將爲親證。若言「阿難聞」，或非親聞，從他傳受。今顯親聞，以破疑網。四不識阿難者，謂言誰聞？五有同名者，謂言彼聞。

四問：慶喜于時，親亦見覺，何唯說聞？答：有四義。一名等詮義非色等故，欲證深理要聞法故。二此界以聲而爲佛事，聲爲所依名等有故。三希證菩提要聞熏習，由聞熏習出世故。四顯非現證故。有釋云：諮承有無自信之過，即推功歸佛。表己因位，未現見法，但聞而已。若言見覺，謂言同佛。

五問：爲佛說法言我能聞，爲佛不說言我聞耶？答：有二解。一者龍軍、無性等說，諸佛唯有三法，謂大定、智、悲，久離戲論，曾不說法。由佛慈悲本願緣力，衆生識上文義相生，雖親依自善根力起，而就强緣名爲佛說。譬如天等增上力故，今於夢中得咒論等。《佛地》一師，亦同此解。二者親光等言：佛身具有蘊、處、界等，由離分別名無盡戲論，是不說法名無戲論。謂宜聞者善根本願緣力，如來識上文[九九]義相生，是佛利他善根所起，名爲佛說；聞者識心雖不親得，然似彼相分明顯現，故名我聞。應如說此，如[一〇〇]是說此「如是我聞」，意避增減異分過失。謂如是法我從佛聞，非他展轉。顯示聞者有所堪能，諸有所聞皆離增減異分過失。爲令衆生恭敬信受，文義決定無所增減。是故問者應正問已，如理思惟，當勤修學。

六問：阿難[一〇一]是佛成道日生，二十年後方爲侍者，已前諸教，何得親聞？答：有六義。一本願力故，過[一〇二]去作長者，供養誦經沙彌，今得總持。龍樹讚云：面如淨滿月，眼如青蓮華，佛法大海水，流入阿難心。二展轉聞，《智論》第二説：「佛初轉法輪，爾時我不見，如是展轉聞。」三佛加持故，《報恩經》云：「佛入世俗心，令阿難知。」四佛爲略説故，亦出《報恩經》：「佛粗舉其端，而能盡解。」五三昧力故，《金剛華經》説：「阿難得法性、覺性，自在王三昧，能憶。」六[一〇三]聞法力故，《觀佛三昧海經》第五「阿難見佛聞法説菩薩行，即憶過去九十億佛所説經藏」，《法華》第四云「自聞授記」等，「即時憶念過去無量千萬億[一〇四]法諸藏，通達無礙」等，而説偈言「世尊甚希有」等。上來六緣，由本願力，得成後五。

七問：有無量大菩薩，何故唯付阿難持法？答：諸菩薩等各總務莊嚴眷屬，調伏自身，不能宣通，阿[一〇五]難寫瓶有寄，所以傳燈是屬。又後阿難常隨如來，人天所識，傳必生信。諸菩薩等形異處疎，非衆皆識，或容不[一〇六]信。

八[一〇七]問：諸經皆云「如是我聞」，何故《温室經》云「阿難曰：吾從佛聞」，《藥師經》云「聞如是」等？答：隨方置言，其意無別。如阿難昇座説經已，大衆難[一〇八]言：「無常力大，無常力大，無常力大[一〇九]，如此等法於佛所親自聽聞，今者乃言我聞如是。」

經：一時。

演曰：第三時成，無非時失。初明如實義，次泛叙異解，後問答分別。

明實義者，佛説衆經前後多時，今者正指説此部時，於一時中，在某處説。如是《涅盤經》云「我於一時在迦尸國」「我於一時在洹河尸首林」等。《功德論》云「一時者，説此經時，餘時復説無量經故。」《金剛仙[一一〇]論》意同此説。

問：字、名、句等説聽多時，如何言一？答：《佛地論》云「此就刹那，相續無斷，説聽究竟，總名一時。若不爾者，字、名、句等説聽時異，云何言一？」彼論意説，無問時之長短，總説一期。説聽究竟，名爲一時。以爲騰人得陀羅尼或淨耳根，於剎那須能說能受亦名爲一，非唯相續。《論》又釋云「或相會遇時分無別，故名一時，即是說聽共相會遇同一時義。」演曰：彼論二義，一說聽究竟爲一時，二說聽會遇爲一時。前簡說餘時，後簡說聽前後時。

次敘異釋者，長耳三藏解有三種。一分段流轉時，二不思議變易時，上二即二種生死。三假名時，假名時有三：一迦羅時，二三摩耶時，三世依布時。迦羅時者，此云「別相時」，如制戒律，大戒時聞，小〔二〕戒時不聞；出家時聞，在家時不聞；國之得聞，餘人不得聞。三摩耶時者，此云「破邪見時」，謂五部阿含、九分達磨，不簡白黑，一切得聞，此二與《智論》同。世流布者，即是世人語法，如言「一時在恒河岸」等。今依破邪見及世流布時，故名一時。

真諦三藏說，時有十義。一佛出世時。二說正法時。三聽正法時。四持正法。五思正法時。六修正法時。七下善種時。八成熟善根時，謂生國中修四念處。九解脫善根時，謂聽法、說法、持法、思法、靜心修習，具此五事，得入解脫。十心平等時，若下若高，聽法不入，若作棄捨正法心，此是無明不平等心，聽亦不入；若能拔沈抑浮念捨，平等得入正法，故名平等捨心時。具此十義，故名一時。

後問答辨者。

一問：「一」之與「時」，何法爲體？答：皆是假法，不相應行，依色、心立，即數與時二種爲體，法界、法處，亦即數識、世識所收。

二問：大乘過未既非實有，於三世中如何立時？答：時有二義。一道理時，即約法體。五蘊諸行剎那生滅，唯有一念現在之法，然有酬前引後之義。即以所酬假名過去，即以所引假名未，對此二種說爲現在。令說聽者，五蘊諸法剎那生滅，前後相續，事諸究竟，假立三世，總名一時，非一生滅之一時也。二唯識心之上變作三時相狀而起，理實唯有現一念心。令說聽者，隨心分限，變作短長，事結終説，總名一時。如夢所見謂有多生，覺位唯心，都無實境。

三問：説聽一念，生已即滅，如何識上聚集解生？答：雖唯一念，然前前聞者熏習成種，後識心上速帶解生，是故文義聚集顯現。如言「諸惡者莫作」，至「作」字時，前之四字一時聚集，乃至一偈、一章、一品連帶亦爾。故雖無過未，而説受義成，因此應明五心之義，如別章説。

四問：如何不言四、八等時？答：一日一月照四天下，長短、暄寒、近遠、晝夜諸方不定，恒二天下同起用故。又除〔一二〕已下，上諸天等，無此四時及八時等〔一三〕。經擬上地諸方流通，若説四時，流行不遍，故亦不定。約成道已後年數時節，由三乘凡聖所見不同，佛身報化年歲短長、成道已來近遠各不同故。經擬三乘凡聖同聞，故不定説成道已後若干年歲。雖諸經典下別文中有説四時、十二時等，即此經「食時著衣」乃至「敷座而坐，日正午時」。或説成道〔一四〕近遠時等，皆隨一方衆生聞見。結集之家，且作是説，然非一部，初總明時。今初總明，故但言一。

五問：時中凡聖殊，今但總言「一」，處中淨穢別，如何説定方？答：處中唯淨穢，標處可定知。時中萬品差，不准唯言一。一念根宜凡聖、勝劣、利鈍、長短有多差別，不可定准。故處可定説，而時但總言。

經：佛。

演曰：第四化生成。《智度論》第二：「五種能説，一佛，二聖弟子〔一五〕，三諸天，四神仙，五變化。」今明佛説，表可崇信。魏本名「婆伽婆」，梁本言「佛婆伽」，隋言「世尊」，貞觀名「薄伽梵」，周云「佛薄伽梵」。此但言「佛」，准經梵本，皆稱大師名「薄伽梵」，即十號中，第十號也。《佛地論》云：「佛具十種功德名號，何故如來教傳法者，一切經首但置如是『薄伽梵』？謂〔一六〕此一名世咸尊重，故諸外道皆稱本師名『薄伽梵』。又此一名總攝衆德，餘名不爾，故置此名。」准梁、周本，加以「佛」名，爲簡外道，餘本略也。今翻譯者，更存省略，隨方生善，但標佛名。

梵云佛名云「佛陀」，此云「覺者」，具有三義。一自覺，簡凡夫；二覺他，簡二乘；三覺滿，簡菩薩。《佛地論》云：「具一切智、一切種智，能自開覺，復能開覺一切有情。如睡夢覺，如蓮華開，故稱爲佛。一切智者，能自開智，如睡夢覺智，觀扵空智、理真智、無分別智，如所有也。總相而言，斷煩惱得。一切種〔一一七〕智者，覺有情智，如蓮如華開智，觀扵有智、事智、俗智、後所得智，盡所有也。總相而言，斷所〔一一八〕知障得。」又《真實論》十義釋覺，《大般若》七義，應捨敘之。

薄伽梵者，准《佛地論》，以二義釋，一成德義，二〔一一九〕破魔義。就成德中，復有六義：一自在，二熾盛，三端嚴，四名稱，五吉祥，六尊貴。其義云何？謂諸如來永不繫屬諸煩惱故，炎猛智火所燒練故，三十二大士相等所莊飾故，一切殊勝功德圓滿無不知故，一切世間親近供養咸稱讚故，具一切德，常起方便利益安樂一切有情，無懈廢故。初一斷德，次一智德，後四恩德，如次配釋。二破魔義者，彼《論》又云：「或能破壞四魔怨故，名薄伽梵。」《攝大乘論》云：「能破四種大魔怨故，名薄伽梵；又自在等功德相應，是故説佛名薄伽梵。」二義正同。《涅盤經》第十八，有七復次釋婆伽婆云：「『婆伽』名破，『婆』名煩惱，能破煩惱，故名『婆伽婆』。又能成就諸善法故，又能善解諸法義故，有大功德無能勝故，有大名聞遍十方故，又能種種大慧施故，又扵無量阿僧祇劫吐女〔一二〇〕根故。」初一離障，後六成德，如次配前《佛地》六義。《瑜伽》八十三云：「薄伽梵者，怛然安坐妙菩提座，任運摧滅一切魔軍大勢力故。」

演曰：《佛地》《攝論》及《涅盤經》皆約二義。《瑜伽論》中唯約破魔，廣略異故，由能離障德自成故；《涅盤》離障唯約煩惱，舉因攝果，即破四魔。

問：佛有三身，此説何者？答：據標穢土，爲聲聞〔二一〕説，即是化身。論其實義，具足三佛。由空、無相、真如妙理，生智解故，名法身説。應化非真，非説法者，推功歸佛本，即真報身。若約十地菩薩可見，即他受用。《佛地論》云：「如實義者，釋迦牟尼説此經時，地前大衆見變化身居此穢土，爲其説法；地上大衆見受用身〔二二〕居佛淨土，爲其説法。所聞雖同，所見各别；雖俱歡喜信受奉行，解有淺深，所行各異。」准彼論意，隨對根宜所見居别，理實三身體不〔二三〕相離。

經：在舍衛國祇樹給孤獨園。

演曰：第五處成，無非處失。《佛地論》云：「若不〔二四〕説處及能説者，不知此法何處誰説？一切生疑，故須具説。」舍衛，譯云聞拘國，以多出勝大寶拘，名流遠方。又有於此修學得仙，諸方知聞故。周本云名稱大城。正梵音云室羅筏悉底，此云豐德。一具財寶，二妙欲境，三饒多聞，四豐解脱，故以名焉。

今言：舍衛，或舍婆提，皆訛略耳。河南釋云：此中印度境，憍薩國之都城，名爲别南憍薩羅，故以都城爲國之稱。檢《西域記》有兩憍薩羅國。《智度論》云：「憍薩羅國主波斯匿王，住舍婆提大城中。」《如來示教勝軍王經》之云：「憍薩羅主勝軍大王。」《仁王經》第一云「舍衛國主婆斯匿王。」國城之名，隨舉其一。

問：據此土境名憍薩羅，城名舍衛，即體是一。若爾，何故《仁王經》列十六大國，第一憍薩羅國，第二舍衛國？答：彼是南憍薩羅，去此懸遠，故示相違。有人釋云：波斯匿王是兩國主。又云：憍薩羅、舍衛本是兩國，合爲一國者皆爲謬釋，由示能了南、北二處憍薩羅故。

問：准《智論》云「復次，憍薩羅國，佛生身地，欲報地恩，多住舍婆提城」，准此故知舍衛城在憍薩羅國。若爾，佛生迦毘羅國，何故乃言此國生？答：准《西域記》，迦毘羅國與舍衛相隣，同中印度境，隨隣近説言此佛生。《仙記》云：「昔劫初有仙兄弟，弟名『舍婆』，魏云『幼小』。兄名『阿婆提』，魏云『不可害』。此二人住彼處求道，即國爲名，弟略去『婆』，兄略去「阿」，二名雙存，故曰『舍婆提城』。」非但豐德，亦約仙名。

城南五六里，有逝多林，（此云勝木，舊云祇陀，訛也。）是給孤獨園勝軍之大臣蘇達多，（此云善施。）爲佛建精舍，善施長者，仁而聰敏，積而能散，施乏施貧，哀孤恤老，時美其德，號「給孤獨」焉。尊重如來，願建精舍。佛命舍利子隨處瞻揆，唯太子逝多園地爽塏，樂白太子，太子戲言，金遍乃賣。善施豁然，即出藏金，隨言布地，有少未滿。太子請留曰：佛誠良田，宜植善種。即於空地，建立精舍。世尊即云告阿難曰：園地善施所買，林樹逝多所施，二□□□，式崇功業，自今[二五]已往，應謂此地爲逝多樹給孤獨園。

此舉化佛所居之土，由對聲聞，化彼地前，發心修行，種姓不斷，故偏舉[二六]之。理實亦有報身淨土，劫盡火燒，當安隱故。

問：何故居此而説般若？答：般若佛母，一切諸法從此經生故。《智論》云「佛生身地，欲報地恩，多住舍婆提城」等，故於此説。又復般若通貫五門，此舍衛城，豐其四德，風俗淳質，篤學好福，人土俱勝，故就此説，鷺池鷲嶺，其義又殊，隨對根宜，不可一准。

問：但舉城園，隨一即問，何須雙舉？答：真諦記云，住處爲二，一境界處，二依止處。住境界處，爲化在俗之徒；住依止處，爲説出[二七]家之衆。是故雙舉。又《善見婆沙》云：先舉舍衛國，爲遠人令知國城境界住處；後舉祇園，爲近人令知依止別處故。又傳中説：於此城邊有二精舍，一是摩伽羅小堂，二是給孤獨。恐濫小堂，故標國處，令總八義：一化淄素二衆，二爲遠近二人，三爲簡濫，四爲詮寂兩忘，五□□智二事，六爲道〔二八〕體道緣，七爲利他自利，八爲成無住道。隨其所應，故舉二處。遊化居止，目之爲在。遊化在城，居止在園。在之與住，其義是一。因此應釋聖天、梵、佛等住，恐煩不述，樂者敘焉。

經：與大比丘千二百五十人俱。

演曰：第六同聞衆成就。唯魏、周本流通分中有菩薩摩訶薩，餘四本經並唯四衆八部，初不列者，欲令聲聞、大乘中生疑者除彼疑故。又解：不定種姓菩薩生定信故。又復聲聞形同如來，常隨於佛，是故偏列。流通分中列菩薩者，欲顯迴心畢竟趣大，佛種不斷。其不列者，自是文略。

諸經列衆，四句不同：一，唯小非大，如此《經》等；二，唯大非小，如《華嚴》等；三，大小俱列，《法華經》等；四，二俱不列，如《勝鬘》《金光明》等。此等不同，或隨廣略，或對所爲，或實有無，理非一例。《智度論》云：聲聞〔二九〕藏中准列聲聞，菩薩藏中小大兼列者隨多分，大能兼小，小不兼大。作如是説，理實不定，《華嚴經》等不列小故，即此大乘唯列小故。

釋來意有五：一爲證信，助成阿難聞同可信；二爲顯德，如帝釋，梵王、諸天圍繞，顯佛諸王、諸聖圍繞；三爲啟請，善現在衆起請問故；四爲當根，令彼聲聞迴趣大故；五爲引攝，□□□□若淨位不生，引攝現常，令同位學。

所言「與」者，兼、并、共、及之義。《智論》七義：謂與世尊一處、一時、一心、一道、同一解脱，故名爲共。

次言「大」者〔三〇〕，三説不同。一者真諦記釋有三義：一數大，如言「大軍」；二者量大，如言「大山」；三〔三一〕者勝大，如言「大王」。比丘亦爾，衆非一故，即是數大；德難測故，則當量大；修善菩提道，高極無上，即是勝大。二者《佛地論》四義釋大：一者，利根波羅蜜多種姓聲聞故；二者，無學乘故；三，不定種姓迴心向大故；四，衆數多故。三者《智度論》五義：一切衆中最爲上故，諸障斷故，王等敬故，數甚多故，能破九十六種外道論故。雖有三說，今者詳之總有八義：一，數大，千二百等故；二，名大，名稱遠聞故；三，位大，大阿難羅漢故；四，離大，大障礙斷故；五，德大，功德智慧波羅蜜多種性故；六，識大，大人所識故；七，趣大，迴向大菩提故；八，敵大，能破外道故。

梵云「苾芻」，訛云比丘。由具五義，所以不譯。一曰怖魔，初出家時，魔宫動故；二云乞士，故出家已，食自濟故；三名淨持戒，漸入僧應持戒故；四云淨命，既受得戒，所起三業以無貪發，不依於貪邪活命故；五曰破惡，漸依聖道滅煩惱故。

「衆」者，僧也。理、事二和，得衆名也。三人已上，得名僧故。

「千二百五十人」者，《律》及《因果經》等說：佛初成道度憍陳如等五人，次度優樓頻螺迦葉衆五百人，次伽耶迦葉、那提迦葉二衆各二百五十人，次度舍利弗、目乾連二衆各一百人，次度耶舍長者子等五十人，總有一千二百五十五人。今舉大數，故唯爾所。

問：何不標餘，但舉此等耶？答：名德高故，常〔二二〕隨佛故，皆先外道捨邪歸正〔二三〕故。《毘尼婆沙》四義故說：一〔二四〕以皆是婆羅門種淨行出家故，二以皆是上上善來得戒故，三以皆是大阿羅漢故，四以皆是五師大門徒故。又准《賢劫定意經》說：釋迦初會求〔二五〕說經，千二百五十比丘皆得道證。經中且標初會所度，故無餘也。

「俱」者，同時一處義。若爾，對前「與」字，應重言失。答：以此兼彼爲「與」，將彼就此爲「俱」；又將此對彼名之爲「與」，彼自同時名之爲「俱」。

問：此等聲聞，爲權爲實？答：准《智論》《攝論》《寶性論》，此等聲聞皆是應化，常隨如來影響正法。

經：「爾時世尊」至「大城乞食」。

演曰：下明發起別序。諸經發起，隨事不同，入定放光，雨花動地。《涅盤》面〔一三六〕門以舒照，《維摩》□□以現奇，各有表彰，由來遠矣！今此乞食還歸入定，顯修般若□□法有。

文分爲二：初外化遠步，後「收衣鉢」下，內靜入定。所以然者，發起正宗般若義故。云何發斯乞食威儀？離於邪命故，爲持戒尸羅，不清淨三昧不現前故，定爲所依〔一三七〕方生正慧，爲智慧水修堤增故。由斯次第，戒定爲序，慧爲正宗，三學備矣！又解：此經無相福、智爲正所宗。序中二文，初以事化爲世福田，後以理化心凝如定，如其次第，發生正宗福、智二種。又釋：初乞食資身，即表身戒；後依定攝心，即彰心慧。欲明正宗，施正法食，資於慧命，以無生心明無相理，故爲二也。

前文有五：一化主，二化時，三化儀，四化處，五化事。「爾時世尊」者，明化主也。《成實論》說：具上九號，三德備足，爲物欽重，故曰世尊，即六義中尊貴一義。言「爾時」者，第二化時。

問：言「爾時」，與此何別？答：前總控引，此別指陳，故無有失。梁本云「於日前分」，唐、周云「於日初分」，隋云「前分時」，唯秦、魏云「食時」。且一日之中，寅、卯、辰是初分，巳、午、未爲中分，申、酉、戌爲後分。「食時」有二：一，出家人法，□□□□總爲食時，以後非時，故諸本云初分、前分。□□□□唯引取辰，以爲食時。今言「食時」，意含總別。初成正食，求易得故，不惱自他故。此時乞食，還至本處，辰後午前，不失時也。

「著衣持鉢」，隋云「此顯化儀」，唐云「整理常服，執持衣鉢」，隋云「上裙著已，著上絡衣持」，餘本並云「著衣持鉢」。如來三衣：一者安多會五條衣，是下品服，亦名行道作務衣，亦名覲身衣。真諦云：今在彌提羅國。二者鬱多羅僧七條，是中品服，又名入衆衣，亦名說法服。今在半遮羅國。三者僧伽梨，謂九條、十五條、二十五條，是上品服，亦名入王宮聚落衣，亦名福田衣，并鉢、錫杖在罽賓國。總名袈裟，亦云無垢穢，或云忍辱衣等，消瘦衣等。今入王城，即著僧伽梨。唐言「常服」者，即是入王城之常服也。真諦云：著初出家淨居所奉袈裟。有云：此衣未有田相，後方制三衣，豈佛入城不著田衣？今釋：真諦說，是如白淨尼衣變成袈裟，況佛神力變成田相，於理何失？如四天王鉢按成一故。不爾，如來[一三八]不畜長衣，是淨居衣，三衣不攝。梵云□……□應量器，即初成道四天王所奉獻者。□……□諸在家華衣寶器，增長放逸，太著樂邊；出家外道，裸形無服，以手捧飡，致招訶醜，太著苦邊。佛處中行，故持衣鉢。《仙記》云：「表出家人知足[一三九]之相，唯三衣鉢，更無餘長，出入隨身，猶如飛[一四〇]鳥不捨二翼，去住隨意，情無繫戀。」又爲入城故著衣，爲乞食故持鉢。

經：入舍衛大城。

演曰：第四化處。唯梁本云「入舍衛大國」，餘並云「城」。已如前釋，國在城南，自外之內爲「入」，處廣人多爲「大」。《西域記》云：「國周六十餘里，內城故堦，周二十餘里」。《智度論》云：「居家九億。」然《仙記》云「城縱廣十二由旬，居人凡有十八億家」者，謬也。由旬，舊釋是四十里，城之縱廣，大爲遼闊。

經：乞食。

演曰：第五化事。於中有四，一爲世福田，二示平等，三明歸本，四顯事終。此即初也。佛示假食，爲世福田，故須乞食耳。《維摩經》云：「爲不食故，應受彼食；爲壞和合相故，應取揣食。」此於假、觸、思、識四食之中，乞其段食，由其相故，可分段故，是以可[一四一]乞。後三體是心、心所法，各自內有，不可乞故。《瓔珞女經》等說「化佛身如全段金剛，無生熟藏」等，豈[一四二]資於食？而今乞者，即《對法論》四種依止食中，示現依止住食。《唯識》亦云：「說爲有情依食住者，當[一四三]知皆依[一四四]示現而說。」

依諸經論，乞食□……□：一住正戒，二住正威儀，三住正命，四住正見，五依法，六依處，八依□……□，十離瞋，十一離取著，十二離麁獷，十三離惰慢。此中初四住正乞食，次四住軌則，後五捨煩惱。依《瑜伽論》八十六說：「由十因緣，如來入於聚落乞食。」《瓔珞女》經：佛爲成就共事無過爲故，而行乞食。隨應敘之。

經：於其城中，次第乞已。

演曰：第二[一四五]示平等。有七：一，由內證平等理故；二，外示現貧富、貴賤等相故；三，內心離貪慢故，不貪美好，不慢麁鄙；四，慈悲普等無偏理故；五，表大威神，不懼惡象、沽酒女等家故；六，息外猜嫌，若有所簡，外道、惡人謂佛愛[一四六]憎有所親疎，便生猜毀；七，破二乘故，即降迦葉善見貧富之偏。

經：還至本處。

演曰：第三歸本。趣得支身不令過分，又由知足故，乞不過量；知時故，還至本處。及如來食有種：一受請，二不受請。今不受請，故須還歸。又表還源返本，歸真住寂，將說般若深妙理故。又釋：國城雙舉因緣，即是此中往還所以。

經：飯食訖。

演曰：第四事終。本行乞食，爲生福田，今若不食，施福未滿，故須飯食。《寶雲經》說：「隨所乞得，分爲四分：一分擬與同梵行者，一分擬施貧下乞人，一分以施水陸衆生，一分自食。」然以食供養諸佛及衆賢聖，然後自食，當懷食想，如食曠野子肉等。願得法身，離諸過失，念報施主恩，如是想食。食者，如來畢竟不食，常有□……□形相伐佛受食，將詣餘方，如香積飯，施作佛事。

經：收衣鉢。

□……□第二內靜入定，理化心慧。文分有三，一攝資緣，二淨身業，三入寂定。此即初也。將欲入定，須息攀緣。衣鉢不收，必增勞慮。爲後模〔一四七〕軌，故須收置。即疊僧伽梨，還著欝多羅僧。隋本云「器」，亦「衣」收攝。《仙記》云：「洗已著常處也。」

經：洗足已。

演曰：第二淨身業也。《仙記》云：「諸佛常法受步行法，然如來行時，離地四指，下生蓮華，豈有塵垢而言洗足？示生家人威儀嚴淨，有可敬之相也。」一者，隨順世俗，以表從穢得淨顯法身故；二，表戒足清淨，引生定故；三，爲敬定故〔一四八〕；四，爲敬法故，將欲説法諸佛師故；五，令人於己增敬生福故；六，住軌範故。《律》中，先洗足後食，今此食後重洗足者，由前義故。

經：敷座而坐。

演曰：第三入寂定也。爲敬法故，自敷坐具。魏本云「如常敷座，結伽趺坐，端身而住，正念不動」，唐云「敷如常座，結跏趺坐，端身正願，住對面念」，餘文大同，此本最略。佛説云：如來説餘般若，常自敷座具，敬佛母故。今説此經，亦如常式，自敷法座。故言如常，即尼師檀。隋本亦云「坐具，世尊施設」。

加者，重也。《婆沙論》云：以兩足趺加其兩髀，名結跏趺。本無「跏」字，傳寫謬也。《瑜伽》第三十：由五因緣結跏趺坐。一由身攝斂，速發輕安；二能經久時，不速疲倦；三是不共法，外道他論皆無有故；四形相端嚴，令他見已，極信敬故；五佛、佛弟子共所開許，一切賢聖同稱讚故。

無□……□世尊何故以寂靜者威儀而坐耶？顯示唯寂靜者，於法能覺□……□掉正念不動，正住於定，心安真境，離邪分別，故□……□。唐本云「端身正願，住對面念」者，「正願」即是定前加行，住對□……□爲定境，即真如。順向緣故，名爲「對面」；若望生死，亦名「背面」。雖復如來無不定心，示現審法，作後軌模，故須入定。《瑜伽》八十六：由八因緣，如來入定。此應具敘。餘本是有「爾時，諸比丘至，退坐一面。」今略無此，釋序分説。

經：「時長老須菩提」至「而白佛言」。

演曰：自下第二聖教所説分。是爲宗無著菩薩，以七義句科釋經旨。一種姓不斷，二發起行相，三行所住處，四對治，五不失，六地，七立名。前六義句顯示菩薩所作究竟，第七義句顯示成立此法門故。演曰：前六正所明宗，後一釋經名字。就前六中，初三別配經文，後住處通義。義爲所詮，句爲能詮，合名義句。何故不言字名而言句者？字非能詮，名屬自性；今以句寬，顯義周圓，能詮差別，故但言句。若爾，何故不言七句義？答：若言當義，恐句有七。今顯義七，句乃無量義之句，故依言釋也。而兩論初頌皆言句義者，以教詮義，總相而談，非顯七義，故無有失。有云「七句義」者，謬也。就後三中，「對治」是所斷邊執，「不失」是所修中道，「地」是此二法之別位。總名爲「住處」，是發大乘者所依處故；別名爲「地」，彼位有漏、無漏法，順生勝法，能持能長□……□總法所依，名爲住處。是二差別。

經文有三：一此文以去，種姓不斷。二「世尊，善男子」下，發起行相。三「佛告」下，行所住處。初明讚佛，爲請説之；而次問修行，爲趣大之本；後佛廣説，辨修伏之宗。然種姓不斷，自是一部宗竟，故□……□六因中亦有此言。今以經初□……□現，偏歎此德。

（尾殘）

校勘記

〔一〕底本據伯二三三〇，疑爲伯二一七三《御注金剛般若波羅蜜經宣演》抄本。經題據《大正藏》本擬補。

〔二〕「密」，底本作「蜜」，據文意改，下同。

〔三〕「顯」，底本不清，據《瑜伽師地論釋》（《大正藏》本，下同）補。

〔四〕「如來」，底本不清，據《瑜伽師地論釋》補。

〔五〕「有情知一切法」，底本不清，據《瑜伽師地論釋》補。

〔六〕「了達諸」，底本不清，據《瑜伽師地論釋》補。

〔七〕「得」，底本脱，據《瑜伽師地論釋》補。

〔八〕「事」，底本不清，據《瑜伽師地論釋》補。

〔九〕「不」，底本脱，據《瑜伽師地論釋》補。

〔一〇〕「彼」，底本作「破」，據《御注金剛般若波羅蜜經宣演》（伯二一七三，下同）改。

〔一一〕「宗」，底本脱，據文意補。

〔一二〕「二」，底本脱，據文意補。

〔一三〕「氏」，底本作「是」，據文意改。

〔一四〕「想」，底本作「相」，據文意改，下同。

〔一五〕「豈」，底本作「是」，據《御注金剛般若波羅蜜經宣演》改。

〔一六〕「汝」，底本作「如」，據文意改。

〔一七〕「過」，底本脱，據《御注金剛般若波羅蜜經宣演》補。

〔一八〕「解見」，底本作「見解」，據《仁王護國般若波羅蜜多經》（《大正藏》本，下同）改。

〔一九〕「或異」，底本作「異或」，據文意改。

〔二〇〕「答」，底本作「本」，據《瑜伽師地論》（《大正藏》本，下同）改。

〔二一〕「故」，底本脱，據《瑜伽師地論》補。

〔二二〕「俗」，底本後衍「經」字，據《瑜伽師地論》删。

〔二三〕「若」，底本脱，據《瑜伽師地論》補。

〔二四〕「勝」，底本脱，據文意補。

〔二五〕「者」，底本後衍「者」字，據文意删。

〔二六〕「性」，底本作「姓」，據文意改。

〔二七〕「徒」，底本作「德」，據文意改。

〔二八〕「示」，底本作「未」，據《御注金剛般若波羅蜜經宣演》改。

〔二九〕「了」，底本脱，據文意補。

〔三〇〕「示」，底本作「不」，據《御注金剛般若波羅蜜經宣演》改。

〔三一〕「末」，底本作「未」，據《御注金剛般若波羅蜜經宣演》改。

〔三二〕「佛性」，底本脱，據文意補。

〔三三〕「於世」，底本作「世於」，據《法華經》（《大正藏》本）改。

〔三四〕「故知」，底本作「知故」，據文意改。

〔三五〕「法」，底本脱，據文意補。

〔三六〕「令」，底本作「令」，據《御注金剛般若波羅蜜經宣演》改。

〔三七〕「昔」，底本作「等」，據《御注金剛般若波羅蜜經宣演》改。

〔三八〕「得」，底本後衍「無」字，據文意删。

〔三九〕「樂」，底本後衍「但」字，據文意删。

〔四〇〕「漏」，底本作「諦」，據文意改。

〔四一〕「言」，底本作「無」，據《御注金剛般若波羅蜜經宣演》改。

〔四二〕「一」，底本脱，據《大般涅槃經》（《大正藏》本，下同）補。

〔四三〕「一乘」，底本脱，據文意補。

〔四四〕「如」，底本後衍「來」字，據《大般涅槃經》删。

〔四五〕「如」，底本脱，據《大般涅槃經》補。

〔四六〕「是」，底本作「來」，據《大般涅槃經》改。

〔四七〕「文」，底本作「又」，據《御注金剛般若波羅蜜經宣演》改。

〔四八〕「通」，底本作「過」，據《御注金剛般若波羅蜜經宣演》改。

〔四九〕「豈可」，底本作「是其」，據《御注金剛般若波羅蜜經宣演》改。

〔五〇〕「託息進求」，底本作「説恩迢等」，據《御注金剛般若波羅蜜經宣演》改。

〔五一〕「般」，底本脱，據文意補。

〔五二〕「聞」，底本脱，據文意補。

〔五三〕「周」，底本作「國」，據文意改。

〔五四〕「剛」，底本脱，據文意補。

〔五五〕「色」，底本作「多」，據文意改。

〔五六〕「二」，底本作「土」，據文意改。

〔五七〕「惑」，底本作「或」，據文意改。

〔五八〕「輪」，底本作「論」，據《大乘大集地藏十輪經》（《大正藏》本）改。

〔五九〕「門」，底本脱，據《御注金剛般若波羅蜜經宣演》補。

〔六〇〕「猶」，底本作「從」，據《御注金剛般若波羅蜜經宣演》改。

〔六一〕「無」，底本後衍「無」字，據《勝天王般若波羅蜜經》（《大正藏》本）删。

〔六二〕「令」，底本作「合」，據《御注金剛般若波羅蜜經宣演》改。

〔六三〕「也」，底本作「地」，據《御注金剛般若波羅蜜經宣演》改。

〔六四〕「通」，底本作「道」，據《御注金剛般若波羅蜜經宣演》改。

〔六五〕「初」，底本脱，據《御注金剛般若波羅蜜經宣演》補。

〔六六〕「謂要悲愍一切有情四事業最勝」，底本脱，據《御注金剛般若波羅蜜經宣演》補。

〔六七〕「散落」，底本作「教」，據《御注金剛般若波羅蜜經宣演》改。

〔六八〕「流」，底本脱，據文意補。

〔六九〕「以」，底本作「八」，據文意改。

〔七〇〕「依」，底本作「德」，據《御注金剛般若波羅蜜經宣演》改。

〔七一〕「爲」，底本脱，據《御注金剛般若波羅蜜經宣演》補。

〔七二〕「一」，底本脱，據文意補，下「一切經首」同。

〔七三〕「住」，底本後有「惡性比丘如何調伏……依四念處住」等重複文字，據文意删。

〔七四〕「聞」，底本作「問」，據文意改。

〔七五〕「之」，底本作「主」，據《御注金剛般若波羅蜜經宣演》改。

〔七六〕「令人」，底本作「人令」，據《御注金剛般若波羅蜜經宣演》改。

〔七七〕「元」，底本作「無」，據《大方廣佛華嚴經》

（《大正藏》本）改。

〔七八〕「其」，底本脱，據《阿毗達摩大毗婆沙論》補。

〔七九〕「一」，底本脱，據文意補。

〔八〇〕「一」，底本後衍「一」字，據《御注金剛般若波羅蜜經宣演》删。

〔八一〕「是」，底本脱，據文意補。

〔八二〕「五」，底本脱，據文意補。

〔八三〕註，底本作「信」，據文意改。

〔八四〕「所」，底本後衍「非」字，據《御注金剛般若波羅蜜經宣演》删。

〔八五〕「如」，底本脱，據《御注金剛般若波羅蜜經宣演》補。

〔八六〕「謗」，底本無，據《御注金剛般若波羅蜜經宣演》補。

〔八七〕「有」，底本作「者」，據文意改

〔八八〕「佛」，底本脱，據文意補。

〔八九〕「是」，底本後衍「也」字，據《御注金剛般若波羅蜜經宣演》删。

〔九〇〕「教化如是者」，底本脱，據《御注金剛般若波羅蜜經宣演》補。

〔九一〕「人」，底本脱，據《御注金剛般若波羅蜜經宣演》補。

〔九二〕「準」，底本作「唯」，據《御注金剛般若波羅蜜經宣演》改。

〔九三〕「合」，底本脱，據文意補。

〔九四〕「不」，底本作「示」，據《御注金剛般若波羅蜜經宣演》改。

〔九五〕「門意」，底本作「意門」，據文意改。

〔九六〕「耳」，底本脱，據《御注金剛般若波羅蜜經宣演》補。

〔九七〕「三世」，底本作「世三」，據文意改。

〔九八〕「諦」，底本作「序」，據文意改。

〔九九〕「文」，底本脱，據《御注金剛般若波羅蜜經宣演》補。

〔一〇〇〕「説此如」，疑衍。

〔一〇一〕「難」，底本後衍「成」字，據《御注金剛般若波羅蜜經宣演》刪。

〔一〇二〕「過」，底本脱，據文意補。

〔一〇三〕「六」，底本作「天」，據文意改。

〔一〇四〕「億」，底本作「憶」，據文意改。

〔一〇五〕「阿」，底本脱，據文意補。

〔一〇六〕「不」，底本脱，據文意補。

〔一〇七〕「八」，底本作「一」，據《御注金剛般若波羅蜜經宣演》改。

〔一〇八〕「難」，疑爲「嘆」。

〔一〇九〕「無常力大無常力大」，疑衍。

〔一一〇〕「仙」，底本作「佛」，據文意改。

〔一一一〕「小」，底本作「不」，據《御注金剛般若波羅蜜經宣演》改。

〔一一二〕「除」，底本作「漏」，據《御注金剛般若波羅蜜經宣演》改。

〔一一三〕「等」，底本作「業」，據《御注金剛般若波羅蜜經宣演》改。

〔一一四〕「道」，底本作「是」，據《御注金剛般若波羅蜜經宣演》改。

〔一一五〕「子」，底本作「果」，據文意改。

〔一一六〕「謂」，底本作「爲」，據《佛地經論》（《大正藏》本，下同）改。

〔一一七〕「種」，底本脱，據文意補。

〔一一八〕「所」，底本後衍「智」字，據文意删。

〔一一九〕「二」，底本後衍「德」字，據文意删。

〔一二〇〕「女」，底本作「安」，據文意改。

〔一二一〕「聞」，底本後衍「果即破四」四字，據《御注金剛般若波羅蜜經宣演》删。

〔一二二〕「用身」，底本脱，據《佛地經論》補。

〔一二三〕「不」，底本作「示」，據《仁王護國般若波羅蜜多經疏》改。

〔一二四〕「不」，底本作「示」，據《佛地經論》改，下一「不」字同。

〔一二五〕「今」，底本作「金」，據文意改。

〔一二六〕「舉」，底本作「氣」，據文意改，下同。

〔一二七〕「出」，底本脱，據文意補。

〔一二八〕「爲道」，底本作「道爲」，據文意改。

〔一二九〕「聞」，底本後衍「菩薩」二字，據文意删。

〔一三〇〕「者」，底本作「有」，據文意改。

〔一三一〕「三」，底本脱，據文意補。

〔一三二〕「常」，底本作「當」，據文意改。

〔一三三〕「正」，底本作「政」，據文意改。

〔一三四〕「一」，底本作「二」，據文意改。

〔一三五〕「求」，疑衍。

〔一三六〕「面」，底本作「四」，據《大般涅槃經》改。

〔一三七〕「依」，底本作「衣」，據文意改。

〔一三八〕「來」，底本後衍「不爾如來」四字，據文意删。

〔一三九〕「足」，底本作「是」，據《金剛仙論》（《大正藏》本，下同）改。

〔一四〇〕「飛」，底本作「死」，據《金剛仙論》改。

〔一四一〕「可」，底本作「客」，據文意改。

〔一四二〕「豈」，底本作「是」，據文意改。

〔一四三〕「當」，底本作「常」，據《成唯識論》（《大正藏》本）改。

〔一四四〕「依」，底本作「衣」，據文意改。

〔一四五〕「二」，底本作「三」，據文意改。

〔一四六〕「愛」，底本作「受」，據文意改。

〔一四七〕「模」，底本作「摸」，據文意改，下同。

〔一四八〕「定故」，底本作「故定」，據文意改。

（司冰霜整理）

金剛經解義[一]

金剛般若波羅蜜經序

夫《金剛經》者，無相爲宗，無住爲體，玅有爲用。自從達磨西來，爲傳此經之意，令人悟理見性。秖爲世人不見自性，是以立見性之法。世人若了見真如本體，即不假立法。此經讀誦者無數，稱讚者無邊，造疏及註解者，凡八百餘家。所説道理，各隨所見，見雖不同，法即無二。宿植上根者，一聞便了。若無宿慧[二]，讀誦雖多，不悟佛意。是故解釋聖義，斷除學者疑心。若於此經得旨無疑，不假解説。從上如來所説善法，爲除凡夫不善之心。經是聖人之語，教人聞之，超凡悟聖，永息迷心。此一卷經，衆生性中本有，不自見者，但讀誦文字，若悟本心，始知此經不在文字。若能明了自性，方信一切諸佛從此經出。今恐世人身外覓佛，向外求經，不發内心，不持内經，故造此[三]訣，令諸學者持内心經，了然自見清淨佛心，過於數量，不可思議。後之學者讀經有疑，見此解義，疑心釋然，更不用訣。所冀學者同見鑛中金性，以智慧火鎔鍊，鑛去金存。我釋迦本師説《金剛經》，在舍衛國，因須菩提起問，佛大悲爲説，須菩提聞法得悟，請佛與法安名，令後人依而受持。故經云，佛告須菩提，是經名爲《金剛般若波羅蜜》，以是名字，汝當奉持。如來所説《金剛般若波羅蜜》，與法爲名，其意謂何？以金剛世界之寶，其性猛利，能壞諸物。金雖至堅，羚羊角能壞。金剛喻佛性，羚羊角喻煩惱。金雖堅剛，羚羊角能碎。佛性雖堅，煩惱能亂。煩惱雖堅，般若智能破。羚羊角雖堅，賓鐵能壞。悟此理者，了然見性。《涅槃經》云，見佛性者，不名衆生。不見佛性，是名衆生。如來所説金剛喻者，秖爲世人性無堅固，口雖誦經，光明不生。外誦内行，光明齊等。内無堅固，定慧即亡。口誦心行，定慧均等，是名究竟。金在山中，山不知是寶，寶亦不知是山。何以故？爲無性故。人則有性，取其寶用，得遇金師，鏨鑿山破，取鑛烹鍊，遂成精金，隨意使用，得免貧苦。四大身中，佛性亦爾。身喻世界，人我喻山，煩惱喻鑛，佛性喻金，智慧喻工匠，精進猛勇喻鏨鑿。身世界中有人我山，人我山中有煩惱鑛，煩惱鑛中有佛性寶，佛性寶中有智慧工匠，用智慧工匠鏨破人我山，見煩惱鑛，以覺悟火烹鍊，見自金剛佛性了然明淨，是故以金剛爲喻，因爲之名也。空解不行，有名無體，解義修行，名體具備。不修即凡夫，修即同聖智，故名金剛也。何名般若？是梵語，唐言智慧。智者不起愚心，慧者有其方便。慧是智體，智是慧用，體若有慧，用智不愚，體若無慧，用愚無智。秖爲愚癡未悟，故修智慧以除之也。何名波羅蜜？唐言到彼岸。到彼岸者，離生滅義。秖緣世人性無堅固，於一切法上有生滅相，流浪諸趣，未到真如之地，並是此岸。要具大智慧，於一切法圓滿，離生滅相，即是到彼岸也[四]。亦云心迷則此岸，心悟則彼岸，心邪則此岸，心正則彼岸。口説心行，即自[五]法身有波羅蜜，口説心不行，即無波羅蜜也。何名爲經？經者，徑也，是成佛之道路[六]。凡人欲臻斯路，當内修般若行，以至究竟。如或但能誦説，心不依行，自心則無經，實見實行，自心則有經，故此經如來號爲《金剛般若波羅蜜經》。

曹谿六祖大師慧能撰

校勘記

〔一〕底本據《卍續藏》。

〔二〕「慧」，底本原校云一本後有「者」字。

〔三〕「此」，底本原校云一本後有「經」字。

〔四〕「也」，底本原校云唐本無。

〔五〕「自」，底本原校云一本作「是」。

〔六〕「路」，底本原校云一本後有「也」字。

金剛般若波羅蜜經卷上

東晉武帝時後秦沙門鳩摩羅什奉詔譯

梁昭明太子嘉其[一]分目[二]

唐六祖大鑒真空普覺禪師解義

○法會因由分第一

如是我聞。

如者指義，是者定詞。阿難自稱如是之法，我從佛聞，明不自説也，故言如是我聞。又我者，性也，性即我也。内外動作皆由於性，一切盡聞，故稱我聞也。

一時佛在舍衛國祇樹給孤獨園。

言一時者，師資會遇齊集之時[三]。佛者是説法之主，在者欲明處所。舍衛國者，波斯匿王所居之國。祇者，太子名也，樹是祇陀太子所施，故言祇樹也。給孤獨者，須達長者之異名也。園者本屬須達，故言給孤獨園。佛者，梵音，唐言覺也。覺義有二，一者外覺，觀諸法空，二者内覺，諸[四]心空寂，不被六塵所染。外不見人之過惡，内不被邪迷所惑，故名曰覺，覺即是佛也。

與大比丘衆千二百五十人俱。

言與者，佛與比丘同住金剛般若無相道場，故言與也。大比丘者，是大阿羅漢故。比丘者，是梵語，唐言能破六賊，故名比丘。衆，多也。千二百五十人者，其數也。俱者，同處平等法會。

爾時世尊食時著衣持鉢，入舍衛大城，乞食於其城中。

爾時者，當此之時，是今辰時，齋時欲至也。著衣持鉢者，爲顯教示跡故也。入者，爲自城外而入也。舍衛大城者，名舍衛國豐德城也，即波斯匿王所居之城，故言舍衛大城也。言乞食者，表如來能下心於一切衆生也。

次第乞已，還至本處，飯食訖，收衣鉢，洗足已，敷座而坐。

次第者，不擇貧富，平等以化也。乞已者，如多乞不過七家，七家數滿，更不至餘家也。還至本處者，佛意制諸比丘除請召外，不得輙向白衣舍，故云爾。洗足者，如來示現，順同凡夫，故曰洗足。又大乘法不獨以洗手足爲淨，蓋言洗手足不若淨心，一念心淨，則罪垢悉除矣。如來欲説法時，常儀敷施壇座，故言敷座而坐也。

〇善現起請分第二

時長老須菩提。

何名長老？德尊年高，故名長老。須菩提是梵語，唐言解空。

在大衆中即從座起，偏袒右肩，右膝著地，合掌恭敬而白佛言。

隨衆所坐，故云即從座起。弟子請益，先行五種儀，一者從坐而起，二者端整衣服，三者偏袒右肩，右膝著地，四者合掌，瞻仰尊顔，目不暫捨，五者一心恭敬，以伸問辭。

希有世尊。

希有略説三義，第一希有，能捨金輪王位；第二希有，身長丈六，紫磨金容，三十二相、八十種好，三界無比；第三希有，性能含吐八萬四千法，三身圓備。以具上三義，故云希有也。世尊者，智慧超過三界，無有能及者，德高更無有上，一切咸恭敬，故曰世尊。

如來善護念諸菩薩，善付囑諸菩薩。

護念者，如來以般若波羅蜜法護念諸菩薩。付囑者，如來以般若波羅蜜法付囑須菩提諸大菩薩。言善護念者，令諸學人以般若智護念自身心，不令妄起憎愛，染外六塵，墮生死苦海，於自心中念念常正，不令邪起，自性如來，自善護念。言善付囑者，前念清淨，付囑後念，後念清淨，無有間斷，究竟解脱。如來委曲誨示衆生及在會之衆當常行此，故云善付囑也。菩薩者，梵語，唐言道心衆生，亦云覺有情。道心者，常行恭敬，乃至蠢動含靈普敬愛之，無輕慢心，故名菩薩。

世尊，善男子、善女人。

善男子者，平坦心也，亦是正定心也，能成就一切功德，所往無礙也。善女人者，是正慧心也，由正慧心，能出生一切有爲無爲功德也。

發阿耨多羅三藐三菩提心。云何應住？云何降伏其心？

須菩提問，一切發菩提心人應云何住，云何降伏其心。須菩提見一切衆生躁擾不停，猶如隙塵，摇動之心，起如飄風，念念相續，無有間歇，問欲修行，如何降伏。

佛言，善哉！善哉！須菩提，如汝所説，如來善護念諸菩薩，善付囑諸菩薩。

是佛讚嘆須菩提善得我心，善得我意也。

汝今諦聽，當爲汝説。

佛欲説法，常先戒敕，令諸聽者一心靜默，吾當爲説。

善男子、善女人發阿耨多羅三藐三菩提心，應如是住，如是降伏其心。

阿之言無，耨多羅之言上，三之言正，藐之言徧，菩提之言知。無者，無諸垢染。上者，三界無能比。正者，正見也。徧者，一切智也。知者，知一切有情皆有佛性，但能修行，盡得成佛。佛者，即是無上清淨般若波羅蜜也。是以一切善男子、善女人若欲修行，應知無上菩提道，應知無上清淨般若波羅蜜多法，以此降伏其心也。

唯然世尊，願樂欲聞。

唯然者，應諾之辭。願樂者，願佛廣説，令中下根機盡得開悟。樂者，樂聞深法。欲聞者，渴仰慈誨也。

○大乘正宗分第三

佛告須菩提，諸菩薩摩訶薩應如是降伏其心。

前念清淨，後念清淨，名爲菩薩。念念不退，雖在塵勞，心常清淨，名摩訶薩。又慈悲喜捨種種方便化導[五]衆生，名爲菩薩。能化所化，心無取著，是名摩訶薩。恭敬一切衆生，即是降伏自心處。真者不變，如者不異，遇諸境界，心無變異，名曰真如。亦云外不假曰真，内不亂曰如，念念無差，即是降伏其心也。

所有一切衆生之類，若卵生，若胎生，若濕生，若化生，若有色，若無色，若有想，若無想，若非有想，若非無想，我皆令入無餘涅槃。

卵生者，迷性也。胎生者，習性也。濕生者，隨邪性也。化生者，見趣性也。迷故造諸業，習故常流轉，隨邪心不定，見趣多偏墜。起心修心，妄見是非，内不契無相之理，名爲有色。内心守直，不行恭敬供養，但言直心是佛，不修福慧，名爲無色。不了中道，眼見耳聞，心想思惟，愛著法相，口説佛行，心不依行，名爲有想。迷人坐禪，一向除妄，不學慈悲喜捨智慧方便，猶如木石無有作用，名爲無想。不著二法想，故名若非有想。求理心在，故名若非無想。煩惱萬差，皆是垢心，身形無數，總名衆生，如來大悲普化，皆令得入無餘涅槃。

而滅度之。

如來指示三界九地衆生各有涅槃妙心，令自悟入無餘。無餘者，無習氣煩惱也。涅槃者，圓滿清淨義，滅盡一切習氣，令永不生，方契此也。度者，渡生死大海也。佛心平等，普願與一切衆生同入圓滿清淨無餘涅槃，同渡生死大海，同諸佛所證也。有人雖悟雖修，作有所得心者，却生我相，名爲法我。除盡法我，方名滅度也。

如是滅度無量無數無邊衆生，實無衆生得滅度者。

如是者，指前法也。滅度者，大解脱也。大解脱者，煩惱及習氣一切諸業障滅盡，更無有餘，是名大解脱。無量無數無邊衆生，元各自有一切煩惱貪嗔惡業，若不斷除，終不得解脱，故言如是滅度無量無數無邊衆生。一切迷人悟得自性，始知佛不見自相，不有自智，何曾度衆生？祇爲凡夫不見自本心，不識佛意，執著諸相，不達無爲之理，我人不除，是名衆生。若離此病，實無衆生得滅度者。故言妄心無處即菩提，生死涅槃本平等，何滅度之有？

何以故？須菩提，若菩薩有我相、人相、衆生相、壽者相，即非菩薩。

衆生佛性本無有異，緣有四相，不入無餘涅槃。有四相即是衆生，無四相即是佛，迷即佛是衆生，悟即衆生是佛。迷人恃有財寶、學問、族姓，輕慢一切人，名我相；雖行仁義禮智信，而意高自負，不行普敬，言我解行仁義禮智信，不合敬爾，名人相；好事皈己，惡事施於人，名衆生相；對境取捨分别，名壽者相。是謂凡夫四相。修行人亦有四相，心有能所，輕慢衆生，名我相；自恃持戒，輕破戒者，名人相；厭三塗苦，願生諸天，是衆生相；心愛長年而勤修福業，諸執不忘，是壽者相。有四相即是衆生，無四相即是佛。

○妙行無住分第四

復次，須菩提，菩薩於法應無所住行於布施，所謂不住色布施，不住聲、香、味、觸、法布施。

凡夫布施祇求身相端嚴，五欲快樂，故報盡却墮三塗。世尊大慈，教行無相布施者，不求身相端嚴，五欲快樂，但令内破慳心，外利益一切衆生，如是相應，名不住色布施。

須菩提，菩薩應如是布施，不住於相。

應如無相心布施者，爲無能施之心，不見有施之物，不分別受施之人，是名不住相布施也。

何以故？若菩薩不住相布施，其福德不可思量。

菩薩行施，心無所希求，其所獲福德如十方虚空，不可較量。言復次者，連前起後之辭。一説布者，普也，施者，散也，能普散盡心中妄念、習氣、煩惱，四相泯絶，無所蘊積，是真布施。又説布施者，由不住六塵境界，又不有漏分別，惟當返皈清淨，了萬法空寂。若不了此意，惟增諸業。故須内除貪愛，外行布施，内外相應，獲福無量。見人作惡，不見其過，自性不生分別，是名離相。依教修行，心無能所，即是善法。修行人心有能所，不名善法。能所心不滅，終未得解脱。念念常行般若智，其福無量無邊。依如是修行，感得一切天人恭敬供養，是名爲福德。常行不住相布施，普敬一切含[六]生，其功德無有邊際，不可稱計。

須菩提，於意云何？東方虚空可思量不？不也，世尊。

緣不住相布施，所得功德不可稱量。佛以東方虚空爲譬喻，故問須菩提東方虚空可思量不。不也世尊者，須菩提言東方虚空不可思量也。

須菩提，南西北方、四維上下虚空可思量不？不也，世尊。須菩提，菩薩無住相布施福德亦復如是，不可思量。

佛言虚空無有邊際，不可度量，菩薩無住相布施，所得功德亦如虚空，不可度量，無邊際也。世界中大者莫過虚空，一切性中大者莫過佛性。何以故？凡有形相者，不得名爲大，虚空無形相，故得名爲大。一切諸性皆有限量，不得名爲大，佛性無有限量，故名爲大。此虚空中本無東西南北，若見東西南北，亦是住相，不得解脱。佛性本無我、人、衆生、壽者，若有此四相可見，即是衆生性，不名佛性，亦所謂住相布施也。雖於妄心中説有東西南北，在理則何有，所謂東西不真，南北曷異，自性本來空寂混融，無所分別，故如來深讚不生分別也。

須菩提，菩薩但應如所教住。

應者，唯也，但唯如上所説之教，住無相布施，即是菩薩也。

○如理實見分第五

須菩提，於意云何？可以身相見如來不？不也，世尊，不可以身相得見如來。

色身即有相，法身即無相。色身者，四大和合，父母所生，肉眼所見。法身者，無有形段，非有青黃赤白，無一切相貌，非肉眼能見，慧眼乃能見之。凡夫但見色身如來，不見法身如來。法身量等虛空，是故佛問須菩提可以身相見如來不。須菩提知凡夫但見色身如來，不見法身如來，故言不也，世尊，不可以身相得見如來。

何以故？如來所説身相，即非身相。

色身是相，法身是性。一切善惡盡由法身，不由色身。法身若作惡，色身不生善處，法身作善，色身不墮惡處。凡夫唯見色身，不見法身，不能行無住相布施，不能於一切處行平等行，不能普敬一切衆生。見法身者，即能行無住相布施，即能普敬一切衆生，即能修般若波羅蜜行，方信一切衆生同一真性，本來清淨，無有垢穢，具足恒河妙用。

佛告須菩提，凡所有相，皆是虛妄。若見諸相非相，即見如來。

如來欲顯法身，故説一切諸相皆是虛妄。若見一切諸相虛妄不實，即見如來無相之理也。

○正信希有分第六

須菩提白佛言，世尊，頗有衆生得聞如是言説章句，生實信不？

須菩提問，此法甚深，難信難解，末世凡夫智慧微劣，云何信入。佛答在次下。

佛告須菩提，莫作是説，如來滅後後五百歲，有持戒修福者，於此章句能生信心，以此爲實。當知是人不於一佛，二佛，三、四、五佛而種善根，已於無量千萬佛所種諸善根，聞是章句，乃至一念生淨信者。

於我滅後後五百歲，若復有人能持大乘無相戒，不妄取諸相，不造生死業，一切時中心常空寂，不被諸相所縛，即是無所住心。於如來深法，心能信入，此人所謂言説真實可信。何以故？此人不於一劫，二劫，三、四、五劫而種善根，已於無量千萬億劫種諸善根。是故如來説，我滅後後五百歲有能離相修行者，當知是人不於一、二、三、四、五佛種諸善根。何名種諸善根？略述次下。所謂於諸佛所一心供養，隨順教法，於諸菩薩、善知識、師僧、父母、耆年、宿德、尊長之處常行恭敬供養，承順教命，不違其意，是名種諸善根；於一切貧苦衆生起慈愍心，不生輕厭，有所須求，隨力惠施，是名種諸善根；於一切惡類自行和柔忍辱，歡喜逢迎，不逆其意，令彼發歡喜心，息剛戾心，是名種諸善根；於六道衆生不加殺害，不欺不賤，不毁不辱，不騎不箠，不食其肉，常行饒益，是名種諸善根。信心者，信般若波羅蜜能除一切煩惱，信般若波羅蜜能成就一切出此功德，信般若波羅蜜能出生一切諸佛，信自身中佛性本來清淨，無有染汚，與諸佛性平等無二，信六道衆生本來無相，信一切衆生盡能成佛，是名清淨信心也。

須菩提，如來悉知悉見，是諸衆生得如是無

量福德。何以故？是諸衆生無復我相、人相、衆生相、壽者相，無法相，亦無非法相。

若有人於如來滅後發般若波羅蜜心，行般若波羅蜜行，修習悟解，得佛深意者，諸佛無不知之。若有人聞上乘法，一心受持，即能行般若波羅蜜無相無著之行，了無我、人、衆生、壽者四相。無我者，無色、受、想、行、識也。無人者，了四大不實，終歸地水火風也。無衆生者，無生滅心也。無壽者，我身本無，寧有壽者？四相既亡，即法眼明徹，不著有無，遠離二邊，自心如來，自悟自覺，永離塵勞妄念，自然得福無邊。無法相者，離名絶相，不拘文字也。亦無非法相者，不得言無般若波羅蜜法，若言無般若波羅蜜法者，即是謗法。

何以故？是諸衆生若心取相，則爲著我、人、衆生、壽者。若取法相，即著我、人、衆生、壽者。何以故？若取非法相，即著我、人、衆生、壽者。

取此三相並著邪見，盡是迷人，不悟經意，故修行人不得愛著如來三十二相，不得言我解般若波羅蜜法，亦不得言不行般若波羅蜜行而得成佛。

是故不應取法，不應取非法。以是義故，如來常説汝等比丘知我説法如筏喻者，法尚應捨，何况非法？

法者，是般若波羅蜜法，非法者，生天等法。般若波羅蜜法能令一切衆生過生死大海，既得過已，尚不應住，何况生天等法而得樂著？

○無得無説分第七

須菩提，於意云何？如來得阿耨多羅三藐三菩提耶？如來有所説法耶？須菩提言，如我解佛所説義，無有定法名阿耨多羅三藐三菩提，亦無有定法如來可説。

阿耨多羅非從外得，但心無我所即是也。

秖緣對病設藥，隨宜爲説，何有定法乎？如來説無上正法，心本無得，亦不言不得。但爲衆生所見不同，如來應彼根性，種種方便，開誘化導，俾其離諸執著。指示一切衆生，妄心生滅不停，逐境界動[七]，前念暫起，後念應覺，覺既不住，見亦不存。若爾，豈有定法爲如來可説也？阿者，心無妄念。耨多羅者，心無驕慢。三者，心常在正定。藐者，心常在正慧。三菩提者，心常空寂，一念凡心頓除，即見佛性。

何以故？如來所説法皆不可取，不可説，非法，非非法。

恐人執著如來所説文字章句，不悟無相之理，妄生知解，故言不可取。如來爲化種種衆生，應機隨量，所有言説亦何有定乎？學人不解如來深意，但誦如來所説教法，不了本心。不了本心，終不成佛，故言不可説也。口誦心不行即非法，口誦心行，了無所得，即非非法。

所以者何？一切賢聖皆以無爲法而有差别。

三乘根性所解不同，見有深淺，故言差别。佛説無爲法者，即是無住，無住即是無相，無相即無起，無起即無滅，蕩然空寂，照用齊收[八]，鑒覺無礙，乃真是解脱佛性。佛即是覺，覺即是觀照，觀照即是智慧，智慧即是般若波羅蜜多。又本云，聖賢説法，具一切智，萬法在性，隨問差别，令人心開，各自見性。

○依法出生分第八

須菩提，於意云何？若人滿三千大千世界七寶以用布施，是人所得福德寧爲多不？須菩提言，甚多，世尊。何以故？是福德即非福德性，是故如來説福德多。

三千大千世界七寶以[九]用布施，得福雖多，於性上一無利益。依摩訶般若波羅蜜多修行，令自性不墮諸有，是名福德性。心有能所，即非福德性。能所心滅，是名福德性。心依佛教，行同佛行，是名福德性。不依佛教，不能踐履佛行，即非福德性。

若復有人於此經中受持乃至四句等偈，爲他人説，其福勝彼。

十二部教大意盡在四句之中。何以知其然？以諸經中讚嘆四句偈即是摩訶般若波羅蜜多，以摩訶般若爲諸佛母，三世諸佛皆依此經修行，方得成佛。《般若心經》云，三世諸佛依般若波羅蜜多故，得阿耨多羅三藐三菩提。從師所學曰受，解義修行曰持。自解自行是自利，爲人演説是利他。功德廣大，無有邊際。

何以故？須菩提，一切諸佛及諸佛阿耨多羅三藐三菩提法皆從此經出。

此經者，非指此一卷之文也。要顯佛性從體起用，妙利無窮。般若者，即智慧也。智以方便爲功，慧以決斷爲用，即一切時中覺照心是。一切諸佛及阿耨多羅三藐三菩提法皆從覺照生，故云此經出也。

須菩提，所謂佛法者，即非佛法。

所説一切文字章句，如標如指。標指者，影響之義。依標取物，依指觀月，月不是指，標不是物。但依經取法，經不是法，經文則肉眼可見，法則慧眼能見。若無慧眼者，但見其文，不見其法。若不見法，即不解佛意。不解佛意，則誦經不成佛道。

○一相無相分第九

須菩提，於意云何？須陀洹能作是念，我得須陀洹果不？須菩提言，不也，世尊。

須陀洹者，梵語，唐言逆流，逆生死流，不染六塵，一向修無漏業，得麤重煩惱不生，決定不受地獄畜生修羅異類之身，名須陀洹果。若了無相法，即無得果之心。微有得果之心，即不名須陀洹，故言不也。

何以故？須陀洹名爲入流，而無所入，不入色、聲、香、味、觸、法，是名須陀洹。

流者，聖流也。須陀洹人已離麤重煩惱，故得入聖流。而無所入者，無得果之心也。須陀洹者，乃修行人初果也。

須菩提，於意云何？斯陀含能作是念，我得斯陀含果不？須菩提言，不也，世尊。何以故？斯陀含名一往來，而實無往來，是名斯陀含。

斯陀含者，梵語，唐言一往來。捨三界結縛，三界結盡，故名斯陀含。斯陀含名一往來，往來從天上却到人間生，從人間死〔一〇〕却生天上竟，遂出生死，三界業盡，名斯陀含果。大乘斯陀含者，目覩諸境，心有一生一滅，無第二生滅，故名一往來。前念起妄，後念即止，前念有著，後念即離，故實無往來。

須菩提，於意云何？阿那含能作是念，我得阿那含果不？須菩提言，不也，世尊。何以故？阿那含名爲不來，而實無來〔一一〕，是故名阿那含。

阿那含，梵語，唐言不還，亦名出欲。出欲者，外不見可欲之境，内無欲心可行，定不向欲界受生，故名不來，而實無來。亦名不還，以欲習永盡，決定不來受生，是故名阿那含。

須菩提，於意云何？阿羅漢能作是念，我得阿羅漢道不？須菩提言，不也，世尊。

諸漏已盡，無復煩惱，名阿羅漢。阿羅漢者，煩惱永盡，與物無諍。若作得果之心，即是有諍。

何以故？實無有法，名阿羅漢。世尊，若阿羅漢作是念，我得阿羅漢道，即爲著我、人、衆生、壽者。

阿羅漢，梵語，唐言無諍，無煩惱可斷，無貪嗔可離，性無違順，心境俱空，内外常寂。若有得果之心，即同凡夫，故言不也。

世尊，佛説我得無諍三昧，人中最爲第一，是第一離欲阿羅漢。世尊，我不作是念，我是離欲阿羅漢。

何名無諍三昧？謂阿羅漢心無生滅去來，唯有本覺常照，故名無諍三昧。三昧，梵語，此云正受，亦云正見，遠離九十五種邪見，是名正見。然空中亦有明暗諍，性中有邪正諍，念念常正，無一念邪心，即是無諍三昧。修此三昧，人中最爲第一。若有一念得果之心，即不名無諍三昧。

世尊，我若作是念，我得阿羅漢道，世尊即不説須菩提是樂阿蘭那行者。以須菩提實無所行，而名須菩提是樂阿蘭那行。

阿蘭那是梵語，唐言無諍行，無諍即是清淨行。清淨行者，爲除去有所得心也。若存有所得心，即是有諍，有諍即非清淨道。常得無所得心，即是無諍行也。

○莊嚴淨土分第十

佛告須菩提，於意云何？如來昔在然燈佛所，於法有所得不？不也，世尊，如來在然燈佛所，於法實無所得。

佛恐須菩提有得法之心，爲遣此疑[三]，故問之。須菩提知法無所得，而白佛言不也。然燈佛是釋迦佛授記之師，故問須菩提，我於師處有法可得不。須菩提即謂，法因師開示而實無所得，但悟自性本來清淨，本無塵勞，寂然常照，即自成佛，當知世尊在然燈佛所，於法實無所得。如來法者，譬如日光明照，無有邊際，而不可取。

須菩提，於意云何？菩薩莊嚴佛土不？不也，世尊。何以故？莊嚴佛土者，即非莊嚴，是名莊嚴。

清淨佛土，無相無形，何物而能莊嚴耶？唯以定慧之寶，假名莊嚴。事理莊嚴有三，第一莊嚴世間佛土，造寺、寫經、布施、供養是也；第二莊嚴身佛土，見一切人普行恭敬是也；第三莊嚴心佛土，心淨即佛土淨，念念常行佛心是也。

是故須菩提，諸菩薩、摩訶薩應如是生清淨心，不應住色生心，不應住聲、香、味、觸、法生心，應無所住而生其心。

此修行人不應談他是非，自言我能我解，心輕末[一三]學，此非清淨心也。自性常生智慧，行平等慈下心，恭敬一切衆生，是修行人清淨心也。若不自淨其心，愛著清淨處，心有所住，即是著法相。見色著色，住色生心，即是迷人。見色離色，不住色生心，即是悟人。住色生心，如雲蔽天，不住色生心，如空無雲，日月常[一四]照。住色生心，即是妄念，不住色生心，即是真智。妄念生則暗，真智照則明。明則煩惱不生，暗則六塵競起。

須菩提，譬如有人身如須彌山王，於意云何？是身爲大不？須菩提言，甚大，世尊。何以故？佛説非身，是名大身。

色身雖大，內心量小，不名大身。內心量大，等虛空界，方名大身。色身縱如須彌山，不爲大也。

○無爲福勝分第十一

須菩提，如恒河中所有沙數，如是沙等恒河，於意云何？是諸恒河沙寧爲多不？須菩提言，甚多，世尊，但諸恒河尚多無數，何況其沙？須菩提，我今實言告汝，若有善男子、善女人以七寶滿爾所恒河沙數三千大千世界以用布施，得福多不？須菩提言，甚多，世尊。佛告須菩提，若善男子、善女人於此經中乃至受持四句偈等，爲他人説，而此福德勝前福德。

布施七寶，得三界中富貴報。講説大乘經典，令諸聞者生大智慧，成無上道。當知受持福德，勝前七寶福德。

金剛般若波羅蜜經卷上

校勘記

〔一〕「嘉其」，底本原校云唐本作「蕭統」。
〔二〕「目」，底本原校云唐本作「章」。
〔三〕「時」，底本原校云一本後有「也」字。
〔四〕「諸」，底本原校云一本作「知」。
〔五〕「導」，底本原校云一本作「度」。
〔六〕「含」，底本原校云一本作「蒼」。
〔七〕「動」，底本原校云一本後有「於」字。
〔八〕「收」，底本原校云一本作「皎」。
〔九〕「以」，底本原校云一本作「持」。
〔一〇〕「死」，底本原校云一本無。
〔一一〕「來」，底本原校云唐本前有「不」字。
〔一二〕「疑」，底本原校云一本作「蔽」。
〔一三〕「未」，底本原校云唐本作「末」。
〔一四〕「常」，底本原校云一本作「長」。

金剛般若波羅蜜經卷下

東晉武帝時後秦沙門鳩摩羅什奉詔譯

梁昭明太子嘉其分目

唐六祖大鑒真空普覺禪師解義

○尊重正教分第十二

復次，須菩提，隨説是經，乃至四句偈等，當知此處一切世間天人阿修羅皆應供養，如佛塔廟。

所在之處如有人即説是經者〔一〕，念念常行無念心無所得心，不作能所心説。若能遠離諸心，常依無所得心，即此身中有如來全身舍利，故言如佛塔廟。以無所得心説此經者，感得天龍八部悉來聽受。心若不清淨，但爲名聲利益而説是經者，死墮三塗，有何利益？心若清淨爲説是經，令諸聽者除迷妄心，悟得本來佛性，常行真實，感得天人阿修羅等皆來供養持經之人也。

何況有人盡能受持讀誦？須菩提，當知是人成就最上第一希有之法。若是經典所在之處則爲有佛，若尊重弟子。

自心誦得此經，自心解得經義，自心體得無著無相之理，所在之處，常修佛行，念念心無有間歇，即自心是佛，故言所在之處，則爲有佛。

○如法受持分第十三

爾時須菩提白佛言，世尊，當何名此經？我等云何奉持？佛告須菩提，是經名爲《金剛般若波羅蜜》，以是名字，汝當奉持。所以者何？須菩提，佛説般若波羅蜜，即非般若波羅蜜，是名般若波羅蜜。

佛説般若波羅蜜，令諸學人用智慧除却愚心生滅，生滅除盡，即到彼岸。若心有所得，即不到彼岸，心無一法可得，即是彼岸，口説心行，乃是到彼岸。

須菩提，於意云何？如來有所説法不？須菩提白佛言，世尊，如來無所説。

佛問須菩提，如來説法，心有所得不。須菩提知如來説法心無所得，故言無所説也。如來意者，欲令世人離有所得之心，故説般若波羅蜜法，令一切人聞之，皆發菩提心，悟無生理，成無上道也。

須菩提，於意云何？三千大千世界所有微塵是爲多不？須菩提言，甚多，世尊。須菩提，諸微塵如來説非微塵，是名微塵，如來説世界非世界，是名世界。

如來説衆生性中妄念，如三千大千世界中所有微塵，一切衆生被妄念微塵起滅不停，遮蔽佛性，不得解脱。若能念念真正修般若波羅蜜無著無相之行，了妄念塵勞，即清淨法性。妄念既無，即非微塵，是名微塵。了真即妄，了妄即真，真妄俱泯，無別有法，故云是名微塵。性中無塵勞，即是佛世界。心中有塵勞，即是衆生世界。了諸妄念空寂，故云非世界。證得如來法身，普見塵刹，應用無方，是名世界。

須菩提，於意云何？可以三十二相見如來不？不也，世尊，不可以三十二相得見如來。何以故？如來說三十二相即是非相，是名三十二相。

三十二相者，是三十二清淨行。三十二清淨行者，於五根中修六波羅蜜，於意根中修無相無爲，是名三十二清淨行。常修此三十二清淨行，即得成佛，若不修三十二相清淨行，終不成佛。但愛著如來三十二相，自不修三十二行，終不得見如來。

須菩提，若有善男子、善女人以恒河沙等身命布施，若復有人於此經中乃至受持四句偈等，爲他人說，其福甚多。

世間重者莫過於身命，菩薩爲法，於無量劫中捨施身命與一切衆生，其福雖多，亦不如受持此經四句之福。多劫捨身，不了空義，妄心不除，元是衆生。一念持經，我人頓盡，妄想既除，言下成佛。故知多劫捨身，不如持經四句之福。

○離相寂滅分第十四

爾時須菩提聞說是經，深解意[三]趣，涕淚悲泣而白佛言，希有，世尊，佛說如是甚深經典，我從昔來所得慧眼未曾得聞如是之經。世尊，若復有人得聞是經，信心清淨，則生實相，當知是人成就第一希有功德。

自性不癡名慧眼，聞法自悟名法眼。須菩提是阿羅漢，於五百弟子中解空第一，已曾勤奉多佛，豈得不聞如是深法？豈於釋迦牟尼佛所始言聞也？然或是須菩提於往昔所得乃聲聞慧眼，至今方悟佛意，故始得聞如是深經，悲昔未悟，故涕淚悲泣。聞經諦念，謂之清淨。從清淨體中流出般若波羅蜜多深法，當知決定成就諸佛功德也。

世尊，是實相者，即是非相，是故如來説名實相。

雖行清淨行，若見垢淨二相，當情並是垢心，即非清淨心也。但心有所得，即非實相也。

世尊，我今得聞如是經典，信解受持，不足爲難。若當來世後五百歲，其有衆生得聞是經，信解受持，是人則爲第一希有。何以故？此人無我相，無人相，無衆生相，無壽者相。所以者何？我相即是非相，人相、衆生相、壽者相即是非相。何以故？離一切諸相，則名諸佛。

須菩提深悟佛意，蓋目見業盡垢除，慧眼明徹，信解受持，即無難也。世尊在世説法之時，亦有無量衆生不能信解受持，何必獨言後五百歲？蓋佛在之日，雖有中下根不信及懷疑者，即往問佛，佛即隨宜爲説，無不契悟。佛滅度後後五百歲，漸至末法，去聖遥遠，但存言教，人若有疑，無處咨決，愚迷抱執，不悟無生，著相馳求，輪迴諸有，於此時中得聞深經，清心敬信，悟無生理者，甚爲希有，故言第一希有。於如來滅後後五百歲，若復有人能於般若波羅蜜甚深經典信解受持者，即知此人無我、人、衆生、壽者之相。無此四相，是名實相，即是佛心，故曰離一切諸相則名諸佛。

佛告須菩提，如是，如是。

佛印可須菩提所解善契我心，故重言如是也。

若復有人得聞是經，不驚不怖不畏，當知是人甚爲希有。

聲聞久著法相，執有爲解，不了諸法本空，一切文字皆是假立，忽聞深經，諸相不生，言下即佛，所以驚怖。唯是上根菩薩，得聞此理，歡喜受持，心無畏怖退轉，如此之流，甚爲希有。

何以故？須菩提，如來説第一波羅蜜，即非第一波羅蜜，是名第一波羅蜜。

口説心不行即非，口説心行即是，心有能所即非，心無能所即是。

須菩提，忍辱波羅蜜，如來説非忍辱波羅蜜。

見有辱境當情即非，不見辱境當情即是。見有身相，當彼所害即非，不見有身相，當彼所害即是。

何以故？須菩提，如我昔爲歌利王割截身體，我於爾時無我相，無人相，無衆生相，無壽者相。何以故？我於往昔節節支解時，若有我相、人相、衆生相、壽者相，應生瞋恨。

如來因中在初地時，爲忍辱仙人，被歌利王割截身體，無一念痛惱之心。若有痛惱之心，即生嗔恨。歌利王是梵語，此云無道極惡君也。一説如來因中曾爲國王，常行十善，利益蒼生，國人歌讚此王，故云歌利王。求無上菩提，修忍辱行。爾時天帝釋化作旃陀羅，乞王身肉，即割施，殊無嗔惱。今有二説，於理俱通。

須菩提，又念過去於五百世作忍辱仙人，於爾所世無我相，無人相，無衆生相，無壽者相。

如來因中於五百世修行忍辱波羅蜜，以得四相不生。如來自述往因者，欲令一切修行人成就忍辱波羅蜜。行忍辱波羅蜜人既行忍辱行者，不見一切人過惡，冤親平等，無是無非，被他打駡殘害，歡喜受之，倍加恭敬，行如是行者，即能成就忍辱波羅蜜。

是故須菩提，菩薩應離一切相發阿耨多羅三藐三菩提心，不應住色生心，不應住聲、香、味、觸、法生心，應生無所住心。

不應住色生心者，是都標也，聲香等別立其名也。於此六塵起憎愛心，由是妄心積身，無能覺照，益遠佛行〔三〕，雖種種勤苦修行，不除心垢，終無解脱之理。推其根本，都由色上住心。如能念念常行般若波羅蜜，推諸法空，不生計較，念念常自精進，一心守護，無令放逸。《淨名經》云[四]，求一切知，無非時求。《大般若經》云，菩薩摩訶薩晝夜精勤，常住般若波羅蜜法[五]相應作意，無時暫捨。

若心有住，則爲非住。

若心住涅槃，非是菩薩住處。不住涅槃，不住諸法，一切處不住，方是菩薩住處。上文說應無所住而生其心是也。

是故佛說菩薩心不應住色布施。須菩提，菩薩爲利益一切衆生，應如是布施。

菩薩不爲求望自身快樂而行布施，但爲內破慳心，外利益一切衆生而行布施。

如來說一切諸相即是非相，又說一切衆生則非衆生。

如者不生，來者不滅。不生者，我人不生，不滅者，覺照不滅。下文云，如來者，無所從來，亦無所去，故名如來。如來說我人等相畢竟可破壞，非真實體也。一切衆生盡是假名，若離妄心，即無衆生可得，故言即非衆生。

須菩提，如來是真語者、實語者、如語者、不誑語者、不異語者。

真語者，說一切有情無情皆有佛性。實語者，說衆生造惡業定受苦報。如語者，說衆生修善法定有樂報。不誑語者，說般若波羅蜜法出生三世佛，決定不虛。不異語者，如來所說初善、中善、後善，旨意微妙，一切天魔外道無有能超勝及破壞佛語者。

須菩提，如來所得法，此法無實無虛。

無實者，以法體空寂，無相可得。然中有恒沙性德，用之不匱，故言無虛。欲言其實，無相可得，欲言其虛，用而無間。是故不得言無，不得言有，有而不有，無而不無，言譬不及者，其惟真智乎？若不離相修行，無由臻此。

須菩提，若菩薩心住於法而行布施，如人入闇，則無所見。

施一切法心有住著，則不了三輪體空，如盲者處暗，無所曉了。《華嚴經》云，聲聞在如來會中聞法，如盲如聾，爲住諸法相故也。

若菩薩心不住法而行布施，如人有目，日光明照，見種種色。

若菩薩常行般若波羅蜜多無著無相行，如人有目處於皎日之中，何所不見也？

須菩提，當來之世，若有善男子、善女人能於此經受持讀誦，則爲如來以佛智慧悉知是人，悉見是人，皆得成就無量無邊功德。

當來之世者，如來滅後後五百歲濁惡之世，邪法競起，正法難行。於此時中，若有善男子、善女人得遇此經，從師稟受，讀誦在[六]心，精進不妄，依義修行，悟入佛之知見，則能成就阿耨菩提，以是三世諸佛無不知之。

○持經功德分第十五

須菩提，若有善男子、善女人初日分以恒河沙等身布施，中日分復以恒河沙等身布施，後日分亦以恒河沙等身布施，如是無量百千萬億劫以身布施，若復有人聞此經典，信心不逆，其福勝彼，何況書寫、受持、讀誦、爲人解説？

佛説末法之時，得聞此經，信心不逆，四相不生，即是佛之知見，此人功德勝前多劫捨身功德百千萬億，不可譬喻。一念聞經，其福尚多，何況更能書寫、受持、讀誦、爲人解説？當知此人決定成就阿耨多羅三藐三菩提。所以種種方便爲説如是甚深經典，俾離諸相，得阿耨多羅三藐三菩提，所得福德無有邊際。蓋緣多劫捨身，不了諸法本空，心有能所，未離衆生之見。如能聞經悟道，我人頓盡，言下即佛。將捨身有漏之福，比持經無漏之慧，實不可及。故雖十方聚寶，三世捨身，不如持經四句偈。

須菩提，以要言之，是經有不可思議、不可稱量無邊功德。

持經之人心無我所，無我所故是佛心。佛心功德無有邊際，故言不可稱量。

如來爲發大乘者説，爲發最上乘者説。若有人能受持讀誦，廣爲人説，如來悉知是人，悉見是人，皆得成就不可量、不可稱、無有邊、不可思議功德。如是人等，則爲荷檐〔七〕如來阿耨多羅三藐三菩提。

大乘者，智慧廣大，善能建立一切法。最上乘者，不見垢法可厭，不見淨法可求，不見衆生可度，不見涅槃可證，不作度衆生心，亦不作不度衆生心，是名最上乘，亦名一切智，亦名無生忍，亦名大般若。若有人發心求佛無上道，聞此無相無爲甚深之法，即當信解受持，爲人解説，令其深悟，不生毁謗，得大忍力、大智慧力、大方便力，方能通流此經也。上根之人聞此經典，得深悟佛意，持自心經，見性究竟。復起利他之行，能爲人解説，令諸學者自悟無相之理，得見本性如來，成無上道。當知説法之人所得功德無有邊際，不可稱量。聞經解義，如教修行，復能廣爲人説，令諸衆生得悟修行無相無著之行，以能行此行，有大智慧光明，出離塵勞。雖離塵勞，不作離塵勞之念，即得阿耨多羅三藐三菩提，故名荷檐如來。當知持經之人自有無量無邊不可思議功德。

何以故？須菩提，若樂小法者，著我見、人見、衆生見、壽者見，則於此經不能聽受讀誦，爲人解説。

何名樂小法者？爲二乘聲聞人樂小果，不發大心，故即於如來深法不能受持讀誦，爲人解説。

須菩提，在在處處若有此經，一切世間天人阿修羅所應供養，當知此處則爲是塔，皆應恭敬作禮圍繞，以諸華香而散其處。

若人口誦般若，心行般若，在在處處常行無爲無相之行，此人所在之處如有佛塔，感得一切天人各持供養作禮恭敬，與佛無異。能受持經者，是人心中自有世尊，故云如佛塔廟，當知所得福德無量無邊也。

○能淨業障分第十六

復次，須菩提[八]，善男子、善女人受持讀誦此經，若爲人輕賤，是人先世罪業應墮惡道，以今世人輕賤故，先世罪業則爲銷滅，當得阿耨多羅三藐三菩提。

佛言持經之人各得一切天人恭敬供養，爲前生有重業障故，今生雖得受持諸佛如來甚深經典，常被[九]人輕賤，不得人恭敬供養。自以受持經典故，不起人我等相，不問冤親，常行恭敬，心無惱恨，蕩然無所計較，念念常行般若波羅蜜行，曾無退轉。以能如是修行故，得無量劫以至今生所有極惡罪障並能消滅。又約理而言，先世即是前念妄心，今世即是後念覺心，以後念覺心輕賤前念妄心，妄不得住，故云先世罪業即爲消滅。妄念既滅，罪業不成，即得菩提也。

須菩提，我念過去無量阿僧祇劫，於然燈佛前得值八百四千萬億那由他諸佛，悉皆供養承事，無空過者。若復有人於後末世能受持讀誦此經，所得功德，於我所供養諸佛功德，百分不及一，百[一〇]千萬億分乃至算數譬喻所不能及。

供養恒沙諸佛，施寶滿三千界，捨身如微塵數，種種福德不及持經一念。悟無生理，息希望心，遠離衆生顛倒知見，即到波羅[一一]彼岸，永出三塗，證無餘涅槃也。

須菩提，若善男子、善女人於後末世有受持讀誦此經，所得功德，我若具説者，或有人聞，心即狂亂，狐疑不信。

佛言末法衆生德薄垢重，嫉妬彌深，邪

見熾盛。於此時中如有善男子、善女人受持讀誦此經，圓成法相，了無所得，念念常行慈悲喜捨，謙下柔和，究竟成就無上菩提。或有人不知如來正法常在不滅，聞説如來滅後後五百歲，有人能成就無相心，行無相行，得阿耨多羅三藐三菩提，則必心生驚怖，狐疑不信。

須菩提，當知是經義不可思議，果報亦不可思議。

是經義者，即無著無相行也。云不可思議者，讚歎無著無相行能成就阿耨多羅三藐三菩提。

○究竟無我分第十七

爾時須菩提白佛言，世尊，善男子、善女人發阿耨多羅三藐三菩提心，云何應住？云何降伏其心？佛告須菩提，善男子、善女人發阿耨多羅三藐三菩提心者，當生如是心，我應滅度一切衆生，滅度一切衆生已，而無有一衆生實滅度者。

須菩提問佛如來滅後後五百歲，若有人發阿耨多羅三藐三菩提心，依何法而住，如何降伏其心。佛言，當發度脱一切衆生心，度脱一切衆生盡得成佛已，不得見有一衆生是我滅度者。何以故？爲除能所心也，除有衆生心也，亦除我見心也。

何以故？須菩提，若菩薩有我相、人相、衆生相、壽者相，則非菩薩。

菩薩若見有衆生可度者，即是我相。有能度衆生心，即是人相。謂涅槃可求，即是衆生相。見有涅槃可證，即是壽者相。有此四相，即非菩薩。

所以者何？須菩提，實無有法發阿耨多羅三藐三菩提心者。

有法者，我人等四法是也。不除四法，終不得菩提。若言我發菩提心者，亦是人我等法，人我等法是煩惱根本。

須菩提，於意云何？如來於然燈佛所，有法得阿耨多羅三藐三菩提不？不也，世尊，如我解佛所説義，佛於然燈佛所，無有法得阿耨多羅三藐三菩提。佛言，如是，如是。

佛告須菩提，我於師處不除四相，得受記不。須菩提深解無相之理，故言不也。善契佛意，故佛言如是，如是言是印可之辭。

須菩提，實無有法如來得阿耨多羅三藐三菩提。須菩提，若有法如來得阿耨多羅三藐三菩提者，然燈佛即不與我受記，汝於來世當得作佛，號釋迦牟尼。以實無有法得阿耨多羅三藐三菩提，是故然燈佛與我受記，作是言，汝於來世當得作佛，號釋迦牟尼。何以故？如來者，即諸法如義。

佛言實無我、人、衆生、壽者，始得受菩提記。我若有發菩提心，然燈佛即不與我受記，以實無所得，然燈始與我受記。此一段乃[三]總成須菩提無我義。佛言諸法如義者，諸法即是色、聲、香、味、觸、法。於此六塵中善能分别而本體湛然，不染不著，曾無變異，如空不動，圓通瑩徹，歷劫常存，是名諸法如義。《菩薩瓔珞經》云，毁譽不動，是如來行。《入佛境界經》云，諸欲不染故，敬禮無所觀。

若有人言，如來得阿耨多羅三藐三菩提，須菩提，實無有法佛得阿耨多羅三藐三菩提。須菩提，如來所得阿耨多羅三藐三菩提，於是中無實無虚。

佛言實無所得心而得菩提，以所得心不生，是故得菩提，離此心外，更無菩提可得，故言無實也。所得心寂滅，一切智本有，萬行悉圓備，恒沙德性用無乏少，故言無虚也。

是故如來説一切法皆是佛法。須菩提，所言一切法者，即非一切法，是故名一切法。

能於諸法心無取舍，亦無能所，熾然建立一切法，而心常空寂，故知一切法皆是佛法。恐迷者貪著一切法以爲佛法，爲遣此病，故言即非一切法。心無能所，寂而常照，定慧齊行，體用一致，是故名一切法。須菩提，譬如人身長大。須菩提言，世尊，如來説人身長大則爲非大身，是名大身。

如來説人身長大則爲非大身者，以顯一切衆生法身不二，無有限量，是名大身。法身本無處所，故言則非大身。又以色身雖大，内無智慧，即非大身。色身雖小，内有智慧，得名大身。雖有智慧，不能依行，即非大身。依教修行，悟入諸佛無上智見，心無能所限量，是名大身也。

須菩提，菩薩亦如是，若作是言，我當滅度無量衆生，則不名菩薩。

菩薩若言因我説法除得彼人煩惱，即是法我。若言我度得衆生，即有我所。雖度脱衆生，心有能所，我人不除，不得名爲菩薩。熾然説種種方便，化度衆生，心無能所，即是菩薩也。

何以故？須菩提，實無有法名爲菩薩。是故佛説一切法，無我，無人，無衆生，無壽者。須菩提，若菩薩作是言，我當莊嚴佛土，是不名菩薩。何以故？如來説莊嚴佛土者，即非莊嚴，是名莊嚴。

菩薩若言我能建立世界者，即非菩薩。雖然建立世界，心有能所，即非菩薩。熾然建立世界，能所心不生，是名菩薩。《最勝妙定經》云，假使有人造得白銀精舍滿三千大千世界，不如一念禪定心。心有能所，即非禪定，能所不生，是名禪定。禪定即是清淨心也。

須菩提，若菩薩通達無我法者，如來説名真是菩薩。

於諸法相無所滯礙，是名通達。不作解法心，是名無我法。無我法者，如來説名真是菩薩。隨分行持，亦得名爲菩薩，然未爲真菩薩。解行圓滿，一切能所心盡，方得名真是菩薩。

○一體同觀分第十八

須菩提，於意云何？如來有肉眼不？如是，世尊，如來有肉眼。須菩提，於意云何？如來有天眼不？如是，世尊，如來有天眼。須菩提，於意云何？如來有慧眼不？如是，世尊，如來有慧眼。須菩提，於意云何？如來有法眼不？如是，世尊，如來有法眼。須菩提，於意云何？如來有佛眼不？如是，世尊，如來有佛眼。

一切人盡有五眼，爲迷所覆，不能自見，故佛教除却迷心，即五眼開明。念念修行般若波羅蜜法，初除迷心，名爲第一肉眼。見一切衆生皆有佛性，起憐愍心，是名爲第二天眼。癡心不生，名爲第三慧眼。著法心除，名爲第四法眼。細惑永盡，圓明徧照，名爲第五佛眼。又云，見色身中有法身，名爲天眼。見一切衆生各具般若性，名爲慧眼。見性明徹，能所永除，一切佛法本來自備，名爲法眼。見般若波羅蜜能生三世一切法，名爲佛眼。

須菩提，於意云何？如恒河中所有沙，佛説是沙不？如是，世尊，如來説是沙。須菩提，於意云何？如一恒河中所有沙，有如是沙等恒河，是諸恒河所有沙數，佛世界如是，寧爲多不？甚多，世尊。

恒河者，西國祇洹精舍側近之河，如來説法，常指此河爲喻。佛説此河中沙，一沙況一佛世界，以爲多不。須菩提言甚多，世尊。佛舉此衆多國數[三]者，欲明其中所有衆生，一一衆生皆有若許心數也。

佛告須菩提，爾所國土中所有衆生若干種心，如來悉知。何以故？如來説諸心皆爲非心，是名爲心。

爾所國土中所有衆生，一一衆生皆有若干差別心數，心數雖多，總名妄心。識得妄心非心，是名爲心。此心即是真心、常心、佛心、般若波羅蜜心、清淨菩提涅槃心也。

所以者何？須菩提，過去心不可得，現在心不可得，未來心不可得。

過去心不可得者，前念妄心潛〔四〕然已過，追尋無有處所。現在心不可得者，真心無相，憑何得見？未來心不可得者，本無可得，習氣已盡，更不復生。了此三心皆不可得，是名爲佛。

○法界通化分第十九

須菩提，於意云何？若有人滿三千大千世界七寶以用布施，是人以是因緣，得福多不？如是，世尊，此人以是因緣，得福甚多。須菩提，若福德有實，如來不説得福德多。以福德無故，如來説得福德多。

七寶之福不能成就佛果菩提，故言無也。以其無量數限，故名曰多，如能超過，即不説多也。

○離色離相分第二十

須菩提，於意云何？佛可以具足色身見不？不也，世尊，如來不應以具足色身見。何以故？如來説具足色身，即非具足色身，是名具足色身。

佛意恐衆生不見法身，但見三十二相、八十種好，紫磨金輝，以爲如來真身。爲遣此迷，故問須菩提佛可以具足色身相見不。三十二相即非具足色身，內具三十二淨行，是名具足色身。淨行者，即六波羅蜜是也。於五根中修六波羅蜜，於意根中定慧雙修，是名具足色身。徒愛如來三十二相，內不行三十二淨行，即非具足色身。不愛如來色相，能自持清淨行，亦得名具足色身也。

須菩提，於意云何？如來可以具足諸相見不？不也，世尊，如來不應以具足諸相見。何以故？如來説諸相具足即非具足，是名諸相具足。

如來者，即無相法身是也，非肉眼所見，

慧眼乃能見之。慧眼未明具足，生我人等相，以觀三十二相爲如來者，即不名爲具足也。慧眼明徹，我人等相不生，正智光明常照，是名諸相具足。三毒未泯，言見如來真身者，固無此理。縱能見者，祇是化身，非真實無相之法身也。

○非説所説分第二十一

須菩提，汝勿謂如來作是念，我當有所説法，莫作是念。何以故？若人言如來有所説法，即爲謗佛，不能解我所説故。須菩提，説法者無法可説，是名説法。

凡夫説法，心有所得，故告須菩提，如來説法，心無所得。凡夫作能解心説，如來語嘿皆如，所發言辭，如響應聲，任用無心，不同凡夫作生滅心説。若言如來説法心有生滅者，即爲謗佛。《維摩經》云，真説法者，無説無示，聽法者，無聞無得。了萬法空寂，一切名言皆是假立，於自空性中熾然建立一切言辭，演説諸法無相無爲，開導迷人，令見本性，修證無上菩提，是名説法。

爾時，慧命須菩提白佛言，世尊，頗有衆生於未來世聞説是法，生信心不？佛言[一五]，須菩提，彼非衆生，非不衆生。何以故？須菩提，衆生衆生者，如來説非衆生，是名衆生。

靈幽法師加此慧命須菩提六十二字，是長慶二年，今見在濠州鐘離等石碑上記。六祖解在前，故無解，今亦存之。

○無法可得分第二十二

須菩提白佛言，世尊，佛得阿耨多羅三藐三菩提爲無所得耶？佛言，如是，如是。須菩提，我於阿耨多羅三藐三菩提乃至無有少法可得，是名阿耨多羅三藐三菩提。

須菩提言所得心盡，即是菩提。佛言如是如是，我於菩提實無希求心，亦無所得心，以如是故，得名阿耨多羅三藐三菩提。

○淨心行善分第二十三

復次，須菩提，是法平等，無有高下，是名阿耨多羅三藐三菩提。以無我、無人、無衆生、無壽者，修一切善法，則得阿耨多羅三藐三菩提。

此菩提法者，上至諸佛，下至昆虫，盡含種智，與佛無異，故言平等，無有高下。以菩提無二故，但離四相修一切善法，則得菩提。若不離四相修一切善法，轉增我人，欲證解脱之心，無由可得〔一六〕。若離四相而修一切善法，解脱可期。修一切善法者，於一切法無有染著，對一切境不動不摇，於出世法不貪不著不愛，於一切處常行方便，隨順衆生，使之歡喜信服，爲説正法，令悟菩提，如是始名修行，故言修一切善法。

須菩提，所言善法者，如來〔一七〕説非善法，是名善法。

修一切善法，希望果報，即非善法。六度萬行熾然俱作，心不望報，是名善法。

○福智無比分第二十四

須菩提，若三千大千世界中所有諸須彌山王，如是等七寶聚，有人持用布施，若人以此《般若波羅蜜經》乃至四句偈等受持讀誦，爲他人説，於前福德百分不及一，百千萬億分乃至算數譬喻所不能及。

大鐵圍山高廣二百二十四萬里，小鐵圍山高廣一百〔一八〕一十二萬里，須彌山高廣三百三十六萬里，以此名爲三千大千世界。就理而言，即貪、嗔、癡妄念各具一千也。如爾許山盡如須彌，以況七寶數，持用布施，所得福德無量無邊，終是有漏之因，而無解脱之理。《摩訶般若波羅蜜多》四句經文雖少，依之修行，即得成佛。是知持經之福能令衆生證得菩提，故不可比。

○化無所化分第二十五

須菩提，於意云何？汝等勿謂如來作是念，我當度衆生，須菩提，莫作是念。何以故？實無有衆生如來度者。若有衆生如來度者，如來則有我、人、衆生、壽者。

須菩提意謂如來有度衆生心，佛爲遣須菩提如是疑心，故言莫作是念。一切衆生本自是佛，若言如來度得衆生成佛，即爲妄語。以妄語故，即是我、人、衆生、壽者，此爲遣我所心也。夫一切衆生雖有佛性，若不因諸佛説法，無由自悟，憑何修行得成佛道？

須菩提，如來説有我者，則非有我，而凡夫之人以爲有我。須菩提，凡夫者，如來説即非凡夫，是名凡夫。

如來説有我者，是自性清淨常樂我淨之我，不同凡夫貪嗔無明虚妄不實之我，故言凡夫之人以爲有我。有我人者，即是凡夫，我人不生，即非凡夫。心有生滅，即是凡夫，心無生滅，即非凡夫。不悟《般若波羅蜜多》，即是凡夫，若悟《般若波羅蜜多》，即非凡夫。心有能所，即是凡夫，心無能所，即非凡夫。

○法身非相分第二十六

須菩提，於意云何？可以三十二相觀如來不？須菩提言，如是，如是，以三十二相觀如來。佛言，須菩提，若以三十二相觀如來者，轉輪聖王則是如來。須菩提白佛言，世尊，如我解佛所説義，不應以三十二相觀如來。

世尊大慈，恐須菩提執相之病未除，故作此問。須菩提未知佛意，乃言如是如是之言，早是迷心。更言以三十二相觀如來，又是一重迷心，離真轉遠。故如來爲説，除彼迷心。若以三十二相觀如來者，轉輪聖王即是如來。轉輪聖王雖有三十二相，豈得同如來？世尊引此言者，以遣須菩提執相之病，令其所悟深徹。須菩提被問，迷心頓釋，故云如我解佛所説義，不應以三十二相觀如來。須菩提是大阿羅漢，所悟甚深得方便，不生迷路，以冀世尊除遣細惑，令後世衆生所見不謬也。爾時世尊而説偈曰：若以色見我，以音聲求我，是人行邪道，不能見如來。

若以兩字是發語之端。色者，相也。見者，識也。我者，是一切衆生身中自性清淨、無爲無相真常之體，不可高聲念佛而得成就，念須正念分明，方得悟解。若以色聲求之，不可見也。是知於相中觀佛，聲中求法，心有生滅，不悟如來矣。

○無斷無滅分第二十七

須菩提，汝若作是念，如來不以具足相故，得阿耨多羅三藐三菩提。須菩提，莫作是念，如來不以具足相故，得阿耨多羅三藐三菩提。須菩提，汝若作是念，發阿耨多羅三藐三菩提心者，説諸法斷滅相，莫作是念。何以故？發阿耨多羅三藐三菩提心者，於法不説斷滅相。

須菩提聞説真身離相，便謂不修三十二淨行而得菩提。佛語須菩提，莫言如來不修三十二淨行而得菩提，汝若言不修三十二淨行得阿耨菩提者，即是斷佛種性，無有是處。

○不受不貪分第二十八

須菩提，若菩薩以滿恒河沙等世界七寶持用布施，若復有人知一切法無我，得成於忍，此菩薩勝前菩薩所德功德。何以故？須菩提，以諸菩薩不受福德故。須菩提白佛言，世尊，云何菩薩不受福德？須菩提，菩薩所作福德不應貪著，是故説不受福德。

通達一切法，無能所心，是名爲忍。此人所得福德，勝前七寶之福。菩薩所作福德，不爲自己，意在利益一切衆生，故言不受福德。

○威儀寂靜分第二十九

須菩提，若有人言如來若來若去，若坐若臥，是人不解我所説義。何以故？如來者，無所從來，亦無所去，故名如來。

如來者，非來非不來，非去非不去，非坐非不坐，非臥非不臥。行、住、坐、臥四威儀中，常在空寂，即是如來也。

○一合相理分第三十

須菩提，若善男子、善女人以三千大千世界碎爲微塵，於意云何？是微塵衆寧爲多不？甚多，世尊。何以故？若是微塵衆實有者，佛即不説是微塵衆。所以者何？佛説微塵衆，則非微塵衆，是名微塵衆。

佛説三千大千世界以喻一切衆生性上微塵之數，如三千大千世界中所有微塵，一切衆生性上妄念微塵，即非微塵。聞經悟道，覺慧常照，趣向菩提，念念不住，常在清淨，如是清淨微塵，是名微塵衆。

世尊，如來所説三千大千世界，則非世界，是名世界。

三千者，約理而言，即貪、嗔、癡妄念各具一千數也。心爲善惡之樞[一九]，能作凡作聖，其動靜不可測度，廣大無邊，故名大千世界。

何以故？若世界實有者，則是一合相。如來説一合相，則非一合相，是名一合相。

心中明了，莫過悲、智二法，由此二法而得菩提。説一合相者，心存[二〇]所得故，即非一合相，心無所得，是名一合相。一合相者，不得[二一]假名而談實相。

須菩提，一合相者，即是不可説，但凡夫之人貪著其事。

由悲、智二法成就佛果菩提，説不可盡，妙不可言。凡夫之人貪著文字事業，不行悲、智二法。若不行悲、智二法而求無上菩提，何由可得？

○知見不生分第三十一

須菩提，若人言，佛說我見、人見、衆生見、壽者見，須菩提，於意云何？是人解我所說義不？不也，世尊，是人不解如來所說義。何以故？世尊說我見、人見、衆生見、壽者見，即非我見、人見、衆生見、壽者見，是名我見、人見、衆生見、壽者見。

如來說此經者，令一切衆生自悟般若智慧，自修行菩提之果。凡夫之人不解佛意，便謂如來說我人等見，不知如來說甚深無相無爲般若波羅蜜法。如來所說我人等見，不同凡夫我人等見。如來說一切衆生皆有佛性，是真我見，說一切衆生有無漏智性本自具足，是人見，說一切衆生本自無煩惱，是衆生見，說一切衆生性本不生不滅，是壽者見。

須菩提，發阿耨多羅三藐三菩提心者，於一切法應如是知，如是見，如是信解，不生法相。須菩提，所言法相者，如來說即非法相，是名法相。

發菩提心者，應見一切衆生皆有佛性，應見一切衆生無漏種智本自具足，應信一切衆生自性本無生滅，雖行一切智慧，方便接物利生，不作能所之心。口說無相法，而心有能所，即非法相。口說無相法，心行無相行，而能所心滅，是名法相也。

○應化非真分第三十二

須菩提，若有人以滿無量阿僧祇世界七寶持用布施，若有善男子、善女人發菩薩心者，持於此經乃至四句偈等，受持讀誦，爲人演說，其福勝彼。云何爲人演說？不取於相，如如不動。

七寶之福雖多，不如有人發菩提心，受持此經四句，爲人演說，其福勝彼百千萬億，不可譬喻。說法善巧方便，觀根應量，種種隨宜，是名爲人演説。所聽法人有種種相貌不等，不得作分别之心，但了空寂如如之心、無所得心、無勝負心、無希望心、無生滅心，是名如如不動也。

何以故？一切有爲法，如夢幻泡影，如露亦如電，應作如是觀。

夢者是妄身，幻者是妄念，泡者是煩惱，影者是業障。夢幻泡影業，是名有爲法。真實離名相，悟者無諸業。

佛説是經已，長老須菩提及諸比丘、比丘尼、優婆塞、優婆夷，一切世間天人阿修羅聞佛所説，皆大歡喜，信受奉行。

金剛般若波羅蜜經卷下終

校勘記

〔一〕「者」，底本原校云一本作「若」。

〔二〕「意」，底本原校云一本作「義」。

〔三〕「積身無能覺照益遠佛行」，底本原校云一本作「積集無量業結覆蓋佛性」。

〔四〕「云」，底本原校云一本後有「上」字。

〔五〕「法」，底本原校云一本作「多」。

〔六〕「在」，底本原校云一本作「任」。

〔七〕「檐」，疑爲「擔」，下同。

〔八〕「提」，底本原校云一本後有「若」字。

〔九〕「被」，底本作「彼」，據文意改。

〔一〇〕「百」，底本原校云一本無。

〔一一〕「羅」，底本原校云一本後有「蜜」字。

〔一二〕「乃」，底本原校云一本作「文」。

〔一三〕「數」，底本原校云一本作「土」。

〔一四〕「潛」，底本原校云一本作「朁」。

〔一五〕「言」，底本原校云一本作「告」。

〔一六〕「得」，底本原校云一本作「了」。

〔一七〕「來」，底本原校云一本後有「即」字。

〔一八〕「百」，底本原校云一本作「一」。

〔一九〕「樞」，底本原校云一本作「本」。

〔二〇〕「存」，底本原校云一本作「有」。

〔三〕「得」，底本原校云一本作「壞」。

六祖口訣後序

法性圓寂，本無生滅，因有生念，遂有生緣。故天得命之以生，是故謂之命。天命既立，真空入有，前日生念轉而爲意識。意識之用，散而爲六根。六根各有分別，中有所總持者，是故謂之心。心者，念慮之所在也，神識之所舍也，真妄之所共處者也，當凡夫聖賢幾會之地也。一切衆生自無始來不能離生滅者，皆爲此心所累。故諸佛惟教人了此心。此心了，即見自性，見自性，則是菩提也。此在性時皆自空寂，而湛然若無，緣有生念而後有者也。有生則有形。形者，地水火風之聚沫也，以血氣爲體，有生者之所託也。血氣足則精足，精足則生神，神足則生妙用。然則妙用者，即是在吾圓寂時之真我也。因形之遇物，故見之於作爲而已。但凡夫迷而逐物，聖賢明而應物。逐物者自彼，應物者自我。自彼者著於所見，故見輪迴，自我者當體常空，萬劫如一，合而觀之，皆心之妙用也。是故當其未生之時，所謂性者，圓滿具足，空然無物，湛乎自然，其廣大與虛空等，往來變化，一切自由。天雖欲命我以生，其可得乎？天猶不能命我以生，況於四大乎？況於五行乎？既有生念，又有生緣，故天得以生命我，四大得以氣形我，五行得以教約我，此有生者之所以有滅也。然則生滅則一，在凡夫聖賢之所以生滅則殊。凡夫之人生緣念有，識隨業變，習氣薰染，因生愈甚。故既生之後，心著諸妄，妄認四大以爲我身，妄認六親以爲我有，妄認色聲以爲快樂，妄認塵勞以爲富貴。心自知見，無所不妄，諸妄既起，煩惱萬差，妄念奪真，真性遂隱。人我爲主，真識爲客，三業前引，百業後隨，流浪生死，無有涯際。生盡則滅，滅盡復生，生滅相尋，至墮諸趣。在於諸趣，轉轉不知，愈恣無明，造諸業罟，遂至塵沙劫盡，不復人身。聖賢則不然。聖賢生不因念，應迹而生，欲生則生，不待彼命。故既生之後，圓寂之性依舊湛然，無體相，無罣礙，其照萬法，如青天白日，無毫髪隱滯。故建立一切善法，徧於沙界，不見其少，攝受一切衆生，皈於寂滅，不以爲多。驅之不能來，逐之不能去。雖託四大爲形，五行爲養，皆我所假，未嘗妄認。我緣苟盡，我迹當滅，委而去之，如來去耳，於我何與哉？是故凡夫有生則有滅，滅者不能不生，聖賢有生亦有滅，滅者歸於真空。是故凡夫生滅，如身中影，出入相隨，無有盡時。聖賢生滅，如空中雷，自發自止，不累於物。世人不知生滅之如此，而以生滅爲煩惱大患，蓋不自覺也。覺則見生滅如身上塵，當一振奮耳，何能緣我性哉？昔我如來以大慈悲心，閔一切衆生迷錯顛倒，流浪生死之如此，又見一切衆生本有快樂自在性，皆可修證成佛，欲一切衆生盡爲聖賢生滅，不爲凡夫生滅。猶慮一切衆生無始以來，流浪日久，其種性已差，未能以一法速悟，故爲説八萬四千法門，法門可入，皆可到真如之地。每説一法門，莫非丁寧實語，欲使一切衆生各隨所見法門，入自心地，到自心地，見自佛性，證自身佛，即同如來。是故如來於諸經説有者，欲使一切衆生覩相生善，説無者，欲使一切衆生離相見性。所説色空亦復如是。然而衆生執著，見有非真有，見無非真無，其見色見空，皆如是執著。復起斷、常二見，轉爲生死根蒂。不示以無二法門，又將迷錯顛倒，流浪生死，甚於前日。故如來又爲説大般若法，破斷、常二見，使一切衆生知真有真無，真色真空，本來無二，亦不遠人，湛然寂靜，只在自己性中，但以自己性智慧照破諸妄，則曉然自見。是故《大般若經》六百卷，皆如來爲菩薩果人説佛性，然而其間猶有爲頓漸者説。惟《金剛經》爲發大乘者説，爲發最上乘者説。是故其經先説四生四相，次云凡所有相，皆是虚妄，若見諸相非相，即見如來，蓋顯一切法至無所住，是爲真諦。

故如來於此經凡説涉有，即破之以非真，取實相以示衆生，蓋恐衆生不解所説，其心反有所住故也，如所謂佛法即非佛法之類是也。是故六祖大師於五祖傳衣付法之際，聞説此經云，應無所住而生其心，言下大悟，是爲第六祖。如來云，一切諸佛及諸佛阿耨多羅三藐三菩提法皆從此經出，其信乎哉？適少觀《壇經》，聞六祖由此經見性，疑必有所演説，未之見也。及知曹州濟陰，於邢君固處得六祖《口訣》一本，觀其言簡辭直，明白倒斷，使人易曉而不惑，喜不自勝。又念京東、河北、陝西人資性質朴信厚，遇事決裂，若使學佛性，必能勇猛精進，超越過人。然其爲講師者多傳《百法論》《上生經》而已，其學者不知萬法隨緣生，緣盡法亦應滅，反以法爲法，固守執著，遂爲法所縛，死不知解，猶如陷沙之人，力與沙爭，愈用力而愈陷，不知勿與沙爭，即能出陷，良可惜也。適遂欲以六祖《金剛經口訣》鏤板流傳，以開發此數方學者佛性。然以文多脱誤，因廣求别本勘校，十年間凡得八本，惟杭、越、建、陝四本文多同，因得刊正冤句。董君遵力勸成之，且卒，諸朝士以資募工，士大夫聞者，皆樂見助，四明樓君常願終求其事。嗚呼！如來云，無法可説，是名説法。夫可見於言語文字者，豈佛法之真諦也？然非言語文字，則真諦不可得而傳也。學者因六祖《口訣》以求《金剛經》，因《金剛經》以求自佛性，見自佛性，然後知佛法不止於《口訣》而已。如此則六祖之於佛法，其功可思議乎哉？或者以六祖不識字，疑《口訣》非六祖所作，譬夫《大藏經》，豈是世尊自作耶？亦聽法者之所傳也。或六祖言之，而弟子傳之，吾不可得而知也。苟因《口訣》可以見經，何疑其不識字也？

元[一]豐七年六月十日，天台羅適謹序。

校勘記

〔一〕「元」，底本作「允」，據文意改。

重刻六祖金剛經解跋

余生也魯，其於佛氏教典諸書素未知旁究，且境值多艱，碌碌塵務，洵云視肉。頃聞石堂大師飛錫吴山之海會寺，慈雲布藹，法雨披井，遠近嚮慕而瞻禮者無數，遂發大菩提心，登座説法，首宣《金剛》無上玅義。余亦得從大衆中拱聽旬日，因詢師之解《金剛》，誠所謂開聾啟聵，光明洞達矣，從來之訓註《金剛》者，果以何説爲最？師云，解此不下千餘家，而余素所尊信，惟六祖解爲第一。但流通雖久，而板實沉没，向曾發有重刊之願，奈力薄緣艱，未遑從事耳。噫！師之度世弘慈，抑何廣大無窮已哉？余雖不敏，請爲授梓，以畢師志。雖然，師願之而余請之，云何爲余梓也？祖解之而師傳之，云何爲師梓也？但使天下後世永爲流播，人人知有此解，咸克無相無住而降伏其心，則師之願庶幾稍慰矣夫。

順治癸巳夏五月，錢塘邑弟子湯翼聖沐手拜題。

重刻六祖金剛經解跋

余秉性樸素，弗事浮華，每問[二]鯨鐘梵唄之音，輒喜動顔色，留連旬日，不忍釋去，非盡緣經啟悟，亦夙植之性使然也。昨歲隨渭陽氏住榕省署中，與塵俗差遠。元夕觀燈於康衢，問禪誦聲，造其室，得《金剛般若經》，係六代祖師所解者。義理弘敷，詞旨超邁，一閲而瞭然，如千日之并照，無緣寔滯礙，方知六祖於客店聞經而解悟者，無二致也。大矣哉！我佛之妙證淵深，掃空執著，使人人撥散疑雲，曉徹性天，而祖師探幽闡奥，直洞真元。信矣！無一法而不津梁，即五藴而咸資解脱者也。此經解者無慮數百家，惟六祖大師解爲最上上，得而隨喜頂授，乃諸佛之所護念付囑耳，敢不銘骨鏤肌，以共報恩光乎？

因捐資剞劂，以廣流通。俾閱經而知旨，從解以得源，顯焕性宗，殞空諸相，即不住相，亦不壞相，其布施福德，宜可與色見聲求者同日而語哉？敬跋。

康熙丁未歲孟春，鍾秀奉佛弟子周克順浩名超諫和南。

校勘記

〔一〕「問」，疑爲「聞」，下同。

（劉如東整理）

〇二三四

金剛經口訣[一]

六祖大鑒禪師説

法性圓寂，本無生滅，因有生念，遂有生緣。故天得命之以生，是故謂之命。天命既立，真空不有。前日生念，轉而爲意識。意識之用，散而爲六根。六根各有分別，中有所總持者，是故謂之心。心者，念慮之所在也，神識之所舍也，真妄之所共處者也，當凡夫聖賢機會之地也。一切衆生，自無始來不能離生滅者，皆爲此心所累，故諸佛惟教人了此心。此心了，即見自性。見自性，則是菩提也。

此在性時，皆自空寂，而湛然若無，緣有生念，而後有者也。有生則有形。形者，地水火風之聚沫也。以血氣爲體，有生者之所託也。血氣足則精足，精足則生神，神足生妙用。然則妙用者，即在吾圓寂時之真我也。因形之遇物故，見之於作爲而已。但凡夫迷而逐物，聖賢明而應物。逐物者自彼，應物者自我。自彼者著於所見，故受輪迴；自我者當體常空，萬劫如一。合而觀之，皆心之妙用也。是故當其未生之時，所謂性者，圓滿具足，空然無物，湛乎自然。其廣大，與虚空等，往來變化，一切自由。天雖欲命我以生，其可得乎？天猶不能命我以生，况於四大乎，况於五行乎？既有生念，又有生緣，故天得以生命我，四大得以氣形我，五行得以數約我，此有生者之所以有滅也。

然乎生滅則一，在凡夫、聖賢之所以生滅則殊。凡夫之人，生緣念有，識隨業變，習氣薰染，因生愈甚。故既生之後，心著諸妄，妄認四大以爲我身，妄認六親以爲我有，妄認聲色以爲快樂，妄認塵勞以爲富貴。心目知見，無所不妄。諸妄既起，煩惱萬差。妄念奪真，真性遂隱。人我爲主，真識爲客。三業前引，百業後隨。流浪生死，無有涯際。生盡則滅，滅盡復生。生滅相尋，至墮諸趣。轉轉不知，愈恣無明，造諸業罟。遂至塵沙劫盡，不復人身。聖賢則不然。聖賢生不因念，應迹而生。欲生則生，不待彼命。故既生之後，圓寂之性依舊湛然，無體相，無罣礙。其照萬法，如青天白日，無毫髮隱滯。故能建立一切善法，遍於沙界，不見其少，攝受一切衆生，歸於寂滅，不以爲多。驅之不能來，逐之不能去。雖托四大爲形，五行爲養，皆我所假，未嘗妄認。我緣苟盡，我迹當滅，委而去之。如來去耳，於我何與哉？是故凡夫有生則有滅，滅者不能不生；賢聖有生亦有滅，滅者歸於真空。是故凡夫生滅如身中影，出入相隨，無有盡時；聖賢生滅如空中雷，自發自止，不累於物。

世人不知生滅之如此，而以生滅爲煩惱大患，蓋不自覺也。覺則見生滅如身上塵，當一振奮耳，何能累我性哉？

昔我如來以大慈悲心，憫一切衆生迷錯顛倒，流浪生死之如此。又見一切衆生本有快樂自在性，皆可修證成佛，欲一切衆生盡爲聖賢生滅，不爲凡夫生滅。猶慮一切衆生無始以來流浪日久，其種性已差，未能以一法速悟，故爲説八萬四千法門，門門可入，皆可到真如之地。每説一法門，莫非丁寧實語，欲使一切衆生，各隨所見法門，入自心地。到自心地，見自佛性，證自身佛，即同如來。是故如來於諸經説有者，欲使一切衆生覩相生善；説無者，欲使一切衆生離相見性。所説色空，亦復如是。然而衆生執著，見有非真有，見無非真無。其見色見空，皆如是執著。復起斷常二見，轉爲生死根蒂。不示以無二法門，又將迷錯顛倒，流浪生死，甚於前日。故如來又爲説大般若法，破斷常二見。使一切衆生知真有真無，真色真空，本來無二，亦不遠人，湛然寂靜，只在自己性中，但以自己性智慧照破諸妄，則曉然自見。是故《大般若經》六百卷，皆如來爲菩薩果人説佛性，然而其間猶有爲頓漸者説。

惟《金剛經》，爲發大乘者說，爲發最上乘者說。是故其經先說四生四相，次云凡所有相，皆是虚妄，若見諸相非相，即見如來。盖顯一切法至無所住，是爲真諦。故如來於此經，凡說涉有即破之。以非直取實相以示衆生，盖恐衆生不解佛所說，其心反有所住故也。如所謂佛法，即非佛法之類是也。

金剛經口訣終

校勘記

〔一〕底本據《卍續藏》。

（鄔立華整理）

○二三五

金剛般若波羅蜜經註[一]

川老金剛經序

此一卷經，如儒家《論語》，辭有盡，理無窮。自佛法西來，雖載於《大般若經》第五百七十七卷，而其文義經六朝法師翻譯，今之所行者，廼秦羅什本也。前後解注議論不一，唯草堂宗密禪師所得最多。觀其序云，住一十七處，密示階差；斷二十七疑，潛通血脉。至有慧徹三空，檀含萬行之説，非深於般若，未易臻此。會首正將劉侯同化緣范師榮，近得是本，鏤板於橋庵，屬予爲序。然世尊演説般若，凡四處十六會，此祇園之荅善現第九會也。即刊諸善人，須得兔忘蹄，而川老子不免畫蛇添足云。

淳熙己亥結制日西隱五戒惠藏無盡書。

《金剛經》啟請

若有人受持《金剛經》者，先須志心念淨口業真言，然後啟請八金剛、四菩薩名號。所在之處，常當擁護。

淨口業真言

修唎修唎摩訶修唎修修唎薩婆訶

開經偈

無上甚深微妙法　百千萬劫難遭遇
我今見聞得受持　願解如來真實義

校勘記

〔一〕底本據《卍續藏》。

金剛般若波羅蜜經註卷上

金剛般若波羅蜜經

川老曰，法不孤起，誰爲安名？

頌曰：摩訶大法王，無短亦無長。本來無皂白，隨處現青黃。華發看朝艶，林凋逐晚霜。疾雷何太急，迅電亦非光。九聖猶難測，龍天豈度量。古今人不識，權立號金剛。本註，六祖所述也；頌著語，川老所述也。

新注：此經雙喻法爲名，實相爲體，無注[一]爲宗，斷疑爲用，大乘爲教相。

初、釋法喻名者，金剛，喻也，般若，法也，金中精剛，至堅至利，能碎萬物，此經能斷衆生疑執，取以爲喻，故《大品般若》十六分中，以此經名能斷分。波羅蜜是梵語，華言到彼岸，衆生在生死海中無有窮極，修此般若到涅槃彼岸，蓋大乘菩薩達生死即涅槃，則非度而度，非到而到也。經者，訓法訓常，梵語曰修多羅，此翻契經，謂契理契機故也。

二、辨實相體者，即一實相理也。經曰：若人得聞是經，即生實相。

三、明無住爲宗者，宗者，要也。經曰：應無所住。經中多以無住破著，故以無住爲宗也。

四、論斷疑爲用者，由經力用能斷妄執，故以斷疑爲用也。

五、判大乘爲教相者，經曰：爲最上乘者說，故以大乘爲教相也。

此經乃姚秦三藏法師鳩摩羅什所譯，分三十二分者，相傳爲梁昭明太子所立，元譯本無，又與本論科節不同，破碎經意，今不取焉。今註一本慈氏天親偈論，取其意而不盡用其語，以其語深難，便初學故也。

姚秦三藏法師鳩摩羅什奉詔譯

○法會因由分第一

丞相張無盡居士云，非法無以談空，非會無以說法，萬法森然曰因，一心應感曰由，故首以法會因由分。

如是我聞。

如者，指義；是者，定詞。阿難自稱如是之法，我從佛聞，明不自說也，故言如是我聞。又我者，性也，性即我也。内外動作皆由於性，一切盡聞，故稱我聞也。

一時佛在舍衛國祇樹給孤獨園。

言一時者，師資會遇齊集之時也。佛者是説法之主，在者欲明處所。舍衛國者，波斯匿王所居之國。祇者，太子名也，樹是祇陀太子所施，故言祇樹也。給孤獨者，須達長者之異名。園者，本屬須達，故言給孤獨園。佛者，梵語，唐言覺也。覺義有二，一者外覺，觀諸法空；二者内覺，知心空寂，不被六塵所深〔三〕。外不見人過惡，内不被邪迷所惑，故名曰覺，覺即是佛也。

與大比丘衆千二百五十人俱。

言與者，佛與比丘同住金剛般若無相道場，故言與也。大比丘者，是大阿羅漢故。比丘者，梵語，唐言能破六賊，故名比丘。衆，多也。千二百五十人者，其數也。俱者，同處平等法會。

如　古人道，唤作如如，早是變了也。且道變向甚麽處去？咄，不得亂走！畢竟作麽生道？火不曾燒却口。

頌曰：如，静夜長天一月孤。是，水不離波波是水。鏡水塵風不到時，應現無瑕照天地。看看！

我　淨躶躶，赤洒洒，没可把。

頌曰：我，認得分明成兩箇，不動纖毫合本然，知音自有松風和。

聞　切忌隨佗去。

頌曰：猿啼嶺上，鶴唳林間。斷雲風捲，水激長湍。最愛晚秋霜午夜，一聲新鴈覺天寒。

一　相隨來也。

頌曰：一，破二成三從此出，乾坤混沌未分前，以是一生參學畢。

時　如魚飲水，冷暖自知。

頌曰：時，清風明月鎮相隨，桃紅李白薔薇紫，問著東君自不知。

佛　無面目説是非漢。

頌曰：小名悉達，長號釋迦。度人無數，攝伏群邪。若言佗是佛，自己却成魔。祇把一枚無孔笛，爲君吹起大平歌。

在　客來須看也，不得放過，隨後便打。

頌曰：獨坐一爐香，金文誦兩行。可憐車馬客，門外任佗忙。

舍衛至人俱　獨掌不浪鳴。

頌曰：巍巍堂堂，萬法中王。三十二相，百千種光。聖凡瞻仰，外道歸降。莫謂慈容難得見，不離祇園大道場。

新注：如是者，指一經所聞法體也。我聞者，阿難謂如是之法，我從佛而聞也。一時者，即如來説法機應和合時也。佛者，覺也，佛是教主，尊極名佛。舍衛者，國名也，華言豐德。祇樹給孤獨園者，祇陀太子施樹，給孤長者買園，共立精舍，請佛而住，此説法處也。與大比丘衆者，聞法之侣也。比丘者，梵語也，華言乞士，上乞法以資慧命，下乞食以資色身。又折己慢幢，生彼福德。千二百五十人俱者，此諸弟子，凡佛説法之處，常隨侍也。已上如是等六事冠於諸經之首，謂之通序。如來臨滅度時，阿難問佛，一切經前當安何語？佛言，當安如是我聞等語。非但我法如是，三世諸佛皆如是。

爾時世尊食時，著衣持鉢，入舍衛大城，乞食於其城中。

爾時者，當此之時，是今辰時，齊[三]時欲至也。著衣持鉢者，爲顯教示跡故也。入者，爲自城外而入也。舍衛大城者，名舍衛國豐德城也，即波斯匿王所居之城，故言舍衛大城也。言乞食者，表如來能下心於一切衆生也。

次第乞已，還至本處，飯食訖，收衣鉢，洗足已，敷座而坐。

次第者，不擇貧富，平等以化也。乞已者，如多乞不過七家，七家數滿，更不至餘家也。

還至本處者，佛意制諸比丘除請召外，不得輒向白衣舍，故云爾。洗足者，如來示現，順同凡夫，故言洗足。又大乘法不獨以洗手足爲淨，蓋言洗手足不若淨心一念，心淨則罪垢悉除矣。如來欲説法時，常儀敷栴檀座，故言敷座而坐也。

爾時至而坐　惺惺著。

頌曰：飯食訖兮洗足已，敷座坐來誰共委。向下文長知不知，看看平地波濤起。

新注：此別敘也，亦名發起序。以乞食爲發起者，蓋佛欲説無住相施故，先乞食以表之。然佛以禪悦法喜爲食，而行乞者示同凡僧耳。爾時者，當是時也。世尊者，世間所尊，十號之一也。食時者，辰時也。著衣者，服僧伽梨衣也。持鉢者，持應量器也。次第乞者，佛心平等，不擇貧富也。本處者，給孤園也。洗足者，天竺跣足而食，故食訖而洗足也。敷座而坐者，敷坐具而跏趺也。

○善現起請分第二

從空起慧，請答雙彰，故受之以善現起請分。

時長老須菩提。

何名長老？德尊年高，故名長老。須菩提是梵語，唐言解空也。

在大衆中，即從座起，偏袒右肩，右膝著地，合掌恭敬，而白佛言。

隨衆生所坐，故云即從座起。弟子請益，先行五種儀，一者從座而起；二者端整衣服；三者偏袒右肩，右膝著地；四者合掌瞻仰尊顔，目不暫捨；五者一心恭敬，以伸問辭。

希有世尊。

希有，略説三義，第一希有，能捨金輪王位；第二希有，身長丈六，紫磨金容，三十二相，八十種好，三界無比；第三希有，性能含吐八萬四千法，三身圓備。以具上三義，故云希有也。世尊者，智慧超過三界，無有能及者，德高更無有上，一切咸恭敬，故曰世尊。

如來善護念諸菩薩，善付屬諸菩薩。

護念者，如來以般若波羅蜜法護念諸菩薩。付屬者，如來以般若波羅蜜法付屬須菩提、諸大菩薩。言善護念者，令諸學人以般若智護念自身心，不令妄起憎愛，染外六塵，墮生死苦海，於自心中念念常正，不令邪起，自性如來，自善護念。言善付屬者，前念清淨，付屬後念，後念清淨，無有間斷，究竟解脱。如來委曲誨示衆生及在會之衆當常行此，故云善付屬也。菩薩者，梵語，唐言道心衆生，亦云覺有情。道心者，常行恭敬，乃至蠢動含靈普敬愛之，無輕慢心，故名菩薩。

時長老至諸菩薩　如來不措一言，須菩提便興讚嘆，具眼勝流，試著眼看。

頌曰：隔墻見角便知是牛，隔山見煙便知是火。獨坐巍巍天上天下，南北東西鑽龜打瓦。咄！

新注：長老須菩提乃此經發起之人，稱長老者，以其德長年老也。梵語須菩提，華言空生，亦名善現。從座起至恭敬，乃請法之敬義。希有者，讚佛之辭也。善護念者，爲護念現在根熟菩薩，與智慧力，令其成熟自行；與教化力，令其攝受衆生也。善付屬者，爲付屬未來根未熟菩薩，已得大乘者，令其不捨；未得大乘者，令其勝進也。護念、付屬，即希有事也。佛德之大，無過衆生。然雖注意於般若度生，必待請問，故善現觀相知意，即首稱歎希有而後請問也。

世尊，善男子、善女人。

善男子者，平坦心也，亦是正定心也，能成就一切功德，所往無礙也。善女人者，是正慧心也，由正慧心，能出生一切有爲無爲功德也。

發阿耨多羅三藐三菩提心，云何應住？云何降伏其心？

須菩提問一切發菩提心人應云何住，云何降伏其心。須菩提見一切衆生躁擾不停，猶如隙塵，摇動之心，起如飄風，念念相續，無有間歇，問欲修行，如何降伏？

世尊至其心　這一問從甚處來？

頌曰：你喜我不喜，君悲我不悲。鴈思飛寒〔四〕北，燕憶舊巢歸。秋月春華無限意，箇中只許自家知。

新注：此發問之端也。阿耨多羅三藐三菩提者，華言無上正等正覺也。問意以如來護念付屬現在、未來菩薩，令成佛果，是菩薩雖發道心，誓度衆生，求成佛道，未知其心云何安住大乘，云何降伏妄心，使至佛果不退失耶也。

佛言，善哉！善哉！須菩提，如汝所説，如來善護念諸菩薩，善付囑諸菩薩。

是佛讃嘆須菩提善得我心，善得我意也。

汝今諦聽，當爲汝説。

佛欲説法，常先戒勅，令諸聽者一心静默，吾當爲説。

善男子、善女人發阿耨多羅三藐三菩提心，應如是住，如是降伏其心。

阿之言無，耨多羅之言上，三之言正，藐之言徧，菩提之言知。無者，無諸垢染。上者，三界無能比。正者，正見也。徧者，一切智也。智者，知一切有情皆有佛性，但能修行，盡得成佛。三者，即是無上清淨般若波羅蜜也。是以一切善男子、善女人若欲修行，應知無上菩提道，應知無上清淨般若波羅蜜多法，以此降伏其心也。

唯然世尊，願樂欲聞。

唯然者，應諾之辭。願樂者，願佛廣説，令中下根機盡得開悟。樂者，樂聞深法。欲聞者，渴仰慈誨也。

佛言至欲聞　住住，事因丁囑生。

頌曰：七手八脚神頭鬼面，棒打不開刀劄不斷。閻浮踔躑幾千迴，頭頭不離空王殿。

新注：善現既讚嘆請問，妙稱佛心，故印可云善哉善哉，當爲汝説也。而又誡約云應如是住，如是降伏其心，善現即會佛意，故唯然應之，願聞是法。然一經之大要，不過善現所問安住大乘、降伏妄心，如來所答修行之法，亦不出乎理、事二行，破執斷疑而已，具見下文。

○大乘正宗分第三

宗絶正邪，乘無大小，隨三根而化度，簡異説而獨尊，故受之以大乘正宗分。

佛告須菩提，諸菩薩摩訶薩應如是降伏其心。

前念清淨，後念清淨，名爲菩薩。念念不退，雖在塵勞，心常清淨，名摩訶薩。文[五]慈悲喜捨種種方便化度衆生，名爲菩薩。能化所化，心無取著，是名摩訶薩。恭敬一切衆生，即是降伏自心處。真者不變，如者不異，遇諸境界，心無變異，名曰真如。亦云外不假曰真，内不虚曰如，念念無差，即是降伏其心也。不虚，一本作不亂。

新注：善現雙問安住、降伏，如來但答降伏其心者，善降伏妄心，安住大乘，則接安住矣。

所有一切衆生之類，若卵生，若胎生，若濕生，若化生，

新注：人與旁生具有四生，諸天、地獄、中陰惟是化生，鬼通胎、化二生，皆屬欲界。

若有色，（色界天。）若無色，（無色界天。）若有想，（識處天。）若無想，（無處有處天。）若非有想、非無想，（非想非非想處天。）我皆令入無餘涅槃。

卵生者，迷性也。胎生者，習性也。濕生者，隨邪性也。化生者，見趣性也。迷故造諸業，習故常流轉。隨邪心不定，見趣多

淪墜。起心修心，妄見是非，内不契無相之理，名爲有色。内心守直，不行恭敬供養，但言直心是佛，不修福慧，名爲無色。不了中道，眼見耳聞，心想思惟，愛著法相，口説佛行，心不依行，名爲有想。迷人坐禪，一向除妄，不學慈悲喜捨智慧方便，猶如木石，無有作用，名爲無想。不著二法想，故名若非有想。求理心在，故名若非無想。煩惱萬差，皆是垢心，身形無數，總名衆生。如來大悲普化，皆令得入無餘涅槃。云多淪墜，一作墮阿鼻也。

而滅度之。

　如來指示三界九地衆生各有涅槃妙心，令自悟入無餘。無餘者，無習氣煩惱也。涅槃者，圓滿清淨義，滅盡一切習氣，令永不生，方契此也。度者，渡生死大海也。佛心平等，普願與一切衆生同入圓滿清淨無餘涅槃，同渡生死大海，同諸佛所證也。有人雖悟雖修，作有所得心者，却生我相，名爲法我。除盡法我，方名滅度也。

如是滅度無量無數無邊衆生，實無衆生得滅度者。

　如是者，指前法也。滅度者，大解脱也。大解脱者，煩惱及習氣一切諸業障滅盡，更無有餘，是名大解脱。無量無數無邊衆生，元各自有一切煩惱貪嗔惡業，若不斷除，終不得解脱，故言如是滅度無量無數無邊衆生。一切迷人悟得自性，始知佛不見自相，不有自智，何曾度衆生？祇爲凡夫不見自本心，不識佛意，執著諸法相，不達無爲之理，我人不除，是名衆生。若離此病，實無衆生得滅度者。故言妄心無處即菩提，生死涅槃本平等，何滅度之有？

何以故？須菩提，若菩薩有我相、人相、衆生相、壽者相，即非菩薩。

　衆生佛性無有異，緣有四相，不入無餘涅槃。有四相即是衆生，無四相即是佛，迷即佛是衆生，悟即是衆生是佛。迷人恃有財寶、學問、族姓，輕慢一切人，名我相；雖行仁義禮智信，而意高自負，不行普敬，言我解行仁義禮智信，不合敬爾，名人相；好事歸己，惡事施於人，名衆生相；對境取捨分別，名壽者相。是謂凡夫四相。修行人亦有四相，心有能所，輕慢衆生，名我相；恃持戒，輕破戒者，名人相；厭三塗苦，願生諸天，是衆生相；心愛長年而勤修福業，諸執不忘，是壽者相。有四相即是衆生，無四相即是佛也。

佛告至菩薩　頂天立地，鼻直眼橫。

頌曰：堂堂大道，赫赫分明。人人本具，箇箇圓成。祇因差一念，現出萬般形。

新注：此一段是菩薩所修理觀，具乎四心，謂廣大心、勝心、常心、不顛倒心。慈氏頌曰，廣大第一常，其心不顛倒，第一即勝心也。經云，所有一切衆生之類者，所懷之境，此廣大心也。云我皆令入無餘涅槃者，此勝心也。無餘涅槃即如來究竟彼岸也。云實無衆生得滅度者，了生佛一如，此常心也。云無我、人、衆生、壽者，此不顛倒心也。若有四相，謂之四倒。若一衆生不令滅度及見衆生實滅度者，則未能了達本源，遂有我、人、衆生、壽者四相，不名菩薩。我者，於五蘊中妄計有我、我所；人者，妄計我生人中，異於餘趣；衆生者，妄計五蘊和合而生；壽者，妄計我受一期果報，即若長若短壽命也。此皆顛倒妄想，亦名四見。菩薩能用般若妙智照了性空，本無四相，名降伏其心，否則非菩薩也。

○妙行無住分第四

得宗而行，不住於相，故受之以妙行無住分。

復次，須菩提，菩薩於法應無所住行於布施，所謂不住色布施，不住聲、香、味、觸、法布施。

凡夫布施，祇求身相端嚴，五欲快樂，故報盡却墮三塗。世尊大慈，教行無相布施者，不求身相端嚴，五欲快樂，但令内破慳心，外利益一切衆生，如是相應，名不住色布施。

須菩提，菩薩應如是布施，不住於相。

應如是無相心布施者，爲無能施之心，不見有施之物，不分別受施之人，是名不住相布施也。

新注：此一段理觀兼事行也，不住是理觀，布施是事行。於法者，六塵諸法也。布者，普也。施者，捨也。菩薩所修六度梵行，以布施爲初度，攝後五度。蓋施有三種，資生施、無畏施、法施也。資生施者，施以財物，資佗生也。無畏施者，持戒不惱無冤，忍辱不報有冤。法施者，精進不倦説法，禪定不差機説法，智慧不顛倒説法。然一切布施不過六塵，所謂六塵，如床敷、臥具、飲食、湯藥之類是也。世人行施，心希果報，是爲著相。菩薩行施，了達三輪體空，故能不住於相。三輪者，謂施者、受者及所施物也。佛告善現，應如是不住於相而行施者，蓋欲菩薩降伏妄心也。

何以故？若菩薩不住相布施，其福德不可思量。

菩薩行施，無所希求，其所獲福德如十方虚空，不可較量。言復次者，連前起後之辭。一説布者，普也，施者，散也，能普散盡心中妄念、習氣、煩惱，四相泯絶，無所藴積，是真布施。又説布施者，由不住六塵境界，又不有漏分別，惟當返歸清淨，了萬法空寂。若不了此意，惟增諸業。故須内除貪愛，外行布施，内外相應，獲福無量。見人作惡，不見其過，自性不生分別，是名離相。依教修行，心無能所，即是善法。修行人心有能所，不名善法。能所心不滅，修未得解脱。念念常行般若智，其福無量無邊。依如是修行，感得一切人天恭敬供養，是名爲福德。常行不住相布施，普敬一切倉生，其功德無有邊際，不可稱計。

須菩提，於意云何？東方虛空可思量不？不也，世尊。

緣不住相布施，所得功德不可稱量。佛以東方虛空爲譬喻，故問須菩提東方虛空可思量不。不也世尊者，須菩提言東方虛空不可思量也。

須菩提，南西北方、四維上下虛空可思量不？不也，世尊。須菩提，菩薩無住相布施福德亦復如是，不可思量。

佛言，虛空無有邊際，不可度量，菩薩無住相布施所得功德亦如虛空不可度量，無邊際也。世界中大者莫過虛空，一切性中大者莫過佛性。何以故？凡有形相者，不得名爲大，虛空無形相，故得名爲大。一切諸性皆有限量，不得名爲大，佛性無有限量，故名爲大。此虛空中無東西南北，若見東西南北，亦是住相，不得解脱。佛性本無我、人、衆生、壽者，若有此四相可見，即是衆生性，不名佛性，亦所謂住相布施也。雖於妄心中説有東西南北，在理則何有？所謂東西不真，南北苟異，自性本來空寂混融，無所分別，故如來深讚不生分別也。

復次至思量　若要天下行，無過一藝强。

頌曰：蜀川十樣錦，添華色轉鮮。欲知端的意，北斗向南看。虛空不礙絲頭念，所以彰名大覺仙。

須菩提，菩薩但應如所教住。

應者，唯也，但唯如上所説之教，住無相布施，即是菩薩也。

須菩提至教住　可知禮也。

頌曰：虛空境界豈思量，大道情幽理事長。但得五湖風月在，春來依舊百華香。

新注：此段恐人疑云，既離相施，則無

福報，故佛告離相之施，其福轉多。良由不住相施，施契性空，性空無邊，施福無邊，故舉十方虛空以爲喻也。論云，其義有三：一、徧一切處。二、寬廣高大。三、究竟不窮。已上答降伏、安住問竟。

○如理實見分第五

行行皆如，謂之實見，故受之以如理實見分。

新注：一斷求佛行施住相疑，此疑從前之不住相布施來。一經始終二十七疑，此第一斷疑。

須菩提，於意云何？可以身相見如來不？不也，世尊，不可以身相得見如來。

色身即有相，法身即無相。色身者，四大和合，父母所生，肉眼所見。法身者，無有形段，非有青黄赤白，無一切相貌，非肉眼能見，慧眼乃能見之。凡夫但見色身如來，不見法身如來，法身量等虛空，是故佛問須菩提可以身相見如來不。須菩提知凡夫但見色身如來，不見法身如來，故言：不也，世尊，不可以身相得見如來。

何以故？如來所説身相即非相。

色身是相，法身是性，一切善惡盡由法身，不由色身。法身若作惡，色身不生善處，法身作善，色身不墮惡處。凡夫唯見色身，不見法身，不能行無住相布施，不能於一切處行平等行，不能普敬一切衆生。見法身者，即能行無住相布施，即能普敬一切衆生，即能修般若波羅蜜行，方信一切衆生同一真性，本來清淨，無有垢穢，具足恒河[六]妙用。

須菩至身相　且道只今行住坐臥是甚麼相？休瞌睡。

頌曰：身在海中休覓水，日行山嶺莫尋山。鶯吟燕語皆相似，莫問前三與後三。

佛告須菩提，凡所有相皆是虛妄，若見諸相

非相，則見如來。

如來欲顯法身，說一切諸相皆虛妄，若見是一切諸相虛妄不實，即見如來無相之理也。

佛告至如來　山是山，水是水，佛在甚麽處？

頌曰：有相有求俱是妄，無形無見墮偏枯。堂堂密密何曾問，一道寒光爍大虛。

新注：前段說無住相施，降伏其心，是成佛之因也，恐善現疑佛果是有爲身相，故佛問云：可以身相見如來不。善現悟佛問意，乃答不可以身相見。然有相者，應身也，無相者，法身也。法身是體，應身是用，若知用從體起，應即是法也，所以無相。故論云，如來所說相即非相。若能了達此意，則一切世間之相無非真如無爲佛體。故佛印可善現云，若見諸相非相，即見如來。

○正信希有分第六

見而信之，善根深固，故受之以正信希有分。

新注：二斷因果俱深無信疑，此疑從前兩段經文而來。

須菩提白佛言，世尊，頗有衆生得聞如是言說章句，生實信不？

須菩提問：此法甚深，難信難解，末世凡夫智慧微劣，云何信入？佛答在次下。

新注：論云，無住行施，因深也，無相見佛，果深也。因果之法既深，疑末世在迷鈍根衆生不如是能生信心。

佛告須菩提，莫作是說，如來滅後後五百歲，有持戒修福者，於此章句能生信心，以此爲實。

須菩至爲實　金佛不渡爐，木佛不渡火，泥佛不渡水。

頌曰：三佛威儀總不真，眼中瞳子面前

人。若能信得家中寶，啼鳥山華一様春。

新注：佛答末世自有具福慧人聞此般若，能生實信。言後五百歲者，《大集經》中云，有五箇五百歲，今乃最後五百歲時也。持戒，戒也，修福，定也，生信，慧也。三學俱備，能生實信。

當知是人不於一佛，二佛，三、四、五佛而種善根，已於無量千萬佛所種諸善根，聞是章句，乃至一念生淨信者。

於我滅後後五百歲，若復有人能持大乘無相戒，不妄取諸相，不造生死業，一切時中心常空寂，不被諸相所縛，即是無所住心。於如來深法心能信入，此人所有言説真實可信。何以故？此人不於一劫，二劫，三、四、五劫而種善根，已於無量千萬億劫種諸善根，是故如來説，我滅後後五百歲有能離相修行者，當知是人不於一、二、三、四、五佛種諸善根。何名種諸善根？略述次下：所謂於諸佛所一心供養，隨順教法，於諸菩薩、善知識、師僧、父母、耆年、宿德、尊長之處常行恭敬，承順教命，不違其意，是名種諸善根；於一切貧苦衆生起慈愍心，不生輕厭，有所須求，隨力惠施，是名種諸善根；於一切惡類自行和柔忍辱，歡喜逢迎，不逆其意，令彼發歡喜心，息剛戾心，是名種諸善根；於六道衆生不加殺害，不欺不賤，不毁不辱，不騎不箠，不食其肉，常行饒益，是名種諸善根。信心者，信般若波羅蜜能除一切煩惱，信般若波羅蜜能成就一切出世功德，信般若波羅蜜能出生一切諸佛，信自身中佛性本來清淨，無有染污，與諸佛性平等無二，信六道衆生本來無相，信一切衆生盡能成佛，是名清淨信心也。

新注：若論實信之由，從多佛所已種善根，聞此大乘之法，則能生信。至於一念少時生信，亦從佛所種諸善根而然也。

須菩提，如來悉知悉見，是諸衆生得如是無量福德。

當知至福德　種瓜得瓜，種菓得菓。

頌曰：一佛二佛千萬佛，各各眼横兼鼻直。昔年親種善根來，今日依前得渠力。須菩提，須菩提，着衣喫飯尋常事，何須特地却生疑。

新注：信心生一念，諸佛悉皆知。凡有衆生聞是章句，乃至一念淨信，佛智佛眼無不知見，所以得福無量。

何以故？是諸衆生無復我相、人相、衆生相、壽者相，無法相，亦無非法相。

若有人於如來滅後發般若波羅蜜心，行般若波羅蜜行，修習悟解，得佛深意者，諸佛無不知之。若有人聞上乘法，一心受持，即能行般若波羅蜜無相無著之行，了無我、人、衆生、壽者四相。無我者，無色、受、想、行、識也。無人者，了四大不實，終歸地、水、火、風也。無衆生者，無生滅心也。無壽者，我身本無，寧有壽者？四相既亡，即法眼明徹，不著有無，遠離二邊，自心如來，自悟自覺，永離塵勞妄念，自然得福無邊。無法相者，離名絶相，不拘文字也。亦無非法相者，不得言無般若波羅蜜法。若言無般若波羅蜜法者，即是謗法。

新注：此順釋生信得福之故。若有四相，生信不深，得法不廣。其福德無量者，爲無四相也。無法相者，相執空也，亦無非法相者，性執空也。

何以故？是諸衆生若心取相，即爲著我、人、衆。

何以故至人衆　圓同大虚，無欠無餘。

頌曰：法相非法相，開拳復成掌。浮雲散碧空，萬里天一樣。

生、壽者。若取法相，即著我、人、衆生、壽者。何以故？若取非法相，即著我、人、衆生、壽者。

取此三相，竝著邪見，盡是迷人，不悟經意。故修行人不得愛著如來三十二相，不得言我解般若波羅蜜法，亦不得言不得般若波羅蜜行而得成佛。

新注：此一節是返顯違經非福。

是故不應取法，不應取非法。

生壽者至取非法　金不博金，水不洗水。

頌曰：得樹攀枝未足奇，懸崖撒手丈夫兒。水寒夜冷魚難覔，留得空船載月歸。

以是義故，如來常說，汝等比丘知我說法如筏喻者，法尚應捨，何況非法？

法者，是般若波羅蜜法，非法者，生天等法。般若波羅蜜法能令一切衆生過生死大海，既得過已，尚不應住，何況生天等法而得樂著？

以是義至非法　水至成渠。

頌曰：終日忙忙那事無妨，不求解脱不樂天堂。但能一念歸無念，高步毗盧頂上行。

新注：我、人、衆生、壽者四相該乎生、法二執。生即衆生假名也，法乃五陰實法也，亦名我所。此二執中各有性、相二執，此二執非性、相二空妙觀不能破也。故龍樹云，於生於法，破性破相，謂於假名中破性、相二執，於實法中亦破性、相二執也。不應取法者，忘能觀之智也。不應取非法者，忘所觀之境也。所觀如病，觀智如藥，境智俱泯，如病去藥忘也。言如筏喻者，筏乃渡河之具，到岸則不用之，借喻法尚應捨，何況非法。

○無得無説分第七

無得之得，是名真得；無説之説，是名真説。故受之以無得無説分。

新注：三斷無相云何得説疑，此疑從前第一疑中不可以身相得見如來而來。

須菩提，於意云何？如來得阿耨多羅三藐三

菩提耶？如來有所説法耶？

新注：向説不可以身相見佛，佛非有爲，恐有疑云：何故釋迦樹下得道，諸會説法耶？

須菩提言，如我解佛所説義無有定法，名阿耨多羅三藐三菩提亦無有定法，如來可説。

阿耨多羅非從外得，但心無我所即是也。祇緣對病設藥，隨機宜爲説，何有定法乎？如來説無上正法，心本無得，亦不言不得，但爲衆生所見不同，如來應彼根性，種種方便，開誘化導，俾其離諸執著，指示一切衆生，妄心生滅不停，逐境界動，於前念暫起，後念應覺，覺既不住，見亦不存。若爾，豈有定法爲如來可説也？阿者，心無妄念。耨多羅者，心無驕慢。三者，心常在正定。藐者，心常在正慧。三菩提者，心常空寂，一念凡心頓除，即見佛性。

須菩至可説　寒則言寒，熱則言熱。

頌曰：雲起南山雨北山，驢名馬字幾多般。請看浩渺無性、情水，幾處隨方幾處圓。

何以故？如來所説法皆不可取，不可説非法非非法。

恐人執著如來所説文字章句，不悟無相之理，妄生知解，故言不可取。如來爲化種種衆生，應機隨量，所有言説亦何有定乎？學人不解如來深意，但誦如來所説教法，不了本心，終不成佛，故言不可説。口誦心不行，即非法；口誦心行，了無所得，即非非法。

何以至非法　是甚麼？

頌曰：凭(七)麼也不得，不恁麼也不得。廓落太虛空，鳥飛無影迹。咄！撥轉機輪却倒迴，南北東西任往來。

所以者何？一切賢聖皆以無爲法而有差別。

三乘根性所解不同，見有深淺，故言差別。佛説無爲法者，即是無住，無住即是無相，無相即無起，無起即無滅，蕩然空寂，照用齊皎，鑒覺無礙，乃真是解脱佛性。佛即是覺，覺即是觀照，觀照即是智慧，智慧即是般若波羅蜜多。又本云，聖賢説法，具一切智，萬法在性，隨問差别，令人心開，各自見性。

所以至差别　毫釐有差，天地懸隔。

頌曰：正人説邪法，邪法悉歸正。邪人説正法，正法悉皆邪。江北成枳江南橘，春來都放一般華。

新注：真如法體，離有無相，離言説相，豈可以耳聞心得耶？當知樹下得道，諸會説法，但應身耳。其報身、法身無得無説，然應即法報，説即無説，是故不可以有取，不可以無取也。善現解佛問意，即答以無道可證，無法可説。何以故？下又自徵釋，由不可取不可説，非法非非法。言非法者，不可以有取。言非非法者，不可以無取。由不可取，故不可説。然如來垂應，有證有説者，蓋得非有非無之體也。一切賢聖者，三世十方佛菩薩也，以用也。無爲乃自證之理，真諦也。差别乃化他用，俗諦也。諸佛説法不離二諦，吾佛亦然。

○依法出生分第八

無得無説，怖於沉空，一切諸佛皆從此經出，故受之以依法出生分。

須菩提，於意云何？若人滿三千大千世界七寶以用布施，是人所得福德寧爲多不？須菩提言，甚多，世尊。何以故？是福德即非福德性，是故如來説福德多。

三千大千世界七寶持用布施，福德雖多，於性上一無利益。依摩訶般若波羅蜜多修行，令自性不墮諸利，是名福德性。心有能所，即非福德性。能所心滅，是名福德性。心依佛教，行同佛行，是名福德性。不依佛教，不能踐履佛行，即非福德性。

若復有人於此經中受持，乃至四句偈等，爲佗人説，其福勝彼。

十二部教大意盡在四句中。何以知其然？以諸經中讚嘆四句偈，即是摩訶般若波羅蜜多，以摩訶般若爲諸佛母，三世諸佛皆依此經修行，方得成佛。《般若心經》云：三世諸佛，依般若波羅蜜多故，得阿耨多羅三藐三菩提。從師所學曰受，解義修行曰持。自解自行是自利，爲人演説是利佗。功德廣大，無有邊際。

須菩至勝彼　事向無心得。

頌曰：寶滿三千及大千，福緣不可離人天。若知福德元無性，買得風光不用錢。

何以故？須菩提，一切諸佛及諸佛阿耨多羅三藐三菩提法皆從此經出。

此經者，非指此一卷之文也。要顯佛性從體起用，妙利無窮。般若者，即慧也，智以方便爲功，慧以决斷爲用，即一切時中覺照心是。一切諸佛及阿耨多羅三藐三菩提法皆從覺照生，故云此經出也。

何以故至經出　且道此經從甚處出？須彌頂上，大海波心。

頌曰：佛祖垂慈實者權，言言不離此經宣。此經出處還相委，便向雲中駕鐵船。切忌錯會！

須菩提，所謂佛法者，即非佛法。

所説一切文字章句，如標如指。標指者，影響之義，依標取物，依指觀月，月不是指，指不是物。但依經取法，經不是法。經文則肉眼可見，法則慧眼能見。若無慧眼者，但見其文，不見其法。若不見法，即不解佛意。不解佛意，則誦經不成佛道。

須菩至佛法　能持蜜菓子，换汝苦葫蘆。

頌曰：佛法非法能縱能奪，有放有收有生有殺。眉間常放白毫光，癡人猶待問菩薩。

新注：此乃較量持説功德，佛乃發問，假如人以大千世界七寶爲施，其福多不。善現會意，答云甚多，蓋此福德離福德自性，故言多也。然世間布施福報，乃有漏因果，受持此經，爲人演説，能趣菩提，所以其福勝彼。言乃至四句偈者，舉少以況多耳。其故何哉？蓋諸佛之身及所證之法，無不從是般若而生，般若稱爲佛母者，良有故也。然猶恐於此取著，故告云，所謂佛法者，即非佛法。

○一相無相分第九

果雖有四，相本無二，故受之以一相無相分。

新注：四斷聲聞得果是取疑，此疑從第三疑中不可取説而來。

須菩提，於意云何？須陀洹能作是念，我得須陀洹果不？須菩提言，不也，世尊。

須陀洹者，梵語，唐言逆流，逆生死流，不染六塵，一向修無漏業，得麤重煩惱不生，決定不受地獄畜生修羅異類之身，名須陀洹果。若了無相法，即無得果之心，微有得果之心，即不名須陀洹，故言不也。

何以故？須陀洹名爲入流，而無所入，不入色、聲、香、味、觸、法，是名須陀洹。

流者，聖流也，須陀洹人也[八]離麤重煩惱，故得入聖流，而無所入，無得果之心也。須陀洹者，乃修行人初果也。

新注：梵語須陀洹，華言入流，此聲聞所證初果也。已斷見惑，離四趣生，預入聖人之流，故云入流。言無所入者，是不著於所入之流，又不著於六塵境界，故言不也也。

須菩提，於意云何？斯陀含能作是念，我得斯陀含果不？須菩提言，不也，世尊。何以故？斯陀含名一往來，而實無往來，是名斯陀含。

斯陀含者，梵語，唐言一往來，捨三界結縛，三界結盡，故名斯陀含。斯陀含名一往來，往來從天上却到人間生，從人間却生天上竟，遂出生死，三界業盡，名斯陀含果。

大乘斯陀含者，目觀諸境，心有一生滅，無第二生滅，故名一往來。前念起妄，後念即止，前念有著，後念即離，故實無往來。

新注：梵語斯陀含，華[九]一往來，此聲聞第二果也。蓋欲界有九品思惑，前六品已斷，後三品未斷，更須欲界一度受生，故云一來。言實無往來者，謂不著於往來之相。

須菩提，於意云何？阿那含能作是念，我得阿那含果不？須菩提言，不也，世尊。何以故？阿那含名爲不來，而實無來，是故名阿那含。

阿那含，梵語，唐言不還，亦名出欲。出欲者，外不見可欲之境，内無欲心可行，定不向欲界受生，故名不來，而實無來，亦名不還，以欲習永盡，決定不來受生，是故名阿那含。

須菩至那含　諸行無常，一切皆苦。

頌曰：三位聲聞已出塵，往來求靜有疎親。明明四果元無果，幻化空身即法身。

新注：梵語阿那含，華言不來，此聲聞第三果也。斷欲界思惑盡，不來欲界受生，故曰不來。言實無不來者，謂不著不來之相也。

須菩提，於意云何？阿羅漢能作是念，我得阿羅漢道不？須菩提言，不也，世尊。

諸漏已盡，無復煩惱，名阿羅漢。阿羅漢者，煩惱永盡，與物無諍。若作得果之心，即是有諍。

何以故？實無有法，名阿羅漢。世尊，若阿羅漢作是念，我得阿羅漢道，即爲著我、人、衆生、壽者。

阿羅漢，梵語，唐言無諍，無煩惱可斷，無貪瞋可離，性無違順，心境俱空，内外常寂。若有得果之心，即同凡夫，故言不也。

新注：梵語阿羅漢，華言無學，此聲聞第四果也。此位斷三界煩惱俱盡，究竟真理，無法可學，故名無學。言實無有法名阿羅漢者，謂不著於無學果位，若著於此，即著四相也。

此一段明四果離著。論云，向説無佛果可成，無佛法可説，云何四果各取所證而説？恐起此疑，故佛約此而問，善現皆答以離著，深會佛之意也。

世尊，佛説我得無諍三昧，人中最爲第一，是第一離欲阿羅漢。我不作是念，我是離欲阿羅漢。

何名無諍三昧？謂阿羅漢心無生滅去來，唯有本覺常照，故名無諍三昧。三昧，梵語，此云正受，亦云正見，遠離九十六、五。種邪見，是名正見。然空中亦有明暗諍，性中有邪正諍，念念常正，無一念邪心，即是無諍三昧。修此三昧，人中最爲第一。若有一念得果心，即不名無諍三昧。

須菩至羅漢　把定則雲横谷口，放行也月落寒潭。

頌曰：唤馬何曾馬，呼牛未必牛。兩頭都放下，中道一時休。六門迸出遼天鶻，獨步乾坤總不收。

世尊，我若作是念，我得阿羅漢道，世尊即不説須菩提是樂阿蘭那行者，以須菩提實無所行，而名須菩提是樂阿蘭那行。

阿蘭那，梵語，唐言無諍行，無諍即是清淨行，清淨行者，爲除去有所得心也。若存有所得心，即是有諍，有諍即非清淨道。常得無所得心，即是無諍行也。

世尊至那行　認著依前還不是。

頌曰：蚌腹隱明珠，石中藏碧玉。有麝自然香，何用臨風立。活計看來恰似無，應用頭頭皆具足。

新注：此乃善現引自己所證離著，令人生信也。然善現所證之果不過無學，而世尊特稱其爲第一者，以無諍故也。梵語阿蘭那，華言無諍。無諍者，謂離二障，一者惑障，二者智障，離智則不著於法，離惑則不著於非法。言實無所行者，謂不著於所行之行也。

校勘記

〔一〕「注」，底本原校疑爲「住」。
〔二〕「深」，底本原校疑爲「染」。
〔三〕「齊」，通「齋」。
〔四〕「寒」，底本原校疑爲「塞」。
〔五〕「文」，底本原校疑爲「又」。
〔六〕「河」，底本原校疑爲「沙」。
〔七〕「凭」，疑爲「恁」，下同。
〔八〕「也」，疑爲「已」。
〔九〕「華」，疑後脱「言」字。

金剛般若波羅蜜經注卷中

〇莊嚴淨土分第十

清淨心生是淨土，莊嚴諸相即非莊嚴，故受之以莊嚴淨土分。

新注：五斷釋迦然燈取説疑，此疑亦從第三疑不可取不可説而來。

佛告須菩提，於意云何？如來昔在然燈佛所，於法有所得不？世尊，如來在然燈佛所，於法實無所得。

佛恐須菩提有得法之心，爲遣此疑，故問之，須菩提知法無所得，而白佛言不也。然燈佛是釋迦佛授記之師，故問須菩提，我於師處有法可得不。須菩提即謂，法因師開示而實無所得，但悟自性本來清淨，本無塵勞，寂然常照，即自成佛，當知世尊在然燈佛所，於法實無所得。如來法者，譬如日光明照，無有邊際而不可取。

佛告至所得　川老曰，古之？今之？

頌曰：一手指天一手指地，南北東西秋毫不覩。生來心膽大如天，無限群魔倒赤幡。

新注：此段斷釋迦然燈授記之疑，善現述己所證離著固已得矣，而如來又恐善現疑佛昔受然燈之記，於法實有所得，故興此問。

善現答以實無所得，是無疑矣。然燈者，《大論》云，然燈生時，身光如燈，以至成佛，亦名然燈。

新注：六斷嚴土違於不取疑，此疑亦從第三疑中不可取而來。

須菩提，於意云何？菩薩莊嚴佛土不？不也，世尊。何以故？莊嚴佛土者，即非莊嚴，是名莊嚴。

清淨佛土，無相無形，何物而能莊嚴耶？唯以定慧之寶，假名莊嚴。事理莊嚴有三，第一莊嚴世間佛土，造寺、寫經、布施、供養是也；第二莊嚴見佛土，見一切人普行恭敬是也；第三莊嚴心佛土，心淨即佛土淨，念念常行佛心是也。

須菩至莊嚴　孃生袴子，青州布衫。

頌曰：抖擻渾身白勝霜，芦花雪月轉爭光。幸有九皐翹足勢，更添朱頂又何妨。

是故須菩提，諸菩薩、摩訶薩應如是生清淨心，不應住色生心，不應住聲、香、味、觸、法生心。

是故至生心　雖然凭麼，爭奈目前何？

頌曰：見色非干色，聞聲不是聲。色聲不礙處，親到法王城。

應無所住而生其心。

此修行人不應談佗是非，自言我能我解，心輕未學，此非清淨心也。自性常生智慧，行平等慈下心，恭敬一切衆生，是修行人清淨心也。若不自淨其心，愛著清淨處，心有所住，即是著法相。見色著色，住色生心，即是迷人也。見色離色，不住色生心，即是悟人。住色生心，如雲蔽天；不住色生心，如空無雲，日月長照。住色生心，即是妄念；不住色生心，即是真智。妄念生則暗，真智照則明。明即煩惱不生，暗則六塵競起。

應無至其心　退後退後，看看，頑石動。

頌曰：山堂靜夜坐無言，寂寂寥寥本自

然。何事西風動林野，一聲寒鴈唳長天。

新注：問意以菩薩修六度梵行，莊嚴淨土，現身説法，是有所取，云何不取？答意以菩薩雖修梵行莊嚴，是無作行稱性莊嚴，故曰即非莊嚴，是名莊嚴。既而如來又囑善現云，爲菩薩者應如是生清淨心，乃非取而取，如《維摩經》云，隨其心淨，則佛土淨，斯之謂也。若於六塵生著，不名清淨，故又告云，應無所住而生其心。

新注：七斷受得報身是取疑，此疑亦從第三疑中不可取而來。

須菩提，譬如有人身如須彌山王，於意云何？是身爲大不？須菩提言，甚大，世尊。何以故？佛説非身，是名大身。

色身雖大，内心量小，不名大身。内心量大，等虛空界，方名大身。色身縱如須彌，終不爲大也。

須菩至大身　設有，向甚麼處看？

頌曰：擬把須彌作幻軀，饒君膽大更心麁。目前指出千般有，我道其中一也無。便從這裡入。

新注：須彌山者，梵語須彌盧，華言妙高。此山四寶所成，高出衆山之上，故稱山王。佛之報身遠離諸漏，名之爲非，尊重奇特，名之爲大。佛之問意，以聖人之法既無爲無取，所得報身豈非有取？恐有此疑，故設喻爲問。而善現即知須彌自無分別，我是山王，故得爲大，報身離著亦復如是，故曰佛説非身，是名大身。

○無爲福勝分第十一

有爲之福，限量有窮，無爲之福，殊勝無比，故受之以無爲福勝分。

須菩提，如恒河中所有沙數，如是沙等恒河，於意云何？是諸恒河沙寧爲多不？須菩提言，甚多，世尊，但諸恒河尚多無數，何況其沙？

須菩提至其沙　前三三，後三三。

頌曰：一二三四數恒沙，沙等恒河數更多。算盡目前無一法，方能靜處薩婆訶。

須菩提，我今實言告汝，若有善男子、善女人以七寶滿爾所恒河沙數三千大千世界以用布施，得福多不？須菩提言，甚多，世尊。佛告須菩提，若善男子、善女人於此經中乃至受持四句偈等，爲佗人說，而此福德勝前福德。

布施七寶得三界中富貴報，講說大乘經典，令諸聞者生大智慧，成無上道，當知受持福德勝前七寶福德。

須菩提至福德　真鍮不換金。

頌曰：入海算沙從費力，區區未免走塵埃。爭如運出家珍寶，枯木生花別是春。

新注：恒河，天竺之河，周四十里，佛多近是說法，故取爲喻。前說一大千世界七寶布施以喻持說福勝，今以無量大千世界七寶布施不如持說此經四句，其福轉勝於彼，此則前少後多，蓋漸化衆生，令起信心故也。

○尊重正教分第十二

是經所在，天龍敬事，故受之以尊重正教分。

復次，須菩提，隨說是經，乃至四句偈等，當知此處一切世間天人阿修羅皆應供養，如佛塔廟。

所在之處如有人即說是經，若念念常行無念心無所得心，不作能所心說。若能遠離諸心，常依無所得心，即此身中有如來全身舍利，故言如佛塔廟。以無所得心說此經者，感得天龍八部悉來聽受。心若不清淨，但爲名聲利益而說是經者，死墮三塗，有何利益？心若清淨爲說是經，令諸听者除迷妄心，悟得本來佛性，常行真寶〔一〕，感得天人阿修羅等皆來供養持經人也。

何況有人盡能受持讀誦？須菩提，當知是人

成就最上第一希有之法。若是經典所在之處即爲有佛，若尊重弟子。

自心誦得此經，自心解得經義，自心體得無著無相之理，所在之處常修佛行，念念心無有間歇，即自心是佛，故言所在之處則爲有佛。

復次至弟子　合如是。

頌曰：似海之深，如山之固。左旋右轉，不去不住。出窟金毛獅子兒，全威哮吼衆狐疑。深思不動干戈處，直攝天魔外道歸。

新注：藏佛舍利之處謂之塔，奉佛形像之處謂之廟。成就最上第一希有之法者，成無上佛果菩提也。隨説此經四句偈處，天人當敬之如佛塔廟，況能具足持誦者耶？經典所在之處固當敬了如佛現在，若尊重弟子者，若猶及也，言説經弟子亦當重之，蓋能續佛慧命故也。

○如法受持分第十三

至道無名，假之方便，以是名字，行者受持，故受之以如法受持分。

爾時須菩提白佛言，世尊，當何名此經？我等云何奉持？佛告須菩提，是經名爲金剛般若波羅蜜，以是名字，汝當奉持。

爾時至奉持　今日小出大遇。

頌曰：火不能燒，水不能溺，風不能飄，刀不能劈。軟似兜羅，硬如鐵壁，天上人間，古今不識。咦！

所以者何？須菩提，佛説般若波羅蜜，即非般若波羅蜜。

佛説般若波羅蜜，令諸學人用智慧除却愚心生滅，生滅除盡，即到彼岸。若心有所得，不到彼岸。心無一法可得，即是彼岸，口説心行，乃是到彼岸。

所以至羅蜜　猶較些子。

頌曰：一手擡，一手搦，左邊吹，右邊拍，無絃彈出無生樂。不囑宫商格調新，知音知後徒名邈。

須菩提，於意云何？如來有所説法不？須菩提白佛言，世尊，如來無所説。

佛問須菩提，如來説法心有所得不，須菩提知如來説法心無所得，故言無所説也。如來意者，欲令世人離有所得之心，故説般若波羅蜜法，令一切人聞之皆發菩提心，悟無生理，成無上道。

須菩至所説　低聲，低聲。

頌曰：入草求人不奈何，利刀斫了手摩挲。雖然出入無蹤迹，紋彩全彰見也麽。

新注：善現既聞是希有之法，則生忻樂，故問經名及受持之法。佛答此經名金剛般若者，爲能斷一切疑執，故當如是奉持。能斷疑執，雖用般若智，然法性本空，不可取著，故云即非般若波羅蜜也。如來又慮善現未達般若性空，謂有言説，故又詰云如來有所説不，而善現了知説即無説，乃答云如來無所説也。

須菩提，於意云何？三千大千世界所有微塵是爲多不？須菩提言，甚多，世尊。須菩提，諸微塵如來説非微塵，是名微塵，如來説世界非世界，是名世界。

如來説衆生性中妄念如三千大千世界中所有微塵，一切衆生被妄念微塵起滅不停，遮蔽佛性，不得解脱。若能念念真正修般若波羅蜜無著無相之行，了妄念塵勞即清淨法性。妄念既無，即非微塵，是名微塵。了真即妄，了妄即真，真妄俱泯，無別有法，故云是名微塵。性中無塵勞，即是佛世界，心中有塵勞，即是衆生世界。了諸妄念空寂，故云非世界。證得如來法身，普見塵刹，應用無方，是名世界。

須菩至世界　南瞻部州，北鬱單越。

頌曰：頭指天，脚踏地，飢則飡，困則眠。

此土西天，西天此土。到處元正便是年，南北東西祇者是。

新注：此節文意由前施寶得福而來，蓋以無量大千世界七寶布施得福雖多，然是貪等煩惱染因，流轉生死，遂以世界微塵爲喻。塵乃無情之物，不生貪等煩惱染因，是則有爲福報不及微塵之無情，況持説此經是遠離煩惱之因，能取菩提而不勝耶？非微塵非世界者，非煩惱染因微塵世界也，乃是無記微塵世界。無記猶無情，謂不起善惡也。

須菩提，於意云何？可以三十二相見如來不？不也，世尊，不可以三十二相得見如來。何以故？如來説三十二相即是非相，是名三十二相。

三十二相者，是三十二清淨行。三十二清淨行者，於五根中修六波羅蜜，於意根中修無相無爲，是名三十二清淨行。常修此三十二清淨行，即得成佛。若不修三十二相清淨行，終不成佛。但愛著如來三十二相，自不修三十二相行，終不得見如來。

須菩至二相　借婆衫子拜婆年。

頌曰：你有我亦有，君無我亦無。有無俱不立。相對觜盧都。

新注：三十二相者，應身相也。非相者，非法身相也。是名三十二相者，有感即應，不妨説三十二相也。施寶之福縱能成佛身相，但是應身，不及持説功德能成法身之體也。

須菩提，若有善男子、善女人以恒河沙等身命布施，若復有人於此經中乃至受持四句偈等，爲他人説，其福甚多。

世間重者，莫過於身命。菩薩爲法，於無量劫中捨施身命與一切衆生，其福雖多，亦不如受持此經四句之福。多劫捨身，不了空義，妄心不除，元是衆生。一念持經，我、人頓盡，妄想既除，言下成佛。故知多劫捨身，不如持經四句之福。

須菩至甚多　兩彩一賽。

頌曰：伏手滑槌不換劍，善使之人皆總便。不用安排本現成，箇中須是英靈漢。囉囉哩，哩囉囉，山花笑，野鳥歌。此時如得意，隨處薩婆訶。

新注：七寶布施，外財也；身命布施，内財也。身施者，如尸毗王代鴿是也；命施者，如薩埵飼虎是也。以輕重較之，則外財輕而易，内財重而難。然此二施皆有爲有漏因果，總不如持説四句能取菩提之妙果也。

○離相寂滅分第十四

聞經解義，獨悟實相，故受之以離相寂滅分。

爾時須菩提聞説是經，深解義趣，涕淚悲泣而白佛言，希有，世尊，佛説如是甚深經典，我從昔來所得慧眼未曾得聞如是之經。

爾時至之經　好笑當面諱了。

頌曰：自小來來慣遠方，幾迴衡嶽渡瀟湘。一朝蹈著家鄉路，始覺途中日月長。

世尊，若復有人得聞是經，信心清淨，則生實相，當知是人成就第一希有功德。

自性不痴名慧眼，聞法自悟名法眼。須菩提是阿羅漢，於五百弟子中解空第一，已曾勤奉多佛，豈得不聞如是深法？豈於釋迦牟尼佛所始言聞之？然或是須菩提於往昔所得乃聲聞慧眼，至今方悟佛意，故始得聞如是深經，悲昔未悟，故涕淚悲泣。聞經諦念，謂之清淨。從清淨體中流出般若波羅蜜多深法，當知決定成就諸佛功德也。

世尊，是實相者，即是非相，是故如來説名實相。

雖行清淨行，若見垢、淨二相當情，並是垢也，即非清淨心也。但心有所得，即非實相也。

世尊至實相　山河大地甚處得來？

頌曰：遠觀山在色，近聽水無聲。春去

華猶在，人來鳥不驚。頭頭皆顯露，物物體元平。如何言不會，祇爲太分明。

世尊，我今得聞如是經典，信解受持，不足爲難。

世尊至爲難　若不得後語，前語也難圓。

頌曰：難難難，如平地上青天。易易易，似和衣一覺睡。行船盡在把梢人，誰道波濤從地起。

若當來世後五百歲，其有衆生得聞是經，信解受持，是人即爲第一希有。

若當至希有　行住坐臥，著衣喫飯，更有甚麼事？

頌曰：氷不熱，火不寒。土不濕，水不乾。金剛脚蹈地，幡竿頭指天。若人信得及，北斗向南看。

何以故？此人無我相，無人相，無衆生相，無壽者相。所以者何？我相即是非相，人相、衆生相、壽者相即是非相。何以故？離一切諸相，即名諸佛。

須菩提深悟佛意，蓋自見業盡垢除，慧眼明徹，信解受持，即無難也。世尊在世諸[三]法之時，亦有無量衆生不能信解受持，何必獨言後五百歲？蓋佛在之日，雖有中下根不信及懷疑者，即往問佛，佛即隨宜爲説，無不契悟。佛滅後後五百歲，漸至末法，去聖遙遠，但存言教，人若有疑，無處咨決，愚迷抱執，不悟無生，著相馳求，輪迴諸有，於此時中得聞深經，清心敬信，悟無生理者，甚爲希有，故言第一希有。於如來滅後後五百歲，若復有人能於般若波羅蜜甚深經典信解受持者，即知此人無我、人、衆生、壽者之相。無此四相，是名實相，即是佛心，故曰離一切諸相則名諸佛。

何以至諸佛　心不負人，無面慚色。

頌曰：舊竹生新筍，新華長舊枝。雨催行客路，風送片帆皈。竹密不妨流水過，山高豈礙白雲飛。

新注：善現知捨身命之重所感之福不如持説之勝，得聞此法，感佛恩深，遂悲泣流涕，讚言希有，自謂從昔以來未曾聞是經典，蓋由信經清淨，能生乎實相，又謂我今值佛，獲聞是經不以爲難，而未來衆生得聞是經法始爲希有。所以希有者，以依此經修行，不起我、人、衆生、壽者四相，即我空也，言非相者，即法空也。離此諸相，即成正覺，故曰即名諸佛也。

佛告須菩提，如是，如是。

佛印可須菩提所解善契我心，故重言如是也。

若復有人得聞是經，不驚不怖不畏，當知是人甚爲希有。

聲聞久著法相，執有爲解，不了諸法本空，一切文字皆是假立，忽聞深經，諸相不生，言下即佛，所以驚怖。唯是上根菩薩得聞此理，歡喜受持，心無畏怖退轉。如此之流，甚爲希有。

佛告至希有　祇是自家底。

頌曰：毛吞巨海水，芥子納須彌。碧漢一輪滿，清光六合輝。蹈得故關田地穩，更無南北與東西。

何以故？須菩提，如來説第一波羅蜜，即非第一波羅蜜，是名第一波羅蜜。

口説心不行即非，口説心行即是，心有能所即非，心無能所即是也。

何以至羅蜜　八字打開，兩手分付。

頌曰：是名第一波羅蜜，萬别千差從此出。鬼面神頭對面來，此時莫道不相識。

新注：如是如是者，然之辭也。大乘之法本是難信難解，然非大乘根器，卒聞是法，未免驚愕疑怖畏懼。能聞是法而不驚畏者，實爲希有。此希有法無與等者，故名第一。然猶慮其於法取著，其法本離言説，故云非第一波羅蜜。有因緣故，亦可得説，故名第一波羅蜜。

新注：八斷持説未脱苦果疑，此疑從第七疑中捨身布施而來。

須菩提，忍辱波羅蜜，如來説非忍辱波羅蜜。

見有辱境當情即非，不見辱境當情即是。見有身相當彼所害即非，不見有身相當彼所害即是。

何以故？須菩提，如我昔爲歌利王割截身體，我於爾時無我相，無人相，無衆生相，無壽者相。

須菩至者相　智不責愚。

頌曰：如刀斷水，似火吹光。明來暗去，那事無妨。歌利王，歌利王，誰知遠煙浪，別有好思量。

何以故？我於往昔節節支解時，若有我相、人相、衆生相、壽者相，應生瞋恨。

如來因中在初地時，爲忍辱仙人，被歌利王割截身體，無一念痛惱之心。若有痛惱之心，即生嗔恨。歌利王是梵語，此云無道極惡君也。一説如來因中曾爲國王，常行十善，利益蒼生，國人歌讚此王，故云歌利王。求無上菩提，修忍辱行。爾時天帝釋化作旃陀羅，乞王身肉，即割施，殊無嗔惱。今存二説，於理俱通。

須菩提，又念過去於五百世作忍辱仙人，於爾所世無我相，無人相，無衆生相，無壽者相。

如來因中於五百世修行忍辱波羅蜜，以得四相不生。如來自述性㊂因者，欲令一切修行人成就忍辱波羅蜜。行忍辱波羅蜜行。人既行忍辱行者，不見一切人過惡，寃親平等，無是無非，被他打駡殘害，歡喜受之，倍加恭敬。行如是行者，即能成就忍辱波羅蜜也。

何以至者相　目前無法，從教柳緑華紅；耳畔無聞，一任鶯吟燕語。

頌曰：四大元無我，五蘊歸皆空。廓落虚無理，乾坤萬古同。妙峯巍巍常如故，誰管顛號括地風。

新注：忍辱者，六度之一也。安受曰忍也，毀害曰辱。前云捨身命之福報是生死苦因，不及持説福，此之行忍辱，亦捨身命，不成苦因者，何耶？蓋能達法無我，到於彼岸，説非忍辱波羅蜜者，即遣著也。如是忍行佛昔行，故引歌利王之事以證之。梵語歌利王，華言極惡。佛於宿世曾作仙人，山中修道，王因田獵，見而不喜，遂割其耳鼻，截其手足。時仙人略無嗔恨，以慈忍力，身復如故，蓋能了達我、人、衆生、壽者四相皆空，非惟無苦，亦乃有樂也。又引過去五百世中作忍辱仙以證之者，明行忍行非止一世也。

是故須菩提，菩薩應離一切相，發阿耨多羅三藐三菩提心。

是故至提心　是即此用離此用。

頌曰：得之在心，應之於手。雪月風華，天長地久。朝朝鷄向五更啼，春來處處山華秀。

不應住色生心，不應住聲、香、味、觸、法生心，應生無所住心。

不應住色生心者，是都標也，聲香等別列其名也。於此六塵起憎愛心，由此安心積集無量業結，覆蓋佛性，雖種種勤苦修行，不除心垢，無解脱之理。推其根本，都由色上住心。如能念念常行般若波羅蜜，推諸法空，不生計著，念念常自精進，一心守護，無令放逸。《淨名經》云，上求一切智，無非時求。《大般若經》云，菩薩、摩訶薩晝夜精勤，常住般若波羅蜜多相應作意，無時暫捨。

若心有住，則爲非住。

若心住涅槃，非是菩薩住處。不住涅槃，不住諸法，一切處不住，方是菩薩住處。上文説應無所住而生其心是也。

是故佛説菩薩心不應住色布施。須菩提，菩薩爲利益一切衆生，應如是布施。

菩薩不爲求望自身快樂而行布施，但爲

內破慳心，外利益一切衆生而行布施也。

不應至布施　有佛處不得住，無佛處急走過。三十年後，莫言不道。

頌曰：朝遊南岳，暮住天台。追而不及，忽然自來。獨行獨坐無拘繫，得寬懷處且寬懷。

如來說一切諸相即是非相，又說一切衆生則非衆生。

如者不生，來者不滅。不生者，我人不；不滅者，覺照不滅。下文云，如來者，無所從來，亦無所去，故名如來。如來說我人等相畢竟可破壞，非真實體也。一切衆生盡是假名，若離妄心，即無衆生可得，故言即非衆生。

如來至衆生　別有長處，不妨拈出。

頌曰：不是衆生不是相，春暖黃鶯啼柳上。說盡山雲海月情，依前不會空惆悵。休惆悵，萬里無雲天一樣。

新注：佛累世行忍，以無我故，得成菩提。故發菩提之心，應須離一切相。離相即不住色等六塵，當生無所住心，即菩提因。若心有住，不名菩薩，故曰非住。菩薩所行六度，皆應離相。色爲六塵之首，施爲六度之初，故云不應住色布施。如是行施，爲利群生，若存施受之心，又非妙行，故曰非衆生也。

新注：九斷能證無體非因疑，此疑從第八疑中利生行施而來。

須菩提，如來是真語者、實語者、如語者、不誑語者、不異語者。

真語者，說一切有情無情皆有佛性。實語者，說衆生造惡業定受苦報。如語者，說衆生修善法定有樂報。不誑語者，說般若波羅蜜法出生三世佛，決定不虛。不異語者，如來所說初善、中善、後善，旨意微妙，一切天魔外道無有能超勝及破壞佛語者也。

須菩至語者　知恩者少，負恩者多。

頌曰：兩箇五百是一貫，阿爺元是丈夫漢。分明對面報渠言，爭奈好心無好報。真語者，實語者，阿呵呵，喏喏喏。

須菩提，如來所得法，此法無實無虛。

無實者，以法體空寂，無相可得，然中有恒沙性德，用之不匱，故言無虛。欲言其實，無相可得；欲言其虛，用而無間。是故不得言無，不得言有，無而不無，言譬不及者，其惟真智乎？若不離相修行，無由臻此。

須菩至無虛　水中鹹味，色裏膠青。

頌曰：硬似鐵，軟如酥。看時有，覓還無。雖然步步常相守，要且無人識得渠。咦！

新注：如來所得妙果，如理而證，離於言説，何故累稱持説功德勝餘[四]布施等福耶？然佛無所證而證，無所説而説，所證所説，無不當理，恐善現未達此意，故又告云是真實等語。真語者，説佛菩提也。實語者，説小乘法也。不異語者，説授記事也。不誑語者，不誑衆生也。古譯無此一句。無實無虛者，如來所證之法，本離言説，故曰無實，對機有説，故曰無虛也。

新注：十斷如徧有得無得疑，此疑遠從第三疑中一切賢聖皆以無爲法得名而來。

須菩提，若菩薩心住於法而行布施，如人入闇，即無所見。

於一切法心有住著，則不了三輪體空，如盲者處暗，無所曉了。《華嚴經》云，聲聞在如來會中聞法，如盲如聾，爲住諸法相故也。

若菩薩心不住法而行布施，如人有目，日光明照，見種種色。

若菩薩常行般若波羅蜜多無著無相行，如人有目處於皎日之中，何所不見也？

新注：聖人以無爲真如得名，然真如之體徧一切時，徧一切處，何故衆生有得者，有不得者？蓋心有住法不住法之異耳。住者，住著也。如行布施不達三輪體空，名爲住法。心既住法，不成檀波羅蜜，如入暗中，則無所見。若達三輪體空，則心無所住，即成檀波羅蜜，如人有目，在日光中見諸色相也。

須菩提，當來之世若有善男子、善女人能於此經受持讀誦，則爲如來以佛智慧悉知是人，悉見是人，皆得成就無量無邊功德。

當來之世者，如來滅後後五百歲濁惡之世，邪法競起，正法難行，於此時中若有善男子、善女人得遇此經，從師稟受，讀誦在心，精進不妄，依義修行，悟入佛之知見，則能成就阿耨菩提，以是三世諸佛無不知之。

須菩至功德　因地而倒，因地而起，地向你道甚麼？

頌曰：世間萬事不如常，又不驚人又久長。如常恰似秋風至，無意涼人人自涼。

新注：言未來世中若有受持讀誦者，佛眼佛智悉能知見。既行勝因，必成妙果，故曰成就無量無邊功德也。

○持經功德分第十五

受持讀誦，自利利佗，功德無邊，不可稱量，故受之以持經功德分。

須菩提，若有善男子、善女人，初日分以恒河沙等身布施，中日分復以恒河沙等身布施，後日分亦以恒河沙等身布施，如是無量百千萬億劫以身布施，若復有人聞此經典，信心不逆，其福勝彼，何況書寫、受持、讀誦，爲人解説？

佛説末法之時得聞此經，信心不逆，四相不生，即是佛之知見，此人功德勝前多劫捨身功德百千萬億，不可譬喻。一念聞經，其福尚多，何況更能書寫、受持、讀誦，爲人解説？當知此人決定成就阿耨多羅三藐三菩提。所以種種方便爲説如是甚深經典，俾離諸相，得阿耨多羅三藐三菩提，所得福德無有邊際。蓋緣多劫捨身，不了諸法本空，心有能所，未離衆生之見。如能聞經悟道，我、人頓盡，言下即佛。將捨身有漏之福，比持經無漏之慧，實不可及。故雖十方聚寶，三世捨身，不如持經四句偈。注云，心有能所四字，一本云，有能捨所捨心，有元來未離衆生之見。此解意又分明，故兩存之。

須菩至解説　人天福報即不無，佛法未夢見在。

頌曰：初中後日發施心，功德無邊算莫窮。爭似信心心不立，一拳打透太虚空。

新注：初日分者，寅、卯、辰時也。中日分者，巳、午、未時也。後日分者，申、酉、戌時也。如是一日三時捨無量身，歷無量劫而行布施，世間固無此事，然佛設此喻者，以況聞經生信福德之勝，何況書寫、受持、誦説者耶？信力曰受，念力曰持，對文曰讀，背文曰誦，所謂書寫、受持、讀誦者，自行也，爲人解説者，化佗也。

須菩提，以要言之，是經有不可思議、不可稱量無邊功德。

持經之人心無我所，無我所故是佛心。佛心功德無有邊際，故言不可稱量。

如來爲發大乘者説，爲發最上乘者説。

須菩至者何　如斬一握絲，一斬一切斷。

頌曰：一拳打倒化城關，一脚踢飜玄妙寨。南北東西信步行，休覓大悲觀自在。大乘説最上乘説，一棒一條痕，一掌一握血。

若有人能受持讀誦，廣爲人説，如來悉知是人，悉見是人，皆得成就不可量、不可稱、無有邊、不可思議功德。如是人等，即爲荷擔如來阿耨多羅三藐三菩提。

大乘者，智慧廣大，善能建立一切法。最上乘者，不見垢法可厭，不見淨法可求，不見衆生可度，不見涅槃可證，不作度衆生心，不作不度衆生心，是名最上乘，亦名一切智，亦名無生忍，亦名大般若。若有人發心求佛無上道，聞此無相無爲甚深之法，即當信解受持，爲人解說，令其深悟，不生毀謗，得大忍力、大智慧力、大方便力，方能流通此經也。上根之人聞此經典，得深悟佛意，持自心經，見性究竟，復起利他之行，能爲人解說，令諸學者自悟無相理，得見本性如來，成無上道，當知說法之人所得功德無有邊際，不可稱量。聞經解義，如教修行，復能廣爲人說，令諸衆生得悟修行無相無著之行，以能行此行，有大智慧光明，出離塵勞。雖離塵勞，不作離塵勞之念，即得阿耨多羅三藐三菩提，故名荷擔如來。當知持經之人自有無量無邊、不可思議功德。

若復至菩提　擘開大華手，須是巨靈神。

頌曰：堆山積岳來，一一盡塵埃。眼裏瞳人碧，胸中氣若雷。出邊沙塞靜，入國貫英才。一片寸心如大海，波濤幾見去還來。

何以故？須菩提，若樂小法者，著我見、人見、衆生見、壽者見，即於此經不能聽受讀誦，爲人解說。

何名樂小法者？爲二乘聲聞人樂小果，不發大心，故即於如來深法不能受持讀誦，菩[五]人解說。

何以至解說　仁者見之謂之仁，智者見之謂之智。

頌曰：不學英雄不讀書，波波役役走長途。娘生寶藏無心用，甘作無知餓死夫。

新注：此般若之體，本絶言思，其功德廣大，不可得而稱量，非樂小乘者所可得聞，故曰爲發大乘者說，爲發最上乘者說。發大乘者，元住大乘之人也。發最上乘者，初聞最妙大乘而能信解之人也。如是之人修行此法，則成就不可思議功德，故能荷擔如來無上菩提。彼小乘不能聽受讀誦，爲人解說，爲著此四見故也。

須菩提，在在處處若有此經，一切世間天人阿修羅所應供養，當知此處則爲是塔，皆應恭敬作禮圍繞，以諸華香而散其處。

若人口誦般若，心行般若，在在處處常行無爲無相之行，此人所在之處如有佛塔，感得一切天人各持供養作禮恭敬，與佛無異。能受持經者，是人心中自有世尊，故云如佛塔廟，當知所得福德無量無邊。

須菩至其處　鎮州蘿蔔，雲門胡餅。

頌曰：與君同步又同行，起坐相將歲月長。渴飲飢飡常對面，不須迴首更思量。

新注：塔爲藏舍利之處，若天人阿修羅固當敬事。此般若經卷所在之處，是真法身舍利寶塔，可不敬乎？

○能淨業障分第十六

恒沙罪業，一念消除，果報不空，豈經多劫？故受之以能淨業障分。

復次，須菩提，若善男子、善女人受持讀誦此經，若爲人輕賤，是人先世罪業應墮惡道，以今世人輕賤故，先世罪業則爲銷滅，當得阿耨多羅三藐三菩提。

佛言持經之人各得一切天人恭敬供養，爲前生有重業障故，今生雖得受持諸佛如來甚深經典，常被人輕賤，不得人恭敬供養。自以受持經典故，不起人我等相，不問冤親，常行恭敬，心無惱恨，蕩然無所計校，念念常行般若波羅蜜行，曾無退轉。以能如是修行故，得無量劫以至今生所有極惡罪障並能消滅。又約理而言，先世即是前念妄心，今世即是後念覺心，以後念覺心輕賤前念妄心，妄不得住，故云先世罪業即爲消滅。妄念既滅，罪業不成，即得菩提也。

復次至三菩提　不因一事，不長一智。

頌曰：讚不及，毀不及，若了一，萬事畢。無欠無餘若大虛，爲君題作波羅蜜。

新注：持誦此經者，人當恭敬，而反被人輕賤者，以宿罪業可招惡報。由經力故，轉重爲輕。被輕賤故，其罪消滅，當得無上佛果，持經功德可謂大矣。

須菩提，我念過去無量阿僧祇劫，於然燈佛前得值八百四千萬億那由佗諸佛，悉皆供養承事，無空過者。若復有人於後末世能受持讀誦此經，所得功德於我所供養諸佛功德，百分不及一，千萬億分乃至算數譬喻所不能及。

供養恒沙諸佛，施寶滿三千界，捨身如微塵數，種種福德不及持經一念。悟無生理，息希望心，遠離衆生顛倒知見，即到波羅蜜彼岸，永出三塗，證無餘涅槃也。

須菩至能及　功不浪施。

頌曰：億千供佛福無邊，爭似常將古教看。白紙上邊書黑字，請君開眼目前觀。風寂寂兮水連連，謝家人祇在魚船。

新注：阿僧祇翻無數時。那由佗者，十億爲洛叉，十洛叉爲俱胝，十俱胝爲那由佗。如來於過去然燈佛前供養無數諸佛，其功德可謂深且大矣，乃言不及末世持經功德者何？然持經能生理解，得證菩提。供佛雖感福報，但是事相，較以持經功德，百千萬億分中不及一分者，以此又言算數譬喻所不能及者，蓋事相之福是可思議之法，而般若妙智忘能所絶待對，不可得而思議者也。

須菩提，若善男子、善女人於後末世有受持讀誦此經，所得功德，我若具説者，或有人聞，心則狂亂，狐疑不信。

佛言末法衆生德薄垢重，嫉妬彌深，邪見熾盛，於此時中如有善男子、善女人受持讀誦此經，圓成法相，了無所得，念念常行慈悲喜捨，謙下柔和，究竟成就無上菩提。或有人不知如來正法常在不滅，聞説如來滅後後五百歲，有人能成就無相心，行無相行，得阿耨多羅三藐三菩提，則必心生驚怖，狐疑不信。

須菩提，當知是經義不可思議，果報亦不可

思議。

是經義者，即無著無相行也。云不可思議者，讚歎無著無相行能成就阿耨多羅三藐三菩提也。

須菩至思議　各各眉毛眼上横。

頌曰：良藥多苦，忠言逆耳。冷暖自知，如魚飲水。何須佗日待龍華，今朝先授菩提記。

新注：此經非大乘根器不能持誦，而持誦所感功德豈常人可聞，聞必狐疑不信，故不具説，蓋此經之義趣與其果報不可思議故也。

○究竟無我分第十七

本來無我，安得有人？爲度彼人，故權立我，故受之以究竟無我分。

新注：十一斷安住降伏存我疑，此疑從前諸文無我人等相而來也。

爾時須菩提白佛言，世尊，善男子、善女人發阿耨多羅三藐三菩提心，云何應住？云何降伏其心？

新注：善現初問此善，至是復問者，何耶？問辭雖同，其意則别，蓋所問不過住大乘降伏妄心而已，初之問意，但問能住能降之法，此之問意，若謂我能住我能降，存此分别，障於真證無住之道，故又興此問也。

佛告須菩提，善男子、善女人發阿耨多羅三藐三菩提心者，當生如是心，我應滅度一切衆生，滅度一切衆生已，而無有一衆生實滅度者。

須菩提問佛，如來滅後後五百歲，若有人發阿耨多羅三藐三菩提心，依何法而住，如何降伏其心。佛言當發度脱一切衆生心，度脱一切衆生盡得成佛已，不得見有一衆生是我滅度者。何以故？爲除能所心，除有衆生心，亦除我見心也。

爾時至度者　有時因好月，不覺過滄州。

頌曰：若問云何住，非中及有無。頭無

纖草蓋，足不履閻浮。細似隣虚析，輕如蝶舞初。衆生滅盡知無滅，此是隨流大丈夫。

何以故？須菩提，若菩薩有我相、人相、衆生相、壽者相，則非菩薩。

菩薩若見有衆生可度者，即是我相。有能度衆生心，即是人相。謂涅槃可求，即是衆生相。見有涅槃可證，即是壽者相。有此四相，即非菩薩也。

所以者何？須菩提，實無有法發阿耨多羅三藐三菩提心者。

有法者，我人等四法是也。不除四法，終不得菩提。若言我發菩提心者，亦是人、我等法，人、我等法是煩惱根本。

何以至心者　少佗一分又爭得？

頌曰：獨坐修然一室空，更無南北與西東。雖然不借陽和力，爭奈桃華一樣紅。

新注：此一節文意亦與前同，但前是破情顯智，所破之情即我人等四相粗執，所顯之智即般若真智。自此而下忘智顯理，破我、人等四相細執，由此賢位漸入聖階矣。

新注：十二斷佛因是有菩薩疑，此疑從第十一疑中實無有法發菩提心者而來。

須菩提，於意云何？如來於然燈佛所，有法得阿耨多羅三藐三菩提不？

新注：由前云實無有法發菩提心者，意謂無發心者，則無菩薩，若無菩薩，云何釋迦於然燈佛所，名曰善慧，布髮掩泥，行菩薩道，得發記耶？佛恐善現潛有此疑，故舉以問。

不也，世尊，如我解佛所説義，佛於然燈佛所，無有法得阿耨多羅三藐三菩提。

新注：善現答意云，善慧彼時都無所得，離諸分別，由悟無法，故得授記。

佛言，如是，如是。

佛告須菩提，我於師處不除四相得授記不。須菩提深解無相之理，故言不也。善契佛意，故佛言如是，如是言是印可之辭也。

須菩至如是　若不同床睡，爭知紙被穿？

頌曰：打皷弄琵琶，相逢兩會家。君行楊柳岸，我宿渡頭沙。江上晚來初雨過，數峯蒼翠接天霞。

須菩提，實無有法如來得阿耨多羅三藐三菩提。須菩提，若有法如來得阿耨多羅三藐三菩提者，然燈佛則不與我授記，汝於來世當得作佛，號釋迦牟尼。以實無有法得阿耨多羅三藐三菩提，是故然燈佛與我授記，作是言，汝於來世當得作佛，號釋迦牟尼。

須菩至牟尼　貧似范丹，氣如項羽。

頌曰：上無片瓦，下無卓錐。日來月往，不知是誰。噫！

新注：善現既會法無所得，佛然其說，乃言如是如是。既而又反覆告者，要令善現知法無所得，深契至理，故得授記。蓋如來所證妙果乃心地本具法門，離諸名相，無授受中而論授受者也。

新注：十三斷無因則無佛疑，此疑從第十二疑中而來。

何以故？如來者，即諸法如義。

佛言實無我、人、衆生、壽者，始得受菩提記。我若有發菩提心，然燈佛則不與我授記，以實無所得，然燈佛始與我授記。此一段文總成須菩提無我義。佛言諸法如義者，諸法即是色、聲、香、味、觸法，於此六塵中善能分別，而本體湛然，不染不著，曾無變異，如空不動，圓通瑩徹，歷劫常存，是名諸法如義。《菩薩瓔珞經》云，毁譽不動，是如來行。《入佛境界經》云，諸欲不染故，敬禮無所觀。

何以至如義　住，住，動著則三十棒。

頌曰：上是天兮下是地，男是男兮女是女。牧童撞著放牛兒，大家齊唱囉囉哩，是何曲調萬年歡。

若有人言如來得阿耨多羅三藐三菩提，須菩提，實無有法佛得阿耨多羅三藐三菩提。

新注：何以故者，徵起之辭也，由前云實無有法得菩提果，故受然燈之記，遂疑既無佛果，豈有佛法耶。釋云，如來者，即諸法如義。如者，真如也。不僞曰真，不異曰如。此真如體貫徹三世，綿亘十方，非空非有，不變不遷，名如來性。若有所得，即非佛菩提也。

須菩提，如來所得阿耨多羅三藐三菩提，於是中無實無虛。

佛言實無所得心而得菩提，以所得心不生，是故得菩提，離此心外，更無菩提可得，故言無實也。所得心寂滅，一切智本有，萬行悉圓備，恒沙德性用無乏少，故言無虛也。

若有至無虛　富嫌千口少，貧恨一身多。

頌曰：生涯如夢若浮雲，活計都無絶六親。留得一隻青白眼，笑看無限往來人。

是故如來說，一切法皆是佛法。

是故至佛法　明明百草頭，明明祖師意。

頌曰：會造逡巡酒，能開頃刻華。琴彈碧玉調，爐煉白硃砂。幾般伎倆從何得，須信風流出當家。

須菩提，所言一切法者，即非一切法，是故名一切法。

能於諸法心無取捨，亦無能所，熾然建立一切法，而心常空寂，故知一切法皆是佛法。恐迷者貪著一切法爲佛法，爲遣此病，故言即非一切法。心無能所，寂而常照，定慧齊行，體用一致，是故名一切法。

須菩至一切法　上大人，丘乙己。

頌曰：是法非法不是法，死水藏龍活鱍鱍。是心非心不是心，逼塞虛空古到今。祇是絶追尋，無限梵雲風捲盡，一輪孤月照天心。

新注：所得者，忘情而證也。無實者，非有爲相也。無虛者，是真如體也。然此真如非別有法，即一切色等諸法離性離相，名真如體。唯佛與佛乃能證此，故一切法皆是佛法。真如之體雖不離於諸法，然亦不可取著，故云即非一切法，是名一切法。

須菩提，譬如人身長大。須菩提言，世尊，如來説人身長大則爲非大身，是名大身。

如來説人身長大則爲非大身者，以顯一切衆生法身不二，無有限量，是名大身。法身本無處所，故言則非大身。文〔六〕以色身雖大，内無智慧，即非大身。色身雖小，内有智慧，得名大身。雖有智慧，不能依行，即非大身。依教修行，悟入諸佛無上智見，心無能所限量，是名大身也。

須菩至大身　唤作一物即不中。

頌曰：天産英靈六尺軀，能文能武善經書。一朝識破娘生面，方信閑名滿五湖。

新注：上説如來所證真如之體偏一切處，可謂長大矣，又恐善現起長大之見，故佛又説喻徵之曰，譬如人身長大，善現因喻有悟，即曰非大身是名大身。論云，大身有二義，一者偏一切處，即法身；二者功德大，即報身。此之二身皆離諸相，故名爲非相也。

新注：十四斷無人度生嚴土疑，此疑同十二疑皆從十一疑中實無有法發心者而來。

須菩提，菩薩亦如是。若作是言，我當滅度無量衆生，則不名菩薩。

菩薩若言由我説法，除得彼人煩惱，即是法我。若言我度得衆生，即有我所。雖度脱衆生，心有能所，我人不除，不得名爲菩薩。熾然説種種方便，化度衆生，心無能所，即是菩薩也。

何以故？須菩提，實無有法，名爲菩薩，是故佛説一切法無我，無人，無衆生，無壽者。

須菩至壽者　唤牛即牛，呼馬即馬。

頌曰：借婆衫子拜婆門，禮數周旋已十分。竹影掃堦塵不動，月穿潭底水無痕。

須菩提，若菩薩作是言，我當莊嚴佛土，是不名菩薩。何以故？如來説莊嚴佛土者，即非莊嚴，是名莊嚴。

菩薩若言我能建立世界者，即非菩薩。雖然建立世界，心有能所，即非菩薩。熾然建立世界，能所心不生，是名菩薩。《最勝妙定經》云，假使有人造得白銀精舍滿三千大千世界，不如一念禪定心。心有能所，即非禪定，能所不生，是名禪定。禪定即是清淨心也。

須菩提，若菩薩通達無我法者，如來説名真是菩薩。

於諸法相無所滯碍，是名通達。不作解法心，是名無我法。無我法者，如來説名真是菩薩。隨分行特(七)，亦得名爲菩薩，然未爲真菩薩。解行圓滿，一切能所心盡，方得名真是菩薩。

須菩至菩薩　寒即普天寒，熱則普天熱。

頌曰：有我元無我，寒時燒軟(八)火。無心似有心，半夜拾金針。無心無我分明道，不知道者是何人。呵呵！

新注：法界混然，身土平等，尚無佛道可成，安有衆生可度？是則起度生之心，修習梵行，淨佛國土，即凡夫見，不名菩薩。畢竟起何等心名爲菩薩？能通達無我法者，真菩薩也。

○一體同觀分第十八

一眼攝五眼，一沙攝恒河沙，一世界攝多世界，一心攝若干心，故受之以一體同觀分也。

新注：十五斷諸佛不見諸法疑，此疑從第十四疑中而來。

須菩提，於意云何？如來有肉眼不？如是，世尊，如來有肉眼。須菩提，於意云何？如來有天眼不？如是，世尊，如來有天眼。須菩提，於意云何？如來有慧眼不？如是，世尊，如來有慧眼。須菩提，於意云何？如來有法眼不？如是，世尊，如來有法眼。須菩提，於意云何？如來有佛眼不？如是，世尊，如來有佛眼。

一切人盡有五眼，爲迷所覆，不能自見，故佛教除却迷心，即五眼開明。念念修行般若波羅蜜法，初除迷心，名爲第一肉眼。見一切衆生皆有佛性，起憐愍心，是名爲第二天眼。癡心不生，名爲第三慧眼。著法心除，名爲第四法眼。細惑永盡，圓明徧照，名爲第五佛眼。又云，見色身中有法身，名爲天眼。見一切衆生各具般若性，名爲慧眼。見性明徹，能所永除，一切佛法本來自備，名爲法眼。見般若波羅蜜能生三世一切法，名爲佛眼。

須菩至佛眼　盡在眉毛下。

頌曰：如來有五眼，張三衹一雙。一般分皂白，的的别青黄。其間些子誵訛處，六月炎天下雪霜。

須菩提，於意云何？恒河中所有沙，佛説是沙不？如是，世尊，如來説是沙。須菩提，於意云何？如一恒河中所有沙，有如是沙等恒河，是諸恒河所有沙數，佛世界如是，寧爲多不？甚多，世尊。

恒河者，西國祇園精舍側近河。如來説法，指此河爲喻。佛説此河中沙，一沙況一佛世界，以爲多不，須菩提言甚多，世尊。佛舉此衆多國土者，欲明其中所有衆生，一一衆生皆有若許心數也。

佛告須菩提，爾所國土中所有衆生若干種心，如來悉知。

佛告至悉知　曾爲蕩子偏憐客，慣愛貪盃識醉人。

頌曰：眼觀東南，意在西北。將謂猴白，更有猴黑。一切衆生一切心，盡遂無窮聲與色。喝！

何以故？如來説諸心皆爲非心，是名爲心。

爾所國土中所有衆生，一一衆生皆有若干差別心數，心數雖多，總名妄心。識得妄心非心，是名爲心，此心即是真心、常心、佛心、般若波羅蜜心、清淨菩提涅槃心。

何以至爲心　病多諳藥性。

頌曰：一波纔動萬波隨，似蟻循環豈了期。咄！今日爲君都割斷，出身方號丈夫兒。

所以者何？須菩提，過去心不可得，現在心不可得，未來心不可得。

過去心不可得者，前念妄心瞥然已過，追尋無有處所。現在心不可得者，真心無相，憑何得見？未來心不可得者，本無可得，習氣已盡，更不復生。了此三心皆不可得，是名爲佛。

所以至可得　低聲，低聲，真得鼻孔裏出氣。

頌曰：三際求心心不見，兩眼依前對兩眼。不須遺劍剋舟尋，雪月風光常見面。

新注：前説不見，彼是衆生，不見我爲菩薩，不見淨佛國土，如是則不見諸法，名爲諸佛如來。然而如來具足五根[九]，豈都無所見耶？五眼者，肉眼、天眼、慧眼、法眼、佛眼。古德偈曰，天眼通非碍，肉眼碍非通，法眼唯觀俗諦，慧眼了知空，佛眼如千日，照異體還同。此之五眼，通該十界而優劣有殊，如經所説五眼皆如來所具者，無非佛眼也。恒沙世界一切衆生之心，如來無不知見。然衆生之心，種種顛倒，言非心者，妄識本空也。是名爲心者，真如不滅也。所以者何者，徵起非心所以而釋之。三世心者，虛妄生滅之心也，求之皆不可得，蓋過去已滅，未來未至，現在不住，此即如來所知之心也。

金剛般若波羅蜜經註卷中

校勘記

〔一〕「寶」，底本原校疑爲「實」。

〔二〕「諸」，底本原校疑爲「説」。
〔三〕「性」，底本原校疑爲「往」。
〔四〕「餘」，疑爲「於」。
〔五〕「菩」，疑爲「爲」。
〔六〕「文」，底本原校疑爲「又」。
〔七〕「特」，疑爲「持」。
〔八〕「軟」，疑爲「炊」。
〔九〕「根」，底本原校疑爲「眼」。

金剛般若波羅蜜經註卷下

○法界通化分第十九

遍周法界，一化普通，七寶福田，寧如四句？故受之以法界通化分。

新注：十六斷福德例心顛倒疑，此疑從第十五疑中而來。

須菩提，於意云何？若有人滿三千大千世界七寶以用布施，是人以是因緣，得福多不？如是，世尊，此人以是因緣，得福甚多。須菩提，若福德有實，如來不説得福德多。以德福無故，如來説得福德多。

七寶之福不能成就佛果菩提，故言無也。以其無量數限，故名曰多，如能超過，即不説多也。

須菩至能多　由勝別勞心。

頌曰：羅漢應供薄，象身七寶珍。雖然多濁富，爭似少清貧。罔象祇因無意得，離婁失在有心親。

新注：前説衆生心有住著，是爲顛倒，然福由心造，豈亦是顛倒？若是，何名善法耶？恐潛此疑，故佛斷之。福德有實者，住相布施，成有漏因，其福則寡。福德無者，離相布施，成無漏因，其福乃多。是則不住於相，心離顛倒，所作之福無非善法也。

○離色離相分第二十

三身具足，諸相圓成，人法俱忘，即非具足，故受之以於離色離相分。

新注：十七斷無爲何有相好疑，此疑從第三之中無爲得名而來。

須菩提，於意云何？佛可以具足色身見不？不也，世尊，如來不應以具足色身見。何以故？如來説具足色身，即非具足色身，是名具足色身。

佛意恐衆生不見法身，但見三十二相、八十種好，紫磨金耀，以爲如來真身。爲遣此迷，故問須菩提佛可以具足色身見不。三十二相即非具足色身，内具三十二淨行，是名具足色身。淨行者，即六波羅蜜是也。於五根中修六波羅蜜，於意根中定、慧雙修，是名具足色身。徒愛如來三十二相，内不行三十二淨行，即非具足色身。不愛如來色身，能自持清淨行，亦名得具足色身。

須菩提，於意云何？如來可以具足諸相見不？不也，世尊，如來不應以具足諸相見。何以故？如來説諸相具足，即非具足，是名諸相具足。

如來者，即無相法身是也，非肉根所見，慧眼乃能見之。慧眼未明具足，生我人等相，以觀三十二相爲如來者，即不名爲具足也。慧眼明徹，我人等相不生，正智光明常照，是名諸相具足。三毒未泯，言見如來真身者，固無此理。縱能見者，秖是化身，非真實無相之法身也。

須菩至具足　官不容針，私通車馬。

頌曰：請君仰面看虚空，廓落無邊不見蹤。若解轉身些子力，頭頭物物總相逢。

新注：上説諸佛所證乃無爲法，云何佛身有八十種好、三十二相而可見耶？爲斷此疑，故有此問。善現乃會如來法身固非色身可見，而未嘗離於色相而不可見，故云即非具足色身，是名具足色身，即非具足諸相，是名具足諸相。良由全法身無爲之體起應身相好之用，是故應身即是法身，乃無相而相，相而無相，無見而見，見而無見者也。

○非説所説分第二十一

終日談空，不談一字，若云有説謗如來，故受之以非説所説分。

新注：十八斷無身何以説法疑，此疑從第一疑中即非身相而來。

須菩提，汝勿謂如來作是念，我當有所説法，莫作是念。何以故？若人言如來有所説法，即爲謗佛，不能解我所説故。

須菩至説故　是即是，大藏小藏從甚處得來？

頌曰：有説皆成謗，無言亦不容。爲君通一線，日向嶺東紅。

須菩提，説法者無法可説，是名説法。

凡夫説法，心有所得，故告須菩提，如來説法，心無所得。凡夫作能解心説，如來語默皆如，所發言辭，如響應聲，任用無心，不同凡夫作生滅心説。若言如來説法心有生滅者，即爲謗佛。《維摩經》云，真説法者，無説無示；聽法者，無聞無得。了萬法空寂，一切名言皆是假立，於自空性中熾然建立一切言辭，演説諸法無相無爲，開導迷人，令見本性，修證無上菩提。

須菩至説法　兔角杖，龜毛拂。

頌曰：多年石馬放毫光，鐵牛哮吼入長江。虚空一唱無蹤跡，不覺潛身北斗藏。且道是説法不是説法？

新注：既云如來色身相好不可得見，如何爲人演説之耶？然如來悲願深重，隨感而應，無説而説，説即無説，不達此意，是爲謗佛。言無法可説是名説法者，離性執已，不妨稱性而説也。

爾時慧命須菩提白佛言，世尊，頗有衆生於

未來世聞説是法，生信心不？

新注：善現解空第一，與般若空慧相應，以慧爲命，故稱慧命。前云身乃非身之身，法乃非説而説，身説俱妙，難信難解，所以有此疑問。

佛告須菩提，彼非衆生，非不衆生。

新注：衆生有聖有凡，而凡夫衆生於此般若不能生信，聖體衆生乃能信解。言彼非衆生者，非凡夫衆生也。非不衆生者，非不是聖體衆生也。聖體衆生即大乘根器人，豈可視爲凡夫？衆生不能生信，尚恐善現未悟，又自釋云。

何以故？須菩提，衆生衆生者，如來説非衆生，是名衆生。

靈幽法師加此慧命須菩提六十二字，是長慶二年，今見在濠州鐘離寺石碑上記。六祖解在前，故無解，今亦存之。

爾時至衆生　火熱風動，水濕地堅。

頌曰：指鹿豈能成駿馬，言烏誰謂是翔鸞。雖然不許纖毫異，馬字驢名幾百般。

新注：衆生衆生者，言凡夫衆生也。如來説非衆生是名衆生者，言非是凡夫衆生，是聖體衆生，能生信解者。

〇無法可得分第二十二

無上正智，實無少法，法無所得，正偏歷然，故受之以無法可得分。

新注：十九斷無法如何修證疑，此疑從十二、十三疑中而來。

須菩提白佛言，世尊，佛得阿耨多羅三藐三菩提，爲無所得耶？佛言，如是，如是。須菩提，我於阿耨多羅三藐三菩提，乃至無有少法可得，是名阿耨多羅三藐三菩提。

須菩提言所得心盡，即是菩提。佛言如是如是，我於菩提實無希求心，亦無所得心。以如是故，得名阿耨多羅三藐三菩提。

須菩至菩提　求人不如自求己。

頌曰：滴水生水信有之，緑楊芳草色依依。秋月春華無限事，不妨閑聽鷓鴣啼。

新注：前既云實無有法得無上正覺，如何却有修證，故疑而問之。佛答有三，一答無法可得，二答平等爲正覺，三答正助修善成正覺。初答如文可見。

○**淨心行善分第二十三**

一法存心，情生高下，淨心修善法何窮，故受之以淨心行善分。

復次，須菩提，是法平等，無有高下，是名阿耨多羅三藐三菩提。

新注：二答平等爲正覺也。

以無我、無人、無衆生、無壽者，修一切善法，則得阿耨多羅三藐三菩提。

此菩提法者，上至諸佛，下至昆虫，盡含種智，與佛無異，故言平等無有高下。以菩提無二故，但離四相修一切善法，則得菩提。若不離四相修一切善法，轉增我人，欲證解脱之心，無由可了。若離四相修一切善法，解脱可期。修一切善法者，於一切法無有染著，對一切境不動不摇，於出世法不貪不著不愛，於一切處常行方便，隨順衆生，使之歡喜信服，爲説正法，令悟菩提，如是始名修行，故言修一切善法。

復次至菩提　山高海深，日生月落。

頌曰：僧是僧兮俗是俗，喜則笑兮悲則哭。若能於此善參詳，六六從來三十六。

須菩提，所言善法者，如來説即非善法，是名善法。

修一切善法，希望果報，即非善法。六度萬行熾然俱作，心不望報，是名善法。

須菩至善法　面上夾竹桃華，肚裏侵天荊棘。

頌曰：是惡非惡，從善非善。將逐符行，

兵隨印轉。有時獨立妙香峯，却來端坐閻羅殿。見盡人間祇點頭，大悲手眼多方便。

新注：三答正助修善成正覺也。正助者，正謂正觀空四相也，助謂緣助修一切善法也。初答以無法可得爲正覺者，達妄即真也。二以平等爲正覺者，法無高下也。三以正助成正覺者，離相修善也。由離相故，名爲善法。

○福智無比分第二十四

施寶如山，山非無盡，大身妙智，斯即寶山，故受之以福智無比分。

新注：二十斷所説無記非因疑，此疑從第十九中修善法而來。

須菩提，若三千大千世界中所有諸須彌山王，如是等七寶聚有人持用布施，若人以此《般若波羅蜜經》乃至四句偈等受持讀誦，爲佗人説，於前福德百分不及一，百千萬億分乃至算數譬喻所不能及。

大鐵圍山高廣二百二十四萬里，小鐵圍山高廣一百一十二萬里，須彌山高廣三百三十六萬里，以此名爲三千大千世界。就理而言，即貪、嗔、癡妄念各具一千也。如爾許山盡如須彌，以況七寶數，持用布施，所得福德無量無邊，終是有漏之因，而無解脱之理。摩訶般若波羅蜜多四句經文雖少，依之修行，即得成佛。是知持經之福能令衆生證得菩提，故不可比。

須菩至能及　千錐劄地，不如鈍鍬一捺。

頌曰：麒麟鸞鳳不成群，璧璧寸珠那入市。逐日之馬不競馳，倚天長劍人難比。乾坤不覆載，劫火不能壞。凜凜威光混大虚，天上人間總不知。噫！

新注：前既云從修善法得菩提，佛所説法不能得菩提耶，蓋所説之法是無記故，恐有此疑故，佛舉大千世界中施七寶聚如須彌山之多且大，較之持説四句功德，百千萬億分中乃不及其一。言無記者，謂所説法離言説相也。以離相故，能作菩提之因。故慈氏偈云，雖言無記法，而説是彼因。彼即菩提也。

○化無所化分第二十五

化門建立，未脱筌蹄，以要言之，實無所化，故受之以化無所化分。

新注：二十一斷平等云何度生疑，此疑從第十九疑中是法平等而來。

須菩提，於意云何？汝等勿謂如來作是念，我當度衆生，須菩提，莫作是念。何以故？實無有衆生如來度者，若有衆生如來度者，如來則有我、人、衆生、壽者。

須菩提意謂如來有度衆生心，佛爲遣須菩提如是疑心，故言莫作是念。一切衆生本自是佛，若言如來度得衆生成佛，即爲妄語，以妄語故，即是我、人、衆生、壽者，此爲遣我所心也。夫一切衆生雖有佛性，若不因諸佛説法，無由自悟，憑何修行得成佛道？

須菩至壽者　春蘭秋菊，各自馨香。

頌曰：生下東西七步行，人人鼻直兩眉横。哆和悲喜皆相似，那時誰更向尊堂。還記得在麽？

須菩提，如來説有我者，則非有我，而凡夫之人以爲有我。須菩提，凡夫者，如來説即非凡夫，是名凡夫。

如來説有我者，是自性清淨常樂我淨之我，不同凡夫貪嗔無明虚妄不實之我，故言凡夫之人以爲有我。有我人者，即是凡夫；我人不生，即非凡夫。心有生滅，即是凡夫；心無生滅，即非凡夫。不悟般若波羅蜜多，即是凡夫；若悟般若波羅蜜多，即非凡夫。心有能所，即是凡夫；心無能所，即非凡夫。

須菩至凡夫　前念衆生後念佛，佛與衆生是何物？

頌曰：不現三頭六臂，却能拈匙放筯。

有時醉酒罵人，忽爾燒香作禮。手把破砂盆，身披羅綿綺。做摸打樣百千般，驀鼻牽來我是你。

新注：既云是法平等，無有高下，云何如來却度衆生？故偈曰，平等真法界，佛不度衆生。以各共彼陰，不離於法界。各即衆生假名也，陰即五陰實法也。此假名實法皆即法界，故云即不離於法界。既即法界，凡聖一如，豈有衆生可度？故云佛不度衆生。如來若謂我爲能度，衆生爲所度，此則著於四相。由離四相，則非度而度，度而非度，則是如來説有我者，真我也，則非有我者，非妄我也。若凡夫之我是我執也。非凡夫者，論云非生，謂不生聖人法，即毛道凡夫也。

○法身非相分第二十六

色見聲求，是行邪道，於慈[一]妙契，獨露真常，故受之以法身非相分。

新注：二十二斷以相比知真佛疑，此疑從第十七疑中如來不應以色身諸相而來。

須菩提，於意云何？可以三十二相觀如來不？須菩提言，如是，如是，以三十二相觀如來。

須菩至如來　錯！

頌曰：泥塑木雕縑彩畫，堆青抹緑更粧金。若將此是如來相，笑殺南無觀世音。

佛言，須菩提，若以三十二相觀如來者，轉輪聖王則是如來。須菩提白佛言，世尊，如我解佛所説義，不應以三十二相觀如來。

世尊大慈，恐須菩提執相之病未除，故作此問。須菩提未知佛意，乃言如是如是之言，早是迷心。更言以三十二相觀如來，又是一重迷心，離真轉遠。故如來爲説，除彼迷心。若以三十二相觀如來者，轉輪聖王即是如來。轉輪聖王雖有三十二相，豈得同如來？世尊引此言者，以遣須菩提執相之病，令其所悟深徹。須菩提被問，迷心頓釋，故云如我解佛所説義，不應以三十二相觀如來。須菩提是大阿羅漢，所悟甚深得方便，不生迷路，以冀世尊除遺細惑，令後世衆生所見不謬也。

佛言至如來　錯！

頌曰：有相身中無相身，金香爐下鉄崑崙。頭頭盡是吾家物，何必靈山問世尊。如王秉劒。

爾時世尊而説偈言：若以色見我，以音聲求我。是人行邪道，不能見如來。

若以兩字是發語之端。色者，相也。見者，識也。我者，是一切衆生身中自性清淨、無爲無相真常之體，不可高聲念佛而得成就，念須正念分明，方得悟解。若以色聲求之，不可見也。是知於相中觀佛，聲中求法，心有生滅，不悟如來矣。

爾時至能見如來　直饒不作聲求色，見亦未見如來在。且道如何得見？不審，不審。

頌曰：見色聞聲世本常，一重雪上一重霜。君如要見黄龍老，走入摩耶腹内藏。噫！此語三十年後擲地金聲在。

新注：三十二相者，應身相也。觀如來者，觀法身如來。問意謂可於應身相好中觀見法身不，善現乃知應身相好從法身流出，若見相好，即見法身，故答云如是如是。佛又恐善現於應身取著，不達法體，故又以輪王即如來爲難。而善現解佛難意，故云不可以三十二相觀如來也。既而佛乃説偈以證之，法身之體固不離於聲色，但凡夫墮於聞見，是行邪道，不能見於如來也。

○無斷無滅分第二十七

相而無相，空而且不空，亘古亘今，孰云斷滅？故受之以無斷無滅分。

新注：二十三斷佛果非關福相疑，此疑從第二十二疑中而來。

須菩提，汝若作是念，如來不以具足相故，

得阿耨多羅三藐三菩提。須菩提，莫作是念，如來不以具足相故，得阿耨多羅三藐三菩提。須菩提，汝若作是念，發阿耨多羅三藐三菩提心者，說諸法斷滅相，莫作是念。何以故？發阿耨多羅三藐三菩提心者，於法不說斷滅相。

須菩提聞說真身離相，便謂不修三十二淨行而得菩提。佛語須菩提，莫言如來不修三十二淨行而得菩提。汝若言不修三十二淨行得阿耨菩提者，即是斷佛種性，無有是處。

須菩至滅相　剪不齊兮理還亂，拽起頭來割不斷。

頌曰：不知誰解巧安排，捏聚依前又放開。莫謂如來成斷滅，一聲還續一聲來。

新注：上明如來所證菩提不從福德而致，是則菩薩所修福德不成菩提之因，亦不克果報耶。爲斷此疑，故告之曰，莫作是念，如來不以具足相而得菩提。具足相即福德相也，蓋大乘所修福德之因，所得福德之果，但離取著之相，不因小乘斷滅之見，故曰於法不說斷滅相也。下又說喻以告。

〇不受不貪分第二十八

大心成忍，本自無貪，世福甚多，云何有受？故受之以不受不貪分。

須菩提，若菩薩以滿恒河沙等世界七寶持用布施，若復有人知一切法無我，得成於忍，此菩薩勝前菩薩所得功德。

須菩至功德　耳聽如聾，口說如啞。

頌曰：馬下人因馬上君，有高有下有疎親。一朝馬死人歸去，親者如同陌路人。祇是舊時人，改却舊時行履處。

須菩提，以諸菩薩不受福德故。須菩提白佛言，世尊，云何菩薩不受福德？須菩提，菩薩所作福德不應貪著，是故說不受福德。

通達一切法，無能所心，是名爲忍。此人所得福德，勝前七寶福。菩薩所作福德，不爲自己，意在利益一切衆生，故言不受福德。

何以至福德　裙無腰，袴無口。

頌曰：似水如雲一夢身，不知此外更何親。箇中不許容佗物，分付黄梅路上人。

新注：假使有人以無量世界七寶行施，心有所著，所感之福則成有漏，心若離著，即成無漏，故云若有人知一切法無我得成於忍。無我者，無人、法二執也。忍即無生法忍，初住菩薩所證也。既得無生法忍，則與彼住相行施者不同，故云勝前菩薩所得福德。言不受福德者，不受有漏福德也。善現又疑既不受福報，云何能獲無生法忍，須知有漏果報則不應受，無漏果報則受而不取，取謂取著，故云菩薩所作福德不應貪著也。

○威儀寂靜分第二十九

去來坐卧，無不如如，故受之以威儀寂靜分。

新注：二十四斷化身出現受福疑，此疑從二十三疑中不受福德而來。

須菩提，若有人言如來若來若去，若坐若卧，是人不解我所説義。何以故？如來者，無所從來，亦無所去，故名如來。

如來非來非不來，非去非不去，非坐非不坐，非卧非不卧，行、住、坐、卧四威儀中常在空寂，即是如來也。

須菩至如來　山門頭合掌，佛殿裏燒香。

頌曰：衲捲秋雲去復來，幾迴南岳與天台。寒山拾得相逢笑，且道笑箇甚麼？笑道同行步不擡。

新注：有去來坐卧者，乃如來應身也，無來無去者，法身也。然如來昔行菩薩道時，不受福報，云何至果有去來坐卧之相，使諸衆生供養獲福，恐有此疑，故告以釋之，良以如來法身如如不動，所有動作乃應身耳。

○一合相理分第三十

信心不斷，斯即微塵，信寶徧充，是名世界，界塵一合，法爾如然，故受之以一合相理分。

新注：二十五斷法身、化身一異疑，此疑從二十四、二十三、二十二疑中而來。

須菩提，若善男子、善女人以三千大千世界碎爲微塵，於意云何？是微塵衆寧爲多不？世〔三〕尊。

須菩至世尊　若不入水，爭見長人？

頌曰：一塵纔起翳虚空，碎抹三千數莫窮。野老不能收拾得，任教隨雨又隨風。

新注：上明應身去來是異，法身無去來是一，佛恐善現有一異之見，故說喻以釋之。釋中初舉世界微塵一異斷疑，次舉言說我法離見。初釋中文有三科，一標界塵一異，以顯無性。言世界者，喻法身也。微塵者，喻應身也。世界，一也。微塵，異也。碎界作塵，塵無異性，合塵爲界，界無一性，喻全法起應，應無異性，全應即法，法無一性。故偈云，去來化身佛，法身常不動。於是法界處，非一亦非異。然如來體用互融，所以能一能異，非一非異，自在無礙者，由煩惱淨盡故也。

何以故？若是微塵衆實有者，佛則不說是微塵衆。所以者何？佛說微塵衆，即非微塵衆，是名微塵衆。

佛說三千大千世界以喻一切衆生性上微塵之數，如三千大千世界中所有微塵，一切衆生性上妄念微塵，即非微塵。聞經悟道，覺慧常照，趣向菩提，念念不住，常在清淨，如是清淨微塵，是名微塵衆。

新注：此釋微塵喻應身無異性，若知碎世界作微塵，全微塵是即世界，則世界之與塵皆無實性，故曰即非微塵，是名微塵。得此喻意，則應身是全法之應，何異性之有哉也？

世尊，如來所説三千大千世界則非世界，是名世界。

三千者，約理而言，則貪、嗔、癡妄念各具一千數也。心爲善惡之本，能作凡作聖，其動靜不可測度，廣大無邊，故名大千世界。

何以故？若世界實有者，則是一合相。如來説一合相，則非一合相，是名一合相。

心中明了，莫過悲智二生，由此二法而得菩提。説一合相者，心有所得故，即非一合相，心無所得，是名一合相。一合相者，不壞假名而談實相。

須菩提，一合相者，即是不可説，但凡夫之人貪著其事。

由悲智二法成就佛果菩提，説不可盡，妙不可言。凡夫之人貪著文字事業，不行悲智二法。若不行悲智二法而求無上菩提，何由可得？

須菩至其事　捏聚放開，兵隨印轉。

頌曰：渾崙成兩片，擘破却團圓。細嚼莫空碎，方知滋味全。

新注：此釋世界喻法身無一性，前以世界是一喻法身是一，世界若定是一，世尊何故説三千大千世界？是則世界實性了不可得，故云則非世界，是名世界。言一合相者，乃衆塵和合爲一世界。言非一合相者，非性執之一合，乃離性一合，故云是名一合相。此一合相不可思議，而凡夫不了，自生著耳。良以即應是法，法叵得，何一性之有哉？

○知見不生分第三十一

四見俱非，是名四見，故受之以知見不生分。

須菩提，若人言佛説我見、人見、衆生見、壽者見，須菩提，於意云何？是人解我所説義不？世尊，是人不解如來所説義。何以故？世尊，說我見、人見、衆生見、壽者見，即非我見、人見、衆生見、壽者見，是名我見、人見、衆生見、壽者見。

如來說此經者，令一切衆生自悟般若智慧，自修行菩提果。凡夫人不解佛意，便謂如來說我人等見，不知如來說甚深無相無爲般若波羅蜜法。如來所說我人等見，不同凡夫我人等見。如來說一切衆生皆有佛性，是真我見，說一切衆生有無漏智性本自具足，是人見，說一切衆生性本自無煩惱，是衆生見，說一切衆生性本不生不滅，是壽者見。

新注：此明離我、法二見。初離我見，夫我見者，有真我之見，有妄我之見。妄我見者，虛妄分別，衆生見也。真我見者，遠離執著，如來見也。既離執著，示有我見、人見、衆生見、壽者見，此不見而見，在迷衆生以爲如來實有四見，故云不解如來所說義也。善現既解如來所說義，即知四見皆非虛妄，分別是真我之見，故云是名我見、人見、衆生見、壽者見也。

須菩提，發阿耨多羅三藐三菩提心者，於一切法應如是知，如是見，如是信解，不生法相。須菩提，所言法相者，如來說即非法相，是名法相。

發菩提心者，應見一切衆生皆有佛性，應見一切衆生無漏種智本自具足，應信一切衆生自性本無生滅，雖行一切智慧，方便接物利生，不作能所之心。口設無相法，而心有能所，即非法相。口說無相法，心行無相行，而能所心滅，是名法相也。

須菩提若人言至是名法相　飯來開口，睡來合眼。

頌曰：千尺絲綸直下垂，一波纔動萬波隨。夜靜水寒魚不食，滿船空載月明歸。

新注：次離法見。夫如來說法，要令衆生發菩提心，修行契理，故聞如來所說，當如法受持，乃告善現當如是知見，信解不生，法相不生。法相者，不於法取著也。法本離相，如來稱性而説，故云即非法相，是名法相。此一段文雖正釋離於法執，亦是總結降住正行。由經初善現請問若人發無上菩提者，應云何住、降伏其心，如來答云應如是住，如是降伏其心，故今結云，發菩提心者，於一切法如是知見信解，此結如是住也。不生法相，此結降伏妄心也。

○應化非真分第三十二

一念發心，獲福亦爾，應身化物，豈得已哉？真佛流通，於事畢矣，故受之以應化非身分。

新注：二十六斷化身説法無福疑，此疑從二十五疑中而來。

須菩提，若有人以滿無量阿僧祇世界七寶持用布施，若有善男子、善女人發菩薩心者，持於此經乃至四句偈等，受持讀誦，爲人演説，其福勝彼。云何爲人演説？

須菩至演説　要説有何難，即今便請。諦聽，諦聽。

頌曰：行住坐臥，是非人我。忽喜忽嗔，不離這箇。祇這箇驀面唾，平生肝膽一時傾，四句妙門都説破。

不取於相，如如不動。

七寶福雖多，不如有人發菩提心受持此經四句，爲人演説，其福勝彼百千萬億，不可譬喻。説法善巧方便，觀根應量，種種隨宜，是名爲人演説。所聽法人有種種相貌不等，不得作分別之心，但了空寂如如之心、無所得心、無勝負心、無希望心、無生滅心，是名如如不動也。

不取於相，如如不動　末後一句始到牢關，直得三世諸佛四目相觀，六代祖師退身有分，可謂是江河徹凍，水泄不通，極目荊榛，難爲措足。到這裏，添一絲毫如眼中著刺，減一絲毫似肉上剜瘡，非爲坐斷要津，蓋爲識法者恐。雖然恁麼，佛法只如此，便見陸地平沈，豈有燈燈續焰？川上坐今日不免向虎口中奪食，獰龍頷下穿珠，豁開先聖妙門，後學進身有路，放開一線，又且何妨？語則全彰法體，默則獨露真常。動則隻鶴片雲，靜則安山列岳。舉一步如象王迴顧，退一步若獅子嚬呻。法王法令當行，便能於法自在。祇如末後一句又作麼生道？還委悉麼？雲在嶺頭閑不徹，水流澗下太忙生。

頌曰：得優游處且優游，雲自高飛水自流。祇見黑風飜大浪，未聞沉却釣魚舟。

新注：此段文有三節，初以無量阿僧祇世界七寶布施，是假喻也。自若善男子以下，明持説福勝。自云何爲人演説以下，是釋福勝。所以據經文但明持説功德，而論乃謂化佛説法有無量功德者，蓋化佛是説經教主，持説是弘經之人。然所弘之經是佛所説，佛之所説，離言説相，而弘經之人若能離著，其福亦能勝彼也。如如者，法身理也。化身既即法身，則無去來，故云如如不動。

新注：二十七斷入寂如何説法疑，此疑從第二十六疑中演説與不動而來。

何以故？

新注：上言如如不動，則佛常住世間，爲衆生説法，何故言如來入涅槃耶？恐有此疑，故説偈以釋云。

一切有爲法，如夢幻泡影。如露亦如電，應作如是觀。

夢者是妄身，幻者妄念；泡者是煩惱，影者業障。夢幻泡影業，是名有爲法。真實離名相，悟者無諸業。

何以至如是觀　行船盡在把櫓人。

頌曰：水中捉月，鏡裏尋頭。刻舟求劍，騎牛覓牛。空華陽焰夢幻浮漚，一筆句下要休便休。巴歌杜酒村田樂，不風流處自風流。

新注：一切有爲法者，一切世間生滅之法也。佛生人中，示同生滅，亦屬有爲無常之法。無常之法虛假不實，故以夢、幻、泡、影、露、電六種爲喻。應作如是觀者，觀即般若妙智，以此妙智觀有爲法如夢幻等。能觀既是妙智，所觀無非妙境。妙境者，一境三諦也。妙智者，一心三觀也。三觀者，空、假、中也。三諦者，真、俗、中也。即觀有爲之法離性離相之謂空，無法不具之謂假，非空非假之謂中。諦者，審實不虛之謂。全諦發觀，以觀照諦，諦既即一，而三觀豈前後而照？故云如是觀也。能如是觀，乃了化身即法身，無常即常也。雖即法身，不碍涅槃，常即無常也。良以如來究竟非常非無常之旨故，所以能常能無常也。是則終日涅槃，終日説法，不住有爲，不住無爲，不可得而思議者也。一經始末，皆稱如是，始云如是住，如是降伏心，中間節節云如是，至此又云如是觀。論乃釋云妙智正觀，故知妙智寔一經之宗也。正宗竟。

佛説是經已，長老須菩提及諸比丘、比丘尼、優婆塞、優婆夷、一切世間天、人、阿修羅聞佛所説，皆大歡喜，信受奉行。

佛説至奉行　三十年後莫教忘却老僧，不知誰是知恩者。呵呵，將謂無人。

頌曰：飢得食，渴得漿。病得瘥，熱得凉。貧人遇寶，嬰子見娘。飄舟到岸，孤客皈鄉。旱逢甘澤，國有忠良。四夷拱手，八表來降。頭頭總是，物物全彰。古今凡聖，地獄天堂。東西南北，不用思量。利塵沙界諸群品，盡入金剛大道場。

新注：此流通分也，流通般若，使之不壅，利益後世衆生也。天親偈云，佛説希有總持法，不可稱量深句義。從尊者聞及廣説，回此福德施群生。

金剛般若波羅蜜經

金剛至蜜經　崇奉三寶弟子陳友諒、室湯氏五娘，男改過、善來，家眷算敬重楮毫書寫最上乘經，命工刊梓，施入徐林獨坦東際菴印行，上答四恩，下資三有，普願一切有情俱明般若之因，盡入金剛之地，伏冀莊嚴先所生考君千五監務注公、先妣閔氏百三娘子及累世寃親，仗[三]此良因，齊登佛域者也。

補闕真言

南無喝羅怛那哆囉夜耶佉羅佉羅摩囉摩囉虎囉吽賀賀蘇怛拏吽潑抹拏娑婆訶

金剛般若波羅蜜經註卷下終

校勘記

[一]「慈」，底本原校疑爲「玆」。

[二]「世」，疑前脱「甚多」二字。

[三]「仗」，底本作「扙」，據文意改。

（劉如東整理）

○二三六

金剛般若波羅蜜經會解[一]

金剛般若經會解序

讀《金剛》一經，使人之意也消，蓋其理玄，其性離，其行無著，其相非相，以是四者更相發明，宛轉反覆，卒歸於無我、人、衆生、壽者而已矣。獨於勸持校量功德，每諄諄焉，即一經之大略也。乃知是般若無上密印，實俾人了悟性空，遺蕩相著，譬之如金剛，如火聚，如吹毛劍，如走盤珠，如捕風繫影，不可控搏，如是而已。世多誦習而知者蓋寡，愚嘗慨斯文言微旨密，喻雖重而非贅，徵屢設而非煩，雖三論之作，彌復難曉，殆似郭象之爲《莊》解也。於是取論以攷經，本經以證頌，論有苛甚者删治之，義有缺如者附益之，合諸論以成一家之言，目曰《會解》，聊述管見，以求正云。噫！使直披其文，猶足以祛鄙吝而釋膠擾，況因解以得論，由論以了經，又豈特意消而已哉？

時嘉定辛未閏月望絶筆　栢庭善月序

校勘記

〔一〕底本據《卍續藏》。

金剛般若波羅蜜經會解卷上

四明沙門栢庭善月述

示論懸釋綱領。

凡四論，一名《金剛般若波羅蜜經論》，三卷，無著菩薩造，隋天竺三藏岌多譯。

○二名同上，三卷，天親菩薩造，元魏三藏菩提流支譯。

○三名《能斷金剛般若波羅蜜多經論》，亦三卷，與上同釋論偈。此不入經，無著菩薩造頌，世親菩薩釋，三藏義淨譯。

〇四經名同上，《破取著不壞假名論》二卷，功德施菩薩造，中天竺沙門地婆訶羅譯，有唐御製序。

論 按無著以七種義句懸釋一經，一種性不斷，二發起行相，三行所住處，此三從別節經。四對治，五不失，六判地，約通明義。七立名。名本在初，論從後立。於中前六顯示菩薩所作究竟，後一成立此經法門，總爲佛種不斷故流行於世。謂依經成立七種義句，復由義句成立般若。復於第三行所住處開一十八住，一發心止十八上求佛地，列名對經如後。又略爲八住亦得滿足，攝文亦足。一攝住，二淨住，三欲住，四離障礙住，攝上住中十二種障。五淨心，六究竟，對經如前住。七廣大，八甚深。通前諸住，各有二義。如初住處說菩薩應生如是心等，此爲廣大。又說若菩薩不住事行於布施，此爲甚深。餘住例說。云云。四對治者，謂於諸住各有二種對治，一邪行，二共見正行。論自釋云，此中見者，謂分別也。若菩薩應生如是心，即初對治。謂對治彼凡夫不能生如是心，是爲邪行對治。又曰生如是心是菩薩邪行，若菩薩有衆生想等，即次對治。謂若生如是心而有執想，是菩薩邪行。若論度生，是亦正行而與見共，故爲共見正行。此分別執菩薩亦應斷，餘住例說。具二對治，始與般若相應。五不失者，謂離二邊，如說福聚非福聚，此遮增益邊，不於如言說中執有自性故。若言是故如來說福聚，此遮損減邊。雖不如彼言辭執有自性，而有可說事，是如來所說故。又若說佛法非佛法者，顯示不失義，是名佛法者，顯示相應義。何者？謂若說佛法有自性，如來則不說是佛法，此即不失義。雖則不說，亦自知其無有自性，即相應義，如是於諸住顯示二義。不失亦云不共，謂不與見共，亦不失之義，後文例爾。六判地者，謂信行地、淨心地、如來地，於中前十六住即信行地，證道住即淨心地，上求佛地住即如來地。此復有六具足、六種淨等，與天親斷疑文開合爾。七立名。文如後引。然於一一示廣大甚深，則般若之體，次顯對治不失，則般若之用。體用既彰，理則相應。相應而後歷位，歷位而後至極，即一經大括包富若此，非論曷知哉？

頌，按義淨三藏論釋云，西域相承云，無著菩薩昔於覩史多天慈氏尊處親受八十行頌，開般若要門云，（或云菩薩入日光定，上升兜率云云。）即此經有頌之由也。

次天親論，（亦曰世親。）文先起例斷疑云，自此下，（即自但應如一所教住下。）一切修多羅示現（猶言顯示。）斷疑。云何生疑？謂不住法行於布施。云何爲佛菩提行布施邪？斷彼疑故，如經云云，訖至後偈，仍以八十行頌參釋。其間有次第生起之相，舊作二十七段釋，（今考其數，亦開合多少不定，如後見。）亦復妙盡經旨，但二譯（魏、唐。）稍殊，有入經不入之異。然入經者，與無著抗行，故經頌兼釋。其不入者，直釋頌文，謂之論釋，猶記云爾，而以頌文爲無著所造，意從傳者言之。（又云阿僧佉菩薩造，蓋無著梵語云。）

○《功德施論》以二諦義統收一經，故文初云，佛所説法，咸歸二諦，一者俗諦，謂諸凡夫乃至如來名義智境業果相屬；二者真諦，謂即諸法都無所得。如説第一義，非智之所行，何況文字，乃至無業無業果是諸聖種性。是故此般若中説不住布施，一切法無相，乃至無來無去等，此真諦也。又説内外世出世間一切法相及諸功德，此建立俗諦也。惟其不出二諦，故題曰《破取著不壞假名論》，一經之旨，盡在於此。觀其文理明白，與前二論雖稍異同，然節節遣疑，似附天親舊解，引用間見一二而已，惜哉！今併取列釋之。

〔會解〕曰，此經有六譯，論列數家。今釋正依秦本，以文簡理順，時所宗尚故也。而論所釋經各隨所譯，大同小異，以彼釋此，不無異同，會釋如後。夫無著、天親内鑑泠然，未始不同，而外適時宜，各權所據，二論所以異也，遂使後人難於適從，兼取則文義齟齬，通會誠難，偏用則理致高深，取舍莫可。據圭峯曰，住一十八處密示階差，斷二十七疑潛通血脉，言則善矣，解釋乖張。《青龍疏》雖復合釋，而石壁非之。至於淨覺取舍或偏，以謂斷疑正釋經義，却以生起附於無著所科，是皆顛倒其説。近代竹庵正依無著，出入天親，尤非通論。今謂彼皆聖師，寧容去取？意其無著先已撰論，後方聞頌，豈可寢論而弗彰？又不應舍頌而獨行，故以授天親而解釋焉。有以見其設心，但在冥搜至理，翼傳聖教，初何彼此之間哉？況天親親承於無著，無著面受於慈尊，源流不雜，必無謬誤。惟無著既盡科節之美，而略於生起，故天親復依頌義通貫一經生起釋疑以詳其説。今得以合之故，一以無著節經，一依天親生起，先列諸論附於經下，次申會解以補其餘，庶不遺聖言，無混凡辭，彰二論之具美，成一家之釋相也。

經《金剛般若波羅蜜經》

論 無著曰，名金剛能斷者有二義，謂金剛者細牢故，細者智因，牢者不可壞故。能斷者，謂般若聞思修所斷，如金剛斷處而斷故。又如畫金剛形，初後闊，中則狹，謂中狹者，即淨心地，初後闊者，謂信行地、如來地，此顯示不共義也。

○餘論無文。

〔會解〕曰，名始於無名，因名以得體，由文字般若而見實相般若，名所以立也。此經從喻法爲名，初二字喻也，據論唯取堅利爲義，謂金剛之性以堅故不壞，雖百鍊不能銷其體，利故能斷，則萬物不能摧其用。世傳可碎者，金剛寶石爾。故《楞伽》有謂如金金剛者，所以别之也。或不知此，混爲一説，誤矣。事如别出。夫堅以譬般若之體無能壞故，利以譬般若之用無所不壞故。抑論明金剛者二義，謂細則微密無間，可譬般若智因，謂牢則堅固不壞，可譬般若果體，但言智因，舉因可以知果也。能斷者亦二義，即初句言法，以三慧爲能斷，次句言喻，以諸妄爲所斷。或兼取金明淨義以喻三般若者，其説猶通。今既依論，宜本論釋。金剛畫形之釋，言中狹者，謂淨心地證唯一道故，初後闊者，謂因該萬行，果備衆德故。而並約菩薩地説，故曰顯示不共義。抑教門有共不共般若，義如常釋。云云。般若等五字，法也。般若本智慧之稱，此不翻者，彰其體尊勝故。若曰智慧，凡世、出世莫非智也，故不足顯今般若之智。波羅蜜亦梵語，正翻到彼岸，或翻度無極、事究竟等，並從義譯，即究竟度無極之彼岸也。其名通前五度，亦惟般若而得名爾。今此言之，重顯般若究竟義也。經如常釋。云云。以是爲名，體極實相，稱是以修，宗於無住，依是而起，用能破相，覽而爲教，通爲般若，是謂摩訶衍乘。融通蕩相之教，一經所詮，無出此理，異是則非也。

經　如是我聞止敷座而坐。

論　無著曰，修多羅身，相續義句，今當説。正謂如是等五事是一經之體，由是義身，般若流行於世，故佛種不斷，此爲相續義句。世尊何故以寂靜威儀而坐？顯示唯寂靜者於法能覺能説故。能覺者理，能説者教，非必定而後説，蓋寂而常照之義。

○天親無文。

○《功德施》曰，如是我聞者，顯示此經是世尊所演，非自所作。一時者，説此經時異餘時故。在舍衛國等説處也，令知此地佛曾游止種福因故。一切經首列衆者何？示現如來大威德故。又結集者證己所傳，無異説故。

〔會解〕曰，一切經首皆作是語，謂之經前五事，或開爲六，謂六成就。所以證信，則曰證信序，亦謂通序，通於諸經，對後別序唯此經故，餘如常釋，亦如前論。爾時世尊下別序也，乞食事本常儀，今以發起無住相施。於其城中次第乞已，還至本處者，此大有義，舊作所表觀行等釋。云云。今別爲一説，城以喻涅槃，涅槃本寂滅之理，始以無出而出，出而知返，故今還入城。乞以喻修道，修道亦本有之事，今以無修而修，所修既極而至於果。果則極性之地，故還至本處，因寄忘緣淨累，安空息迹以示之，此所以收衣鉢、洗足、敷座而坐也。事雖在佛，理宜約凡，所託義顯，抑非虛設也。

經　時長老須菩提止善付囑諸菩薩。

論　無著曰，一種性不斷者，此下正宗。爲顯當得佛種不斷義故。須菩提最初白佛言云云，經言善攝第一者，謂已熟菩薩。佛於成道轉法輪時，以前五義中菩薩法，於七種義句，除判地立名。建立諸菩薩七種大義。如《地持》中說云云。於菩薩所利樂相應，是爲善攝。復由六種義故名第一，謂一時乃至六異相時，謂善攝現未利樂法故。差別者，謂善攝世禪及三乘法異故。高大者，謂攝無有上故。牢固者，法畢竟故。普徧者，徧攝自他故。異相者，於餘未淨菩薩中勝故。言第一付囑者，佛於般涅槃時，亦以五義建立付囑諸已得者，令善攝諸未得者。復有六種因緣，一入處，謂於善友所善付囑故；二法爾，謂菩薩於彼法爾善攝故；三轉教囑餘菩薩，亦當轉攝故。如其次第，則爲不失，爲悲，爲尊重，六種義足，顯示種性不斷也。頌曰：彌勒。

巧護義應知　加彼身同行
不退得未得　是名善付囑

○天親釋曰，魏譯。謂於已熟菩薩身中與智慧力，令成就佛法故，自行。又與教化力攝取衆生故，化他。是即同行義，名爲善護。不退得未得者，謂於未熟菩薩中功德有得未得，懼其退失，付授智者，令得不退故。又爲得不退者，不捨大乘故，未得不退者，欲令勝進故，是名善付囑。

○唐譯以善護爲勝利益，以付囑得委寄，餘文大同。

○《功德施》曰，諸大乘中廣說世尊等功德，須菩提已生淨信，故言希有。護念有二種，謂真實護念，如來攝受令悟也；第一護念，令轉化無量衆生也。何故付囑？爲未見真實者贊喜，當成如來體相故，付諸菩薩，俾其瞻護。此亦有二，爲已生佛法者，令增長故；爲未生者，付之令生故。何因獨贊未見實者？爲憫彼未得勝智，勸誘令進故。

〔會解〕曰，希有之歎發於如來未言之前，其有旨哉？正猶須菩提巖中宴坐，天帝釋空中雨華云云。以彼顯此，旨意合同，是須菩提與如來兩鏡相照，於中熾然演説，故發是歎，良有以也。若置是説，則希有之言只是稱歎之辭。其有二意，一則先已聞佛功德及前所説般若，故有是歎，如前論；一則發起後問以爲言端，謂如來能以是般若護念諸菩薩，令其自行成就故。復以是般若付囑諸菩薩，令其化道具足故。所以爲善爲希有，顯如來之至德，故有應云何住、云何降伏其心之請，冀其必答也。而論約三時及根熟未熟等言者，亦一往對明爾，竟顯善攝付囑遞相轉教，愈彰佛種不斷矣。

經　世尊善男子善女人發阿耨多羅三藐三菩提心止願樂欲聞。

論　無著曰，此下第二發起行相。須菩提問者，有六因緣，一爲斷疑故；如天親斷疑之釋，蓋亦出此。二爲樂福德者，聞多功德，於般若起信解故；三爲已成熟者，入甚深義故；四爲不輕賤者，由貪受持，不退轉故；五爲已得順攝及淨心者，於法得入而生喜故；六爲今、來世正法久住故，亦即般若令佛種不斷故。經言應云何住者，住謂欲願。言欲者正求，願者有所求，故作心思念也。應修行者，謂相應三摩鉢帝故，亦云鉢提三摩提等。無分別定也。應降伏其心者，謂攝伏散亂故。若彼定，心散時，制令還住也。又次第顯三種道，謂攝道、成就道、不失道。於三種菩提唯問發行菩薩乘，以善問故，故稱善哉也。

○二論無文。

○《功德施》曰，謂所護念付囑菩薩，趣向佛乘。應云何住等，住謂於何相果心住願求，修行者當修何行而得其果，降伏者降何等心使因清淨，諸法先因而後果，今何先贊果德，令彼欣求而修因故。諦聽者，心專一境故，善者如理生信，思念者敬持不忘。應如是住等者，如其次第住如是果，修如是行，淨如是心，即因清淨。

〔會解〕曰，空生將申發問，先言菩薩發是心者，蓋凡求佛道，莫不始於是心，終於此道。始於是心者，發行之本也，終於此道者，所期之果也。所以言之，先正其本也。即問應云何住等，謂若發是心，必有所住之地，欲住其住者，無住之理也，豈住相心所能契哉？故必降伏其心。故下文言發心度生，不住於相，正答是問也。魏譯於中加云何修行句，秦本略之。今謂彼各有意，不須和會，但如魏譯，雖謂二外有修，始得相應，故以相應釋行，其於後答，略不相當，似未盡善。如後論。若什譯則謂既住且伏，是即修行，故以答顯問，文義宛齊，則知秦本爲善。佛既印述所問，則曰應如是住等。或謂此二句正示玄要，然以上根達觀，非無此理。蓋如是者，直下指體之辭，於此見得，便是般若之體，不動一絲毫，如是而住，如是降伏其心。無不可者，但釋經之法。不爾，既曰唯然世尊，願樂欲聞，豈空生不能此解？論家不知其理，要當依文解釋，不可別自談玄，使文理不合，故知是二字只是標示所說爾。

論　無著曰，此下第三行所住處訖經有一十八門，第一明發心如經。

經　佛告須菩提諸菩薩摩訶薩止即非菩薩。

論　無著曰，經言所有衆生者，總相說也。若卵生下差別說也，差別有三，謂卵生等受生別，若有色等依止別，若有想等境界所攝別。我皆令入涅槃者，何故願此不可得義？以皆是生所應攝故無過。謂涅槃空是不可得義，凡彼衆生皆應以涅槃攝取，令出生死，故無有過者，亦無過上義。彼卵生等並入願數故，皆令入於涅槃，如卵、濕等微類及非有想等難處。云何亦皆令入涅槃耶？有三因緣故，一難處生者得時故，雖難處生，亦有得度時者，或云待時者。二非難處生未熟令熟故，三已熟者解脱之故。何不直説涅槃而言無餘者？謂與初禪等方便涅槃不別故，彼以自力而得非究竟果故。何不説有餘是共果故？自以宿業，謂與惑業俱。非一向果身，苦有餘故。謂未盡苦果。無有衆生得涅槃者，如菩薩自得涅槃，無別衆生故。若菩薩有衆生相等者，謂於衆生所爲他想轉，非自體想者，則不名菩薩，是以煩惱取衆生等想，轉則有我想。菩薩已斷我見故，於彼不轉，得自行平等相故，信解自他平等。論自注云，行謂五陰行。復次經言菩薩生如是心者，顯示應如是住中欲願也，若菩薩有衆生想，即非菩薩。又曰若起衆生想等，則不名菩薩者，顯示應如是修行相應中及降伏攝散時，無衆生相也，以菩薩於彼時衆生想不轉，如彼相應爾炎所知。相住故，是故無有衆生得涅槃者。頌曰：

廣大第一心　其心不顛倒
利益深心住　此乘功德滿

○天親釋曰，此頌云何菩薩大乘中住，謂菩薩以四種深心故，住大乘中，功德滿足。何等爲四？一廣心，二第一，三常心，四不顛倒。如經生如是心等，廣心也。皆令入無餘涅槃等，第一心也。如是滅度無量衆生等，常心也。謂菩薩取一切衆生如己身故，如是於衆生常不捨離，是名常心。若菩薩起衆生想等，此示遠離依止身見衆生等相故，不顛倒心也。

○唐譯以深心爲意樂，以第一爲最勝，以常心爲至極，餘文大同。

○《功德施》曰，此中顯示菩薩發四種相應心，謂一無邊，二最上，三愛攝，四正智，對經如前。云云。無餘涅槃者，謂了諸法無生性空，永息一切有患諸藴等。云何愛攝？謂慈愛一切衆生同於自己，若入地菩薩無衆生想。又如預流人不起身見，不見有一衆生是我所度。云何云智？謂證真實第一義者，衆生等想決定不生，以般若力，雖皆不可得，以俗諦故而住其心，以大悲故誘度衆生。

〔會解〕曰，據所申問，復別標示，理應判答。而無著初文直釋而已，於復次下始作三義顯示，似於一文具答三義，謂由成就彼欲願故，即住心義，由相應攝散故，不爲衆生想轉，即修行降伏義。文已合釋發心竟，而以次文爲相應行相。天親則以次答三問，文見前後。而先後與今譯異，是皆進退難曉。今謂彼二論一譯，既皆聖師，未易臧否，謂經意多含，各得其理可也。但今依秦本宜從什釋，即初答降伏，次答住心，以標結可知。雖於論頌稍似不同，然住心降伏，其理本通，故亦無甚害。夫住謂住理，伏謂伏妄，兩者相須，而特以先後相成。問顯由住而後降伏，故先於住心。答彰自降伏而後入住，故始於降心。不先降心，無由入理，故答則從是，雖反而順也。所以以度生答降伏，以行施答住心者，

應知發菩提心本於四諦有通有別。通則四諦皆所住理，諦諦之下皆容起惑，故並須降伏。別則依諦起願，故二願下化以度生爲首，二願上求以修道爲先，特寄示其端，不無所以。故寄度生以示降心，則若自若他，皆無我人，寄行施以示住心，則若因若果，皆無住相。然則降伏主於遣相，非謂止於度生，住心主於無住，非謂專於行施，直一往爾。能如是而住者，必能如是降伏，理一而已。但與般若相應，則無不住，無不降伏。要知相應與不相應，亦觀其所住降伏而已，一經始終皆此理也，今更直釋之。經言我皆令入無餘涅槃而滅度者，謂向十類衆生皆當以無餘涅槃寂滅之理而度脱之。無餘之言，近則子果俱盡，且令出於分段三界，謂之無餘，以大教言，其實有餘。遠則皆以如來滅度而滅度之，始可謂究竟無餘。雖如是滅度，而彼衆生本皆寂滅，亦無有得滅度者。論直以同體釋之，

蓋得其一意爾。無量等三亦可配釋上三種差別衆生。何以故？下重徵釋上實無之理，謂一如法界本無我人，故不見有衆生可得度者。若見有之，則有彼此，有彼此，則有我人，非今般若所謂菩薩也。

論　天親曰，自此下説菩薩於大乘中云何修行及降伏其心。

○依秦本即次答住心如經。

經　復次須菩提菩薩於法應無所住止但應如是教住。

論　無著曰，此下第二波羅蜜相應行，及餘住中隨所相應，作五種解釋，一依義，二説相，三攝持，四安立，五顯現。凡諸住處對治爲依義，即彼住處爲説相，有所欲願爲攝持，明第一義爲安立，相應攝散爲顯現。通示。經言菩薩不住於事等，此爲依義，顯示對治住著故。言應行施者，此爲説相，謂六波羅蜜亦攝一切，皆檀那體性故。謂皆以不著爲性。檀那有三，一資生施，二無畏施，三法施，如次對六度。云云。法施三者，若無精進，説法多倦故；若無禪定，染心説法，貪於利養，不忍逼惱故；若無智慧，説即顛倒，有多過故。若具三者，得成法施。又諸波羅蜜有二種果，未來果者，謂檀得大福報，乃至般若得根利悦樂，於大人衆中自在故；現在果者，檀得一切信敬，乃至般若得現法樂等。於中若求未來果者，爲住事行施，如施物得物，果報局少。若經言不住事行於布施等者，果則衆多，不可分別。若求現果者，爲住色、聲、香、味、觸、法。若言不住色等行施者，即説攝持施之欲願。不住行施者，以不住故顯示第一義，不住物等所有事，此爲安立第一義。應如是行施不住相想者，謂相應三昧及攝散時，不住相想，即顯現也。又爲貪福德者，不堪令堪故，即住相以示不住。顯示不住相施，福德甚多，猶如虚空。凡三義故，謂徧一切處，二寬廣，三無盡。云云。頌曰：

檀義攝於六　資生無畏法

此中一二三　名爲修行住
自身及報恩　果報斯不著
護存已不施　防求於異事
調伏彼事中　遠離取相心
及斷種種疑　亦防生成心

○天親釋曰，檀義攝於六者，謂一切波羅蜜皆以檀相義示現故，言資生即檀度當體名也。無畏有二者，謂尸及忍皆亦名檀，於已作未作惡不生怖故。法施有三者，謂精進等不疲倦，善知心如實説故，此即菩薩修行住也。次頌不著自身者，即經言不住於事也。不著報恩者，經言應無所住，即供養恭敬等也。不著果報者，經言不住色等即果報也。何故言護存己等？謂若著自己，則不能施，若求報恩等，則捨佛菩提。此爲異義，爲防護此二，故皆不著。又次頌言調伏彼事者，謂不見施等三事，如經不住相想故。次説布施利益，謂若離施等相想，云何能成施福？爲防如是生疑心故，不住相想，則利益義成就也。

○唐譯曰，爲明此亦咸有施相故。以一攝六，謂財施由一，無畏由二，法施由三，是大菩薩修行之處，如經云云，餘文大同。

○《功德施》曰，法施三者，謂精勤不倦，引諸神通，如無所得，爲人説法，又復爲他開演諸波羅蜜，皆成法施。復次不住事者，依資生施説，於所施財不應受著，愛而行施，心必生苦，或復因施還追悔故。無所住者，依無畏施説，謂菩薩修戒忍時，不應生心，求彼果報。不住色者，依法施説，法施有二果，依六塵境故而亦不住。以菩薩證真實時，法身亦無得故，何況六塵？云何行施因得清淨？謂諸菩薩了第一義施，及施物諸想不生，是即伏心因以清淨。或曰有施等三，可生福聚，三事並忘，福於何有？誤哉斯言！不知第一義故，不住於想，以俗諦故行於布施，如是福聚難可度量，如十方空等。

〔會解〕曰，經明無住相施，而論云波羅蜜相應行，惟其無住，所以相應也，蓋般若以無住爲性，無住而無所不住，故以無住言之，是相皆破，以無所不住言之，是法皆立。是則不住而住，住而不住，不住亦不住。故經初標云應無所住，而末則曰但應如所教住，標釋相顯，則知言住不住，未始不符也。故《大論》云，般若如火聚等，亦以不取而取也。魏譯言不住有三，謂不住事行施、無所住行施、不住色等施，而諸論帖釋云云。今依秦本，其義一爾，即初文標也，謂一切法本皆空相，衆生迷執，認以爲有，隨處生著，故告之以性本無住，令隨順而行，故曰於法應無所住行於布施。言於一切法無住，則一切處皆檀波羅蜜，蓋不特以内外財施而已。故以檀度該三種施，攝餘五度，亦於五度亡相而修，還資無住相施，故曰不住色布施等釋也。謂上於法之言，雖有二財三事二種果報等别，總言不出六塵皆所不住。既不住六塵，則六根五陰界入等法亦不住，不住則與般若種智相應。推是而言，皆如來藏，皆寂靜門。苟契此理，求不住者，了不可得，況六塵乎？故結歸上無住相施，理不應異也。何以故？下再徵釋所以，施必尚乎無住相者，以其福不可思量故也，故曰云云。然則既曰無住相矣，何容更言施福之多？曰各當其理，無得而一也，蓋不明無住，則無以遣著，不明施福，無以引物希嚮。而所謂施福者，豈相之云乎？故特以十方虚空譬之。復宗結答，則曰但應如所教住，即酬向所問，當如所教而住也。又無著以五義通釋，蓋彼釋經，大體文相節目，有如宗因譬等五分論議，亦猶台宗文疏四釋，皆其例也。夫依義者，如言對治住著，是一經文義所依之本。而次説相，則凡所説，必有法相，如言六度等，既不可著於事，當求所謂欲願者以攝持之，即與理俱無住之施也。理不可以正示，故以所非顯其所，是則安立第一義也。若不體其所以，不住亦何由相應，故卒明顯現所以觀照也。凡諸文相皆得約而申之，則其義備也。

疑 天親曰，自此下一切修多羅示現斷疑云何生疑，若不住法行，於布施云何爲佛菩提行布施邪，斷彼疑故如經。

經 須菩提於意云何可以身相見如來不止即見如來。

論 無著曰，此下第三欲得色身住，以依義則顯示對治色身慢故，言相成就者，此爲説相顯示如來色身，故須菩提言不也。乃至凡所有相，皆是妄語，爲成此義，即顯欲願應攝持故，以相成就爲虚妄，顯非相則不虚妄，是爲安立第一義。言如是諸相非相則見如來者，此爲顯現，謂相應三昧時，於彼非相見故。頌曰：

分別有爲體　防彼成就得
三相異體故　離彼是如來

〇天親釋曰，謂若分別有爲體是如來者，則是以有爲相爲第一義。以相成就爲見如來身，爲防彼見，故經云不可以相成就等。以如來者名無爲法身故，説相即非相。偈言三相異體故離彼是如來者，謂彼相成就即非相成就。以三相者異如來體故，若見諸相非相則見如來者，此顯有爲虚妄故。離彼是如來又以相非相相對故，彼生住滅異體不可以得如來法身。此明如來體非有爲，菩薩如是知如來已爲佛菩提行於布施，則是不住法布施也。

〇唐譯曰，此中意説三相之體是遷流故，是故勝相即非勝相，應以勝相非相觀於如來，餘文大同。

〇《功德施》曰，此下皆以問答遣疑持諸正法，須菩提因疑云云。相成就者，是無常故，皆是虚妄。非虚妄者，所謂真實名曰如來，諸相若存，是虚誑矣。應以諸相非相而見如來，即相徵求無所得故。若能遠離衆生希望，乃至法身亦無所得。然能如是行不住施，即於佛身速致圓滿。

斷疑一。

〔會解〕曰，以無住相行施，雖無所求可也，以施而求佛果，謂有住相可也。是果與因似不相當，空生所以疑也。佛言可以身相見如來不者，意發空生非相之答。苟惟非相，則不乖於無住，是以不住因求無相果，孰曰非乎？論言欲得色身住者，以次第義，因必獲果。果有色、法二身，色相非所求，當求法身。而言欲得者，非實願樂，擬問文云爾。若但求色身，彼尚理者，必應起慢，無對治故，故云不也。既曰如來所說身相即非身相，又曰若見諸相非相即見如來，此兩非義，政自不同。初謂非是之非，所以揀之也，所謂凡所有相皆是虛妄是也。次言直彰無相，所以亡之也，是即非相之相是如來相。理而言之，相即非相，非相即相。論意正以相、非相相對，約有爲無爲，彰乎離義，離而後即，斯善見矣。凡所有相四句，本謂如來通該諸法，其理一貫，亦是一經結要之文，但是有相，何適非妄，皆爲所遣可也。至於復宗結旨非相即相，何處不是如來，皆爲所立可也。夫惟皆遣，則一切法異，皆立，則一切法同。既全同全異，亦無遣無立，無遣無立即是真如。真如只是般若異名，一切諸法一而已矣。一亦非一，妙旨斯在。故知此文言簡理盡，非相之相，親見乃知。

疑　天親曰，此下須菩提復生疑致問，向說不住事行施，則因深義，又說如來非有爲體，則果深義未來惡世聞必不信。云何不空說法？文先致問，次斷彼疑，如經。

經　須菩提白佛言世尊頗有衆生止何況非法。

論　無著曰，此下第四爲欲得法身住處。於中二種，一言說法身，二證得法身。今明言說法身故，經言頗有衆生等修多羅章句者，如上說七種義句頗有於此能不顛倒生實相否。若如言執義，則非實相。世尊爲遮此故，於正法欲滅，修行漸滅時，以五義顯示故當生實相，謂一者修行顯示，如經有持戒修福等，即增上等三學，自少欲乃至三摩提等。二者集因，經言已得供養諸佛等，謂一心淨信尚得如是，何況生實想也？三者善友攝持，經言如來悉知悉見等，謂如來於一切衆生所作中知其心，見其身，所依止故。四者攝福德，經言取無量福聚等，謂福正起時，爲生滅時，攝持種子爲取故。五者顯示實想，經言是諸衆生無復我相等，以實想故對治五種邪取，一外道爲我等想轉；二内法凡夫及聲聞爲法想轉；三增上慢菩薩爲無法相轉，雖無法相而猶有取，謂取無法故；四世間有想定；五無想定。爲有想無想轉，是菩薩於彼皆不轉，以其顯了有戒，乃至當生無量福聚故。經言何以故者，是中邪取，但言法及非法相轉，不言餘者，以我想及依止不轉故。我想即初外道等，依止即想無想定，彼根定故，且云不轉，故不言之。然於我想中隨眠煩惱不斷故，則爲有我取故。經言是諸菩薩若取法相，則爲著我取等。此我等想轉中餘義，經猶未説，故復言之。於中取自體相續爲我想，取我所爲衆生想，謂我乃至壽住取爲命想，展轉取餘趣爲人想。又言當生實想者，顯示對治不實想故。此依義也，於此顯示言説法身者説相也。言當生者，欲願攝持也。無復我相等，安立第一義也。不應取法等，於法及非法皆不分別，是爲顯了相應及攝散時也。筏喻法門言法尚應捨者，實想生故，何況非法者，理不應故，此略顯示言説法身不應作不實想也。頌曰：

説因果深義　於彼惡世時
不空以有實　菩薩三德備
修戒於過去　及種諸善根
戒具於諸佛　亦説功德滿
彼壽者及法　遠離於取相
亦説知彼相　依八八義別
差別相續體　不斷至命住
復趣於異道　是我相四種
一切空無物　實有不可説
依言辭而説　是法相四種

彼人依信心　恭敬生實相
聞聲不正取　正説如是取
佛不見果知　願智力現見
求供養恭敬　彼人不能説
彼不住隨順　於法中證智
如人捨船筏　法中義亦然

○天親釋曰，此下凡八偈，初偈爲斷彼疑故，佛答言莫作是説等，故偈謂於惡世時，菩薩具足三德，故能生信心，名不空説。次偈明於過去佛所具持戒等德，故功德亦滿。又經言是諸衆生無復我相等，故有彼壽者及法等三偈，此明佛説般若不斷由具慧故，謂菩薩離壽者及法各四種相，對彼説此，依二四相説八義別。壽等四相偈者，謂見五陰差别一一是我，即我相，見身相續不斷，名衆生相，一期報命乃至命住，名命相，命滅復生六道，名壽者相。及法四相偈者，謂一法相，二非法相，三者相，四者非相。言有可取能取，一切法無故。言無法相，以無物故彼法無我，空實有故，故言亦非無法相。彼空無物而此不可説有無，故言無相。依言辭而説，故言亦非無相。何以故？以於無言處依言相説，是爲法相四種。離是八種相故，説有智慧，如經云云。然言智慧即足，何故復説持戒功德？爲示生信差别相義故。故偈言彼人依信心等，謂彼有持戒等德，乃至如經一念生淨信者，則但聞説而已，不正取義。復有智者不如聲取義，唯隨順第一義智，故言正説如是取能生實相。故經言不應取法者，不如聲取法也。非不取法者，隨順第一義智也。又經言如來悉知悉見者，故偈言佛不見果知等，謂彼持戒等人，如來非見果比知，以願智力現見，故言悉知。然言知便足，何更言見？或謂如來以比智知，故復説見。然言見便足，何更言知？或謂如來以肉眼等見，爲防是故，故如是説。言求供養恭敬者，謂若有人欲得供養，自歎有持戒等德，佛於彼人則不能説，佛自知見以無實故，又言生者能生因故，取者熏修自體果故。若取法相，則爲著我等者，謂但有無明使，無現行麤煩惱，示無我見，而有我取故。栰喻法門，言是法應捨，非捨法者故。偈言彼不住隨等，示修多羅法中證智不住，以得證智捨法故，如到彼岸捨筏也。若隨順彼證智法，是法應取，如未到岸而取筏也。

○唐譯以壽存作壽者想，命根既謝，轉求後有作，更求趣想。又曰，有隨眠性，非有現行執，於一筏喻上而有取捨，故云如來密意宣說。筏喻法門，餘文大同。

○《功德施》曰，後五十歲者，人壽百齡，分爲二分，初分五十教力增强，後漸衰減，名未來世，是爲後五十歲。言持戒者，此復有三，一能離戒，謂離十不善業故；二能作戒，作菩提分業故；三能趣戒，趣第一義諦故。言功德者，謂無貪等及悲智故。智慧者，了知生法二無我故。離八種想者，諦觀諸蘊無有主宰故無我，觀諸蘊無常相續流轉故無衆生想，觀今刹那亦生亦老亦死故無命想。雖諸蘊循環，受諸異趣，於中無人，故無取者想，譬如因質現象，質不至象而有象現。由前蘊故，從蘊續生，前不至後，無取者想亦復如是。離法想者，謂第一義法本不生故無法想，以不生故亦無有滅，故無非法想。法非法分別離故，故無想。此言無想，但顯想無，非謂無法而名非想。雖第一義離一切想，而隨世言說故亦非無想。此謂了知二無我性，由戒善故，能起深信。又言智慧生於實想，一切功德此俱攝故。復以何義言悉知見？令諸菩薩心勇猛故，爲欲開顯一切智故，於諸境界朗然現覺，非如比智見煙知火，非如肉眼見麤近物。若諸菩薩起我等想，因生我執，因於我執，有我我所，復生法非法想，非如土木故。經言不應取法者，捨二邊故。法有性相尚不應取，何況非法本無性相？復次，無分別者，善法如法尚不可取，況不善非法？若善法亦不取者，佛何故說集福資粮？故說如筏喻者，如欲濟川，先須取筏，至彼岸已，捨而去之，如《象脅經》說。若出生死，證涅槃界，愛非愛果，法非法因，一切悉捨。斷疑二。

〔會解〕曰，論言二種法身，一往雖異，言法則同，蓋所證得莫非實相爲法身故。究而言之，離身無法，離法無身，一法二義，是謂如來究竟身法。今此正明言説法身，亦爲下證得作本，故兼言之。經言實信，或云實相實想，能所之異也。信實相者，本當於智，兼言戒福者，論固言之，一爲顯示能信實相差別義故，如天親；二爲此中攝一切功德故，如《功德施》。抑徒有戒福，雖信而不解，但有智慧，雖解未必信。惟三德備而後信解，所謂緣能資了，了能發正是也。今秦本略智者，意以能信章句兼之。經言後五百歲，或言後五十歲，雖通二解，依秦本爲正。以此爲實者，信爲真實之實，非謂實也。知見之言，論釋詳矣。無復我相等，正言能信之本，本於無我，有我則乖於般若，故不能信，所以爲深爲淨。爲得福無量者，由無我故也。然則如來所以知見者，非謂知我，知其無我也。惟見亦然，不唯諸佛於是見衆生，亦將衆生於是見諸佛。是知我相之極，極於無我，無我之極，極於般若。於般若中知見信解，皆由無我，可不究其所自乎？論於是明二種四相。我相四者，或曰我想、有情想、壽者想、更求趣想，又曰我想、衆生想、命想、壽者想，所出不同，名想或異。今依秦本且以我、人、衆生、壽者爲次爲正，偈言壽者等從後舉爾。亦曰四見、四執、四取等，具應有十六我人知見。委如法界，次第依《大論》注釋云云。然皆自陰入界實法起，要以我見爲本，隨所執計，得名不同，四與十六，名相開合。云云。諸論各爲義釋，非不詳盡，今更約常情釋之。然法本無我，認爲主宰者我也，謂我爲人靈，於土木而性不可變，是猶有人者在人也。本四大五陰衆法生，而取爲己有者，衆生也。於無常法保以爲常者，壽者也。準例餘釋亦應可知。次法相四者，魏譯有列有釋，列從先立後蕩，則曰一法相等。釋則從經，如曰無法相，亦非無法相等。凡兩重蕩立，以成四相，雖有前後，理實無違。言有法無者，即相言性也。空實有者，謂空本無物，即性言相，故空相則有也。又言彼空無物，而此不可説有無者，謂彼即相言空，故空自非空。以無物故，相即是空，則相亦非相。對彼説此，不得以有無言之，是相與無相皆空，故言無相。由是言之，初約空有二邊相對，次約空有皆無相對，言説相則義當中道。既四者俱離，是中亦不立，所謂中道不須安是也。今秦本從略，合而言之，但曰無法相，亦無非法相。正約空有雙蕩，的顯中道，則般若破相之旨顯矣。雖各有理，什簡而優。再言何以故下，據無著以破邪取，則順釋其文。天親既彰俱離，則反顯其説。今依秦本直釋，正由上言無復我相，而又曰無法相等，故復追釋反顯之意，謂若心取相者，我相也，有我相則有我取。凡以是取法相及非法相，均不免爲著於我人。

故凡三重遣著，併不出二空而已，謂初則以實從假，即人法空，次以法非法俱相，即性相空，故雙結顯曰，是故不應取法等。既皆不取，則遣無不盡，即中道畢竟空明矣。然則猶存中道，何邪？曰中體本離，故不當遣立。然亦遣者，遣其著情爾。無著明邪取有五者，約實想通破故也。經則唯言法及非法想轉，即内法凡夫二乘上慢等菩薩有著法非法相見故。於是言之，若餘我想等，則外道所著及想無想轉，非所破之要文，置而不言。又曰，然於我想中隨眠不斷者，此復於我想而論麤細，謂已斷現煩惱者，雖無麤想而隨眠不斷，故轉爲我取，取彼法非法想，是亦我想而已。文言隨眠，天親對現行麤惑説，即無明也。所謂此我想轉中餘義，經猶未説是也。此通别進否，文頗難明，因得以申之。筏喻法門，下引喻證也。法非法義，如諸論釋。無非是者，亦可謂非法者，般若也。凡諸法相尚應須離，何況般若而不自離乎？此當克體釋非法也。別譯《楞伽》有此一説，併見於此。

疑　此下爲遮異疑，向説不可以相成就得見如來，何故釋迦得阿耨菩提説名爲佛？復云何説法？爲斷此疑，如經。

經　須菩提於意云何如來得阿耨多羅三藐三菩提邪止即非佛法。

論　無著曰，此下次明證得法身，復有二種，一智相，二福相。智相至得法身者，經言如來得阿耨菩提等，依義顯示，爲翻正覺菩提取故，及攝所説法皆不可得故。言無有定法，即須菩提道佛意也。若言有法可説名菩提者，是爲説相。以世諦故，説有菩提及得者，爲欲願攝持。以方便故，有如佛意，則二俱無，故曰如我解佛所説等。又曰如來所説法皆不可説等者，取謂正聞時，説謂演説時，由説故知説及所説皆不可取，即安立第一義也。非法者，分別性故，非非法者，法無我故。以無爲故得名聖人者，若無分別義，名無爲者，是菩薩以有學得名，即相應攝散時顯了故。若無起無作如來轉依名無爲者，即如來以無學得名，唯第一義無上覺故。次言福相至得法身者，經言若人滿三千世界等，即彼言説法身出生如來福相法身，乃至一四句偈，生福甚多，況復如來所有福相？爲成此義，故言如來阿耨菩提從此出生。以普習十法，行阿含故，十法行未撿。亦由世諦故，言佛出生及得菩提，此二並説名爲佛法，又言佛法即非佛法。復次其所生福勝彼福者，以依義則顯示對治福不生，故言其福即説相言勝彼，即欲願攝持，是福聚即非福聚及非佛法等，並顯安立第一義諦。以隨順無爲得名故，相應攝散，不復顯了。上卷止此。頌曰：

應化非真佛　亦非説法者
説法不二取　無説離言相
受持及説者　不空於福德
福不趣菩提　二能趣菩提
於實名了因　亦爲餘生因

唯獨諸佛法　福成第一體

○天親釋曰，謂佛有三種，一法佛，二報佛，三化佛。今釋迦則化佛，不證菩提，亦不説法，如經無有定法等故。然一向不説邪，爲遮此故，故言説法不二取，謂非不説。但説者聽者不取法非法故，以彼法非法、非非法依真如義説故。非法者，一切法無體相故。非非法者，彼真如無我相實有故。何故言説不言證？謂有説即成證義，若不證者，則不能説，如經一切聖人皆以無爲法得名，謂彼法是説因故，一切聖人依真如法，故能説彼無爲法。復以何義言彼法不可説，況如是取，以遠離言説相，非可説事故。而言一切聖人者，以依真如有分有具故。又經説七寶施福譬喻校量者，顯法雖不可説取而福德不空，故偈云云。言福不趣菩提等者，謂受持、演説二者能趣菩提，如經乃至受持四句偈等。是福德聚文有二義，一積聚義，二進趣義。〔論作聚義有二種文，似未安，亦是文略。應云福聚文有二義，謂聚、非聚。偈亦二義，謂趣、不趣。以偈配經，聚即不趣，趣即非聚，二義而已，故云。〕如人擔重，不能進趣，如是彼福德聚以積重故，於菩提不能進趣，説名爲聚。非福聚者，即二能趣故，於彼福德中勝。所以能趣者，如經一切諸佛菩提皆從此經出生等，故偈言於實名了因，謂菩提者名爲法身，體實無爲。此二於彼能爲了因，雖不作生死因，亦爲餘報、化二佛作菩提因故，是爲唯獨諸佛法。此福能成彼第一不共體故，如是名福德多。

○唐譯又以進趣爲肩義，謂在肩能持故，以此名聚爲肩，却以不能持者，爲非聚義云云。顛倒其説，失理一也。餘文大同。

○《功德施》曰，此明佛證真實，無法可取。言説法者，順俗名言，非第一義，以法非法無所取故，説名菩提。而言諸佛證菩提者，謂無得而得，以菩提無生故，須菩提以密意答言無有少法可得，非於無生而不現證。言不可取不可説者，無能取能説故。無爲者，無所得義。聖人者，見真實義。爲它説者，謂於二諦善能開演，不顛倒故。其福勝彼者，以二門故，謂理及教。教者，經言施中最者所謂法施，餘財施攝故。理者財施，住於生死，法施能成究竟功德故。佛法即非佛法者，謂諸法體性空無所有，此若開顯，是佛法身，見有性者，於法未悟。依此密意，説非佛法。若知法無性覺此名佛，若持此法了無性者，斯名法施。斷疑三。

〔會解〕曰，觀今此文，據論不出福、智二嚴，以二嚴故理性得顯，則至得法身一也。至猶極也，修德之極，必得法身。從能顯説，故曰二種。經言無定法者，空生深領佛意，謂所得所説無決定義，亦不可思議之謂。因自釋曰皆不可取、不可説、非法非非法等，謂是法妙不可以相得，故曰不可取，理不可以言示，故曰不可説，方謂之法，體不可得，方謂非法。相實有故，依真如第一義説，故曰非法非非法。又曰一切賢聖皆以無爲法而有差別，則又覆釋上所説法皆由依無爲法故，其説如是，是即真如異名。而有差別者，非無爲有差別，正言能依者差別爾。魏譯曰得名賢聖者，謂一切賢聖皆以無爲法爲本，而得有淺深，故聖賢之名立，學無學所以異也。偈言應化非真佛，亦非説法者，謂釋迦者，應化也，不可以身相見者，真佛也。二者不可同日而語，此斷疑意也。而曰化佛不證菩提，亦不説法者，一往以法報奪言之，然非不説法得菩提也。但無有定法，故得而非得，説而非説。肇師云，諸相焕目而非形，八音盈耳而非聲是也。抑以三身分別則得菩提者，報佛也，説法者，應身也，無説無得者，法身也。若相即而説，應即法報，故得而非得，法報即應，故無説而説，各有其致，理不可偏。次言福相法身，於中先舉譬校量。言甚多者，於事雖多，校法則劣，故曰是福德即非福德性。是故如來説福德多者，約事順答且云多爾，非福德性以言多。若望次文所校之福，此但福德，不趣菩提，所以秦本特加性字，意爲生下次文，顯持經福勝，所謂二能趣菩提也。何以故下復徵釋所以勝彼之義，以其能生菩提及法身故。今譯從略，但言出，不言生，義兼之也。然所出生者，佛法也。佛法非法，亡之恐其著也。於佛法起見尚應須離，况餘法乎？此非之之言，諸論或以安立第一義釋，或約證悟釋，或以無性等釋，並各有理，詳之可知。

疑　天親曰，向説聖人以無爲法不可取説者，須陀洹等亦取自果如證而説，云何言不可取説也？爲斷此疑，如經。

經　須菩提於意云何須陀洹能作是念止是樂阿蘭那行。

論　無著曰，此下第五爲修道得勝中無慢，又八種住中第四離障礙住。凡十二障，謂一慢，二無慢而少聞，三雖多聞而小攀緣作念修道，乃至十一雖具資粮而不自攝，十二雖自攝而無教授。第一爲離慢故者，經言須陀洹等，此以依義顯示對治我得慢故，謂若須陀洹等作念得果，即有我想，我想即慢，非謂無慢，而有四果名相之異。此爲説相，若顯示無慢，即欲顯攝持。言實無有法等，是爲安立第一義。以實無所行故，顯無諍行。及離欲者，此以已證令彼信故，爲顯現相應行也。文仍作安立第一義者，誤。頌曰：

不可取及説　自果不取故
依彼善吉者　説離二種障

〇天親釋曰，謂以斷疑成彼不可説取故，聖人以無爲法得名故，不取六塵，名須陀洹，又名逆流。於六塵不入故，乃至阿羅漢不取一法，是爲不取自果，非不取無爲法以爲自證。若起如是心，謂我能得果等，即有使煩惱在，非現行煩惱，於彼證時已離我取故，何故須菩提自歎身得受記證果説無諍行？爲於彼中明勝功德生深信故。而實無所行者，謂依善吉説離二種障故，一者煩惱障，二者三昧障。離彼二障，故無所行。

〇唐譯曰，無爲之法，體不可取，爲此聖人

於自果不取不説。若作是念者，意説有隨眠惑，非是現行故，非彼證現觀之時有我等執。餘文大同。

○《功德施》曰，若所證無性者，四聖果云何得成？不見世間無物有果，爲遣此疑，經曰須陀洹等四果名相。云云。如是四人皆不作念我能得果，以於證時無所得故，故曰實無有法等。若作是念，有我等取，離身見者，無彼取故，故以無爲説名聖人。無爲相者，空性相義，須菩提述己所證無如是念。若行於無諍，不悟即空，如來不應贊言。第一諍者，所謂煩惱、離彼煩惱，名無諍定。斷疑四。

〔會解〕曰，此章名爲修道得勝中無慢者，夫修道必志於得果，得果則或勝心隨之。以己之得輕彼不得之謂慢，於是起慢，我見不忘，則見與果皆非故，必無慢然後爲得，所以明離慢也。若約斷疑云者，既曰不也，則是不作是念以取自果，況當起慢，故無違於不可取説也。經本示菩薩離慢，而以小果言者，蓋寄小明大，若彼當分，未必能忘。今此言者，亦般若意在淘汰融通小執，故假須菩提以發之，使彼聞而無著，則一言而兩得矣。須陀洹名爲入流，又曰而無所入者，釋所以不取之義，謂證初果預於聖流故。入者，入無所入，又入此者，必不入於彼。了知六塵皆不可得，故無可入。不同凡夫實有涉入故，亦得謂之逆流也。斯陀含名一往來，以其欲思九品，前六品盡，而餘三猶在，故須一來方得三果，三果所以名不來也。此來不來等約事雖爾，以彼所證空理了無來去，故皆以無言三果合云而實無不來。今本略者，不無其旨，蓋無字已當於理，若更云不來，則似煩重。然但云來，映帶前文，則不來可知。略意在此，至阿羅漢此當無學。獨言道者，道則因義，爲讓究竟極果無學故也，是亦譯者之意。實無所有，名阿羅漢，則無學之至者，若作是念，即著我人者，文應例言之，反以言著顯其不著，不著則無得矣。又曰我得無諍三昧者，須菩提自述佛印也，意則以己證彼，亦顯無得而得。雖然，使空生以爲己能，則是起諍，非無諍也。阿蘭那行與前無諍，華梵互見爾。要皆以無得無行爲本，使後之人於一切法亦皆無行無得，則我即空生，空生即我，夫豈有古今聖凡之間哉？

疑　天親曰，復有疑，釋迦昔於然燈佛所受法得記，云何而言彼法不可説不可取等？又《功德施》曰，若預流等不得自果，云何世尊遇然燈佛獲無生忍？爲遣此疑，如經。

經　佛告須菩提：於意云何？如來昔在然燈佛所止實無所得。

論　無著曰，此下第六爲不離佛出時亦爲離少聞障故，謂彼佛出世承事供養，則有法可取，離此分別故，依義等釋，例前可知。頌曰：

佛於然燈語　不取理實智
以是真實義　成彼無取説

〇天親釋曰，爲斷疑故，如經云云，謂如來於然燈佛所，言語所説不取證法，顯彼證智不可取説。

〇唐譯大同。

〇《功德施》曰，此文顯示昔遇然燈佛時，以悟無生生法可取。言獲忍者，以俗諦故，如説得菩提者，謂無所得。復有經説，我坐道場，無得而起。又曰，我所有法，皆不可得。或曰，言語不能取證法非智不取，此説違經。經説第一義非智之所行，何況文字故？復次，智所知境，名所詮境，是二差別，智之所證，名初不行，何義須説語不能取？復次，餘經中説，於然燈佛所得無生智，不取於法。如彼經言，菩薩有四，謂初發心見色相如來、修行菩薩見功德成就如來、不退菩薩見法身如來，一生補處，非前三見。彼菩薩以淨慧眼而觀察故，不復是見。見非見是二邊，遠離二邊，是即見佛，亦見自身。見清淨故，一切法皆清淨。我如是見，然燈如來得無生忍，證無得無所得理，乃至不住一切識之境界，得六萬三昧，然燈如來即授我記。是授記聲不至於耳等，顯是智證而無所取，是心法而非語法，當知此中說智之境界。云何餘師固謂遮語？斷疑五。

〔會解〕曰，前既以果疑因，此復以因疑果，如《功德施》言疑意是也，天親所述則成以果疑法。經言於法實無所得者，示授記時所證境界，極言其理未必空生能到，由佛力故得以言之。既曰無得，則凡可以言示者，皆有得者也。若無所得，則不容言，尚何措心擬議於其間哉？所以維摩唯一默然示不二法門者以此。論舉或者之言曰，言語不能取證法非智不取，謂此說違經。又曰智所證言所詮此二差別者，是則言智證可也，言取則不可。抑不知智有分別之智，有無相之智，而言亦有可有否，如以離性得義之言，雖以語言示證可也。故知法無定論，唯義所適。又如彼經明見佛有四，後一則見佛之極，過此無見可論，可謂妙盡其理也。云何餘師固謂遮語者？斥彼以凡所非，皆爲遣著之語，曾不知是言智之境界。無著以此爲不離佛出時及離少聞障者，由值佛故，獲無所得智。是即多聞，離少聞障，所謂若知如來常不說法，是名多聞，反顯有所得者爲少聞矣。

疑　天親曰，若聖人以無爲法得名是法不可取者，云何菩薩取莊嚴佛土及受樂報？佛取自法王身，復云何餘世間取彼是法王之身？爲斷此疑，如經。

經　須菩提於意云何菩薩莊嚴佛土不止應無所住而生其心。

論　無著曰，此下第七爲願淨佛土亦離，雖得多聞，而小攀緣作念修道障，故經云云，謂若念嚴淨佛土者，則於色等事分別味著。爲離此故，言應生如是清淨心等。頌曰：

智習唯識通　如是取淨土

非形第一體　非莊嚴莊嚴

〇天親釋曰，諸佛本無莊嚴國土事，唯真實智慧習識通達，非彼土有可取相。若人取彼國土言我成就者，是菩薩不實說，如經云云，故偈言非形第一體等。言莊嚴有二種，一者形相，二者第一義相。今從次義，故說非莊嚴莊嚴。又非莊嚴者，無有形相，以諸功德非嚴而嚴，即第一義莊嚴。若分別佛土是有爲形相者，則是住於色等境界。爲遮此故，應如是生清淨心等。

〇唐譯曰，從諸佛淨智所流，唯識所現，此則不能有所執取。

〇《功德施》曰，衆妙珍奇，悦可於心，名爲莊嚴，則有色等體相。第一義中斯不可得，説非莊嚴，而依俗諦以智成就，是名莊嚴。言不應生有住心者，凡作我成就有住之心不應生故。不應住色生心者，於色等果不應求故。應無所住而生其心者，應生以智成就不住之心也。斷疑六。

〔會解〕曰，菩薩取果人之土，諸佛感因行之修，與物結緣，嚴淨佛國，斯佛菩薩常理也。維摩明佛國因果非不詳著，而此特亡之，何也？曰亡之立之，各有其理。彼爲明佛國因果，顯不思議之宗，故須立法以成其行。此因言不可說取，示無定法之義，故須遣著以彰其智。然亡之不無其照，立之不無其遣，故一亡一照，爲言不同，一遣一立，其致一也。使不相成濟，亦不足爲今取土極致也。夫台宗一家，明土有四，曰同居，曰方便，曰實報，曰寂光。云云。今此言者，文因承上果證而來，又疑菩薩所取之土，極唯從理，正當寂光，故曰無形第一體非莊嚴莊嚴。教門則曰寂光理土，端醜斯亡，無能莊嚴，無所莊嚴，即其義也。然以非嚴而嚴，亦得謂之究竟報土。以土例身，則受樂報佛，義適相當。而言智習唯識通者，智謂真智無著，習則熏本修習，識則唯心無外，具足三者，乃能通達究竟理土，故曰如是取淨土等。

《淨名記》釋謂四智和合爲集，識轉爲智名通，是應以習爲集，亦一説也。於是結顯無住，則曰應如是生清淨心，謂雖生心嚴土而不住於相，亦不取而取。不住六塵而生其心，文與前同，而意則異。云云。夫唯如是，復何攀緣作意之有？而特以小言者，謂小有是念，則乖理體，亦異乎六塵攀緣故也。正恐初心淺行有是障故，防離云爾。抑兩論意别，固不可同日語也。

疑　如前，云何受樂報佛云云，如經。

經　須菩提譬如有人身如須彌山王止是名大身。

論　無著曰，此下第八爲成熟衆生，亦離捨衆生障故。如彼阿脩羅王等大身，量如須彌，尚不應見其自體，何況餘者？如來説爲非身者，顯示法無我故。無生無作以爲自性，與相差别故。頌曰：

如山王無取　受報亦復然
遠離於諸漏　及有爲法故

○天親釋曰，爲斷疑故，説彼受樂報佛，體同須彌山王，鏡象之義，故言如山王。無取等謂勢力高遠，故名爲山王。以無分别，故而不自取，受樂報佛，得無上法王體，以分别亡故。不取自相亦復如是，故説非身名爲大身。以遠離諸漏則無有物，唯有清淨妙身而不依它緣住，故曰遠離於有漏等。上卷止此。

○唐譯云云。

○《功德施》曰，此喻顯示自在之身如須彌山，由共業力，雖無分别而生大體。如來亦爾，於無量劫修諸福行，雖獲大身，不由分别，以第一義中山及色身無體性故，是形相者皆有爲故，如佛説非身是名大身，非謂有身名大身也。斷疑七。

〔會解〕曰，此章以諸論對釋，文相絶異，今謂各有其理。無著約當文釋義，故以成熟衆生言之，亦是捨離衆生障，蓋左右之異。經言大身，即欲界衆生中舉其大者，有如阿修羅等。意則菩薩雖爲成熟衆生，而不見衆生相，亦如現彼大身尚不見其身，況其餘者？又曰佛説非身是名大身，此應知有事理，以事還是言彼大身，出於變化，不有自體，故能如是之大。若實有是體，使復有大者形之，則體亦小矣。以理則顯示成熟衆生，令其證法無我，以彼體非體，了無生無作，説非身之身，故曰顯示自性與相差別。言自性則非身之身，與上大身相異也。天親取承上斷疑，故不取自法王體，有如山王無分別義，謂雖有大身而非大身，釋上無爲不可取之疑。而言非身者，謂以所非言之，則非有爲有漏身，所謂遠離有漏等是也。以克體亡相言之，則相而非相，即非相名大身，所謂以第一義故山及色身俱無體相是也。然以三身分別，既曰受樂報，佛即報身也。故教門以證非身爲勝，的據是文，誠得其當也。或者又以涅槃百非之身證非身爲劣者，曾不知彼約所非之身，還是以身爲劣，以能非者爲勝，其義宛順也。此殆自昔莫決之論，苟得今能所義，其旨判然矣。

〇從第三至此往復折徵，凡五釋疑，並顯不可取説，無有定法之義。其理既窮，無可疑者，則復舉沙數恒河世界七寶施福以爲校量，顯其福勝。此下文凡四段。如經云云。

經　須菩提如恒河中所有沙數止如來無所説。

論　無著曰，此下第九爲遠離隨順外論散亂。依離障中，其名大同，故經説四種因緣顯此法勝，謂一攝福德，二天等供養，三難作，四起如來等念，對經。云云。於中言説者，爲它直説，或教授它，顯示此法勝異對治樂彼外論散亂等過。或於中起如言執，對治彼未來罪，故説般若即非般若，亦顯無有餘法如來説者，故言如來有所説法不。此則顯示自相及平等相第一義法門也。頌曰：

説多義差別　亦成勝校量

後福過於前　故重説勝喻

○天親釋曰，前已說多福德譬，此復說無量世界譬者，爲漸化衆生，令生信心上妙義故。又前未顯以何功德能得菩提，故以此譬成彼功德。餘文入後段釋。

○唐譯大同。上卷止此。

○《功德施論》文目此下作十三種因示之門合不同，併出四段後。云云。

〔會解〕曰，文本重舉廣譬，校量持經之福。而論言遠離外論散亂者，亦由上明成熟衆生，則必菩薩出以爲物，而尚居信行，或不免隨外論散亂，如前邪取之論及定心時馳散外境，故須内不失照，無散亂之非，外順物機，無邪取之僻，使内外不失其宜，如是受持四句偈等，無它人說，則其福勝前施福，果不虚矣。故經先明所校之本，次說持經福勝，隨說經處爲人天等供養，如佛塔無異。況盡能受持成就最上希有之法，則作所難作，是應作念，隨經典所在處，若如來無二，以法即是佛，佛即是衆，亦是尊重弟子，如須菩提等所在。一體三寶，文見於此。《法華》云，若人信汝所說，則爲見我，亦見於汝及比丘僧，即其義焉。又曰，如言執義，爲對治彼未來罪者。然般若雖勝，執之則乖，因執成妄，起未來罪，故須菩提於是問名，如來於是勸持而復遣之，故曰佛說般若等。夫非之云者，所以對治如言之執。然則般若信非般若，而亦有餘法可說乎？則曰如來無所說。苟無所說，則餘法亦般若，是爲顯示般若自相及一切法皆般若，則平等相也。如是法門即第一義。

經　須菩提於意云何三千大千世界止是名世界。

論　無著曰，此下第十明色及衆生身摶取中觀破相應行，亦爲離影象相自在中無巧便故。經言三千世界，彼不限量攀緣作意，言菩薩恒於世界攀緣作意修習，於中爲破色身影象相故，顯示二種方便，一者細作方便，如世界所有微塵等；

二不念方便，如經諸微塵如來説非微塵等。又經言世界非世界者，顯衆生世界也。但以名身名爲衆生，不念名身方便，是即顯示，故不復説彼細作方便也。

經　佛言須菩提於意云何可以三十二相見如來不止是名三十二相。

論　無著曰，此下第十一明供養給侍如來，亦爲離不具福德資粮障故，如經云云。爲成福資粮故，親近供養，不應以相見如來，應見第一義法身也。頌曰：

尊重於二處　因習證大體

彼因習煩惱　此降伏染福

〇天親釋曰，云何成彼福勝？謂二處者，一所説處，二能説人。於此二處生尊重故，非前七寶等施福。以此法門能與諸佛證法作勝因故，如經言如來無所説法等，謂是證法非獨如來無所説，餘佛亦如是説故。彼珍寶布施是煩惱因，成就彼染事故，此因示現遠離煩惱，故説地塵喻。以體是無記，非貪等煩惱，則此福爲近能降伏。勝也。彼施福染因，何況此持經福能成菩提及於成就相福中勝，以彼相福，於佛菩提爲非相故，亦非法身，故知此福復勝於彼，則最近最勝。

〇唐譯曰，由劣亦勝故者，謂外塵雖是無記，彼福縱善，方之亦劣。又彼相業比今福因，是亦爲劣，望彼施福猶勝過故，是劣亦勝也，況法身因而不超越。餘文大同。云云。

〔會解〕曰，經明世界微塵多而非多，二論各爲説不同，無著謂觀破色及衆生身，摶取顯相應行義，則是以外塵非塵例破色身和合離身影象障，言影象則無實之義。自在中無巧便者，謂有色則有礙，了影象無實，則自在矣。使無巧便，亦不能離與般若相應故。初明外塵雖多而無實，以例内身和合而虛假。彼不限量攀緣作意者，謂彼地塵初不限量塵之多少及攀緣作意，而菩薩自於世界言塵數多，緣於外塵作意修習，是還承上文爲次也。破色身中顯示二種方便者，謂一以微細末塵作方便，二以不取念著作方便，並如經。以是滅彼影象，則色身忘矣。二以世界非世界破衆生假名，由名身易破故，但用其一，不用其二也。天親則謂由上施福是煩惱因，故説地塵爲遠離因，意以外塵性是無記，非煩惱體，異彼施福是染因故，以顯持經福德。不唯非煩惱因，而又能成菩提，是則施福爲下塵性，次之持經福則至矣。次章言可以三十二相見如來不者，依無著以不具福德資粮故，應見如來，當以法見，而不應以相見也。天親還依校量福勝故，以彼相於佛菩提則爲非相理，各有當無，得而一也。

經　須菩提若有善男子善女人止是名第一波羅蜜。

論　無著曰，此下第十二遠離利養疲乏熱惱不起精進故，亦爲離懈怠利養等樂味障故，如經明捨爾許身所有之福故發起精進。經言若復有人等，即是以清淨心生於實相。若實生如是想，則爲於實相有分別。爲離此過故，復言是實相者即是非相等。又經言我今得聞等者，爲令於味著利養懈怠者生慚愧故。説於來世正法滅時，尚有菩薩於此法門而能信受，無人取、法取等見，云何汝等遠離修行？故經言此人無我相等，示無人取也。又曰我相即是非相等，示無法取也。離一切相即名諸佛者，示順學相也。佛離一切相故，我等亦應離之。此並爲離退失精進故。言不驚不怖者，於聲聞乘説有法及空而已。今於此經聞法無有故驚，聞空無有故怖，於二不有理中不能相應故畏，以驚畏故不能發起精進，若不驚等則反是也。又聞若相若生及第一義三種皆無自性，故不驚等。如來説第一波羅蜜者，一爲顯此法勝上令生慚愧處故，二以於餘波羅蜜中勝故，三示一切諸佛同説故，故名第一。頌曰：

苦身勝於彼　希有及上義

彼智岸難量　亦不同餘法

堅實解深義　勝餘修多羅
大因及清淨　福中勝福德

〇天親釋曰，此不重明福勝，謂捐捨身命重於資生珍寶等施，而此福復勝於彼。何以故？彼捨苦身，不如爲法念彼身苦故捨，須菩提以重法故悲泣而言。凡七義明勝，謂一希有等，雖有慧眼，昔未曾聞，故言希有。一。般若智岸無人能量，故名第一，即上義也。二。以有實相異餘非實，故名不同。三。以思量修習不起我等相故，堅實深妙。四。不起我等相者，示所取境界不倒故，我相即是非相者，示能取境界不倒故。亦二無我智不驚等者，謂於非處生懼曰驚，如非正道行故。以不能無疑心故曰怖，一向驚怖恐其墮故曰畏，若能遠離則曰不驚等。又此法門勝餘修多羅。五。是第一故，名爲大因。六。諸佛所共説故，名爲清淨。七。並如經云云。

〇唐譯釋義大同。云云。

〇《功德施》曰，復次，如恒河中下顯示受持正法，其福甚多。凡十三義，謂處可恭敬故、人可尊崇故、一切勝因故、彼義無上故、越内外多故、勝佛色因故、超内施福故、同佛出現故、希能信解故、難有修行故、信修果大故、信解成就故、威力無上故。何故殷勤説此諸因相耶？以諸衆生行資生施，求財位果，不持正法，斷諸苦因故，故顯示此處可恭敬等，一一對經。云云。言不驚等者，謂於諸法無生無和合相，無有決定信解成就故，亦於聞思修時心安不動故也。

〔會解〕曰，自初文至此，以無著則文爲四住，以天親則一喻二處及七勝義，以《功德施》則十三種因。雖開合不同，其爲校量福勝，顯持經德用一也。言其福不出有三，謂七寶施福、内財施福、持説經福。是三者，一爲所校，二爲能校，以其所顯則持經爲㝡，此其大略也。然以七寶施福而有廣狹，如前但舉大千世界狹也，此舉恒沙世界廣也。内財施福而有兼但，如直捨身命，但也，爲法而捨，兼也。持説經福亦有分具及淺深等，如持説一四句偈等，分也，盡能受持等，具也。前以大千七寶所校者，淺也，以恒沙世界七寶所校者，深也。如其次第一一迭論，則初譬爲劣，以其聞者未能深契故，所校則淺，次譬當斷疑之後聞解既勝故，所校則深。以持經福超内財施者，據但者言，亦次第然也。二往言之，爲法而捨内財者，復勝於後，以事理兼行故也。初譬雖劣，而能成立施因，苟不以住相，則持經之福何以加此？經又以地塵喻非煩惱因，得同於勝福。三十二相本是相業，反劣於持經，故知苟有分别，雖相而非，苟無分别，雖塵亦是，但在其心，不在事福也。復次須菩提隨説是經下，言持説有分具也。既曰隨説，則一四句據極少言，不局一文一偈而已。文本正宗，而便問名請持者，一經大旨槩盡於此。後諸文義敷唱厥旨，亦不乖隔一經大體，況所言者般若之實，故繼之問名宜也。名必有義，則後諸所説般若之義也，故説般若波羅蜜者，所説之本也，即非般若等，約二諦以結顯也。二諦既彰，中道可知，則三智之道備矣。三智者，理也，因理以及教，則曰如來有所説法不。須菩提復承佛力而言之曰如來無所説，夫無所説者，是真般若也。然於説處無説是説，即般若無説而無所不説，則因理以及事，故曰三千大千世界所有微塵等。是世界微塵者，般若之事也。惟其皆般若故，則曰諸微塵如來説非微塵等。然則教理及事皆因也，因因以及果，則又曰可以三十二相見如來不，亦曰不也。不則彰其非相是如來之相，亦般若而已矣。夫惟般若徧攝一切法，而一切法即般若。持是經者，何福以非之？於是舉捨恒沙身命以校其福，則又進一等。無著以此下文爲遠離利養疲乏者，不出違、順二障。由前福德資粮有具不具，具則有利養等障，不具則有疲乏等障。非極言校量之福，則不足以發起大精進故，時須菩提聞法深解，喜不自勝而至於泣，則其感悟可知。且曰所得慧眼未曾得聞者，夫昔所得慧眼直空智而已，非所以兼亡自性之至空也。所以聞之者因心生信，因信入理，理固本然，要由信得，故曰信心清淨則生實相，生則得也，實相則理也，信之曰實信，觀之曰實想，性之曰實相，理一而已。所以成就聞解功德第一希有者，以其至空也。有則有法得以擬之，非無相也，故曰是實相者則是非相，不見有一相者，名爲實相。我今得聞等者，復以正法末世校其難易。佛世爲易者，以其根利障輕故無我人等相，則信解爲易，末世反是，信之爲難。然有信解則爲希有，所以進之也。雖然而我人等相亦本非相，未始離於般若，苟能體之，復何難之有？故曰我相即是非相等。又曰離一切諸相則名諸佛，是復以佛能離相勉彼聞者，所以實上希有之義。如來印之，則曰如是如是不驚等言，亦領上信解受持一句，即信故不驚，解故不怖，勇於受持故不畏。上以無我相等釋希在[一]，此以説第一波羅蜜釋之，蓋相成顯爾。而曰非第一波羅蜜者，亦上兼亡自性之謂也。

校勘記

[一]「在」，底本原校疑爲「有」。

金剛般若波羅蜜經會解卷下

疑 天親曰，向説捨身是苦身果報，故彼福是劣。若依此法門，説諸菩薩行於苦行，云何不成苦果？爲斷此疑，如經。

經 須菩提忍辱波羅蜜止見種種色。

論 無著曰，此下第十三明忍苦，爲離不能忍苦障故。於中有二，一能忍，二離不能忍。能忍有三，一如所能忍，謂達法無我故，如經説非忍辱等。二者忍相，謂他於己起惡時，由無我等相故，不生瞋恨，亦不於忍中及非波羅蜜生有無想，如經我昔爲歌利王等。三者種類忍，又二，一極苦忍，如經節節支解等；二相續忍，如經又念過去於五百世等。二離不能忍者，不忍因緣有三，一流轉苦，二衆生相違苦，三乏受用苦，如經應離一切相發菩提心，顯示菩薩以三種苦故不能發心，故說對治應離流轉等苦。若不著色身，則不見有諸苦相，故菩提心生。又曰菩薩爲利益一切衆生者，此爲對治相違苦。由不能無衆生想，故相違時即生疲乏。今顯示人法無我故，尚爲一切衆生行施。云何於彼而生瞋心？言如來是真語等，欲令信佛語故能忍。於中真語者顯世諦相，實語者顯依世諦修行有煩惱清淨相，如語者即第一義諦相，不異語者依第一義修行無（文誤作有。）煩惱清淨相。爲遣如言起執故，故說如來所得法無實無虛。無實者，如言說相非有故。無虛者，不如言說自性有故。譬如有人入闇者，示乏受用苦對治。若爲果報布施，則著於事，於彼喜樂等受不解出離，猶如入暗，不知所趣。若不著事行施，如得日光，見種種色，隨意所趣也。頌曰：

能忍於苦行　以苦行有善
彼福不可量　如是寂勝義
離我及恚相　實無於苦惱
共樂有慈悲　如是苦行果
爲不捨心起　修行及堅固
爲忍波羅蜜　習彼能學心
修行利衆生　如是因當識
衆生及事相　遠離亦應知
假名及陰事　如來離彼相
諸佛無彼二　以見實法故

○天親釋曰，謂此雖苦行同於苦果而不疲乏，以有忍波羅蜜故。謂彼岸有二義，一者清淨善根體故，二者功德不可量故。而言即非者，無人知彼功德岸故，是爲得第一法。此苦行勝彼捨身，以離我等瞋恚相，不但無苦，兼亦得樂。以有慈悲故，我於爾時無我相等，此明慈悲心相應故。若不離我相，即彼菩薩見苦行苦，欲捨菩提，故説應離一切相，此爲未發心者防此過故。頌言爲不捨心起等者，謂爲何等心不捨菩提，起修行相故。言爲忍等即第一義心，已入初地得羼提故，是名不住心。如經應離一切相，若心住色等，則不住佛菩提。此明不住心行施，即起行方便，以檀攝六故。云何爲利衆生而不住衆生事？故言説一切諸相即是非相。頌言修行利衆生等，謂利益是因體，故當如是而識，亦應不取衆生相事故。頌言假名及陰事等，謂衆生假名及彼陰事皆非相故，即衆生非衆生，以皆無實故。如是明人法無我，遠離一切相，故言諸佛無彼二，以見實法故。若彼二實有者，佛應有二相，以如來實見故二相非有。

○唐譯大同。

○《功德施》曰，若一切佛法中般若爲上者，何用勤苦行餘度邪？爲此顯示般若亦攝餘度。經言非波羅蜜者，離分別心故。我昔爲歌利王等者，謂若有我等想，它來犯己，必生瞋恨。若無分別，是思癡心，癡心作因，瞋念還起，孰能不校？以不校故，證知無想。亦非無想者，謂非愚癡之無想，不能觀察應作不應作故，亦是離於想無想染著分別，此言一時而已。復欲顯示餘時攝持故，則曰又念過去等，謂於往昔已斷我想，皆由般若攝持力故，亦攝菩提，故言菩薩應離一切想等。以離諸想得菩提故，又言不應住色生心者，應以無所住心而住菩提故。言如是住者，即爲非住，不出二諦故。經言不住色布施，攝持餘度者，三施攝六已如前説。檀離三事，即是般若，餘攝五度，其義亦成。又五度若離般若，如闕目無導，復爲顯示彼方便故。言爲利益衆生者，或念若不住法而行布施，云何利益衆生？故言一切衆生想即非想，亦依二諦説故，謂衆生異陰即陰，第一義中皆不可得。此顯遠離智及所知二種分別皆無性故，如來證了，諸想永除。斷疑八，上卷止此。

〔會解〕曰，此明忍度文一也。而所以釋者三，或作能忍苦事釋，或謂雖行苦行而不以爲苦釋，或作般若攝持五度釋，所以於苦能忍。以其達苦無苦不得而惱，亦忍無忍相，安之而已。苟爲無本，則强忍爾。夫達苦無苦者，謂無我人等相故。雖隨順行於苦行而不以爲苦，方且慈悲樂而行之，其不以爲苦果明矣，非住般若其能至是哉？故知由般若故攝餘五度，所以行於五度，無非般若，故從本言之，謂皆般若可也。從行别攝，亦謂五度，而實三説，其趣一也。如前離違順二障可謂難矣，而能離所不能忍，復難於是，故次明忍辱。又前捨内身，若不離相安忍，則不能成捨身等事，故明忍所以離障，是亦承上言也。抑於怨親有所礙者，則不能發菩提心，故引往怨害所以資發也，故曰菩薩應離一切相等。言不應住色生心者，前以明無相施，此以成忍辱，言雖同而意别。又曰若心有住則爲非住者，言此心不可以有住也，有住則非所以住般若，故以非住反責住心，與前無住釋住蓋亦相顯爾。是故佛説菩薩心等，以前無住相文結顯而已。使爲利生而行施者，則不復於衆生起瞋恨心。是即布施爲忍辱，理無二也。以其了達相即非相，故曰如來説一切諸相即是非相。推㈡相非相以及衆生者，亦以其理一也。惟其理一，則不見有衆生爲可瞋害，亦不見我爲瞋害者，是我與衆生平等一相，無非般若。終始一章，皆成此理。

疑　天親曰，此中有疑，於證果中無道，云何於彼果能作因？爲斷此疑，如經。

經　須菩提，如來是真語者。如前引。

論　無著文如上云云。頌曰：

果雖不住道　而道能爲因
以諸佛實語　彼智有四種
實智及小乘　説摩訶衍法

及一切授記　以不虚説故
隨順彼實智　説不實不虚
如聞聲取證　對治如是説

○天親釋曰，謂彼境有四故，如來説四種語，以實智不妄説佛菩提，即真語，不妄説小乘四諦，即實語，不妄説大乘法無我真如理故，即如語，不妄説授記事，如彼三世不差故，即不異語。經言如來所得法無實無虚者，故偈言隨順彼實智等，謂諸佛所説法不能得彼實證如所聞聲，無如此義故無實，而隨順彼證法，亦得實智故無虚。言如來所得法者，以依文字説故。既曰如來是真語者，復言無實無虚，故曰如聞聲取證等。

○唐譯曰，然諸如來與真見相應故，果不住因，如何得見是彼果之因？故答如經，餘文大同。

○《功德施》曰，佛離一切想，證法無性，世間以何而信知耶？故曰如來是真語等，謂以四語故能顯證實離想。如世間求名利者，於上人法未證言證，佛異彼故説真語。復有情多矯妄，言先得神通，離是故説實語。又有得世間定者，心暫不生，言我證涅槃，離此謬故説如語。此取如是義，非隨如之義。云云。若諸凡夫於乾城等作城等取著，是名異如。佛證不誑性，故名不異如語。復次，真等亦如次對四諦，云云。如來證知，是以能説，説而不知，無是處故。或念佛離一切想，云何言八正道是實，入水火等爲妄？則有分別，故言無實無妄。又如來證第一義，説性本無生，無生故不有，云何名實？既無生則無滅，是故非妄。非實非妄，於何生分別想？但所説文字性是有爲故非實，依而證實故非妄。斷疑九。

〔會解〕曰，依無著釋義，直勉信遣著而已。據天親述疑，則曰云云，是因果不相到，則果時無道，道則因義，因時無果，云何而言道爲果因耶？偈則曰云云，是因果雖不相在，而實相由以成因果。且以四語故知因果義成，各有其旨，不容去取也。今復通爲之説曰，夫四語若意其聖人之言，與凡夫異。

凡夫則口業有四，佛既異彼，即不妄言故真，不綺語故實，不兩舌故如，不惡口故不異。又克就聖人言之，則佛有四辯，謂法、義、辭、樂說，即法無礙故真，辭無礙故實，義無礙故如，樂說無礙故不異，謂雖樂說無盡，而未嘗異也。抑又有云，欲知智在說，而智有三，謂一切智即空故真，道種智即假故實，一切種智即中遮故如，即中照故不異，其旨雅合也。而秦本加不誑語，謂以真實等語施於人，所以不誑，即總上四語。諸論存別置總，故略，什譯以法兼人，所以加之。又言於法無實無虛者，恐因上語一向謂實，言想不忘，故重拂之。其著苟亡，則與實無異。又無著約二諦釋，二俱言有煩惱清淨者，次文恐誤。今謂依世諦云，有煩惱清淨爲實可也。依第一義，若亦有者，何名不異？故知誤矣，唯文之信說未免迂。

疑　天親曰，復有疑，若聖人以無爲真如法得名者，彼真如一切時處有，云何有住不住心而有得不得耶？爲斷此疑，如經。

經　須菩提，若菩薩心住於法等。如前引。

論　無著文如上云云。頌曰：

特及處實有　而不得真如
無智以住法　餘者有智得
闇冥愚無智　明者如有智
對法及對治　得滅法如是

○天親釋曰，言一切時處者，謂三世衆生實有真如法，何故不得？以彼無智，心住於法，不清淨故。若有智者，心不住法，是故能得。故佛以清淨真如得名，住心則不得佛菩提。故頌言闇冥愚無智等，謂如明闇相似法，故闇喻無智，日光喻有智。有目者，如得對治法故。夜分已盡，如所治闇滅，日光照明，如能照法現前故。

○唐譯大同。

○《功德施》曰，若所證法無生無性，非實非虛，是即諸佛第一義身。以此爲因，三身滿足，菩薩何故捨所證法行於事施邪？爲遣此疑，經曰云云。此明闇喻示有住無住過德之義云云。如人有目者，待[三]無生忍也。夜分已盡者，捨於果愛也。日光明照者，決定了知諸法無性也。見種種色者，悟一切法不生不滅也。菩薩如是行不住施，速成正覺，得大涅槃。斷疑十。

〔會解〕曰，斷疑文一也。所以述疑則不同，無著以真如徧有而有得不得者，是固心有住不住之異，良以菩薩根有淺深，教有小大，機有利鈍，於是心有所住者，則迷真如背菩提，故不得也。心無所住者，則悟真如，須菩提所以得也。雖然，而真如徧有之性，何嘗述[三]悟向背哉？若《功德施》所述，則所證法理性具足，自可爲因。而反取彼事施者，是答同而意别，意謂有住之施，非今所取，今所取者，無住相施，還同彼所證法，故曰如是行不住施等。故知取與不同，文相亦異。此既辨其住不住相，使修者知所取舍，則功德彌深，故復述歎持經之盛。所歎雖同，所以則異。人不見此，便謂繁芿，豈能深知佛意哉？

經 須菩提當來之世止果報亦不可思議。

論 無著曰，此下第十四離寂靜味，亦爲離缺少智資糧障故。此中爲離三摩提攀緣，顯示與法相應者，有五種功德，一如來憶念親近，二攝福德，三歎法及修行，四天等供養，五滅罪，對經。云云。於中歎法，言不可思者，唯自覺故，不可稱者，無有等故。言爲發大乘最上乘説者，成前不可稱義，以餘乘不及故最上，二障淨故最勝。歎行中言如來知見者，總説也，不可思、不可稱等，解釋也。荷擔如來者，謂以肩荷如來重擔故。滅罪中言輕賤者，此毀辱事有無量門。當得菩提者，顯示滅罪故。我念過去等，顯示威力故。前此所説出生無量阿僧祇福者，顯其威力熾然，以具足爲多。此中言阿僧祇劫，所有福聚遠絶高勝，更過前故。若我具説者，顯示以福多故，或爲狂因，或得亂心果，畢竟何人能説，故曰當知是法門等，即彼福體及果報不可測度故。頌曰：

於何法修行　得何等福德
復成就何業　如是説修行
名字三種法　受持聞廣説
修從它及内　得聞是修智
此爲自淳熟　餘者化衆生
以事及時大　福中勝福德
非餘者境界　唯依大人説
及希聞信法　滿足無上果
受持真妙法三　尊重身得福四
及遠離諸障五　復能速證法六
成種種勢力　得大妙果報七
如是等勝業　於法修行知

〇天親釋曰，初偈示彼修行，凡徵三義，次名字下以次釋三義。釋初句者，謂於彼名字得成聞慧。此有三種，一受，二持，三者讀誦，故云受持聞。廣説又不出二種修行，謂受持修行，依總持法；讀誦修行，依聞慧法，如經云云。言修從它及内者，謂此修慧從它聞法，及内自思惟，次第而得。此二並自行，故言此爲自淳熟。餘則爲化衆生廣説法故，以事及時大等正示現校量，釋前得何等福德句，謂是捨身福德，即一日時捨多身故事大也，復多時故時大也，而聞經之福復勝於前。非餘境界等三行偈次釋成就何業句，如經有不可思議等，示非餘境界，唯獨大人，是爲住第一大乘衆生説也。又説大乘最妙乘者，示希聞者能信法故，非彼樂小之所能聞，謂以不可思議文句，得不可思議福德滿足性故，皆得成就等，示現受持真妙法故，即能荷擔義。在在處處供養者，示尊重身，成就無量福德故。爲人輕賤者，示現遠離一切障，有大功德故。於然燈佛前等，示速證菩提法故。當知是法不可思議者，成種種勢力，得大妙果報故。凡成就如是功德者，於彼修行能知是法也。或有人聞等，以果報勝妙，示非思量智境界故。

〇唐譯作文、義、法三正行以釋其文，文謂受持等三多聞攝故，義謂從它及已聞思得其義故，法即不可思議以下文是。偈義大同，文稍異爾。

〇《功德施》曰，此一切法修行中有自他二利。自利復有教有義，教謂受持，義謂思惟。利它者，謂爲人演説，如經於此法門等。此中無量福聚者，如日三捨其身等。修行任運果者，謂從初至果，獲諸功德。凡十種德，謂魔及異道不能沮亂，一。功德大故殊勝無等，二。堅牢福果，三。最上法器，四。圓滿資糧，五。能荷難勝，六。深大信解，七。福因之處，八。拔一切罪，九。速疾證地，十。一一對經，云云。總顯持經力勝也。

〔會解〕曰，無著以此文爲離寂靜味及少智慧資糧者，殆文外之意，自非聖師智眼高明，其孰能與於此？由前文言忍離諸苦，以離相故心不得而動。若唯不動，未免味著於靜，安能發智成就資糧哉？所謂受持讀誦者，蓋不止誦持而已。是必與法相應，智契於佛，爲如來所知見，故其成就功德如此。論言爲離三摩提者，定也，攀緣者，散也。雖定散不同，其皆不可著，爲資糧入道障一也，故舉一日三捨，事時兩大，校其勝福。雖智契在修，而所契之妙本於經旨，故曰以要言之等。爲發大乘最上乘説者，發謂發起，大及上乘，衍教兼圓之異，而説是法則因經發智，固其宜也。又況廣爲人説，亦復稱是。是人則爲荷擔阿耨菩提者，以如來重任與之，所謂爲如來使者是也。何以故下反以樂小法起我見者爲不能，顯彼能者，必其發大乘離我見者也。又曰在在處處者，復以人法交顯其勝，宜其持説所在如是。嘗見世有持經而得輕賤者，故推先世罪業以釋之。苟如經所明，則應墮惡道者，重也，爲人所賤者，輕也。由持經故，以輕易重，不亦經之冥應乎？而世人昧乎三世業理，徒見其迹，不能無惑，因得以解之。然則輕賤持經者，其報應宜何如？謂有則反生彼罪，謂無則理復不可，此姑置之，不必計也。前以日三捨其身，在凡我之未足爲麥[四]信猶可也。而復以值佛校量，信之爲難，故論有速證菩提之釋。是佛不如法，亦一往爾，無得以優劣論也。若具言其福非凡小境界，聞者必疑而致狂惑究言經所説義。若果報之福非分別所及者，皆即般若自性故也，結顯[五]之文至矣。

○舊於此下設第十一疑，却以次文爲第十二，復別立第十三疑，有疑佛疑法。今謂論無起疑斷疑之文，不應別立，置是可也。

經　爾時須菩提白佛言世尊善男子等止三藐三菩提心者。

論　無著曰，此下第十五於證道時遠離喜動，亦爲遠離自取故，何故復發起初時問也？以菩薩將入證道，自見得勝處，作是念我如是住，乃至滅度衆生，爲對治此，故發問云云。世尊答言當生如是心等，又曰若菩薩有我相等，爲顯有我執，或隨眠等我取，爲對治故，言實無有法等。頌曰：

於内心修行　存我爲菩薩
此即障於心　違於不住道

○天親釋曰，三種修行此復重説者，謂若菩薩於前三種生如是心，言我住菩薩大乘、我修、我降伏等，即此分別障於菩提，故曰於内心修行等。障於心者，是即障於不住道心，如經實無有法等，釋也。

○唐譯云云。

○《功德施》曰，欲具顯因清淨故，復言發菩薩乘等，謂所修因非但離於三事相想，即名清淨，要當遠離我住、我修、我降伏心，方得淨故，如經云云，謂第一義無有衆生得般涅槃，亦無有法名爲菩薩發心住果等。於無有中而起有想，是顛倒行，非清淨因。

〔會解〕曰，如前明住既過寂靜，復離少智。夫過寂靜則或動，離少智則或喜，喜動爲障，何由寂滅現前？故菩薩將入證道，必明離障，有如合宗離，似道法愛是也。抑由前文重重遣著，不住於法，顯持經之勝，亦應無住等心，故此復宗發問云云。苟心相未忘，則或不免有自取之過。故天親釋曰，上教住修降伏，恐菩薩實生是心，障於菩提，故因問以釋，使必無障，然後爲得。方其未發心，則不得不生如是心，亦既已發心，則不得不遣如是相。故知不住而住，住而不住，則降伏與無降伏理在其中。而與前文問答異者，前直問住等，此復問其所以住，故問勢有異。又前答從別，故住心降伏各言之，此則從合，但言發心度生而已，蓋發心等，通行也，住及降伏，別行也，以通酬別，上下之文顯矣。何以故下還以菩薩有我相等反顯無住，所離雖一，能離不無淺深，前猶居信行地，此當淨心之始故。或謂的從智識所起異者，既曰智矣，豈復起見乎？但可言起見者識，能離者智，雖淺深不同，其名不可易也。

疑　天親曰，此中有疑，若無菩薩，云何釋迦於然燈佛所行菩薩行而得授記？爲斷此疑，如經。

經　須菩提於意云何如來於然燈佛所止是故名一切法。

論　無著曰，此下第十六爲求教授，亦爲離無教授故，謂若菩提法可說，如彼然燈所說者，我於彼時便得菩提，然燈如來則不授記。言我得等，以彼法不可說，我於彼時不得菩提而得授記。又彼法不可說者，經言如來者，即真實如故，如故清淨，則不可說，故說清淨如等，猶其真金言無有變異，或言然燈佛所於法不得菩提。後時自得者，爲離此取故，故言是人不實語等。又言於是中無實無虛者，顯示真如無二故，謂以言說故不實，而彼菩提不無世間言說，故不虛言。一切法皆佛法者，謂顯一切法如清淨故，徧一切法，又爲安立第一義故。言一切法體不成就，故曰即非一切法等。中卷止此。頌曰：

以後時授記　然燈行非上
菩提彼行等　非實有爲相
彼即非相相　以不虚妄説
是法諸佛法　一切自體相

○天親釋曰，謂於然燈佛時，非第一菩薩行故，無法得菩提。若已證菩提，則不授後時記，故曰然燈行非上，謂於彼時行未成佛也。若無菩薩，即無諸佛。有如是謗，謂一向無如來。爲斷此疑故，經曰如來者，即實真如故，謂實則非顛倒義，真如者，不異不變義。又經曰若有人言者，謂若實有菩薩行，如是如來得菩提者，此爲虚妄；若言如來不得菩提，是亦爲謗。爲斷此疑，故言無實無虚，謂得彼菩提故無虚，非實有爲相故無實，謂五陰相。故曰，彼即非相相等者，謂彼於色等非相，非無菩提相。以不妄説故，是法諸佛法者，謂一切法皆佛法，是如來所得法。此一切法以真如爲自體故，不住色等相故非法，如是諸法非法即是諸法。

○唐譯大同。

○《功德施》曰，復次疑者，若無菩薩發趣大乘，則無有因證於佛果，云何世尊然燈佛時而得授記？爲遣此疑，如經云云，謂佛於往昔證真實時，不見少法是無上菩提因體，以無所得得授尊記，故言如來者，即真如無所得義。須菩提復念我雖於此無疑者，有人言，佛於然燈佛所不見有法，爲實得菩提邪，故言於是中無實無妄。夫妄實生於有得，有時言實，壞時知妄，無所得中此二俱遣。若復有言如來但證無所得者，佛法即一，非是無邊，故言如來説一切法皆是佛法。佛法者，謂無所得，不見一法有可得性，是故一切法無非佛法。又曰一切法即非一切法者，謂無生性即如來藏性故。而言一切法者，於無性中假言説故。斷疑十一。

〔會解〕曰，論以此文爲求教授，正言將入證道故，如前離喜動，則入證先容。若非如來教之授之，亦無以發其證入之妙，故於是却指然燈佛所有法可得，菩提爲問，所以引往示今也。而以無法可得授記爲答，則極於理而已。通言有事理因果之義，以事則非記不佛，在因必藉於師保，謂亦有法可也。以理則悟不由它，至果乃稱於獨悟，謂無得可也。今從初義以徵釋，則曰有法得菩提邪。從後説以決答，則曰如我解佛所説等，故佛印證其説曰如是如是。雖通二義，理則無得。由是反顯結成之，則曰若有法等，謂若有法得授記者，則非無爲，殊乖一如寂滅之理，非所以致成佛之道，是不足與記也。以實無有法等，則結成其説也。然其理猶未明，則又徵釋曰何以故如來者，即諸法如義。夫如即真如，真如故平等，所謂於如實際中而成正覺，豈有它法爲所得乎？故論曰，真如者無二故。若有人言下重遣得不得相，終於無實無虚，無實則無得，無虚則無不得。又無實故非有爲之相，無虚故非無真如之相，故曰如來説一切法等。言一切法皆佛法故無虚，一切法即非一切法故無實，無虚無實是名一切法，是一切法非復一切法，亦一如而已矣。偈言以後時授記者，以今言之，即初二句頌疑，次二句頌釋，謂若以授後時記，不即得菩提者，則行非無上，何以致菩提得授記邪？故次釋云菩提彼行等，謂彼得菩提記，與彼行菩薩行，皆非有爲相，則其疑釋矣。然而論釋有異云者，恐譯者惑於頌意，不善其文故也，此尤當知之。

疑　天親曰，此中有疑，若無菩薩者，諸佛不成大菩提，衆生亦不入大涅槃，亦無清淨佛國土，何得諸菩薩發心度生清淨佛土邪？爲斷此疑，今開爲二疑，如經。

經　須菩提譬如人身長大止無我無人無衆生無壽者。

論　無著曰，此下第十七爲入證道，顯示得智離慢故。得智有二，一攝種性智，二平等智。

由得智故，生如來家，決定紹佛種性，此爲攝種性智。平等智者，謂至得身及成就身，以得畢竟轉依故，於是有五種平等智，一麤惡平等，二法無我，三斷相應，四無悕望心相應，五一切菩薩證道平等。得此智故，現攝一切衆生大身，於彼身中安立第一義故，非自非它，故經言如來説人身長大則爲非大身等，是爲得智。云何離慢？經言我當滅度無量衆生等，若言我是菩薩則爲慢者，非實義菩薩。爲顯示此故，經言佛説一切法無衆生等，謂若有是念，則不得妙大身也。頌曰：

依彼法身佛　故説大身喻
身離一切障　及偏一切境
功德及大體　故即説大身
非身即是身　是故説非身

○天親釋曰，大身者，示畢竟遠離二障，具足法身故。此復有二義，一偏一切處，二功德大故。言功德及大體等偏一切處者，真如與一切法無差別故。言非身即是身者，如經佛説非身是名大身，謂非身者，無有諸相故，大身者，即真如體故。

○唐譯大同。

○《功德施》續上文曰，是故世尊乘次開顯，經曰云云。妙大身者，謂空性身，隨其所在而不異故，一切衆生咸共有故，如説一切衆生有如來藏等。云云。須菩提爲欲闡明妙大身是空性義，故説人身妙大等。非身者，謂以色身依實義説，無生性故名妙大身，非色身也。言菩薩亦如是者，謂除能度所度一切分別，菩薩修因方得淨故，復爲成就無分別心，故曰佛説一切法無我人等，第一義中皆無有故。斷疑十二。

〔會解〕曰，譬如人身長大者，文似孤然，意其亦由上文無法得菩提即法身義，故取世間大身爲喻，以譬從法謂非大身可也。故無著以入證道得智離慢言之，謂得般若智故，顯出至得法身及能成就功德身，轉染爲淨，依於法身從體起用，即能現攝一切衆生身，所謂普現色身是也。又謂攝種性智者，即自報上冥之智也。平等智者，即攝一切衆生身，下契之智也。是智與法身合則爲體義，與應身合則爲用義，故説五種平等智，與一切凡聖身等，謂麤惡即六道，法無我即二乘，三四即似位菩薩，而有偏圓之異，約名釋義可知。五即證道菩薩，以同彼故，皆言平等，所現雖異，能現不殊，而以第一義故非自非它，以全法身故非它，同於九界故非自，非自它故説名非身。夫既内得非相身，外同普攝身，則不復起我度衆生想，衆生得我度想，復何慢之有？所謂實義菩薩者，如是而已，故曰佛説一切法無衆生相等，即其理也。而天親以離障釋法身，蓋與得智左右之異。又以偏一切處爲真如無差别義，即所謂於彼身中安立第一義，故知其致一也。不名菩薩者，以起衆生等相故。又曰實無有法名爲菩薩者，以無我等相故。然則菩薩諸法是與非是，初無定實，唯我等相有與亡爾，一經之旨，要莫若此。

疑 文合前段。

經 須菩提若菩薩作是念止如來説名真是菩薩。

論 無著曰，此下第十八上求佛地。復有六具足義，攝轉依一切具足，一國土淨具足止六心具足，一國土淨具足，修三摩鉢帝故。經言我當莊嚴佛國是不名菩薩者，謂於共見正行中轉故，爲斷彼見，安立第一義，故經言即非莊嚴等。又曰若通達無我法者，謂人、法二種無我，於是得二種正覺，故説名菩薩。若言我成就者，即人我取，我莊嚴國土者，是法我取，則非菩薩。頌曰：

不達真法界　起度衆生意
及清淨國土　生心即是倒
衆生及菩薩　知諸法無我
非聖自智信　及聖以有智

○天親釋曰，此下爲斷疑故，謂若起如是心即是顛倒，非菩薩也。起何等心名爲菩薩？如經通達無我法者，名爲菩薩。故頌言衆生及菩薩等，謂彼凡夫及菩薩以自智信，若世出世間智，知諸法無我者，皆名菩薩。

○唐譯大同。

○《功德施》曰，我當莊嚴佛土，不名菩薩者，深著因故；於色等聚所成佛土，如是取故；即非莊嚴者，實義無生故；是名莊嚴者，俗諦言説故；通達無我者，離一切想因清淨故。斷疑十三。

〔會解〕曰，無著以此文爲上求佛地者，若生起次第，正當佛果，以意則不離因心而求佛地，故曰上求。凡明六具足義，不出佛果地上身、土、福智及彼三業。以攝轉依故，皆清淨具足，即上所依法身，身也，國土淨具足者，土也。前明福智者，資糧也，故能顯於法身。今明福智者，成德也，故能依而起用，即身、語、意、業皆具足清淨，所以爲果地法。而言三摩鉢帝者，謂由修是定故莊嚴佛土。苟於是起見，即向所謂共見正行也。嚴土雖是正行，而爲共見所轉，爲斷彼見故，安立第一義，故曰莊嚴佛土者即非莊嚴，維摩所謂隨其心淨即佛土淨是也。然皆以無我爲本，則又曰若菩薩通達無我法等。頌言生心即是倒者，謂凡生心動念無間善惡凡聖法非法等，但有一念未忘，皆爲倒見。又頌曰非聖自智信者，謂非聖即凡夫，以自智故信能知無我而已，不同及聖即是菩薩。以有智力故知復於無我建立諸法，凡今所謂上求佛地，發心度生，嚴淨佛土，皆依無我心中施設。雖無我言同，而所以淺深有用無用則異矣。

疑　天親曰，復有疑，前説菩薩不見彼衆生，不見我爲菩薩，不見清淨佛土。以不見諸法名爲諸佛故，或謂諸佛如來不見諸法，爲斷此疑，如經。

經　須菩提於意云何如來有肉眼不止未來心

不可得。

論　無著曰，此下第二爲無上見智淨具足故。於中二種，一見淨，二智淨。如來不唯有慧眼，爲令知見淨勝故顯示五眼。略說有四種攝，謂初色攝有二種，即法界、修果，謂法界依報色，及修得果色。此爲五眼麤境界故。二第一義諦稱，以智力故，世智不顛倒轉故，此攝在先。正言由第一義空智力故，不爲世智顛倒轉，故在先也。三世諦攝，於中以彼法爲彼人說，是名法眼。四一切種一切應知攝，即一切種無功用智，說名佛眼，是爲見淨。如經恒河中所有沙等，此爲智淨。於中言心住者，謂三世心有若干種，所謂染淨心等。是中安立第一義故，故說諸心住皆爲非住，乃至三世心不可得，謂過去已滅等。又爲示中證此故安立見，爲教彼彼衆生寂靜心故安立智，於智淨中說非心住。而見淨中不言眼即非眼者，以同一住處故，如智淨後安立第一義故，初亦得成就。頌曰：

雖不見諸法　非無了境眼
諸佛五種實　以見彼顛倒
種種顛倒識　以離於實念
不住彼實智　是故說顛倒

○天親釋曰，此爲斷疑故，雖不見有諸法名之爲佛，而亦說我知彼種種心住，故曰非無了境眼。但佛見五眼皆實，以非顛倒能見顛倒故。何者爲倒？故頌言種種顛倒識等，謂彼種種心緣住，故名六種識。差別顛倒以離於實念者，如經如來說諸心住皆爲非住，顯示離彼四念處故，故言不住彼實智。又住名不動根本，如是不住，即不住於相續顛倒，而不斷行因。如經過去心不可得等，以過去過去乃至現在虛妄分別故皆不可得。彼無三世觀故心住顛倒，諸識虛妄。

○唐譯存梵音，如經云如來說爲無陀羅等，以謂彼有三名，共目二義，皆得名持，亦流注義。由無持故，心即流散等，自謂重譯窮理之說。今謂陀羅本應翻持，正言若無持即流散，非謂於一梵語兼此二義。正如向言聚義有二，亦一時誤見之失。餘文意同。

○《功德施》曰，若清淨因離諸想者，何故此中說具五眼？如經云云，爲示佛眼於諸境界無不了知故。此有衆生數境，非衆生數境，如經所有衆生及恒河沙世界等是也。若干種心者，欲樂不同故。住者，相續而轉故。或作是念，心若住者，斯應有體，故說非心住等。以第一義無相續故，如經過去心不可得，乃至現在不住，亦無形故。如是五眼都無所得，是佛境界。斷疑十四。

〔會解〕曰，嚴土非土，謂見而無見可也。無見而見，謂如來佛眼可也。而此兼言佛有五眼者，論曰，爲令知見淨勝故，顯示五眼。然佛特名慧眼者，爲對智淨言之。但明其一而不明四，無以見其淨勝也，抑佛眼，體也，四眼，用也。佛眼具四眼用，故兼明之。所以彰如來五眼具足，見智俱淨也。又論明四種攝者，謂色攝則通爲五眼所見境界，望後智眼，所以爲麤。猶《大論》曰句，初因緣生法也。餘三攝即三智亦慧眼等三，即後三句也。惟其在一時中見無前後，則智融而理明，此其見淨也。所以能知恒沙世界若干種心者，智淨也。夫能知之道有二，一由定故知，如它經；云云。二由空故知，如今文，所謂如來說諸心皆爲非心。以智空故無知，無知而無所不知，則空而已。凡三世心相皆不可得，此恒沙世界所以悉知也。又若干種心者，末也，皆不可得者，本也，得本而知末，故凡有心，則無不知也，亦是以不可得心，知心不可得，則彼此能所一爾。此三際心皆不可得，無別道理，只欠承當。但向古人焚疏鈔處看，便是前後際斷。不然，守株待兔，詎可得乎？而於五眼獨不遣非者，非無此理，以後智淨例之可知，故曰同一住處故。又曰如智淨後安立第一義，故初見淨亦得成就，正謂是也。亦惟此文存而不遣，照上下文則顯諸法不偏蕩立，一經之旨，涣然理融。或謂此五眼文不可作通礙等差別頌者，此亦不害，蓋頌據相別，不妨性融，安得而非邪？若以天親斷疑言者，如來雖無所見，不妨五眼具足，故曰雖不見諸法，非無了境眼，謂不見而見，亡其所以見，云不見爾。然於如來所見無非真實，故能見彼顛倒而不自顛倒，是爲如來之五眼矣。

疑　天親曰，復有疑，向説心住[六]顛倒。若如是，福德亦是顛倒，何名善法？爲斷此疑，如經。

經　須菩提於意云何若有人滿三千大千世界止如來説得福德多。

論　無著曰，此下第三爲福自在具足故，經言若有人等，於中亦安立第一義，故言若福德有實等。頌曰：

佛智慧根本　非顛倒功德
以是福德相　故重説譬喻

○天親釋曰，此何故依福德重説譬喻？爲示心住雖顛倒，福德非顛倒故。言佛智慧根本，如經説若福德有實等，意明有漏福德聚是其顛倒，所以不説福德聚。又福德聚者，對非福德。若非福德聚，如來則不説爲智慧根本，是故福德即福德聚。

○唐譯大同。

○《功德施》曰，聚者，蘊義，假名不實，實即非蘊，於何説聚？以第一義無積聚故，俗諦中有言説故。斷疑十五。

〔會解〕曰，前以心住爲顛倒，此以福德爲自在。心若果住，則福德不得爲自在，福若有相，則心不得爲不住。此無著所以明福德具足，而天親所以爲斷顛倒疑，故曰若福德有實，如來不説得福德多。説福德多者，知其非有相之實也。則又曰以福德無故，如來説得福德多。然則秦譯之所謂多，即魏譯之所謂非聚，是故謂實取相之福雖得而不多，稱性無住之福雖多而非相，故言佛智慧根本，正取緣能資了之義。又唐譯曰，正覺智所持，是皆依如來無相之智，行菩薩不住之施。不見我人了無性相，非無福德，福德無故。無之一字，深可思之。多而非多，假名相說。

疑　天親曰，復有疑，若諸佛以無爲法得名，云何諸佛成就相好而名爲佛？爲斷此疑，如經。

經　須菩提於意云何佛可以具足色身見不止是名諸相具足。

論　無著曰，此下第四爲身具足故，於中復有二種，一好具足，二相具足，並如經云云。以安立第一義故，故如來說非具足等。頌曰：

法身畢竟體　非彼相好身

亦非相成就　非彼法身故

不離於法身　彼二非不佛

故重說成就　亦無二及有

○天親釋曰，爲斷疑故，如經說非色身相好得見如來，故頌云云，謂彼法身畢竟體，非色身及諸相成就，以非彼法身相故，此二非不佛者，以即彼法身所有故，故曰不離於法身。是亦得說如來身成就相好故，此二亦得言無，如說非身相成就，亦得言有，如說諸相成就，故言亦無二及有云云。

○唐譯曰，若言如來非集道所成，如何如來說有相好？爲除此疑，故言不應說色身圓滿等。觀於如來，餘文大同。中卷止此。

○《功德施》曰，復次疑曰，若第一義佛境界是無所得色相，如來豈亦非有？爲遣此疑，經曰云云。此顯示見佛法身依實義故，即於色相而見法身，非具足者，是法身故，如說無生性是常住如來等。斷疑十六。

〔會解〕曰，以能嚴德備必有所成之身，由法身理極，宜無待對之相，此如來相有無所以難也。如向明福智具足，即能嚴之德，而法身理極不容有相，故佛問須菩提，佛可以具足色身見不，答言不也。無著直以安立第一義釋，故曰如來説具足色身即非具足色身，則相即非相，非相即相而已矣。天親又以斷疑釋，故頌曰法身畢竟體等，其意不過曰佛有法身色身。克體言之，法身非相，而色身有相。相即而説，則二不相捨。此猶分別之説，理而言之，色身亦佛也，而與法身不即不離，以不即故，無相好之二，以不離故，非無有二，故曰不離於法身等。《功德施》言，依於色相而見法身，非具足者，是法身故，斯言盡之矣。然則福智所嚴者，色身之相也，理極所無者，法身之相也。雖曰有無，理無異致。諸論釋義雖或異同，大體無別。

疑　天親曰，復有疑，若如來身相不可得見者，云何言如來説法？爲斷此疑，如經。

經　須菩提汝勿謂如來作是念止是名説法。

論　無著曰，此下第五爲語具足，於中亦安立第一義，故經云云。頌曰：

如佛法亦然　所説二差別
不離於法界　説法無自相

○天親釋曰，爲斷疑故，如經若人言如來有所説法等。頌言二差別者，謂一所説法，二所有義。而言無法可説是名説法者，謂不離真如法界故。若離，則無自相可説，故曰説法無自相。

○唐譯大同。

○《功德施》曰，復次，若第一義佛境界及色相身皆無有體，豈具足衆德？言説相身亦復無有，爲遣此疑，欲使定除有説執故，故曰若人言如來有所説法等，謂説無自體，則不見内外漏無漏法，少有真實而可説者。斷疑十七。

〔會解〕曰，有身則有説，苟爲無身，説復何有？無著以此文爲安立第一義，直彰無説而已。而頌則曰如佛法亦然，是以法例佛，皆不得而有也。雖然，而一代時教所説文義二種差別，此復何耶？故曰不離於法界等。謂雖言説不離無説之理，若捨法界，亦無説法自相可得。此所以無説即説，説即無說，是說法之至者，故曰無法可說，是名說法。維摩曰，其說法者，無說無示，其聽法者，無聞無得，皆此之謂也。執有執無之疑，於是遣矣。

疑　天親曰，復有疑，若言諸佛無所說法，不離法界亦無有者，何人能信此法？爲斷此疑，如經。

經　爾時慧命須菩提白佛言，世尊，頗有衆生於未來世聞說是法，生信心不？佛言，須菩提，彼非衆生，非不衆生。何以故？須菩提，衆生衆生者，如來說非衆生，是名衆生。文見魏譯。

論　無著曰，此下第六心具足，於中復有六種淨，一念處淨，乃至六行住淨。念處淨者，如經云云，此於衆生中顯示如世尊念處故。彼非衆生非不衆生者，顯示二諦故。亦應云是人即爲希有第一，顯示第一義不共及相應故。頌曰：

所說說者深　非無能信者
非衆生衆生　非聖非不聖

○天親釋曰，謂若信此經，彼人非衆生，非不衆生。非衆生者，非凡夫衆生，非無聖體故，非不是聖體衆生。以有聖體故，故言說非衆生是名衆生。

○唐譯曰，非衆生者，非餘衆生，不與聖性相應故，非非衆生者，由與聖性相應故。亦是望凡夫性，故非是衆生，由望聖人性，故非非衆生。

○《功德施》曰，復欲顯示所說信受者難故，云何非衆生？即蘊異蘊推求其體不可得故。非不衆生者，以俗諦依於五蘊業果相應施設故。若加此段，自爲一疑，則當十八。今依秦本，亦且從畧。

〔會解〕曰，舊論此經六十二字有無即此章也。今謂此文略不爲不足，存不爲有餘，以其所言前文已具言之，雖略可也。而頌及論釋，此當心具足六義之一，去則殘缺，存之可也。但今依什本，或別有意，亦且從略。無著以爲顯示如世尊念處者，即同如來所契清淨真如是其念處，故能於經生信，異乎凡小衆生。而以世諦言故，亦是無爲賢聖之衆生，故以非不非言之，則處乎凡聖之間也。餘論同異，各隨義焉。

疑　天親曰，若如來不得一法名阿耨菩提者，云何離上上證，轉轉得菩提耶？爲斷此疑，如經。

經　須菩提白佛言世尊佛得阿耨多羅止是名善法。

論　無著曰，此下第二爲正覺故，於中無有法者，爲離有見過已，顯示菩提及菩提道故。顯示有二種語，謂阿耨多羅即無上語，顯示菩提自相及解脱相故。彼中無微塵許法可得，故無所有。次以三藐三菩提，即平等語，顯示菩提中人平等相，以菩提故得知是。諸佛第一義中無有高下，即無壽命等高下也。又言以無衆生等者，顯示菩提於生死中法平等相。次顯菩提道者，如經言修一切善法等説非善法者，安立第一義相故。頌曰：

彼處無少法　知菩提無上
法界不增減　淨平等自相
有無上方便　及離於漏法
是故非淨法　即是清淨法

〇天親釋曰，自下經文爲斷疑故，示現非證法，名得阿耨菩提，謂彼菩提處無有一法可證，如經云云，故名無上。頌言法界不增減等，釋無上義。凡四義故，如經是法平等，無有高下，即不增減故無上。又諸佛法身清淨無有勝故無上，以無我等故，得平等菩提故無上。又彼法無我，自體真實，即自相故無上。言無上方便者，謂一切善法滿足故。若餘菩提善法缺少即有上方便，如經一切善法等。於中言非善法者，謂彼法無有漏故。故偈言及離於漏法等，言漏即非淨法，非漏是淨法，是即決定無漏善法也。

〇唐譯曰，若言如來無法是所覺者，云何離後後正覺，次第名無上覺？爲答此疑，非是有法之覺，方名無上覺故。餘文大同。

○《功德施》曰，若第一義境界色身言説皆不可得，法身體性豈亦然邪？爲遣此疑，經曰云云，謂佛證真實，不見少法有所得故，説名阿耨菩提。以是法平等，無有高下，故無所得。何故平等？以無我、人、衆生等故。如生無我，即法無我，故平等無二。此無得理以何因證？故言一切善法等。善法有體，云何能證無所得理？故曰善法者，如來説非善法，謂第一義無生性故，則無所得。言善法者，俗諦言説，非真實義。斷疑十八。

〔會解〕曰，身説所證，其理一也。空生以向身説即非身説，於是例問云云。佛答亦云實無有法等，則無上菩提得而無得。若言有得，則非平等，不名無上，故曰是法平等，無有高下，謂是菩提無涅槃之高，無生死之下，無聖人之得，無凡夫之不得，此據理性以言平等。若約修德非無善法得菩提者，但無我人等見，則所修離相，故曰如來説非善法，是名善法，亦不乖於無得也。論以初文爲顯示菩提相，約二種語明義，謂無上語則顯示菩提自相及解脱相，無少法可得故皆無上。言平等語則顯示菩提若人若法皆平等也。以次文爲示菩提道者，然道即菩提，此謂菩提之道即善法也。而言非善法者，亦安立第一義故。天親述疑言離彼上上證法轉轉得菩提者，上上之言對後後説，謂以位次論之，即破一品惑，證一分菩提，望後後位，是爲上上證法故。還以後望前，則離上上證，轉轉得後菩提。雖有離有得，實無法無證，此即斷疑意也。餘不别釋。

疑　天親曰，復有疑，若一切善法滿足得菩提者，則所説法不得大菩提，是無記故。爲斷此疑，如經。

經　須菩提若三千大千世界中止是名凡夫。

論　無著曰，此下第三爲施設大利法，於中爲安立第一義教授故。經言汝勿謂如來作是念等，謂如來若以爾炎而知言有衆生者，則爲有我取。爲離此著故，故曰如來説有我者即非有我，但小乘凡夫有如是取，故言凡夫者，如來説即非凡夫。頌曰：

雖言無記法　而説是彼因
是故一法寶　勝無量珍寶
數力無似勝　無似因亦然
一切世間法　不可得爲喻

〇天親釋曰，爲斷此疑故，謂所説法雖是無記，而能得大菩提。以離所説法不能得故，是故能爲菩提因。又言無記者，此義不然。汝是無記而我法是記，故言一法寶等。言數力無似勝等者，謂於前福德此福爲勝故，一者數勝；二者力勝；三者無似勝，並如經云云；四者因勝，此因勝彼因故。

〇唐譯以力似曰勢類，謂如人勢力有强弱故，如人品類有貴賤故，不可比數。餘文大同。

〇《功德施》曰，何故復此校量邪？今修行者心勇進故。斷疑十九。

〔會解〕曰，既證覺道而後施設大利，故無著以爲施設大利法也。夫大利法莫若此經持説功德，故重舉大千七寶施福以爲較量。文以因況果，即果上施設化度衆生復大於是。若使如來如彼所知，言有衆生度者，即有我取。爲離著故，則曰如來説即非有我，所謂安立第一義教授者，如是而已。若天親則仍上爲疑，謂若善法滿足得菩提者，而所説法無記，應反不得邪。斷此疑故，引偈答言。言説雖是無記而得爲因，此順問答也。又曰汝是無記者，指彼疑者，疑而不決，則無記爾，亦可謂汝疑此法爲無記爾。若我所説離相妙善，何謂無記？此違問答也。又偈言一切世間法等者，約四勝義以釋校量，其文可知。

疑　天親曰，復有疑，若是法平等，無有高下，云何如來言度衆生？爲斷此疑，如經。

經　須菩提，於意云何？汝勿謂如來等。如前引。

論　無著文如上云云。頌曰：

平等真法界　佛不度衆生
以名共彼陰　不離於法界
取我度爲過　以取彼法是
取度衆生故　不取取應知

〇天親釋曰，云何斷疑？謂乘生假名與五陰共，而不離法界。以無差别故，故言平等真法界，是故無衆生可度，如經云云。偈言取我度爲過者，謂若如來取五陰中有衆生爲所度，令得解脱，而我能度者，是取相過。以著彼法故，經復言如來説有我等，故偈言不取取，謂彼本不實，是不應取，不取而取，凡夫取以爲生，是不取取義。在佛言之，亦是不取而取。取衆生爲所度，但取而不取爾。又凡夫衆生如來説名非生者，不生聖人法故。

〇唐譯語意稍異。云云。

〇《功德施》曰，復次，疑若如來説非衆生者，與餘教相違，如有經言，無量衆生以得我爲善知識脱生等苦〔七〕故，爲遣此疑，經曰云云。無衆生者，第一義故，又以大悲攝同己故，若實有衆生異於如來是所度者，如來即有我等取。我取者，如來説爲非取。非者，不善義，能縛衆生住生死故。又非者，無體性義，以無能取所取故。是而凡夫妄取，令彼解故，如經但無智凡夫等。如知未得聖者，各封於我差别生故，彼即非生，如不善人説爲非又〔八〕。又法從緣起，無我造作，故名非生。言生者，隨俗言故。斷疑二十。

〔會解〕曰，文於校量之後而發勿謂度生之語者，以前文云是法平等，則無生可度，因恐衆起是疑，故止之云爾。空生雖未發言，意猶未決，故直告以實無生可度。偈所謂平等真法界，佛不度衆生，斯言盡矣。夫一真法界，本無迷悟，尚何生佛之有而孰爲能度所度哉？若謂有生可度，則佛應有我人等見。苟爲無我，知無衆生明矣。而如來説有我者，但凡夫執我，順彼凡迷，無我說我爾。然則凡夫果有凡夫耶？以實言之，凡夫亦不可得，故曰凡夫者，如來說即非凡夫，但依世俗說名凡夫，第一義中則無有也。若知無生說生，是亦不度而度，所謂雖知衆生無所有，誓度無所有之衆生是也。是則言衆生有無，如來度不，各有其致，執取則非爾。

疑　天親曰，復有疑，雖相不可得見如來，以非如來法身體故，而如來法身以色相比知，則如來亦以福相成就也。爲斷此疑，如經。

經　須菩提於意云何可以三十二相觀如來不止如來不以具足相故得阿耨多羅三藐三菩提。

論　無著曰，此下第四爲攝取法身故，於中初偈顯示如所不應見。以不可見故，是人行邪道者，亦曰邪靜，以得禪者名寂靜故。禪名思惟修，思者意所攝，修者識所攝，覺識所攝，故不能見，又諸見皆世諦故。次偈曰彼如來妙體，即法身諸佛；法體不可見，彼識不能知，即示如彼不應見及不應因緣。於中初二句謂應以法見，佛法者，真如義，由其以法爲身，以如爲緣，故出生諸佛法身，故不可見。次二句言不應因緣，以彼法真如相故，非如言說所知，唯應自證，見實能知，故言法體不可見等。雖不應以相見，應以爲因得菩提邪，故經言如來可以相成就等云云。爲離此著故，則又曰莫作是念等，此明相非菩提，亦不以爲因相是色性故。頌曰：

非是色相身　可比知如來
諸佛唯法身　轉輪王非佛
非相好果報　依福德成就
而得真法身　方便異相故
唯見色聞聲　是人不知佛
以真如法身　非是識境界

〇天親釋曰，此下爲斷疑故，謂若有人言福德能成相果，則是以相能得菩提者，如轉輪聖王應是如來，故知不可以相得見佛身也。言非相好果報等，此明相果非依福德成就，而得法身方便異相故，謂法身者是智相身，非彼福德異相身故。若唯見色聞聲，是人不知真如法身，非是識境界故，故云見色聞聲是行邪道，則曰彼如來妙體等。

○唐譯大同。

○《功德施》曰，以諸衆生於佛法身多生取著，故説色身無性。又欲令於色身見法身義，故説頌言云云，謂有見光明相好，及聽受經法文字而言見佛者，爲除此見，故曰是行邪道，以色聲性非真實故。然則云何見邪？故偈言如來法爲身，但應觀法性；法性非所見，彼亦不能知。法性者，所謂空性、無自性、無生性等，此即諸佛第一義身。若見此者，名爲見佛。又餘經説，無取著見，是名見佛。今緣法性將非取著，以淨智心了知法性，故法性非所見。既非所見，故智不能知。如有經説，一切法性猶如虛空等，與衆物爲所依止，而其體性非有物非無物，寂然無知，名爲了知，名爲知者，隨俗言説。斷疑二十一。

〔會解〕曰，經言可以身相見如來者，前後凡四出之。以文相生起斷疑之別，各有所以。前直以見言不可，此獨言觀，故在可否之間，則曰云云。蓋觀與見異，故有與有奪，謂以理觀之則可，以相見則不可。如曰一塵之色咸與理等，況丈六之質寧非法身，及詰之以相，又言其非。或恐不善觀者還滯相見，故復遮之。魏譯加後四句，而秦本略者，以今言之，魏譯理是，秦本意深，各有其致，未易可否。然與其理足而義盡，孰若意深而有餘，所謂但遮所非，不言所是，其秦本得之矣。無著以爲攝取法身，則法身者在乎所非處而已。而天親以爲斷疑故，不以色相見如來，唯以真如爲如來，此猶分別之説。若以三身圓具，色相法身非一非異，無在不在，豈當如是離隔説邪？如《功德施》所論，亦可謂知見佛之趣矣。

疑　天親曰，有人起如是心，若不依福德得大菩提，如是諸菩薩則失福德及大果報。

爲斷此疑，如經。

經　須菩提，汝若作是念，如來不以具足相故。止得故阿耨菩提。〇是故説不受福德。〇無著以此段連上云云，天親以此文屬下。

論　無著曰，此下第五爲不住生死涅槃，故言於法不説斷滅者，謂如所住法通達，不斷一切生死影象，而於涅槃自在行利益衆生事，此遮一向寂靜，故顯示不住涅槃。若不住涅槃，應受生死，爲離此著，顯示不住流轉。故經言以七寶行施等，於中言知一切法無我得成於忍者，謂於有爲法得自在故，無彼生死之我，又非業惑力所生，故名無我得忍，所生福德勝多於彼。言菩薩不取福德者，正顯示不住生死，若住生死，即受福德。又言不取福德者，佛於餘處説應受福德故，復以方便説故，受而不取。受者説有而已，取者修彼道故，如福聚及果中皆不應著。頌曰：

不失功德因　及彼勝果報
得勝忍不失　以得無垢果
示勝福德相　是故説譬喻
是福德無報　如是受不取

〇天親釋曰，此下爲斷疑故，謂雖不依福德得真菩提，而不失福德及被果報，以能福智二嚴故。言得勝忍不失者，謂若有人作是念，菩薩以得無生失彼福德者，爲遮此故示現不失，更得勝報，故言示勝福德相等，如經於法不説斷滅相。言知一切法無我得無生忍者，謂二種無我得二種不生相故。是福德無報者，無彼有漏報也。如是受不取者，謂得有漏報故亦受，以有漏可訶故不取。

〇唐譯曰，若言福不證菩提，則菩薩福果應斷。爲釋此故，頌曰其福不失亡等。餘文大同。

〇《功德施》曰，若智亦不能知法性者，云何佛以具足相而證菩提？爲遣此疑，經曰云云，以顯示法界相義故。若相成就是真實者，相滅即名爲斷。無有菩薩見法斷故，有生故有斷。若一切法無生性，則遠離斷常是法界相。於此能信解者，多於施福。如有頌曰，若人持正法，及發菩提心。不如解於空，十六分之一。或念一切法無生者，云何有福德生？故經言不應取福德，謂非第一義中有福可取故。雖不可取，福應圓滿，不出二諦故。云云。斷疑二十二。

〔會解〕曰，此段初文照上無著所釋，合云以具足相故得菩提。如來遣之則反其說，故曰不以等。是疑多上一不字，若作天親釋，則不爲多，各有其義，兩存可也。然無著以不說斷滅下爲不住生死涅槃者，謂若發心一向說諸法斷滅，則似墮涅槃寂靜見。爲遮是見，故說通達不斷生死影象，而於涅槃方便利物，則不住涅槃也。若言行於布施則似著有爲生死法，爲遮此著，故說若人知一切法無我得成於忍，於有爲法而得自在，則不住生死也。惟其不住生死，所以能出生入死。惟其不住涅槃，所以能安住涅槃。是二不住雖在如來，而以菩薩言者，以因顯果，亦寄果示因。而福德勝劣不相及者，由其受不受異，故曰以諸菩薩不受福德等。然以餘文言之，有受而不取者，是受與取異，如諸論分別。若依今本不受即不取，故一向無著，則曰如福聚及果中皆不應著是也。然則文雖不以福德得菩提，而不說諸法斷滅，雖不捨福德相，而說於法無我，得忍爲勝，所以成福智二嚴，良由二皆不住故也。

疑　天親曰，若諸菩薩不受果報，云何諸菩薩福德衆生受用？如經。

經　須菩提若有人言如來若來若去止故名如來。

論　無著曰，此下第六爲行住淨。復有三種，一威儀行住，二名色觀破自在行住，三不染行住。威儀行住者，經言若來若去等，行謂去來，住謂餘儀。頌曰：

是福德應報　爲化諸衆生
自然如是業　諸佛現十方

去來化身佛　如來常不動
於是法界處　非一亦不異

○天親釋曰，謂諸佛化身有用，彼法身者不來不去，故言自然如是業。又言去來化身佛等，謂以此明不來不去故，如經云云。若如來有去來差別者，即不得言常如是住。如是住者，不變不異故。

○唐譯大同。

○《功德施》曰，若第一義無福可取，何故餘經説如來福智資糧等？爲遣此疑，故曰云云，謂涅槃無有真實處所，而至於彼，名之爲去。生死亦爾，而從彼出，名之爲來，不來不去，是如來義。以此顯示無住涅槃，雖生死涅槃，無有一異，而於三界引喻衆生，爲作利益。斷疑二十三。

〔會解〕曰，此以當文言之，顯如來應化即是法身，故於去來而無去來之迹，於行住而不見行住之相，此所以名法身如來。無著以爲行住淨，謂由全法爲應故，若行若住，無不皆淨。依天親承上斷疑，則福德所感者，應化也。以應化則有去來，彼不解故，謂實有來去，是不解知其爲法身體無來去故也。則又曰如來者無所從來，所謂從真如實際中來，又曰乘如實道來成正覺，是則修性因果皆依一如。以如無來去故，無從來者，亦無所去。而言來者，順化之義，去者，反本之義。若云如去，則是雙林順如而去也，亦無所從生，名爲如來。故《淨名》曰，來者，無所從來等，皆其理也。餘論以望彼生死涅槃云無來去者，亦無方之説也。

疑　此下一疑，論無顯文。准《功德施》曰，復次疑者，若生死涅槃不可得故無來去者，如來豈如須彌山等積聚一合而安住邪？爲遣此中衆多等有無一合見故，如經。

經　須菩提若善男子善女人以三千大千世界止是名法相。

論　無著曰，此下第二爲破名色身自在行住故。於中有二種方便，破色身如前説。言佛則不説是微塵衆，此謂聚體不成就故，説名非聚。若不爾者，雖不説亦自知是聚義，何須佛説？經言如來説世界非世界者，此以無所見方便破名身，謂衆生世界故。又言若世界實有則是一合相者，此界塵並説故有二種搏取，謂一搏取即衆生類及世界爲一有故。差別搏取者，以取微塵衆集有差別相故。言非一合相者，此爲安立第一義故。又曰即是不可説等，謂以世言説故有彼搏取。第一義中彼法不可説，而小乘凡夫如言説取，非第一義。經言佛説我見等者，顯示如所不分別，謂如外道説我，如來説爲我見。又説有此我見，是即見攝，所以安立法無我。如是觀察入三昧時，不復分別，是爲相應方便。言發阿耨菩提心者，示無分別人。於一切法者，示無分別法。如是知見等，示增上心及智皆無分別，故即知見勝解，謂以智依奢摩他故言知，依毗鉢舍那故言見。此二依止三摩提，自在解内攀緣影象，故言勝解。初二翻名止觀，故能知能見。第三恐取等持之義，故以三摩提爲言。若準《圓覺》，則初名奢摩他。故(九)名三摩鉢提，第三名禪那。今次名異彼，即同涅槃，第三合名優畢叉。今言三摩提者，名相進退，所出不同。言如是信解不住法相者，正顯無分別義，於法相中示不共及相應義故，如前説。云云。頌曰：

世界作微塵　此喻示彼義
微塵碎爲末　示現煩惱盡
非集聚故集　非唯是一喻
聚集處非彼　非是差別喻
但隨於音聲　凡夫取顛倒
非無二得道　遠離於我法
我見即不見　無實虛妄見
此是微細障　見真如遠離
二智及三昧　如是得遠離

○天親釋曰，碎塵爲喻者，謂真如法界處非一異。如來於彼法界處住，故説此喻，示煩惱盡，顯非一異相故。言非集聚故集等，謂如塵爲末，非有聚集物，故非一處住，非彼差別處可得，故亦非異處。如是遠離煩惱障盡，住彼非一異處。又説世界一合相喻者，謂若實有物聚集，如來則不説微塵聚。若實有世界，佛則不説三千世界是一合相。以彼聚集，無物可取，凡夫妄取爲有，非實有故，即知是妄，故言一合相者，即是不可説等。又佛説我見等者，謂本無我，隨言取著，計爲二見，故言但隨於音聲等，非彼無我及法。若離二事即得菩提，故偈復言遠離於我法等。見我即不見者，謂見我者，即不見彼無我，以其無實虗妄分別無有我故，如來説彼我見如是。見法亦爾，經言於一切法應如是知等，謂若見法相即不見相，故見我見法，二皆不見，此是細障。若不見彼二，是即見法而得遠離，故言見真如遠離。又如是知等者，顯示世智第一義智，及依止三昧得離彼障故。

○唐譯大同。

○《功德施》曰，此中微塵衆多者，遣無分一合見，非微塵衆者，遣有分一合見。是名微塵衆者，非有分物，説之爲衆。復爲遣積聚見故，又曰如來説世界即非世界者，謂若世界實有，即是一合見。何故非此一合見邪？謂於非有中妄見故，言一合相者，即是不可説，是俗諦相，非真實有。若第一義，一切法本性無生，故不可得。離於言説而起執，凡夫於中妄取。若我一向非，如教有言，我以己爲依，詎以他爲依，智者能調我，生天受安樂。爲遣此疑，經曰若人言如來説我見等，爲正語不？謂佛説見我者，爲誘攝諸信樂者，故於五蘊隨俗名言，非謂真實。而佛所見我，是遠離性，故言即非我見等。以離生死涅槃，我等一合見得菩提故，復欲令其同證故，説於一切法應如是知等，謂修信解者法想尚不生，况非法想，即不生於如法不如法分別。又曰法想者，如來説爲非想，謂一切法無生性故，若無生即非有。於何知見？以俗諦故，説名法想。斷疑二十四。

〔會解〕曰，無著科此文，爲破名色身自在行住。亦承上言之，謂有去來者，名色身也，無去來者，破名色也。以破名色身故解脱，解脱顯由法身，故解脱自在，則應化亦自在。此與前文異者，前爲顯相應行相故，此以爲自在行住。雖意各不同，其必破名色身一也。論以初文末塵方便破色身，即外世界色例内身色。世界既爲微塵，則有而非有，非有而有，亦摶衆塵而爲一色。既有無不可得，則色身執破矣。又曰若世界實有者，決以世界非世界破名身，即世界之名例衆生之名。世界既有而非有，則衆生名亦非名，即名身執破矣。破雖在佛，執實凡夫，所以寄果以破因執也。言一合相，義亦難曉，是應知合多爲一，爲一合相，散一爲多，爲非一合相。非一合相則爲無，一合相者則爲有。有則爲凡，無則爲聖。於一合相而有二種，如論有二種摶取，謂摶取積聚之義，所謂摶衆生類等爲一世界，一也，又摶衆塵以成世界種種差別，二也。既二俱不可得，則非一非異，如論偈顯非一異是也。故以凡言之，知合而不知散，聖人觀之，於合而知散，故曰如來説一合相，即非一合相。又見有合散者，凡夫也，見非合散者，聖人也。如曰若見凡法不合不散，是即聖人法，若見聖法有合有散者，是即凡夫法。云云。是不特知聖凡之分，亦見聖凡元只一法，本無定實。又安立第一義故，説非一合相，隨世言説故，是名一合相。抑通言之，凡一切法但有待對，未會〔一〇〕一如，皆一合相。是則攝義甚通，於理極遠，此姑置之。依天親釋義，則碎塵爲喻，顯非一異相。以上明法身所契真如非一異故，故有世界微塵之喻。然則文言若實有一物聚集，如來則不説微塵衆者，此言佛説一合相意也。以是知言微塵衆者，爲顯體不成就，非實有一合相。餘諸文義，論釋詳矣，今更直釋之。經於此後復言佛説我見人見者，一由凡夫不了一合相義，貪著其事，故有我見等執，亦由我等見故取一合相，故於是破之，亦是破上地微細障也。二由上言佛説微塵衆顯非一合相，故言如佛説我見等，亦彰見而非見。故復示發心者，於一切法亦當如其非見而見。如是知見信解，則不生法相矣。又言法相者，覆釋法相，亦皆非相而相。故知言不生者，由本不生，非始不生也。於是如來反覆發明之旨，非不切著，而凡迷不解，奈何？

經　須菩提若人滿無量阿僧祇世界止如如不動。

論　無著曰，此下第三爲不染行住。於中二種，一説法不染，以有如是大利益故，決定應如是説而無所染。云何爲人演説等？顯示不可言説故，不説彼法有可説體。應如是説，若異此者，則爲染汙。以顛倒義故，又不求信敬故，亦爲無染説。頌曰：

化身示現福　非無無盡福
諸佛説法時　不言是化身
以不如是説　是故彼説正

〇天親釋曰，此雖諸佛自然作用，而彼化身説法有無盡無漏功德，故重説勝福譬。云何爲人演説而不名説？故言諸佛説法時等，謂化身説法時，若言我是化佛，則衆生不敬，不能利物故，以不如是説而爲正説。

〇唐譯大同。

〇《功德施》曰，何故復説受持之福？欲令衆生畢竟信故。經曰如無演説，是名爲説，謂第一義無世出世，若法若物少有可説者，是名爲説。

〔會解〕曰，此經始終以七寶施福校量，雖世界有多少，顯持經福勝一也。其所以勝之之説雖不同，而出乎般若亦一也。無著以此文爲説法不染，蓋順無説之説，是真得般若體故。又以不求信敬爲不染，謂説者能忘於我故。天親以偈言化身示現福等，知其依化身説法，而不言是化，則其所説無相，勝彼有作之福，故曰非無無盡福，亦得是釋疑也。

什本則曰不取於相，如如不動。夫言不取於相，則理絶常想，言如如不動，則妙極真源。惟其如是，乃契般若，斯所以顯持説福勝。《淨名》曰，善能分别諸法相，於第一義而不動，蓋今説之謂也。

疑　天親曰，復有疑，若諸佛常爲衆生説法，云何言入涅槃？爲斷此疑，如經。

經　何以故一切有爲法止應作如是觀。

論　此下三論並依九喻釋。無著曰，一爲流轉不染故，於中顯示四種有爲相，一自性相，謂共相見識如星光，以無智闇中有，有智明中無故，人法我見如翳，取本無義故，妄識如燈，以渴愛潤取緣能熾然故；二著所味相，味著顛倒境界，如彼幻倒見故；三隨順過失相，謂隨順無常等過，如露體相無有故，隨順受相如泡，以有受皆苦，凡三苦故；四隨順出離相，謂觀過去行等如夢，隨念所現故，現在不久住故如電，未來種子依阿黎耶識出生諸法，如空中出雲。如是了知三世行已，通達人法無我，得出離故。頌曰：

非有爲非離　諸如來涅槃
九種有爲法　妙智正觀故
見相及於識　器身受用事
過去現在法　亦觀未來世
觀相及受用　觀於三世事
於有爲法中　得無垢自在

〇天親釋曰，如來爲斷疑故，説九喻偈，謂諸佛雖得涅槃，非有爲法，亦不離有爲，以化身説法，示現世間，利益衆生故，此明佛於涅槃世間皆不住也。何故示現世間而不住有爲法？故曰九種有爲法等，謂如星等九種法譬成九正觀，觀九種境故言見相及於識等，謂觀見如星，爲日所映，有而不現。能見心法亦復如是，觀有爲相如翳，見毛輪等色，以顛倒見故。觀識如燈，依止貪愛法住故。觀所依住處如幻，以器世間無一體實故。觀身如露，少時住故。觀所受用事如泡，受想因三法不定故。觀過去法如夢，唯念現故。

觀現在法如電，刹那不住故。觀未來法如雲，以阿黎識與一切法爲種子故。又總唯三種，謂觀相如見識相，觀受用如器世間等，觀有爲法如三世轉現等。如是總別，觀一切法，則於世間有爲法中得自在無礙智，故曰得無垢自在。

○唐譯大同。

○《功德施》曰，此無住涅槃，觀察有爲，然後方證。云何觀察？謂觀察自在如星，觀物境如翳，觀遷動如燈，觀體性如幻，觀少盛如露，觀壽命如泡，觀作者如夢，觀心識如電，觀有爲如雲等。云云。復次，先依俗諦，以星等喻安立有爲，後依中論第一義，明一切法不生不滅，不斷不常，不一不異，不來不去，及般若中一切法非積住性，以次帖釋云云。文煩不盡。○斷疑二十五。

〔會解〕曰，無著以此兼於上文，爲二種無染。此謂流轉無染也，以其善觀四種有爲法故，不爲生死所流轉。天親意彰釋疑，以謂雖得涅槃而不住涅槃，不妨化身說法，雖示現世間而不住有爲，以其正智善觀察故。然而什本特加何以故者，還徵釋上不住於相如如不動之旨。夫觀諸法如幻化相，則是相皆遣，尚不住涅槃，況有爲之相而不遣邪？所謂設有一法過涅槃者，我亦說如幻化。故知但了如幻，不住有無，自然妙契如如，安住不動，徵一得二，理在其中。由是言之，回觀魏譯，言同意淺，什譯良有旨哉。喻有加略加一略四。者，直取如幻大旨而已。星翳等喻幻義稍疏，故略之無。各如諸家封法之釋纂者疊疑之喻，皆失其源流，入巧見非大方之說。然以是偈殿於經末，亦依經示觀之意。苟能日用以爲心要，不唯觀達有爲，抑足照了無相也。

經　佛說是經已止信受奉行。

論　無別釋。

〔會解〕曰，此經流通諸論，固無定判，而章疏科節，或復進退。云云。今謂凡流通亦多門，有付囑者，有勸持者，有校量功德者，有示方軌者，有請名結要者，有隨經結益者，有從物偏好乘乘不同者，有發誓弘護者，有信受奉行等，皆流通也。若准此意，則合追指。自須菩提發阿耨多羅三藐三菩提心者下，具諸流通義，言於一切法應如是知等，則付囑流通也，令如是知解。或從富文言之，或通指一經所説，況發心之言，與初文同，故知正通，其理一貫。次若有人等，校量福勝勸持也，云何爲人演説等，示持説方執〔二〕也。佛説是經下，如説奉行也。歡喜之言，即四悉之一。通亦具四，皆生喜故。請名結要，則又見於上文。餘亦應具，文缺略耳。然以此經垂之後世，流通無壅，受持特盛者，得非以一經始終校量功深，殷勤付囑，般若冥資之力，衆生乘種之深故也。雖然，希利而持經，吾未見其能持。惟不以利而持經，庶幾如來流通之旨乎？讀者宜尊〔三〕行之。

金剛般若波羅蜜經會解卷下終

愚述此書，始於己〔四〕亥歲，草創于東湖蘭若，以其編例東安，置之以篋笥，無慮二十年。至乙卯叨南湖祖席，戊午夏，坐足疾稍閒，因得治定成四帙，畢訓素志。既而有竺峰之命，衆請刊。餘四經板藉次乃獲鋟工，才得卷餘，携以東歸，于兹中輟者又十餘載，其業不易究如此，自謂不復舉此話矣。山門學者妙見懺首，慨兹墜緒，有激于申，毅然發志，募諸同袍道舊，相與助成教門一段因緣。於戲！起斯文於溝中之斷，豈易得邪？栢庭老衲書始末于供觀山色云。

校勘記

〔一〕「推」，疑爲「諸」。

〔二〕「待」，底本原校疑爲「得」。

〔三〕「述」，底本原校疑爲「迷」。

〔四〕「麥」，底本原校疑衍。

〔五〕「顆」，底本原校疑爲「顯」。

〔六〕「往」，底本原校疑爲「住」。

〔七〕「菩」，底本原校疑爲「若」或「著」。

〔八〕「又」，底本原校疑爲「人」。

〔九〕「故」，底本原校疑爲「次」。

〔一〇〕「會」，底本原校疑爲「曾」。

〔一一〕「執」，底本原校疑爲「軌」。

〔一二〕「尊」，底本原校疑爲「遵」。

〔一三〕「己」，底本作「巳」，據文意改。

（劉如東整理）

○二三七

金剛般若經采微科（二）

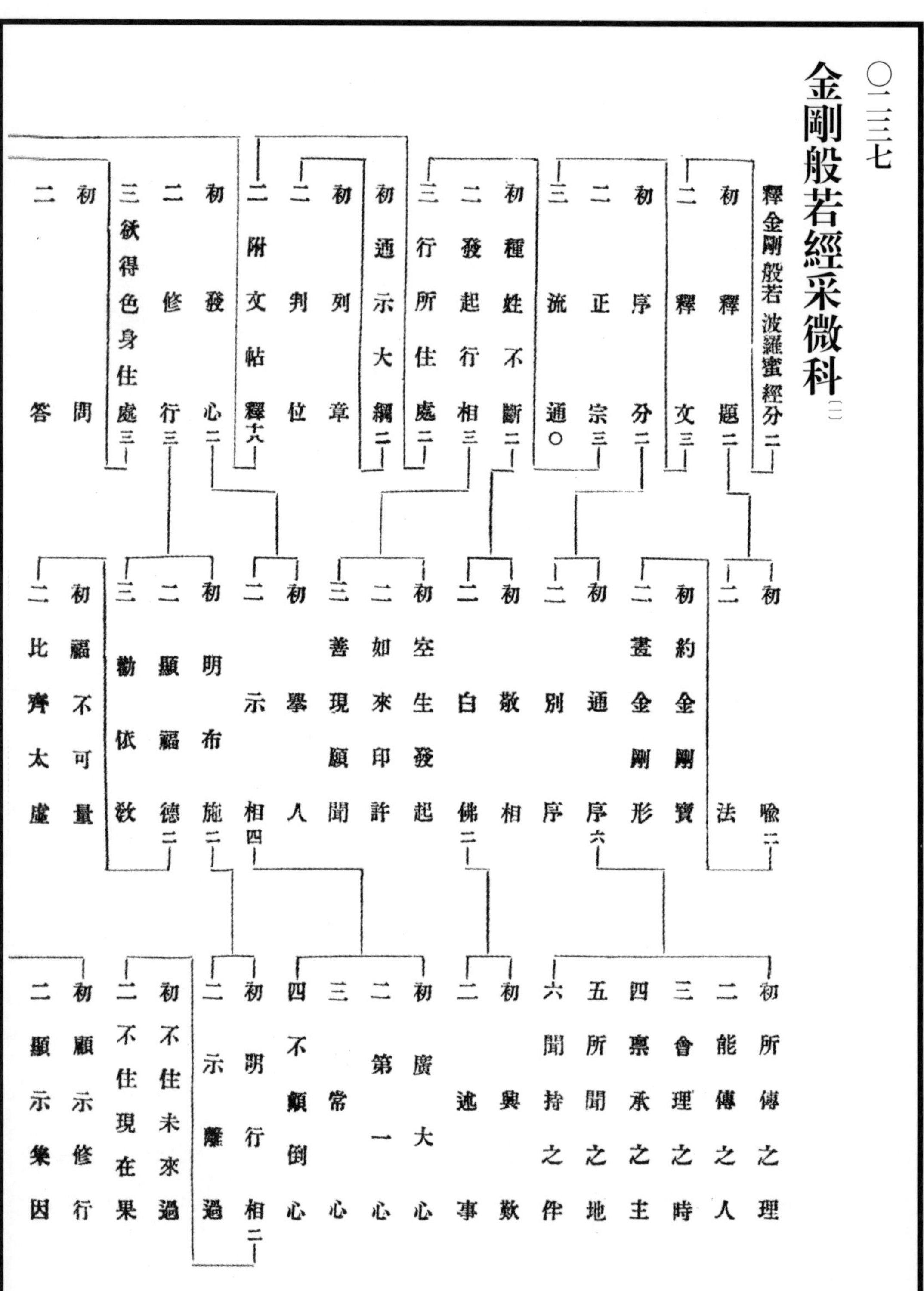

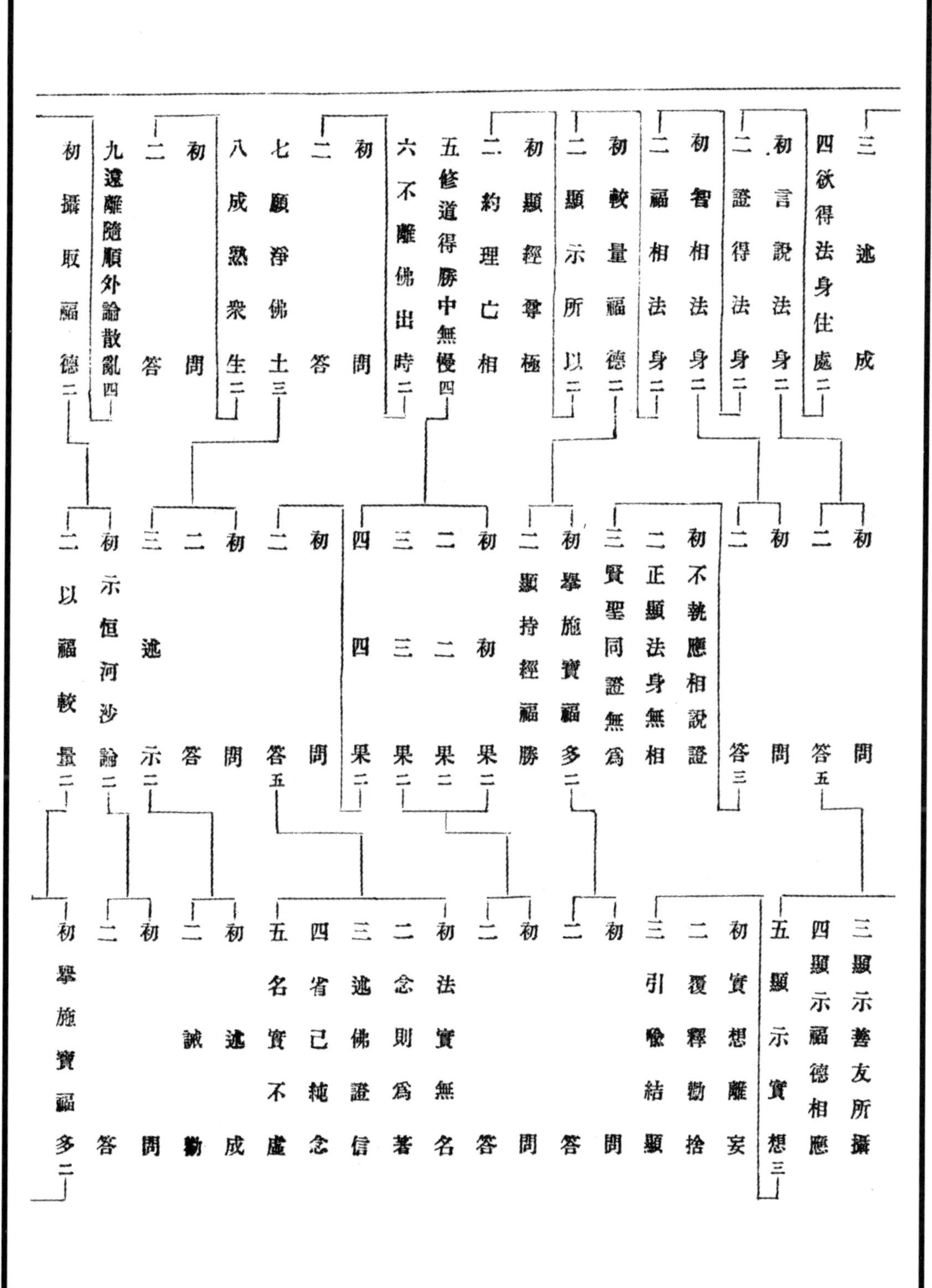
三　述成
四欲得法身住處二
初言說法身二
二證得法身二
初智相法身二
二福相法身二
初較量福德二
二顯示所以二
初顯經尊極
二約理亡相
五修道得勝中無慢四
六不離佛出時二
初問
二答
七願淨佛土三
八成熟衆生二
初問
二答
九遠離隨順外論散亂四
初攝取福德二
初問
二答五
初問
二答三
初不執應相說證
二正顯法身無相
三賢聖同證無爲
初舉施寶福多二
二顯持經福勝
初　初果二
二　二果二
三　三果二
四　四果二
初問
二答五
初問
二答
三述示二
初示恒河沙論二
二以福較量二
三顯示善友所攝
四顯示福德相應
五顯示實想三
初實想離妄
二覆釋勸捨
三引喻結顯
初問
二答
初問
二答
初法實無名
二念則爲著
三述佛證信
四省己純念
五名實不虛
初述成
二誡勸
初問
二答
初舉施寶福多二

二人天供養二
三雖作
四起如來等念二
初三寶同体
二空生問名二
十色及衆生身摶取中觀破名色二
初破色身影像二
二破衆生身影像
十一明供養如來二
十二遠離利養起精進二
初較量福利二
二重法歎人二
初重法
二歎人二
十三忍辱相二
初能忍三
二離不能忍二
初總相
二別相三
十四離寂靜味五

初舉分說
二況具持
初問
二答二
初立名
二受持二
初細末方便二
二不念方便
初問
二答
初舉事福之相
二顯法利之勝
初正歎二
二述成二
初如所能忍
二忍相
三種類忍二
初流轉苦
二衆生相違苦
三乏受用苦

二顯持經福勝
初問
二答
初離執
二審問二
初問
二答
初問
二答
初聞經信解
二信解無相
初通約信心歎二
二別約來世歎二
初寄後勸現
二效學諸佛
初聞經生信
二所說勝上
初極苦忍
二相續忍
初捨身數多

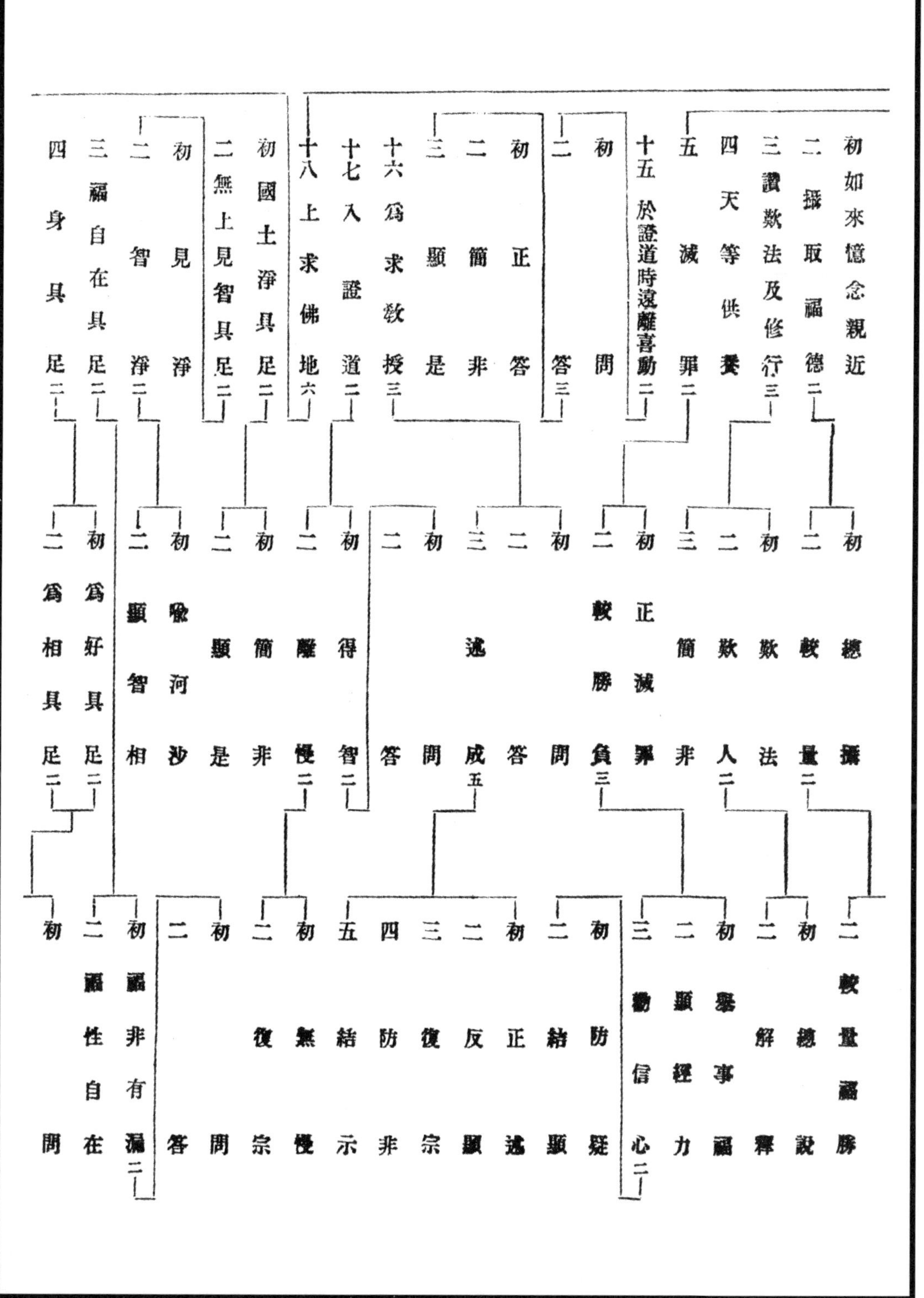
初如來憶念親近
二攝取福德二
三讚歎法及修行三
四天等供養
五滅罪二
十五於證道時遠離喜動二
初問
二答三
初正答
二簡非
三顯是
十六爲求教授三
十七入證道二
十八上求佛地六
初國土淨具足二
二無上見智具足二
初見淨
二智淨二
三福自在具足二
四身具足二
初總攝
二較量二
初歎法
二歎人二
三簡非
初正滅罪
二較勝負三
初問
二答
三述成五
初問
二答
初得智二
二離慢二
初簡非
二顯是
初喻河沙
二顯智相
初爲好具足二
二爲相具足二
二較量福勝
初總說
二解釋
初舉事福
二顯經力
三勸信心二
初防疑
二結顯
初正述
二反顯
三復宗
四防非
五結示
初無慢
二復宗
初問
二答
初福非有漏二
二福性自在
初問

五語具足三
六心具足六
初爲念處二
初問
二答
二爲正覺二
三爲施設大利法二
四爲攝法身二
初顯法身二
二遮偏取
初誡問善現四
二正示法身
五爲不生死涅槃二
六爲行住淨二
初破執二
初威儀行住二
二名色觀行住三
二破見二
初破計二
二顯正

初正示
二反顯
三復宗
初問
二答二
初較量法利二
二實相除情四
初以應相問
二以相事答
三以唯体難
四以唯体解
初爲不住涅槃二
二爲不住生死二
初較量得忍
二顯示不住二
初防非
二顯正
初問
二答

二答
初爲多羅語
二爲佛陀語
初顯示菩提二
二顯示菩提
初舉施福
二顯法利
初法界無染
二成教由緣
三隨情稱我
四隨智俱實
初防非
二顯正
初點示
二重審
初觀破色身二
初細末方便
二無所見方便
二觀破名身
三竝説摶取

○第三流通分二
初流通無染二
初說法無染
二流轉無染
二四衆奉行

金剛般若經采微科終

校勘記

〔一〕底本據《卍續藏》。

○二三八

金剛般若波羅蜜經采微（一）

金剛般若波羅蜜經采微卷上 癸未坐制於白雲菴，再考詳定，見有此注，方可傳焉

錢唐釋曇應述

决群疑而起行，益品彙以無私，陶育聖凡，範圍空有，寧越《金剛般若》哉？無著因定得偈，天親受頌成文，非兜率慈尊，孰開荒至教？但斯經也，詞源渺浩，義海沖深。僧佉阿僧佉，此云無著。重著論以抗行，吴興復撰疏而贊述。對經考論，已盡幽玄，尋疏證經，未爲全當。科判雖準繩有在，解釋則義理乖違。於是不得已，管窺天台義意，摸論大塗，校彼伸明，是非别矣。仍取天親補助，及今古優長，故曰采微。蓋采摘他歷切衆妙，直注于經，庶閲者易解耳。

旹紹興壬子仲春二十有三日，寓思溪蘭若敘。

金剛般若波羅蜜經

釋經爲二。初釋題，二釋文。釋題者，懸覽一經大義，以釋首題。大義者，五重玄義，所謂名、體、宗、用、教相也。初釋名，則喻法爲名，金剛是喻，般若等是法。金剛者，無著論釋有二意，一約金剛寶，二約畫金剛形。且約金剛寶者，此寶出天竺國，梵語跋折羅，亦名斫迦羅。此云金剛，謂金中精堅者也。剛生金中，百鍊不銷，可以切玉，取以堅利能斷壞萬物，如般若能斷萬惑，故以爲喻。吾祖云，般若如金剛，隨所擬皆碎。無著云，能斷者，般若波羅蜜中，聞思修所斷，如金剛斷處而斷。若爾，如《大品》等

諸般若，莫不皆有能斷之力？何獨此經以金剛爲喻？答：良以此會之前，《大品》等席，佛悉令衆生，住是般若，故使佛種性不斷，而護念付囑。且聞者必疑，般若乃果，佛所住之法，衆生垢重，當云何住？是折伏散亂，衆雖伏疑，未由開決，空生至此，爲衆斷疑故，述昔興歎，問降住事，佛爲釋疑故答。則令住是般若者，如金剛能斷煩惱。故論云，下去論云，無著論也。此小金剛波羅蜜，以如是名顯勢力，以如是金剛之名，顯般若勢力，故知。絓是般若，皆有是力。此既諸般若之釋疑經，是故金剛二字，文雖出此，義實通爲諸般若之作譬，由是持説者，福重功深。二約畫形者，如論云，又如畫金剛形。初後闊，中則狹。如是般若波羅蜜中狹者，謂淨心地；初後闊者，謂信行地、如來地。此顯示不共義也。釋曰，則力士金剛之杵，有摧物之功，可譬此經地位。是以一十六住，總名信行地。

第十八上求佛地，名如來地。上求佛地中，復有六種具足，於第六心具足中，又有六義，如是則初後闊。中間唯第十七入證道一住處，名淨心地，所謂狹也。故如金剛形。而特言畫者，以此間無此寶，但傳畫像，故云耳。此意既擬地位，則別在茲經論。所謂顯示不共義者，則顯初意，與諸般若共也。般若者，或有翻，名智慧；或無翻，以生善故。孤山謂，不云智慧者，良以般若天言，智慧人語，天言尊重，人語輕薄，意存生善，由來不翻。今言般若，必具三種，謂方便般若、觀照般若、實相般若，則總題以冠別文。故文文之下，皆具三種，可以意知。疏云，準《大論》有二種般若，謂世間般若、出世間般若。世間者，但於俗諦而求滿智；出世間者，即於布施持戒等。心無染著，乃至攝心散心，不可得故。當知三藏多修世間般若，如劬嬪大臣分地息諍，即其事也。摩訶衍門，正修出世間般若，以觀布施等因緣即空，性相叵得故。又衍門中，有共、不共般若。復通部教，約部則《方等》般若名共，由共二乘故，《華嚴》名不共，此經不入二乘人手故。若約教，則別在第四時。由般若部通三教，通教則三乘同學，名共教。別圓則二乘不聞，名不共教。荊溪云，故此二共俱共二乘，即部教二共也。此經正當約教，非約部義。問，約教則《方等》，具有四教，亦應受共不共名，何故別在第四時耶？答，荊溪云，以《方等經》，多順彈訶，共義稍疎。問，共不共二種般若，爲一座同聞，爲異席說？若一座，別圓亦共二乘，若異席，般若通被三教？答，諸部般若，通被三教，則二乘同座。雖聞別圓，聞而不解，無受潤因，狀當聾啞。故釋籤云，諸部般若，以但不但二種中道不共之法，共二乘說。若爾，但是共說，不與共證。波羅蜜，此翻到彼岸，又云度無極，或云事究竟。經者通名也，梵語修多羅，義翻爲經，蓋經由聖人心口故稱經。無翻亦名經，蓋此方聖人所說。六籍稱經，以此代彼，法王所說，亦稱經也。天台解經，凡約三種，謂教、行、理。經云，書寫讀誦者，即教經也；信解受持者，即行經也；諸佛菩薩從此經出者，即理經也。雖約三種，首題稱經，唯能詮教經，行、理即教下所詮也。天台云，外國種修多羅，聖教之都名。荊溪云，一代教法，皆名爲經。此釋名竟。若餘四章，則實相爲體，一經所詮故。檀波羅蜜爲宗，檀義攝六，一經所修之要故。破人法二執爲用，文文蕩相故。摩訶衍爲教相，熟酥味故。若就首題，則總三般若爲名。觀照乃當其宗，實相方便，體用可知。所謂釋名，總此三法，體、宗、用分對三法。三一總別，斯之謂歟。

△二釋文。今依無著一十八住科判經文，其餘細目，盡從論解。此外或補以疏家，亦隨宜裁酌，有理存焉。問：無著菩薩，入日

光三昧，上昇兜率，親於慈氏尊處，受八十頌，何意復造論，作一十八住釋經？答：八十頌，但直頌經文，未有科判，則行位次第，其旨未明。由是別造論伸通。問：八十頌，分二十七斷疑生起，血脉宛順，何無階次？答：分文科判，意出天親，無著但得其頌。問：二論可會同不？答：不須。以經意多含，各取義釋。此經三分分文，從如是至敷座而坐，是序分；從長老須菩提在大衆中去，是正宗分。若如疏家，以此文分屬別序者，別序乃表發正宗。若非所表，序義不成。今以此文屬正宗者，從座而起，雖未彰言，事必屬正，離座由請法故。三從須菩提若有人去，是流通分。論謂不染行住，即弘通無染也。且序有通別之異：通序則三世道同，以今佛一期大小衆經，悉安如是等語故；別序則教門機別，而經經由藉悉異故。且通序者，佛臨涅槃，阿難以四事請問，佛令一切經初，悉安如是我聞等。覩此等語，信是佛説，故曰證信序。或云經前序，如來付囑一切經前，令安是語故；或云經後序，結集時方安故；或云破邪序，對破外道阿歐故。此經前具有六事，則離佛及處也。就此分六。

△初所傳之理。

肇師謂，如是者，信順之辭。信則所聞之理會，順則師資之道成。《大論》云，如是義者，即是信。若人心中有信清淨，是人能入佛法；若無信，是人不能入佛法。不信者，言是事不如是；信者，言是事如是。無信者，譬如牛皮未柔，不可屈折；有信者，譬如牛皮已柔，隨用可作。復次，經中説信爲手，如人有手，入寶山中，自在取寶。有信亦如是，入佛法寶山中，自在所取。無信如無手人，入寶山中，非但不能取寶，以無手故，動轉反爲寶之所傷。無信亦如是，入佛法寶山，非但無所得，以無信故，謗法墮苦。是則以有如是信故，乃有所聞。吾祖謂，如是者，乃一部所聞法體也。

△二能傳之人。

我聞。

肇師云，明出經者親承聖旨，無傳聞之謬。然阿難當結集時，見愛已除，二我都盡。今稱我者，以傳法故。隨順世間，假名稱我也。聞者，《大論》謂，耳根不壞，聲在可聞處，作意欲聞，則根塵意和合，故有聞也。《大論》云，隨俗説我，和合稱聞。然阿難結集時，登高座已，大迦葉執尼師壇，禮敬殷勤，如佛無異。大衆覩此，各懷疑情。且迦葉既爲四衆而作依止，非佛不爾。今禮敬如此，莫釋尊重出耶？或疑，莫他方佛來耶？或疑，高座阿難，莫阿難成佛耶？故知三疑競起，由迦葉禮敬而生。一稱我聞，知是結集敬法故禮，則三疑頓息。自舊或云權疑，爲啟當來誠信故。若爾，只應疑阿難作佛，何須此二疑耶？或謂實疑，以阿難登座，形容似佛，衆不識故疑。若爾，只應疑釋尊重出，與他方佛來，何須疑阿難成佛耶？然則今説權實如何，須知既由迦葉禮敬，事反常情，衆遂生疑，乃實疑也。

△三會理之時。

一時。

合云某年月日，由彼土三際，此方四時，歲令不同，不可飜譯。但以説經始末，總云一時，則四衆感教得益之時也。

△四稟承之主。

佛。

《大論》云，佛陀，此云知者。知何等法，謂三世衆生數，非衆生數、常、無常等。一切諸法，菩提樹下，了了覺知，故名佛也。然只樹下一佛，隨四教之機所見，則四佛色相不同。今是衍經，且論三佛。

△五所聞之地。

在舍衛國。

在者，住也。舍衛，正云室利羅筏悉底，訛言舍衛，亦舍婆提。新翻豐德，謂國豐四事，一財物，二欲塵，三多聞，四解脱。舊翻聞物，《十二遊行經》云，無物不有，天下聞之，故曰聞物。《大論》云，佛知恩故，多住王舍城及舍婆提。以報生身地恩，故住舍婆提；以報法身地恩，故住王舍城。法身於生身勝故，二城中，多住王舍城。問：經説生迦毗羅國，何故論云生舍婆提耶？答：《西域記》云，迦毗與舍衛相鄰，同是中印土境，故此言之。問：迦毗羅國，是佛生處，何故不多住耶？答：《大論》云，佛初還國，迦葉兄弟千比丘，本修婆羅門法，苦行山間，形容憔悴。父王見之，以此諸比丘，不足光飾世尊，即選諸釋貴人子弟，兼又壯户，遣一人强令出家，有善心樂道，有不樂者。此諸釋比丘，不應在本生處。何以故？既未離欲，若近親屬，必染著心生。爲護此輩故，不多住迦毗羅國。

祇樹給孤獨園。

祇樹者，梵語祇桓，亦名祇陀。正言逝多，此翻戰勝，波斯匿王太子也。《法鏡經》：目爲勝氏樹焉。給孤獨，梵語須達多，此云給孤獨，亦名善施。以此長者仁慈，常給濟孤獨，善能行施故，國人以此稱之。《南山靈感傳》云，祇桓寺基址，東西僅十里，南北七里餘七十步。初須達詣太子買園，太子言，能以金布地，令間無空，便當相與。須達曰，諾，隨其價。太子言，戲語耳。須達言，不應妄語。即共與訟。時首陀會天，化作人與評言，太子法，不應妄語。價既已決，不宜中悔。太子遂與之。便使人象負金出園，須臾欲滿，餘殘少地。須達思惟，何藏金不多不少，當補滿足。祇桓問言，嫌貴買之？答，不也。自思何藏者可足，當補滿之。祇桓念言，佛必大德，能使斯人輕寶乃爾。齊此且止，勿更出金，園地屬卿，樹木屬我，我自上佛。乃至起立精舍，爲佛作屋，以妙栴檀用爲香泥。別房住止，千二百處。凡百二十處，別犍巨寒切。稚。音地，此方擊鍾板也。施設已竟，請佛而住。佛告阿難，今此園地，須達所置，林樹花菓，祇桓所有。二人同心，共立精舍，應當號祇樹給孤獨園。先君後臣，禮也。

△六聞持之伴。

與大比丘衆千二百五十人俱。

與者，共也。大者，歎德也。《大論》謂，摩訶衍，翻大多勝。大者，天王大人所敬故；多者，通四韋陀及三藏典故；勝者，勝九十五種外道故。譯者從一，且云大耳。比丘者，或有翻言除饉，衆生在因，無法自資，得報多饉乏，出家戒行，是良福田，能生物善，除因果之饉，或無翻名。今三義，謂乞士、破惡、怖魔。不仰、不下、不方、不維，離此四食，次第行乞，清淨活命，故名乞士。戒禁七支，禪鏁心猿，怖無常狼，除煩惱脂，是名破惡。修此法故，天魔惱毒，慮其出境，復恐度人，是故愁怖。雖有三義，破惡爲本。衆者，準諸經，皆有衆字，四人已上和合爲衆。千二百五十人俱者，三迦葉兄弟，共一千人。舍利弗、目犍連共二百五十人，師徒歸佛，俱爲弟子。《大論》問：此諸比丘，何故常隨世尊？答：如病者得差，常隨大醫，如衆星拱月，顯佛德尊。諸經同聞，故此偏舉。

△二別序。

爾時世尊，食時著衣持鉢，入舍衛大城乞食。

此序，發起一經也。世尊者，十號具足，爲世所尊。食時者，午前也。《毗羅三昧經》，佛爲法慧菩薩，說四食時，早起諸天食，日中三世佛食，日西畜生食，日暮鬼神食。著衣者，著僧伽梨。持鉢者，持四天王所奉鉢。入城者，園在城外五六里，既欲乞食，故須入城。是則佛自行乞，有六益故，一爲盲者得見故，二爲女人、爲父母障礙者得見故，三令病者得見故，四作軌範故，五除慢，凡所見無輕慢故，六示天王鉢故。《寶雲經》謂，得食分爲四分，一擬與同梵行人，二擬施貧病乞人，三施水陸衆生，四自食。

於其城中，次第乞已，還至本處，飯食訖，收衣鉢洗足已，敷座而坐。

次第乞者，《善見論》云，過去諸佛，皆次第乞食，無有選擇。收衣鉢等者，洗足理須收衣。洗足者，如云洗手曰盥，洗頭曰沐，洗身曰浴，洗足曰洗。音銑。然何故，先食後洗足？當知乞食還恐過時，所以且食，食訖方洗足。如《僧祇律》云，午時日影過一髮一瞬即非時。敷座而坐者，論云，世尊何故，以寂靜者威儀而坐？顯示唯寂靜者，於法能覺能説，以福智具故。能覺能説，但教不徒興，顯示趺坐，以待問者。然何故斯經以乞食爲興致？須知次第行乞，表不住相，食訖示坐，表居寂理。又乞食爲齋。齋，齊也，齊心物境，以表正宗，六度萬行，心境均齊。有約三學表對者，何經不詮，此太通漫。

△二正宗。依論有七義句，今準前三句，分文爲三，一種性不斷，二發起行相，三行所住處。初又二，初敬相。

時長老須菩提，在大衆中。

長老，《阿含》中，佛言，諸比丘，從今稱長者爲大德，少者稱長老。長老之稱，未必年老。故《大論》引偈云，所謂長老相，不必以年耆；形瘦鬢髮白，空老内無德；斥非。能捨罪福果，精進行梵行；已離一切法，是名爲長老，顯是。蓋美其德業耳。縱是年耆，内若無德，亦號年少。如《四分律》云，阿難頭白，而迦葉號爲年少。今所稱者，乃德長年老，二具美矣。須菩提，此翻空生，亦曰善現、善吉，以生時家中倉庫篋器皆空，占者謂之，所現之相，既善且吉，從此立名。然倉庫一空，何名吉耶？當知生時暫空，隨即如故。是則雖空，須用即足，以表後解第一義空，雖空而具足諸法。

即從座起，偏袒右肩。

　袒有二，若此方有袒，蓋以謝罪。如《左傳》，楚子圍鄭，鄭伯肉袒牽羊，即其事也。若彼方有袒，蓋以禮儀，弟子事師，或至師所，必袒右覆左，恐師有指示，執作便易故。

右膝著地。

　《文殊問經》云，右是正道，左是邪道，用正去邪。《白虎通》曰，天左旋，日月五星右行，故隨順世間，以右膝著地。若論所表，膝表於行，地表於理，以行契理，故膝著地。

合掌恭敬。

　合掌如世斂手，則表敬也。肇師云，請法之相。

　△二白佛。又二，初興歎。

而白佛言，希有世尊。

　應知此會之前，已聞諸般若，故伏疑在懷，未由開決。覩此示坐寂靜，必知欲垂法於無窮，爲顯其當得此般若佛種不斷義故，上座須菩提，經初興歎希有世尊。

　△二述事，述爾前見聞事。

如來善護念諸菩薩，善付囑諸菩薩。

　善護念者，若已熟菩薩，佛即護念，以善巧力，防護憶念，恐失善利。善付囑者，若未熟菩薩，佛則付託囑累，已熟菩薩，於未來世中，以般若而成熟之。是故如來護念付囑，使佛種性，永永不斷。菩薩者，天竺梵音，摩訶菩提質諦薩埵，今略其餘，但云菩薩。此翻大道心成衆生，亦云開士，亦云大勇心等。

　△二發起行相。空生從座而起，先敬讚已，後方請問，禮也。於此爲三，初空生發起。

世尊，善男子、善女人，發阿耨多羅三藐三

菩提心，云何應住？云何降伏其心？

阿耨多羅，此云無上。三藐三，此云正等。菩提，此云覺，則無上正等覺心，發是心者，方行般若。向雖伏疑，令[三]方啟問，一經行相，由茲而生。論云，何故須菩提問也？有六因緣，一爲斷疑故，二爲起信解故，三爲入甚深義故，四爲不退轉故，五爲生喜故，六爲正法久住故。此經正爲斷疑，若有疑者得斷故，爲未熟菩薩。聞多福德，於般若起信解故，爲已熟菩薩。入甚深義故。已得不輕賤者，令精勤心，不復退轉故。已得淨心者，令懽喜故，能令未來世大乘教久住故。以是因緣，空生問也。云何應住者，謂欲願故。降伏其心者，謂折伏散亂故。於中，欲者正求也，願者，爲所求故，作心思念也。折伏散亂者，若彼三摩鉢帝心散，制令還住也。問：諸譯於云何住後復有云何修行一句，此譯何無？答：般若深法，果佛所住，菩薩欲願住此，發起弘誓。既知發心，必須起行。住中義具，故此略之。

△二如來印許。

佛言，善哉善哉！須菩提，如汝所說，如來善護念諸菩薩，善付囑諸菩薩。汝今諦聽，當爲汝說。善男子、善女人，發阿耨多羅三藐三菩提心，應如是住，如是降伏其心。

善哉者，論云，以善問故，於上座須菩提所，應稱善哉，則三乘行異，唯問菩薩，上合佛心，其問則善。《大論》云，須菩提，好行無諍定，常慈悲衆生，雖不能廣度衆生，而常助菩薩，以菩薩事問。佛再言善哉者，善之至也。汝今諦聽等者，欲酬所請，誠[三]令諦聽，應如是住般若，如是降伏其心，此當爲汝宣說。

△三善現願聞。

唯然，世尊，願樂欲聞。

唯然者，禮對也。謝公云，慈戒許說，敬肅傾心。

△三行所住處。自此分文爲一十八住，先且通示大綱，其次逐段帖釋。初通示大綱又二，初列章，二判位。初列章者，初發心，二修行，三欲得色身住處，四欲得法身住處，五修道得勝中無慢，六爲不離佛出時，七願淨佛土，八成熟衆生，九遠離隨順外論散亂，十觀破名色，十一供養如來，十二遠離懈怠，十三明忍辱，十四與法相應，十五於證道時遠離喜動，十六爲求教授，十七爲證道，十八上求佛道。論中又一時總作八住處。故論云，略爲八種，亦得滿足。一攝住處，二波羅蜜淨住處，三欲得住處，四離障礙住處，五淨心住處，六究竟住處，七廣大住處，八甚深住處。且攝住處即發心，淨住處即修行，此二因也，欲得即色身、法身果也。此總示因果，若離障礙，則該十二住。別明行相，是因也，淨心究竟，即證道佛道，此果也。餘二則横徧一經，顯般若廣大甚深也。故知，以八住處，總攝十八者，欲顯示總別兩番因果之義耳。△二判位。此十八住，生起次第，隨文辯示。此不預陳，避繁文故。若判地位者，然十八住，住即是地，乃所依義，何以復約地位判釋？當知，十八住行位階次，通受住名，所以別約三種地。判釋者以前十六住，未破無明，總判其位，名信行地，第十七破無明入證道，名淨心地，第十八上求佛地，即如來地。是則經意總略，論作三種地判，義該別圓，不必更以餘途對位也。然第十五證道時遠離喜動，與第十七證道住處，同異若何？答：疏謂此經，兼含兩教，一往觀文，似唯別位，以通指地前爲信行故。若作圓位，初住證道，猶名信行者，如起信，明初發心住，名信成就發心。今謂不然，與論有違。一者論自云，證道時遠離喜動，所以將入證道，恐起喜動心生，自取見則障於道，故須遠離。是則由離喜動，方入證道，未可便作圓證道

說。二者，以八住處，從第五修道得勝中無慢，至第十六爲求教授，總此十二，爲八中離障礙住處攝，第十七證道，即八中淨心住處。是則由離障故，心淨入證道也。若未入證，猶是似道，故名信行地。以是故知，第十五顯是別圓内凡之位，與第十七證道，乃真似不同，行位次第，義甚明白，何固昧耶？問：般若滿字，應通三教，論何判位但在別圓？答：荊溪云，故至般若唯須此二。明不共者，說部意也。意雖不共，猶有方等新受小者，至此須通。亦有衍門旁得小者，是故兼用。故知，論約部意，明位唯在別圓，若約法收機，則義通三教。以位驗教，如下文四果，即其事也。

△二釋文，分爲一十八段，初發心爲二，初舉人。

佛告須菩提，諸菩薩、摩訶薩，應如是降伏其心。

疏云，略舉降伏，必兼於住，以其破□，定須觀理，故下文明修行。後結云，但應如所教住，此亦舉住必兼降伏，以其觀理，即能破惑故。論中，住與降伏，皆同時釋之，是故經文影略互舉耳。△二示相。如偈云，廣大第一常，其心不顛倒。利益深心住，此乘功德滿。準此分文爲四，初廣大心，以心徧法界，故廣大也。

所有一切衆生之類，若卵生，若胎生，若濕生，若化生，若有色，若無色，若有想，若無想，若非有想非無想。

一切衆生，總舉也。胎、卵、濕、化等，別相也。《論釋》謂，受生依止境界所攝差別，然約三類，共攝一切衆生。初受生，則隨業受生，即四生也。義雖通上，一往且指四趣、四洲及六欲。二依止，雖通下界，且以色、無色定爲依止，則四禪爲有色，空處爲無色。三境界者，青龍謂，舉境顯心，以心想難知，故舉境界以顯於想。《瑜伽論》即云，依心差別，建立有想等三種有情，謂識處爲有想，無所有處爲無想，有頂霎非。

△二第一心。

我皆令入無餘涅槃，而滅度之。

我指發心之者，上胎卵等一切衆生，並入弘誓願數，皆以無餘涅槃第一勝法，而滅度之。此蓋菩薩之本任，此中對治不發心，不度衆生，是邪行者也。

△三常心。

如是滅度無量無數無邊衆生，實無衆生得滅度者。

如是滅度，牒前第一心，無量無數無邊衆生，牒前廣大心。實無衆生得滅度者，此明菩薩一體大悲，觀取衆生，猶如己身，衆生得度，如自身得度，豈見有可度者。故云實無。

△四不顛倒心。

何以故？須菩提，若菩薩有我相、人相、衆生相、壽者相，即非菩薩。

若菩薩，於一切衆生所起他想，轉非自體，謂有可度者，則存能所之共，有我人分別之見，即非菩薩。爲欲審是，所以斥非我、人等相者。論云，於中，取自體相續爲我相，展轉取餘趣非爲人相，我所取爲衆生相，我乃至壽住，取爲命相。釋曰，取自體内識陰爲我相，取餘趣非人爲人相，計我所四陰，續前識陰，五陰和合，爲衆生相，計後壽命爲壽者相。

△二修行，且前發心自可以酬其問。既知發心，必須行行，以行填願，所以更示行相，經云復次也。問：此下十七住望初發心，悉屬行相，何獨科此謂修行耶？答：一經所修六度之行，此中明布施，則具攝六度，通示一經行相，故云修行。疏謂檀義爲宗，雅合論意，今從之矣。分文爲三，初明布施，二顯福德，三勸依教。初又二，初明行相，

二示離過。初又二，初不住未來果。

復次，須菩提，菩薩於法，應無所住，行於布施。

菩薩住是相應三昧，及攝散心時，於波羅蜜法行布施，則了三事體空，一物，二施者，三受者。無非般若圓常之性，何所住著？故云應無所住行於布施，則三論皆約三種施釋。且偈云，檀義攝於六，資生無畏法。是中一二三，是名修行住。此是攝法，偈所謂一以資生攝布施，一故，二以無畏攝持戒忍辱，二故，三以法施攝精進禪定智慧，三故，故云一二三也。一資生施者，以等心而施，不有愛憎，如是則能資長大福報，故云資生施。二無畏施者，以持戒故，除慳惜心，隨其所乞，悉能施與，利益衆生，無所怯畏。以忍辱故，自除瞋恚，行於慈愍，心無穢濁，一切能捨，如下仙人即其事也。三法施者，若無精進，於受法人所爲説法時疲倦故，不能説法。若無禪定，則貪於信敬供養，及不能忍寒熱逼惱故，染心説法。若無智慧，便顛倒説法，多有過故。不離此三，得成法施。問：圓論六度互收，則度度六度，此何唯布施攝六？答：六度互收，蓋就理論，布施攝六，此從事説，是則就事明施，顯示所修，不住於相故。如論云，彼諸波羅蜜有二種果，謂未來、現在。未來果者，檀那得大福報，尸羅得自身具足，謂釋梵等，羼提得大伴助、大眷屬，毗離耶得果報等不斷絶，禪那得生身，不可損壞。般若得諸根猛利及諸悦樂，於大人衆中得自在等。若諸菩薩求未來果故行施，爲住事行施，如花酬果，則局心住相。是故經言，於法應無所住，行於布施。

△二不住現在果。

所謂不住色布施，不住聲、香、味、觸、法布施。

論云，若求現在果，信敬供養故行施，

爲住色、聲、香、味、觸行施。若求現法涅槃故行施，爲住法行施。故經云，不住色、聲、香、味、觸、法布施。論云不住行施者，即此不住爲安立第一義故。

△二示離過。

須菩提，菩薩應如是布施，不住於相。

論云，此爲顯示，謂相應三昧及攝散心。於此現、未二時不住相想，則不住有相，亦不住無相。以安住第一義故，不墮有無中。

△二顯示福德，又二，初福不可量。

何以故？若菩薩不住相布施，其福德不可思量。

論云，如是建立不住已，或有菩薩貪福德故，於此不堪。爲令堪故，世尊顯示不住行施，福德甚多，不可思量。

△二比齊太虛。

須菩提，於意云何？東方虛空可思量不？不也，世尊。須菩提，南西北方、四維上下虛空，可思量不？不也，世尊。須菩提，菩薩無住相布施福德亦復如是，不可思量。

論云，猶如虛空，有三因緣，一遍一切處，謂於住不住相中福生故；二寬廣高大殊勝故；三無盡究竟不窮故。以此比齊般若福性遍法界故，如太虛空遍一切也。高勝三乘偏狹者故，如虛空高大殊勝也。能趣佛果菩提故，如虛空無盡究竟也。

△三勸依教。

須菩提，菩薩但應如所教住。

△三欲得色身住處爲三，初問。

須菩提，於意云何？可以身相見如來不？

此以世諦爲問，由上二章是佛自說，以發心修行是因，因必尅果。將謂如來由修是因，至果得此身相，爲防彼謂成就此色身相見故，所以試問。

△二答。

不也，世尊，不可以身相得見如來。何以

故？如來所説身相，即非身相。

以第一義諦答如來色身應緣而有，乃非究竟。答云不也，則不可以色身相得見如來，而如來所説身相者，即法身非相也。此蓋指應即法，吾今此身，即是法身。

△三述成。

佛告須菩提，凡所有相，皆是虚妄。若見諸相非相，即見如來。

論云，即顯安立第一義，於中相成就爲虚妄，非相成就不虚妄。相成就三十二相，應相非真，皆是虚妄，非相成就。若見諸相非相，即見如來，不虚妄也。疏云，染、淨二法，是有通、别二惑，屬虚妄。既云凡所有相俱是虚妄，何分異解？此明應佛相，豈用染、淨二惑釋耶？問：色身住處，何以指應即法，相即非相？若爾，莫顯法身耶？答：應身法身，一體相即，但離偏計，須知非謂即法，除去應相，單指法身，謂之非相也。

△四欲得法身住處，爲二，初言説法身，二證得法身。初又二，初問。

須菩提白佛言，世尊，頗有衆生得聞如是言説章句生實信不？

由發心修行，至果成就身相，親聞於佛，信解則易。末世衆生神根淺薄，誠恐聞之信解尤難，託物致問，故云頗有衆生等。聞是章句者，論云，所説七種義句於不顛倒義想，是謂實信。應知如言執義，彼非實信，良以實信難得，所以問也。

△二答，爲五，初顯示修行。

佛告須菩提，莫作是説，如來滅後後五百歲，有持戒修福者，於此章句能生信心，以此爲實。

莫作是説者，遮所問也，謂如來滅後，有如是能生信者故也。後五百歲者，《毗尼母論》直列五百，第一百年解脱堅固，第二百年禪定堅固，第三百年持戒堅固，第四百年多聞堅固，第五百年布施堅固。《大集》有五箇五百，第一至第四，事同《母論》，唯第五百云鬪諍堅固，故知今文以《大集》爲正。如義淨譯本云，於未來世正法滅時等。正法滅時，即後五百歲時。《寶積經》云，若於末世後五百歲正法滅時，佛及法寶及持法者三不現前。持法者，即僧寶，乃三寶隱没之時。有持戒修福者，福是六度初門，戒是定慧之本，是則滅後有具持福者，可以受道，能生信心耳。

△二顯示集因。

當知是人不於一佛、二佛、三、四、五佛而種善根，已於無量千萬佛所種諸善根，聞是章句，乃至一念生淨信者。

植佛既多，顯善根深植，則集因勝也。《大品》中須菩提問佛，是深般若，誰能信解？佛言，有菩薩先於諸佛所久修六度，善根成熟，供養無數百千萬億諸佛，常與善知識相隨，是人能信。須菩提又問，信般若者，有何等相，何等貌？佛言，欲恚癡斷離，是信相貌，且欲恚癡斷者，折伏散亂也，良由住是般若相應三昧時，能折伏散亂。住般若者，名爲生信。乃至一念生淨信者，信果上莊嚴身相，皆由無所得心而得成就。論云，此顯示集因，一心淨信尚得如是福德，何況生實相也？

△三顯示善友所攝。

須菩提，如來悉知悉見是諸衆生。

天親云，故知如來悉知便足，何故復説悉見？若不説悉見，或謂如來以比智知，恐生是心故。若爾，但説如來悉見，何故復説悉知？若不説悉知，或謂如來以肉眼等見。爲防是心，故須二語。《大論》云，言知言見，事得牢固，譬如繩二爲一，則堅牢也。且知見何等？論云，知者知名身，見者見色身，謂一切行住所作中，知其心，見其依止，與般若相應，是故感此所攝。

△四顯示福德相應。

得如是無量福德。

隨譯則云，生如是無量福德，取如是無量福德。論云，生者，福正起時故，取者，即彼滅時攝持種子故。須知生則集因，以集因滅時，攝持善體種子與緣因，福德相應也。今經但云得，不説因，以集因前已説故。

△五顯示實想，爲三，初實想離妄。

何以故？是諸衆生無復我相、人相、衆生相、壽者相，無法相，亦無非法相。

論云，顯示實想，對治邪取。想謂心想，若心有法、非法取，則非實相想也。疏云，法與非法，解者多途，如智者釋。法者，善惡假實之法也，非法者，無善惡假實之法也。故知有無之相，即真、俗二諦也。今謂不然，經明無法、無非法，蓋是捨著，則捨有無二邊之著，不應作二諦釋義，況智者所釋，自以有無二見釋法、非法。今具敘其文，以闢其非，仍從所解。故《止觀》云，法祇善惡兩心假實之法，若見有善惡假名及見善惡實法，蓋是著我、人、衆生、壽者。所言非法相者，若善惡假名是無，及見善惡實法是無，皆是著我、人、衆生、壽者。何以故？依無起見故。全文。故知大師約二見釋法、非法，明如於日。何云二諦？所言善惡者，蓋約六度六蔽起心分之，若見蔽度有善惡異者，是執假名，若見蔽度感善惡報者，是執實法。是故，見是假名與實法，名爲法相，若見爲無，則撥弃因果，名非法相。

△二覆釋勸捨。

何以故？是諸衆生若心取相，即爲著我、人、衆生、壽者。若取法相，即著我、人、衆生、壽者。何以故？若取非法相，即著我、人、衆生、壽者，是故不應取法，不應取非法。

若心取相者，覆釋成前，以前文云是諸衆生無復我相等者，由心住實想，不取相故無，反顯若心取相，即爲著我人等。若取法相者，成前無法相，反顯若取法相，即著我人等。何以故者，徵釋取法相。既著我人等，若取非法相，亦即著我人等。然何故復有我等取，當知由無明未斷故。論云，然於我想中隨眠不斷故，則爲有我取等隨眠無明識也。問：此中則與即如何？答：雖皆語辭，各有其義。則者，乃引上之辭，蓋總遮其莫起心，若其起心，則爲生著。即者，指法之辭，蓋示其起心之過。若也起心，取法相及非法相，即同有無二計，故云即著。即者，是也。是故不應取法等者，住般若者，應離分別，故云不應。此勸捨著心也。

△三引喻結顯。

以是義故，如來常説，汝等比丘，知我説法，如筏喻者，法尚應捨，何況非法？

如來常説者，指昔《阿含筏喻經》。彼經云，佛言，我説筏喻，尚捨是法，何況非法？今文借彼喻意，結顯如來説法無取。此中法，即假實之法，非法即無假實之法。是以教談因果，若起定執，此執成見，尚應捨之，況撥無因果，理不應故，豈不捨耶？故云，法尚應捨何況非法。論云，顯示菩薩欲得言説法身，不應作不實想，法、非法即不實想也。疏云，此文語勢，與前不殊，釋義不可一例。前以俗諦爲法，真諦爲非法。此中，應以四聖所修爲法，六凡所修爲非法。此不然也，蓋釋前法非法謬，至此文不能消通，遂作異途釋義，使文旨不貫。

△二證得法身，然雖法身本有，欲證必由福智莊嚴。今從能嚴，文爲二，初智相法身，二福相法身。初又二，初問。

須菩提，於意云何？如來得阿耨多羅三藐三菩提耶？如來有所説法耶？

此問空生若答如是者，世尊應有所得，隨自取見。若云不也，如來灼然得菩提果，説法度人。特設斯問，意在空生，若爲領解，佛所證得。

△二答，有三，初不執應相說證。

須菩提言，如我解佛所説義，無有定法，名阿耨多羅三藐三菩提，亦無有定法，如來可說。

説云無有定法者，上座須菩提，道佛意故，世諦故有菩提及得，是爲欲願攝持，以方便故，二俱爲有。若如世尊意説者，二俱無有。爲顯此故，經言如我解世尊所説義等。故知，空生解佛所説義故，以第一義法身體答，不約世諦應身，以應身隨緣，無有定實故。偈云，應化非真佛，亦非説法者。

△二正顯法身無取。

何以故？如來所説法，皆不可取，不可説，非法、非非法。

論云，由説法故，知得菩提，故於説法中安立第一義。於中不可取，謂聽者正聞時。不可説者，謂説者演説時，以依真如義故，無取無說。非法，謂分別性亡故。非非法者，彼真如法無我相有故。是則説法既爾得菩提。準知。所以經云皆者，兼具之詞也。

△三賢聖同證無爲。

所以者何？一切賢聖，皆以無爲法，而有差別。

論云，以無爲故，得名聖人。無爲者，無分別義也。若爾，何有差別？當知無爲若虛空，飛鳥有高下，故論釋有二種無爲。初無爲者，世諦約修，則三摩鉢帝相應，及折伏散亂時，則義該真似，是菩薩有學得名。第二無爲者，唯第一義究竟絶修，無上覺故，是如來無學得名，故云以無爲法而有差別也。自此已後，一切住處中皆顯以無爲故，得名聖人，應知前諸住處中未説無爲得名。

△二福相法身，文爲二，初較量福德，二顯示所以。初又二，初舉施寶福多，二顯持經福勝。初又二，初問。

須菩提，於意云何？若人滿三千大千世界七

寶以用布施，是人所得福德寧爲多不？

論云，三千大千七寶布施等，云何顯示？即彼所有言説法身，出生如來福相，至得法身，良由般若導達，事理合行，能生福相法身者也。三千大千者，《倶舍》頌云，四大洲日月，蘇迷盧欲天。梵世各一千，名一小千界。一四洲同一日月，一蘇迷盧乃至一六欲天、一初禪天，名一世界。如是千世界同爲二禪天所覆，名小千界。此小千千倍，説名一中千。復次一千小千，名一中千。其間總有十億初禪，一千二禪，同爲三禪所覆。此千倍大千，復次，一千中千，名爲大千。其間總有萬億初禪，十億二禪，一千三禪，同爲四禪所覆。皆同一成壞。四輪所成，三災所壞，火至初禪，水至二禪，風至三禪。七寶者，金、銀、琉璃、頗梨、硨磲、瑪瑙、赤真珠。云云。

△二答。

須菩提言，甚多，世尊。何以故？是福德即非福德性，是故如來説福德多。

疏云，是福德者，事福也，即非福德性者，事福本空也。是故如來説福德多者，雖空而假也。此説不然，若云事本空者，且空無四性，不應曰非也。今謂是福德者，如來二嚴中福德相也。即非福德性者，論云，此遮增益邊，以無彼福聚分別自性故，顯示般若蕩相，空無福聚自性也。是故如來説福德多者，論云，此遮損減邊，彼不如言辭有自性而有可説事。以如來説福德多，雖無言辭，以世諦故，如來説福德多，則離二邊增減之失，顯住中道。故論云，以此福聚攝取福相法身，由藉般若導達，乃攝取如來福相法身，則顯此經福勝。故下較量，斯之謂也。

△二顯持經福勝。

若復有人，於此經中，受持乃至四句偈等，爲他人説，其福勝彼。

論云，乃至説一四句偈，生福甚多，況復如來所有福相，至得法身。論云，其福者，此爲説相，顯示福相法身故。勝彼者，顯示欲願攝持故。又云，對治福不生故，對治事福，不能出生福相法身也。偈云，福不趣菩提，二能趣菩提。事福暫報天樂，福謝元是苦因。不趣菩提，自行受持，爲人演説，此二乃般若了因，能趣菩提也。四句偈者，《增一》集云，隨舉經中要偈，如四諦之流。疏云，但詮合實相印者，至於極少，首題一句，受持與説，得福皆勝，且舉四句爲況耳。實相印者，如智者云，此大小印，印半滿經，外道不能雜，天魔不能破，如世文符，得印可信。身子云，世尊説實道，波旬無此事。《大論》云，諸小乘經若有無常、無我、涅槃三印印之，知是佛説，修之得道。無三法印，即是魔説。大乘但有一法印，謂諸法實相，名了義經，能得大道。無實相印，斯乃魔説。然大小乘談印，蓋約部類以分大小，聲聞經是小，諸大乘經是大。大乘部中雖有通別兩教，以通別無別部帙，乃取部主勝説，唯就圓談一印。

云云。問：阿難佛臨涅槃，在娑羅林外爲六萬四千億魔所惱，諸魔自變形爲如來，乃至能説初地之法十二部經三十七品，唯不能説圓頓法門，以圓頓非其境界故。是則既説別教已還法門，莫須詮印，何云外道不能雜，天魔不能破？答：魔雖説十二部經，而内無所證，所説無詮，聞者豈能得道？故妙立[四]云，魔雖不證別異空假，而能説別異空假，魔不證故，顛倒而説。但有其言，言中無旨。若爾，阿難何以不識？如荊溪云，阿難無定力故，爲魔入骨故，雖覺知是魔，欲起欲語，都不從意。

△二顯示所以，爲二，初顯經尊極。

何以故？須菩提，一切諸佛及諸佛阿耨多羅三藐三菩提法皆從此經出。

論云，以何因緣於言説法身中，如是説一四句偈，能生多福？爲成就此義故，經言諸佛及菩提法從此出生故。當知，般若是名佛母，《大品》云，佛從般若中學得一切種智及相好身。

△二約理亡相。

須菩提，所謂佛法者，即非佛法。

論云，世諦故，言佛出生，以有菩提故，即此二並故，名爲佛法。以菩提及佛故，第一義諦即非佛法。

△第五修道得勝中無慢。論云，如前略説八種住處，已下十二總名離障礙住處對治。故知自下十二悉有惑障可離對治，此中爲離慢也。修道得勝，即修般若道，得四勝果也，無慢則不見有所得也。問：前文已明一切賢聖，此中復約四果者何？答：前文爲明賢聖同證無爲故，此中無爲法中得無所得故。問：經中四果，前三果名果，第四果名道者何？答：前三果就所翻名下約斷證分齊中顯示無所得義便，故華梵對説耳。第四果無翻，以所得道顯示無爲無得，對前三説不云果耳。

問：空生何以修般若大行？答：非修大行，此中説者，空生既解空，空與般若相應，感佛加被，對揚斯事。此乃顯示菩薩修道，得勝果離慢也。文具四果故，今分文爲四。且初，初果爲二，初問。

須菩提，於意云何？須陀洹能作是念，我得須陀洹果不？

論云，我得須陀洹果，此爲依義顯示，對治我得慢故。若謂我得，則爲有我是慢者，顯示無慢，故此問也。

△二答。

須菩提言，不也，世尊。何以故？須陀洹名爲入流而無所入。

初果名流，有逆有順。一生死流，須陀洹人即逆此流，衆生順之。二者道流，須陀洹人順入此流，即今文入流是也。而無所入者，以無爲法中不見有所得也。

不入色、聲、香、味、觸、法，是名須陀洹。

不入色香等者，不入則不順，知色即空故，於塵境逆之，即名逆流。初果翻流，二義具矣。

△二二果，又二，初問。

須菩提，於意云何？斯陀含能作是念，我得斯陀含果不？

△二答。

須菩提言，不也，世尊。何以故？斯陀含名一往來而實無往來，是名斯陀含。

初果後進斷欲思六品盡，潤六生已，名爲二果。更有三品，共潤一生，猶未斷故，更須一番來生欲界方斷故，翻一往來。而實無往來者，肇師云，證無爲果，不見往來相。

△三三果，又二，初問。

須菩提，於意云何？阿那含能作是念，我得阿那含果不？

△二答。

須菩提言，不也，世尊。何以故？阿那含名爲不來而實無來，是名阿那含。

已斷欲思九品，則種現俱盡，更不來生欲界，故翻不來，據理合云而實無不來。經中既無不字，則不須加之。

△四四果，又二，初問。

須菩提，於意云何？阿羅漢能作是念，我得阿羅漢道不？

羅漢無翻，名含三義，謂殺賊、不生、應供。且羅漢有二種，慧解脱、俱解脱。若慧人修九想、八念、十想，如法界次第。名壞法人。心猒六欲猶怨賊，故修九想以對治。作此觀時，雖破六欲而多怖畏。若修八種正念，怖畏即除。既含欲心薄，又無怖畏，爾時欲斷三界結使，即修十想。第十燒想成就，滅壞骨人，遂緣空直入，即便殺諸結使，成阿羅漢。是人既滅壞欲身，不得三明、八解脱、滅盡定。若俱解脱人，不滅壞欲身，兼修觀煉，熏修四種事禪，發真無漏，成大力羅漢，具足三明八解脱，得滅盡定。如云，慧解脱人緣空直入，俱解脱人帶事兼修，此之謂也。今文正當俱人，如《禪波羅蜜》云，摩訶衍云，不壞法羅漢，能具無諍三昧，然如以不明無疑解脱，唯明慧俱者，何耶？須知《俱舍》《婆沙》但有慧俱二種者，由所修禪定唯此二故。而《大論》明結集時方有無疑解脱，蓋從俱解脱開出，無别所修禪定。荊溪謂《阿含》有三明解脱，即無疑羅漢也。若分别異者，則約所修三種念處，有單複具異。

△二答爲五，一法實無名。

須菩提言，不也，世尊。何以故？實無有法，名阿羅漢。

自初果至羅漢果，無别有法理。皆同。此無爲之體，無可取捨，故云實無等。

△二念則爲著。

世尊，若阿羅漢作是念，我得阿羅漢道，即爲著我、人、衆生、壽者。

此顯示無念故。若有念，則爲生著。何也？無爲法，中既無可得，豈復作念耶？前之三果，準亦如然，文在後示。

△三述佛證信，自稱不作是念，誰可信耶？是以述佛稱歎，以爲證信。

世尊，佛説我得無諍三昧，人中最爲第一，是第一離欲阿羅漢。

所以空生述佛稱歎者，天親云，爲明勝功德故，爲生深信故。勝功德者，即無諍三昧也。《大論》云，須菩提於弟子中得無諍三昧第一。無諍三昧，常觀衆生，不令心惱。若謂有所得作念者，則爲有諍也。爲生深信者，以空生不當自説已證。若述佛稱歎，爲令聞者生深信故。

△四省已絶念。

世尊，我不作是念，我是離欲阿羅漢。世尊，我若作是念，我得阿羅漢道，世尊則不説須菩提是樂阿蘭那行者。

世尊我不作是念者，有本無世尊字，請

加入，佛雖稱歎，而我不作是念，世尊，我若作是念，世尊則不説我是無諍行者。阿蘭那，此翻無諍。故隋譯云，我若作是念，我得阿羅漢道，世尊則不記我無諍行第一。此中復舉前佛語者，令知已絶念故。

△五名實不虚。

以須菩提實無所行，而名須菩提是樂阿蘭那行。

論云，以無有法，得阿羅漢。及無所行，故説無諍。無諍行，此中即爲安立第一義。謝公云，得名不虚，必稱實也。

△六不離佛出時。論云，依離障礙，十二種中爲離少聞故，見佛必聞法，是謂多聞也。疏謂，自此以下廣明菩薩行行之相。《大品》云，過阿羅漢辟支佛，入菩薩位。入菩薩位已，淨佛國土。淨佛國土已，成就衆生。成就衆生已，得一切種智。今經過羅漢後，入菩薩位，次願淨佛土成就衆生，正同《大品》所説之相。但一切種智得之實難，自非遠離散亂，觀破名色等，則何以臻此哉？文爲二，初問。

佛告須菩提，於意云何？如來昔在然燈佛所於法有所得不？

上答四果，不見所得，此舉昔事，以詰空生，如來此時有所得不。梵語提洹竭，此云定光，亦名然燈。如《瑞應經》謂，釋迦如來昔爲儒童菩薩，以五百銀錢得瞿夷五莖青蓮花，并瞿夷二莖，共上然燈。所散五花止空中，當佛上，如根生，無墮地者。後散二花，又挾住佛兩肩上。佛知至意，讚菩薩已，因記之曰，汝自是後九十一劫，劫號爲賢，汝當作佛，名釋迦文。菩薩已得決言，疑解望止，霍然無想，寂然入定，便逮清淨，不起法忍。問：《瑞應》行因，爲何教菩薩？答：疏云，玄文正示摩納值然燈佛，是通教行因之相，釋籤所指，具如《瑞應》，須知乃通衍門三教。今文且約通教言之，非但通二，亦通三藏。隨教所説，淺深不同。一往《瑞應》多判屬通，以得忍斷惑，異前三藏，不説行因不思議相，異後别圓。況復若判屬通，必兼後二，令經兩説，豈可徒然？今謂若謂是通，《瑞應》應是大乘衍經，此妨大矣。《瑞應》若判屬通教，則不然也，以通無别部。今説《瑞應》乃屬三藏，所以經中明菩薩從兜率降下，納瞿夷爲婦，生子逾城，六年苦行，成道降魔，受提謂文鱗供，度陳如等五人。若爾，豈大乘教中所説耶？如《輔行》引《大經》云，若見菩薩從兜率降下，納妃生子，逾城出家，乃至入滅，是名二乘曲見。以是故知《瑞應》是三藏明矣。問：《瑞應》若是三藏經説，得忍菩薩，應斷惑耶？答：實不斷惑，經言忍者，蓋是逮得，故云便逮清淨法忍。逮者，及也，乃及得之，故云便逮。今引一文類顯，如《妙經》云，我今脱苦縛，逮得涅槃者。

疏釋云，逮得涅槃者，即擬六度菩薩乘。何以知之？修六度行，即免四趣縛，未能入滅度，三祇百劫，乃得涅槃。逮之言遠乃及耳。荊溪謂逮得涅槃，指六度者，以望二乘，此生即得，故云逮得。逮者，及也。若爾，逮得涅槃，與便逮法忍左右之異，今判屬三藏，斷無疑矣。問：《瑞應》若是三藏，妙玄何謂是通？答：就經判教，定屬三藏，約義引用，其旨則通。然何但引證通教？只如今經般若滿門，亦引其事。若爾，《瑞應》應通四教？答：雖屬三藏，演小爲大，引用該深，非謂部通四教。今舉一事見意，乃以果例因。既三藏佛爲境本，於色相上四見不同，是故因亦四見也。問：《淨名疏》云，三藏無文説忍，義立則有，是以《瑞應》若是三藏，則有文説忍耶？答：三藏無文，蓋無四忍之文，此與《淨名》不同。又復《瑞應》既云逮得，則非約斷位名忍，還同義立。

△二答。

不也，世尊，如來在然燈佛所於法實無所得。

以無相心，住般若中，離分别故，不見凡法，云何捨？不見聖法，云何取？凡聖一如，有何所得？故云於法實無所得。

△七願淨佛土。論云，依離障礙，十二種中爲離小攀緣，作念修道。上雖已多聞，尚小攀緣作念故。文爲三，初問。

須菩提，於意云何？菩薩莊嚴佛土不？

如來在然燈佛所，於法既實無所得，云何菩薩而取莊嚴佛土事？爲欲斷疑，故此示問。

△二答。

不也，世尊，何以故？莊嚴佛土者，即非莊嚴，是名莊嚴。

天親謂莊嚴有二種，一者形相，二者第一義相。形相者，若分别佛國土，是有爲形相，即墮攀緣。第一義相雖取莊嚴佛國而不分别形相，如是莊嚴，非嚴而嚴，論所謂離小攀緣。疏家不曉論本約修亡相，而作土體解釋，謂形相指下三土，第一義相即常寂光土者，繆矣。

△三述示，又二，初述成。

是故須菩提，諸菩薩、摩訶薩應如是生清淨心。

應如是者，指前也。若取形相，作念攀緣，則心不清淨。清淨心者，離小攀緣心也。

△二勸誡。

不應住色生心，不應住聲、香、味、觸、法生心，應無所住而生其心。

論云，若念嚴淨土者，則於色等事分别味著。爲離此故，經云不應也。若住色等生心，不免攀緣，誡已復勸，故云應生無所住心，即第一義心也。

△八成熟衆生。論云，依離障礙十二種中，爲離捨衆生故，然上雖離取相攀緣，以淨佛土，猶恐捨衆生，爲顯示不捨衆生而成熟之。

於此爲二，初問。

須菩提，譬如有人身如須彌山王，於意云何？是身爲大不？

論云，此顯示爲成熟欲界衆生故，彼羅睺、阿脩羅王等一切大身量如須彌，尚不應見其自體，何況餘者？此是舉譬，以脩羅之身如須彌山，終不自見如是大身。此顯菩薩雖成熟衆生，終不自見，謂我能成熟衆生，何況餘行豈應自取？以菩薩化道，多生欲界，故云爲成熟欲界衆生。經意隱略，無合法文。

△二答。

須菩提言，甚大，世尊。何以故？佛説非身，是名大身。

度物之心，曠周法界，故云甚大。佛説非身者，論云，顯示法無我故。無可度者，即第一義也。世諦有所化衆生，故云是名也。

△九遠離隨順外論散亂。論云，依離障礙十二種中，爲離樂外散亂故，菩薩爲化衆生，習學外論，衆生既已成熟，復須遠離。言外論者，彼土則四韋陀典，此方則莊、老等書，雖言詞巧妙而無詮證，乃屬散亂。論云，爲離樂外散亂故，説四種因緣，顯示此法勝異，一攝取福德，二天等供養，三難作，四起如來等念。勝異者，般若勝法，異外論故。準論分四，初攝取福德。又二，初示恒河沙喻，二以福德較量。初又二，初問。

須菩提，如恒河中所有沙數，如是沙等恒河，於意云何？是諸恒河沙寧爲多不？

有人讀此云，如恒河沙爲句，數如是沙等恒河，以數字作句頭，上聲呼者，非也。此須依無著論讀文，論牒文謂如恒河沙數等，數字句末，去聲呼之。恒河者，或云恒伽河，或云殑伽河。孤山云，恒伽河，此云天堂來，彼土外書説此河從摩醯首羅耳中流出故。又此河從雪山頂無熱惱池出，見其從高處來，故云從天堂來，其河沙細如麪。《大論》云，此河是佛生處、游行處，弟子眼見故，多舉爲喻。問：恒河沙爲幾許？答：一切筭數所不能知，唯佛與法身菩薩能知其數。

△二答。

須菩提言，甚多，世尊，但諸恒河尚多無數，何况其沙？

△二以福德較量。又二，初舉施寶福多，二顯持經福勝。初又二，初問。

須菩提，我今實言告汝，若有善男子、善女人以七寶滿爾所恒河沙數三千大千世界以用布施，得福多不？

然此較量愈顯福重，經舉無爲事，假設況喻也。天親云，前文已説三千譬喻，如明福多。今重説無量三千世界，故不先説此喻，爲漸化衆生，令生信心。須知。此二番較量，以福驗智，行位淺深次第爲漸化耳。然第十八住處復有較量施寶者何？當知。第十八文有二番，非行位淺深，乃泛舉較量，一者明如來心具足設施法利，雖説是經獲利，過七寶布施，如來之心實不作是念，爲顯此故較量。二者勸獎，滅後弘持是經者，心無染著，其福過七寶布施，顯流通福勝。此復較量，前後大相，各有其意。

△二答。

須菩提言，甚多，世尊。

△二顯持經福勝。

佛告須菩提，若善男子、善女人於此經中乃至受持四句偈等，爲他人説，而此福德勝前福德。

受持四句得福過河沙。七寶布施者，顯般若尊極故也。

△二人天供養，爲二，初舉分説。

復次，須菩提，隨説是經乃至四句偈等，當知此處一切世間天人阿脩羅皆應供養，如佛塔廟。

然如何略説四句，能感天人供養，當知。四句雖少，所詮理等即是如來法身。然如何略説四句者，具云塔婆，此翻方墳，亦名圓塚。

廟者，梵云支提，此云靈廟。《雜心論》云，無舍利曰支提。

△二況具持。

何況有人盡能受持讀誦？

持説四句尚獲是福，況能具持，其功可知矣。受持讀誦者，論云，受者，習誦故，持者，不忘故。若讀若誦，此説受持因故，爲欲受故讀，爲欲持故誦。釋曰，受其能詮文，持於所詮義。讀誦者，釋成受持也。天親云，受持修行，依總持法，讀誦修行，依聞慧廣。釋曰，受持二字，總説所詮義，則總覽任持，其義屬思。讀誦二字總説能詮文，則經卷中聞，由聞故思義，思義即修，三慧具矣。若《大論》謂，信力故受，念力故持，對文曰讀，背文曰誦。釋曰，此單就能詮文，由受持故有讀誦，則三論所説，乃能所單複不同，各取義釋。

△三難作。

須菩提，當知是人成就最上第一希有之法。

《大論》云，般若甚深，無相可取，可信可受，若能信受，是爲希有。如人空中種植，是爲甚難。

△四起如來等念，分二，初三寶體同。

若是經典所在之處，則爲有佛，若尊重弟子。

若是經典，即法寶也，則爲有佛，即佛寶也，若尊重弟子，即僧寶也。諸文三寶，以理具爲同體，以佛世爲別相，滅後爲住持。今束而言之，不出事理，則佛世滅後，通云相從，相因而有，故云相從。因太子成道故，今有刻檀之像，因四辯所宣故。今有黄卷之法，因五人證果故，今有剃染之僧。因佛世三，有滅後三，故云相從三寶，此屬事也。今文則同體三寶，於般若法寶中具足佛僧理也。

△二空生問名。又二，初問。

爾時，須菩提白佛言，世尊，當何名此經？我等云何奉持？

既聞勝法，爲欲奉持，須知名字，故發

問也。

△二答。又二，初立名。

佛告須菩提，是經名爲《金剛般若波羅蜜》，以是名字，汝當奉持。

△二受持。又二，初離執。

所以者何？須菩提，佛説般若波羅蜜，即非般若波羅蜜。

論云，於中説者，爲他直説故。授者，教授他故，顯示此樂外論散亂對治。此法勝異已，於如是法中，或起如言執義，爲對治彼未來罪故。經言佛説般若波羅蜜，即非般若波羅蜜，爲對治未來奉持者，謂此經勝異，如言起執，爲亡言説相故。經云即非，不須加是名句也。如隋譯亦無此句。

△審[五]問。又二，初問。

須菩提，於意云何？如來有所説法不？

論云，故如般若波羅蜜非波羅蜜，如是亦無有餘法如來説者，然何故此有所説耶？爲顯此義故，經言於意云何，如來有所説法不。

△二答。

須菩提白佛言，世尊，如來無所説。

了知如來依第一義諦説法，顯示自相及平等相，故説無所説也。

△十色及衆生身摶取中觀，破相應行。

論云，依離障礙十二種中，爲離於影像相，自在中無功方便，故雖不散動，尚執名色。故論謂世界微塵，彼不限量攀緣作意，菩薩恒於世界攀緣作意修習，故設巧便，以名色同彼塵界觀破。疏以此作依正二法明之者，不然也。須知。此唯五蘊正報，以一切世間中不過名與色，爲破名色和合自在之執，故設巧便，以微塵世界言之。且色即色蘊，論謂色身，以四大同彼外色故，經云微塵也。衆生即四蘊，論謂衆生身，亦如三種世間，義通依正，此即正報世界也。於此爲二，初破色身影像，二破衆生身影像。色及衆生皆云影像者，正是大乘體法觀相。如形外之影，鏡中之像，俱不實也。且初破色身爲二，初細末方便。又二，初問。

須菩提，於意云何？三千大千世界所有微塵是爲多不？

世界由聚塵成立，今還細末爲塵，顯世界空無有體，色身何立，則唯見微塵，假設爲問，是爲多不。

△二答。

須菩提言，甚多，世尊。

△二不念方便。

須菩提，諸微塵如來説非微塵，是名微塵。

世界雖末作微塵，不復可念微塵爲實，以慧眼觀之，實性本無，有何可得？是故如來説非微塵，是名微塵。則第一義故無可念者，謂不念方便，以世諦則有是微塵，謂細末方便。疏易謂初破界爲塵，二破塵空界。如是則二諦義味，依論則善。

△二破衆生身影像。

如來説世界非世界，是名世界。

《楞嚴》謂，云何名爲衆生世界？世爲遷流，界爲方位。論云，但以名身，意衆生世。唯不念方便，不復説細末方便，是則心但有名而無體質，故不説細末。以實性無故，名身亦非，故云非世界也。

△十一明供養如來。論云，依離障礙十二種中，爲離不具福資糧故。上雖觀破名色，而福德未具，欲具福資糧，須供養如來。於此爲二，初問。

須菩提，於意云何？可以三十二相見如來不？

《大論》謂，三十二相莊嚴丈六之身。

△二答。

不也，世尊，不可以三十二相得見如來。何以故？如來説三十二相即是非相，是名三十二相。

疏云，三十二相即父母生身也，即是非相，

乃真如法身也。所以唯示生身，不云法性身者，蓋菩薩行般若時，多生欲界。是故親近如來，且言生身。若法性身者，《大論》云，法性身佛爲法身菩薩説法。荊溪謂此約界外，得作此説。今謂不然，若謂般若教主唯生身者，同古師之非。妙玄引古云，般若明空蕩相，未明佛性常住，猶是無常八十年佛。智者以《大論》生法二身難，謂生身同人法，法性身佛爲法身菩薩説法。聽法之象，尚非生死，何況佛耶？荊溪謂只約一身，分生法難。若爾，豈得唯局生身耶？所以此中召問，空生可以三十二相見如來不，由是答云，不也世尊，不可以三十二相得見如來。且三十二相乃分段生滅之身，焉以此身見般若教主？論云，親近供養如來時，不應以相成就見如來。云何應見？見第一義法身故，相成就即三十二相，第一義法身即是非相，良由般若通被三教，佛須生、法二身。若別圓人依中觀用業識見佛住實理故，覩三十二相即是法身非相。由即法故，稱性而見，示現無窮，不須現起，即劣見勝，故云是名三十二相。若通人依空觀事識，但見分齊之身，不見法身非相。今經從勝而説，正見法性勝應之相也。問：大論明法性身，佛爲法身菩薩説法，荊溪或云，此約界外得作此説，或云只約一身而分生法。二文似異，若爲甄别？答：二文本一，不應異求。何也？若約相論，則尊特之相，乃界外之色。分段土本無是相，若界外機興，是亦應之，故謂此約界外得作此説也。若約體説，只是一佛，爲機故現勝現劣，所謂只約一身而分生法。如《大論》云，佛欲説般若波羅蜜，坐師子座，現最勝身，光明色像，威德巍巍，以此神力感動衆生。其有信者，皆至阿耨菩提，其中疑者，佛示常身，便得信解而各謂言，今所見者，是佛真身。乃至佛初生時，初成道，初轉輪時，皆以此身如是思惟，是佛真身。

以此而知，乃從丈六常所見身，於般若初會，現起尊崇，應界外法性之衆。其有不宜見者，復隱尊崇，還現生身，以此生身備歷般若諸會。若爾，只是一身現勝現劣。以此準知，二文同轍，無異求也。問：示現現起，同異如何？答：尊特是一，但相好有異。相異故，有須現不須現，有分齊無分齊之異也。同故，同是華臺之相。故《法華疏》明單現尊特，記中指同，目連不窮其聲，《止觀》明目連不窮其聲，《輔行》謂坐華臺受職之身，亦此相也。故知，荊溪二處特此互指者，爲彰尊特是一，示現即華臺之相故也。

金剛般若波羅蜜經采微卷上

校勘記

〔一〕底本據《卍續藏》。

〔二〕「令」，底本原校疑爲「今」。

〔三〕「誠」，底本原校疑爲「誡」。

〔四〕「立」，底本原校疑爲「玄」。

〔五〕「審」，疑前脱「二」字。

金剛般若波羅蜜經采微卷下

錢唐釋曇應述

△十二遠離利養起精進故。論云，依離障礙十二種中，爲離懈怠利養等樂味故。上雖觀破名色，具福資糧故，供養如來，仍恐以嗜利養，心身懈怠，更須遠離，起精進心，持説此經。如《薩陀波論》欲聞般若故，七日七夜閑林悲泣，七載行立，不坐不臥，常念何時當聞般若，更無餘念。是則若起精進，懈怠則摧。於此爲二，初較量福利，二重法歎人。初又二，初舉事福之相。

須菩提，若有善男子、善女人以恒河沙等身命布施。

此捨身命較量，則命重於前大千七寶布施。論云，以恒河沙等身命布施，於中身有疲乏，心有熱惱，以此二種於彼精進，若退若不發，此何所顯示？如此捨爾許身，自所有福不及此福，云何以一身著懈怠等？疏云，已精進者退，未精進者不發，故云若退等。又云，自有捨身不捨命，如尸毗代鴿，自有捨身即捨命，如薩埵飼虎，此正所謂身命俱捨。

△二顯法利之勝。

若復有人，於此經中乃至受持四句偈等，爲他人説，其福甚多。

謝公云，身命布施，不免有生，弘持四句，累滅道成。

△二重法歎人。又二，初重法。

爾時，須菩提聞説是經，深解義趣。

疏云，深解之言，不出二義，一解大乘即空之義，二解菩薩利他之義。解即空，猶謂同入法性。解利他，亦謂不預斯事。此不然也。且解大乘即空，爲密爲顯。若密，《方等》成通已解，豈至般若方解耶？若顯，應轉小入大，則預斯事，何云同入法性耶？今謂空生來至此會，不復同前茫然棄鉢之時，心已通泰，承佛力加，聞此大乘，深解義趣。若爾，二乘在昔，亦容知大耶？須知。雖知有大，而不知菩薩別證妙理。以不知別理故，於大還同不知，且據已分，謂深解耳。問：空生若不知別理，則内無所證，所説無詮？答：既佛力所加，即同佛説。

涕淚悲泣而白佛言，希有，世尊，佛説如是甚深經典，我從昔來，所得慧眼，未曾得聞如是之經。

涕淚悲泣者，以重法之心，感形於外，流涕雨淚，所被之至也。我從昔來，自鹿苑來，所得真空慧眼，未曾得聞如是法門，勝福甚多，過於捨無量身命布施，更不説餘勝福，豈不發起精進？是則空生雖聞大乘而不取，雖乘已證而不疑，來至《法華》，方知昔咎。

△二歎人，爲二，一正歎，二述成。初又二，初通約信心歎，二別約來世歎。初又二，初聞經信解。

世尊，若復有人得聞是經，信心清淨，即生實相，當知是人成就第一希有功德。

論云，若於此法中生如義想，爲離此過，經言若復有人得聞是經等。信心清淨者，般若無染故。即生實相者，法身出纏故。當知是人成就第一希有功德等，即於如是實相中，爲離實相分別故。

△二信解無相。

世尊，是實相者，即是非相，是故如來説名實相。

是實相者，實即無相故，則是非相，徧相一切故，説名實相。

△二約來世歎。又二，初寄後觀現。

世尊，我今得聞如是經典，信解受持，不足爲難。

空生省己，被命轉教，領知財物，聞此深經，信解受持，不爲難矣。信解受持者，以受文故信，以持義故解。

若當來世，後五百歲，其有衆生得聞是經，信解受持，是人即爲第一希有。何以故？此人無我相、人相、衆生相、壽者相。所以者何？我相即是非相，人相、衆生相、壽者相，即是非相。

論云，爲令味著利養懈怠諸菩薩生慚愧故，於未來世正法滅時，尚有菩薩於此法門受持，無我人等取及法取，云何汝等於正法興時，遠離修行，不生慚愧？此爲勸現寄後説耳。論云，此人無我相等，顯示人無取。生空。我相即是非相等，顯示法無取。法空。

△二効學諸佛。

何以故？離一切諸相，即名諸佛。

論云，顯示諸菩薩順學相。諸佛世尊，既離一切相，是故我等亦應如是學。此等經文，爲離退精進故説。

△離述成。又二，初聞經生信。論云，爲離不發起精進者故。

佛告須菩提，如是，如是。若復有人得聞是經，不驚不怖不畏，當知是人甚爲希有。

如是如是者，述成也。不驚不怖不畏，論云，以驚等故，不發起精進也。於聲聞乘中，世尊説有法及有空，於聽聞此經時，聞法無有故驚，聞空無有故怖，思量時於二不有理中不能相應故畏。故知聲聞乘中，説有法實有法也，及有空偏空也。以小乘空有不即，今聞般若空有相即，聞法即空故驚，聞空即假故怖，於二不有理中，思量時不能相應故畏。若有菩薩聞深般若，不發精進者，即同聲聞生驚怖等。是則若心不驚怖，必發起大精進。如《大品》云，若有菩薩聞深般若不驚不怖，當知是菩薩不久得菩提記，不過一佛、兩佛。疏云，聞實相不驚，聞觀照不怖，聞方便不畏。

△二所説勝上。論云，此法如是勝上，汝等不應放逸。

何以故？須菩提，如來説第一波羅蜜，即非第一波羅蜜，是名第一波羅蜜。

如來説等者，論謂顯示彼無量諸佛亦同説般若波羅蜜，於餘波羅蜜中勝，故名第一。經云非者，了第一義諦，寂絶亡遺故。復云是者，以世諦則有所説故。

△十三忍辱相。論云，依離障礙十二種中，爲離不能忍苦故。此爲二，初能忍，二離不能忍。初又三，初如所能忍。

須菩提，忍辱波羅蜜，如來説非忍辱波羅蜜。

梵語羼提，此翻忍辱。疏云，内心能忍，外所辱境。《大論》云，忍有二種，一者生忍，二者法忍。生忍有二，一於恭敬供養中能忍不憍慢，二於嗔罵打害中能忍不嗔恨。法忍有二，一非心法，謂寒熱、風雨、飢渴、老、病、死等；二心法，謂嗔恚、憂愁乃至諸邪見等。今言忍，生法二忍中皆第一義。論云，何者能忍？謂達法無我故。若達法無我，何榮辱之不能忍乎？學佛者宜銘心書紳。

△二忍相。論謂云何應知忍相？若他放〔二〕已起惡等時，由無有我等相故，不生嗔想，亦不於羼提波羅蜜中生有想，於非波羅蜜中生無想。

何以故？須菩提，如我昔爲歌利王割截身體，我於爾時無我相，無人相，無衆生相，無壽者相。

梵語歌利，此翻惡生，亦名極惡。如《大論》云，羼提仙人在大林中修忍行慈時，歌利王將諸婇女入林游戲，食訖小息。諸婇女採華林間，見此仙人，加敬禮拜，久而不去。王覺，不見婇女，拔劍追蹤，見在仙人前立，憍妬隆盛，瞋目奮劒而問仙人，汝作何物？仙人答云，我今在此修忍行慈。王言，汝云修忍，我今試之。遂以利劒截耳鼻、斬手足而問之言，汝心動不？答，我修慈忍，不動也。王言，誰當信汝？是時仙人即作誓言，我若實修慈忍，血當爲乳，即時血變爲乳，王大驚喜而去。是時林中鬼神爲仙人故，電雷霹靂，時王被害，殁不還宮。歌利，即陳如也。論云，如我昔爲歌利王割截身體，我於爾時無有我等相及無相亦非無相等，故知此爲顯示住實相故，不愁惱耳。《大論》問：菩薩身非木石，云何割截而無異心？答：有人言，菩薩久修羼提，故不愁惱。有人言，菩薩無量世來，深修大慈，非心故。有人言，菩薩修般若轉身，行般若果報故。有人言，菩薩非生死身，是出三界法性身，住無漏故，身如木石。疏云，今詳論文，前三義當父母生身，後一顯示法性身，應知二身不可偏取。若唯父母生身，未斷結使，云何割截無我等相？若云法性身，不假分段，將何以爲節節支解，血乳之事耶？誠由菩薩久修慈忍及行般若，已破人、法二執，得法性身，却入分段，示行忍辱，其所謂以大慈故，不住涅槃，偏於事境而修種智。問：有人據《大論》云，佛爲菩薩時，三毒未盡，作仙人名羼提，被惡王截耳鼻手足而不生惡心，不出惡言。爾時得道尚爾，何況得菩提等？既云未盡三毒，驗是父母生身，何云法性身耶？答：此説不然。何也？須曉斯文，乃《大論》引迦旃延子説三藏義非般若，明大菩薩故。《輔行》云，釋論引迦旃延子，明菩薩義，當知《大論》爲破故引。若爾，如何據論示所破義，以伸般若大菩薩耶？

△三種類忍，爲二，初極苦忍。

何以故？我於往昔節節支解時，若有我相、人相、衆生相、壽者相，應生瞋恨。

肇師云，以無瞋恨故，無我人相。

△二相續忍。

須菩提，又念過去於五百世作忍辱仙人，於爾所世無我相，無人相，無衆生相，無壽者相。

割截身體，其害極苦，如是五百世恒相續無間。《功德施》云，此顯往昔未遇惡王，已於多生斷我等相。既已斷我等相，驗仙人時，非具縛生身。

△二離不能忍，如我昔爲歌利王割截身體，如是極苦尚能忍之，況身外所有豈不能忍乎？是故菩薩欲發菩提心，應須忍耐一切苦相。於此爲二，初總相。

是故須菩提，菩薩應離一切相發阿耨多羅三藐三菩提心。

論云，以三種苦故，不欲發心，故説應離一切相等。此中一切相者，爲顯如是等三苦相也。菩薩若不能忍，則爲三苦所動，故云應離等。

△二別相，則三種苦相，初流轉苦，二衆生相違苦，三乏受用苦。初文。

不應住色生心，不應住聲、香、味、觸、法生心。

論云，若著色等，則於流轉苦中疲乏之故，

則菩提心不生。故《大論》云，菩薩行般若十力無畏，不應住。若佛於法無有過失，則應住。若菩薩無佛法，何所論住？智者釋云，菩薩修功德，多生重著，故言不應。應生無所住心，若心有住，則爲非住，是故

佛說菩薩心不應住色布施。

無所住心，則第一義心。若心有住，則爲非住。天親云，若心住色等法，彼心不住菩提，是故佛說菩薩之心常行於捨，豈應有住？故云不應住色布施，此應約三種施釋。

△二衆生相違苦。

須菩提，菩薩爲利益一切衆生，應如是布施。如來說一切諸相即是非相，又說一切衆生則非衆生。

論云，爲一切衆生而行於捨，云何於彼而生瞋也？由不能無衆生及衆生想，以此因緣故，衆生相違時，即生疲乏之故，顯示人無我、法無我。如來說一切衆生相假名無實故，即是非相，人無我也。又說一切衆生陰法本空故，則非衆生，法無我也。若達人法本空，忘人法之執，如是則能忍，不與衆生相違也。

須菩提，如來是真語者、實語者、如語者、不誑語者、不異語者。

論云，欲令信如來故能忍。於中真語者，爲顯世諦相故。實語者，爲顯世諦修行，有煩惱及清淨相故。於中實者，此行煩惱，此行清淨故。如語者，爲第一義諦相故。不異語者，第一義諦修行，有煩惱及清淨相故。然論中四句以初、二兩句對世諦，以後兩句對第一義諦，並是初句示諦相，次句爲修行。若爾，二諦各有修行煩惱清淨之相，若爲甄別。疏云，世諦修行，即化他出假，有塵沙煩惱及道種智清淨之相。第一義諦修行即自行觀理，有見思無明煩惱及一切智一切種智清淨之相。此說不然也，今謂二諦中俱有三惑、三智，世諦則分別義，依之而修，則惑智夐

別，故云此行煩惱，此行清淨，所謂實語也。第一義雖惑智乍分，法體則惑智不二，所謂不異語也。此經兼含圓別，乃兩機所修不同，故約二諦行相説之。問：此經五句，未審不誑語若爲所屬？答：隋譯無此，秦本有之，如疏云，應知四句約法爲言不誑。對人而説，四別一總，彼略此詳。

須菩提，如來所得法，此法無實無虚。

論云，説此真語等已，於中如言説性起執著，爲遣此故，經言，須菩提，如來所得法無實無虚。無實者，如言説，性非有故，言語性空也。無虚者，不如言説，自性有故，雖空而有所説也。

△三乏受用苦。

須菩提，若菩薩心住於法而行布施，如人入闇，即無所見。若菩薩心不住法而行布施，如人有目，日光明照，見種種色。

由乏觀慧，便著於事而行捨施，希求果報者，則爲愛欲所覆，不解出離，猶如入暗，不知所趣。若不著於事而行布施，如人有目，夜過日出，見種種色，隨意所趣。論謂彼無明夜過，慧日出已，如實見之，須知無明乃支末無明，見思惑耳。何也？住相布施，既感三界，譬如夜暗，今滅此暗，豈非見思？

△十四離寂靜味。論云，依離障礙十二種中，爲離闕少智資糧故，欲具資糧，於此法門受持讀誦等。論云，此中爲離三摩提攀緣，顯示與法相應。有五種勝功德，一如來憶念親近，二攝取福德，三讚歎法及修行，四天等供養，五滅罪。準此分文爲五，初如來憶念親近。

須菩提，當來之世若有善男子、善女人能於此經受持讀誦，即爲如來，以佛智慧悉知是人，悉見是人。

然則此中但云受持讀誦，不云爲人解説。若下四文皆有爲人解説，須知此既如來憶念親近，且在自行，若下四文，則兼化他。故偈云，此爲自淳熟，餘者化衆生。悉知是人等者，顯示如來憶念親近受持此經之人。論云，如來以佛智知彼，如來以佛眼見彼。

△二攝取福德。又二，初總攝。

由受持是經故，成就如是福德。

皆得成就無量無邊功德。

△二較量。又二，初捨身數多。

須菩提，若善男子、善女人初日分以恒河沙等身布施，中日分復以恒河沙等身布施，後日分亦以恒河沙等身布施，如是無量百千萬億劫以身布施。

然前文但捨一恒河身命，此則日施三恒，復經多劫，此勝於前。前則身命俱捨，此但捨身而不捨命，則前勝於此。若爾，但泛舉較量不同，施寶多少，以論漸化也。且日施三恒之身，雖事大捨重，乃有所得心作用，未若無所得心。持説此經，其福勝彼，故知爲欲較量福勝，舉此假設，實無斯事。肇師云，從旦至辰，名初日分，從辰至未，名中日分，從未至戌，名後日分。

△二較量福勝。

若復有人聞此經典，信心不逆，其福勝彼，何況書寫、受持、讀誦，爲人解説？

何況書寫等者，《大品·法施品》云，化恒河沙衆生，令得六通，不如書寫般若，令他讀誦。又以此令他讀誦之福，不如正憶念般若。又此憶念般若之福，不如爲他人演説，令易解故，次第較量，顯爲人解説㝡勝。

△三讚歎法及修行，爲三，初歎法。

須菩提，以要言之，是經有不可思議、不可稱量無邊功德，如來爲發大乘者説，爲發最上乘者説。

論云，不可思議者，唯自覺故。不可稱量者，無有等及勝故。且自覺者，覺了此經功德不可思議，則自歎此經也。無有等及勝者，稱量此經功德無有等者及勝此經者，此對他偏小歎也。爲發大乘者説者，此揀小，故知説法非器不授。三乘中非爲發二乘心者説，爲發最上乘者説者，此揀偏，論此成就不可稱義，於中餘乘不及故最上，煩惱障、智障淨故最勝。此中揀示由菩薩義通偏小，故云餘乘不及。唯圓稱最上，能淨二障故，所謂成就不可稱義也。

△二歎人。論云，讚歎修行，修行即人。於此爲二，初總説。

若有人能受持讀誦，廣爲人説，如來悉知是人，悉見是人，皆得成就。

此爲知見成就何等功德。

△二解釋。

不可量、不可稱、無有邊、不可思議功德。如是人等，即爲荷擔如來阿耨多羅三藐三菩提。

此經功德非心可度量，非口可稱説，無有邊際可及，故云不可思議功德也。荷擔者，論云，肩負菩提重擔故。此具以能所用全經意，經歎能弘人云荷擔，平聲。論約所弘法云重擔。去聲。

△三簡非。

何以故？須菩提，若樂小法者著我見、人見、衆生見、壽者見，即於此經不能聽受讀誦，爲人解説。

此經既爲發大乘者説，則樂小法者不能聽受。樂小者，二乘人也。著我人等見者，凡夫人也。如隋譯云，若樂小法者，即於此經不能受持讀誦，爲人解説。若我見、衆生見、人見、壽者見，於此法門能受持、讀誦、修行，爲人解説者，無有是處。論解云，經言若樂小法等者，謂聲聞緣覺乘者故。經言若有我等見，乃至受持無有是處者，謂有人我見衆生而自謂菩薩者故。所以《大品》云，須以智慧觀知諸法實相，故知凡夫生盲，二乘眇目，外聽不解，由無智眼，無智眼故，聞亦不别。

故知凡夫二乘，並不堪聞般若。此總結前凡小不能聽受等也。若讀此文，須以隋譯照之。

△四天等供養。

須菩提，在在處處若有此經，一切世間、天人、阿脩羅所應供養，當知此處即爲是塔，皆應恭敬作禮圍繞，以諸華香而散其處。

謝公云，地是無知法處故，貴在人天而不尊乎？

△五滅罪業。又二，初正滅罪。

復次須菩提，若善男子、善女人受持讀誦此經，若爲人輕賤，是人先世罪業，應墮惡道，以今世人輕賤故，先世罪業即爲消滅，當得阿耨多羅三藐三菩提。

論云，受持此經爲人輕賤等者，此毀辱事有無量門，爲顯示此，故説輕賤。經言當得阿耨菩提者，顯示滅罪故，是即非但滅罪，以經力故，亦當得菩提。先世罪業者，業通三世，須知此是定業。定業不可懺，以行般若故，但易重爲輕耳。如《大品》云，菩薩行般若故，所有重罪，現世□[三]受。《大論》解云，先世重罪，應入地獄，以行般若故，現世□受。譬如重囚應死，有勢力者護，則受鞭杖而已。

△二較勝負，於此爲二，初舉事福。

須菩提，我念過去無量阿僧祇劫，於然燈佛前，得值八百四千萬億那由他諸佛，悉皆供養承事，無空過者。

論云，我念過去等者，此顯示威力故，即是福聚威力，以彼所有福聚遠絶高勝故，應知過阿僧祇者更過前故。不空過者，常不離供養故。阿僧祇，此云無數。劫，具云劫波，此云分別時節。那由他者，十億爲洛叉，十洛叉爲倶胝，十倶胝爲那由他。

△二顯經力。

若復有人，於後末世能受持讀誦此經，所得功德，於我所供養諸佛功德百分不及一千萬億分，乃至算數譬喻所不能及。

供養是有爲事福，持經是般若了因。肇師云，此明供養諸佛所得功德不如持經有功德，故能速證菩提。

△三勸信心。又二，初具説防疑。

須菩提，若善男子、善女人，於後末世有受持讀誦此經，所得功德我若具説者，或有人聞，心即狂亂，狐疑不信。

然上雖較量顯福德之多，猶是略説。若更具説，聞者狐疑，心必狂亂。論云，此顯示多故，或以爲狂因，或得亂心果。狐疑者，狐是獸，一名野干，其性多疑，故以爲喻。噫！若心信法，法即染心，猶豫狐疑，事同覆器。疏云，大乘信謗，罪福俱重。今經且言信之得福，諸經備説謗之得罪。

△二結顯法門。

須菩提，當知是經義不可思議，果報亦不可思議。

論云，應知此之彼威力及彼多等，何人能説？是故經言，當知是法門不可思議，果報亦不可思議。此顯示彼福體及果報不可測量故。當知是經爲句，貫下義及果報。福體即所詮義也，果報即所感報也。現生名習果，隔生名報果。

△十五於證道時，遠離喜動。論云，依離障礙十二種中，爲遠離自取故。疏云，證道者，須分兩教之相。若圓教，即初住已上，分證中道也，以論云於證道時故。若别教，且屬回向相，似證道也，以論云將入證故。讓下十七，方入初地，兩楹進退，皆可從容。今謂不然，若以證道分判别圓者，此傷論意，論本一意，但總别之殊。若云於證道時，此總名住處，即科語也。若謂將入證道等，此别文解釋也。若爾，如何以總别之文分派配對别圓兩教耶？故無取也。於此爲二，初問。

爾時，須菩提白佛言，世尊，善男子、善女

人發阿耨多羅三藐三菩提心，云何應住？云何降伏其心？

論云，何故復發起，此初時問也。將入證道菩薩，自見得勝處，作是念，我如是住，如是降伏其心，我滅度衆生。爲對治此故，須菩提問當於彼時如所應住，如所降伏其心。故知空生於經初發起行相，問降住事，佛爲其答，行位次第，聯翩至此，將入證道。而恐菩薩起自取著，謂我能降住其心，以得勝處。若生是心，違不住道，障於菩提。爲對治此故，須菩提問，謂當於彼時，即當入證道時，既已住般若，豈應自取？爲離此取，是故問起云何應住等。以論謂於證道時遠離喜動，又云遠離自取，斯之謂歟。肇師云，須菩提重問云何真住真降伏其心者，然肇師意亦爲未入證菩薩，問入證事，謂之真住。疏家不曉，以從己見，作已入證説者，豈其然乎？

△二答。又三，初正答。

佛告須菩提，善男子、善女人發阿耨多羅三藐三菩提者，當生如是心，我應滅度一切衆生，滅度一切衆生已，而無有一衆生實滅度者。

三藐三菩提下經無心字，恐譯者缺文。此中空生發起初時問及世尊所答，但云當生如是心，則如是住般若之心，不應起自取，亦無所度衆生也。

△二簡非。

何以故？若菩薩有我相、人相、衆生相、壽者相，即非菩薩。

既未入證，無明未除，實理未顯，猶恐菩薩有我人等取。爲欲審是，所以簡非。論云，若菩薩有衆生等者，爲顯我報取惑隨眠故，即無没無明隨眠之識。

△三顯是。

所以者何？須菩提，實無有法，發阿耨多羅三藐三菩提心者。

論云，若言我正行菩薩乘，此爲我取，

對治彼故。經言，須菩提，實無有法，名爲菩薩發菩提心者。

△十六爲求教授故。論云，依離障礙十二種中，爲離無教授故。教詔授道，則指然燈佛時也。於此爲三，初問。

須菩提，於意云何？如來於然燈佛所有法得阿耨多羅三藐三菩提不？

既遠離自取，謂實無有法得菩提。欲審空生所解，復以昔事爲問。於意云何，如來此時行行爲有法不得不。

△二答。

不也，世尊，如我解佛所説義，佛於然燈佛所無有法得阿耨多羅三藐三菩提。

如我解佛，以菩提法不可説故，於然燈佛所無有法可得也。

△三述成，爲五，初正述。

佛言，如是，如是。須菩提，實無有法如來得阿耨多羅三藐三菩提。

印許其説，故曰如是。《大品》云，須菩提問佛，諸法無生相，此中得菩提記不？佛言，不也。又問，諸法生相，此中得菩提記不？佛言，不也。乃至問諸法非生、非不生相中，得菩提記不？佛言，不也。須菩提云，世尊，諸菩薩云何知諸法得菩提記？佛言，汝見有法得菩提記不？不也，世尊，我不見有法，亦不見有得者得處。佛言，如是，如是。須知此乃佛欲示其般若無相可得，欲知其所解而反詰之。空生所答，既稱佛旨，是以印許，則與今文意大同。

△二反顯。

須菩提，若有法如來得阿耨多羅三藐三菩提者，然燈佛即不與我授記，汝於來世當得作佛，號釋迦牟尼。

論云，若菩提可説如彼然燈如來所説者，我於彼時便得菩提，然燈如來即不應授記，汝於來世當得等也。

△三復宗。

以實無有法得阿耨多羅三藐三菩提，是故然燈佛與我授記，作是言，汝於來世當得作佛，號釋迦牟尼。何以故？如來者，即諸法如義。

論云，以彼法不可説故，我於彼時不得菩提，是故與我授記。應知。又何故不可説？以如來者從真如中來，真如體徧故，如清淨故，無可得故。若有可得，是則非如，非如故相異，不名諸法如義。

△四防非。

若有人言如來得阿耨多羅三藐三菩提，須菩提，實無有法佛得阿耨多羅三藐三菩提。須菩提，如來所得阿耨多羅三藐三菩提，於是中無實無故。

此中有三義，若有人言下妄取，實無有法下離取，如來所得下顯是。所謂防非者，防其妄取也。由所空生答如來在然燈佛所無有法得菩提，佛既印許，恐不了者謂如來彼時不得菩提，後時自得菩提。故云若有人言等妄取也。爲離此取，是人不實語，故云實無有法佛得菩提也。三顯是如來所得菩提，於是中無實無虚。論云無實，謂言説故，有言則非實，第一義中離言説相也。論云無虚，謂彼菩提不無世間言説故，以世諦則有言説相也，須知。此經法相，唯談二諦，二諦一體，相即正如波水，偏取不可。故論云，顯示真如無二故。無二者，真俗一體也。

△五結示。

是故如來説一切法皆是佛法。須菩提，所言一切法者，即非一切法，是故名一切法。

如來説一切法全體是真如故，故云皆是佛法也。所言一切法，既同一真如，真如清淨，即非色等一切法。又法體不成就故，爲安立第一義也。是故名一切法者，世諦即萬法炳然，未嘗改轉也，須知。約不變體故，一切法全是真如，約隨緣用故，全真如爲一切法。但有二名，實無二體，何容取捨耶？

△十七入證道，以前十二種皆有惑障可離，此入證道，已盡障礙，所謂淨心地也。於此又二，初得智，二離慢。初又二，初問。

須菩提，譬如人身長大。

長大，非高大。長字，應上聲呼，以經初發心修行，行位漸次，今已入證，如人自幼長大。故論云，得智有二種智，一攝種性智，二平等智。若得智已，得生如來家，得決定紹佛種，此爲攝種性等。以此準知，須作長上聲呼。大讀文。由得智故轉染，依淨分顯三身。如論云，得此智已，能得妙身。於中妙身者，謂至得身、成就身。然隋譯謂妙大，今經云長大，蓋一也。且得智即報智，至得即法身，成就即應身，以證三身，得爲長大，則證得名長，體徧名大，以修攝性故，云攝種性智也。平等智復有五種，一麤惡平等，二法無我平等，三斷相應平等，四無怖望心相應平等，五一切菩薩證道平等，即理性體同，三諦平等。論云，得此等故，得爲大身，攝一切衆生大身故，須知。菩薩得此智故，分顯三身，得爲大身。衆生性具三身，亦名大身，以三身體一，全性成修，以修攝性，故云攝衆生大身也。

△二答。

須菩提言，世尊，如來說人身長大，即爲非大身，是名大身。

如來顯示入證道所得大身，攝衆生理具大身爲問，空生以簡性顯修而答。即爲非大身者，簡性。論云，於彼身中安立非自非他，且彼指衆生身也。非自則非報也，非他則非應也。衆生身中雖具三身，尚未曾發心加行，唯同正性法身。既闕報應所攝大身，即爲非大身也。是名大身者，此顯修。論云，於此大身中，安立第一義。且此大身者，指入證菩薩，對彼衆生大身，故云於此大身安立第一義。故具足三身，是名大身也。論云，如是等，是爲得智慧。

△二離慢。又二，初無慢。

須菩提，菩薩亦如是，若作是言，我當滅度無量衆生，即不名菩薩。

前文謂得智，此中謂離慢。既已離慢，則顯無念。論云，若作是念，我滅度衆生，我是菩薩，應知此是慢者，非實義菩薩。

△二復宗。

何以故？須菩提，實無有法，名爲菩薩，是故佛説一切法無我、無人、無衆生、無壽者。

由不自取，謂是菩薩，亦無所度衆生。亡能所故，故云實無有法，名爲菩薩。引佛語證，是故佛説一切法皆是佛法，則無法我、人等相。故論云，若菩薩有衆生念，則不得妙大身。

△十八上求佛地，應知復有六種具足攝轉依具足，二國土淨具足，三無上見智淨具足，三福自在具足，四身具足，五語具足，六心具足。疏云，言轉依者，謂轉於染而依於淨，以在九時一切諸法依阿梨耶識，所有國土乃至三業皆悉染礙。今至果上既破梨耶，則轉諸法，依於真如，是故國土乃至三業皆悉清淨。言具足者，以此轉依通前證道，今上求佛地究竟具足。準此爲六，然此六種具足，不出依、正二報，國土屬依，後五屬正。初國土淨具足。又二，初簡非。

須菩提，若菩薩作是言，我當莊嚴佛土，是不名菩薩。何以故？如來説莊嚴佛土者，即非莊嚴，是名莊嚴。

論云，此爲於共見正行中轉故，爲斷彼故，安立第一義，須知莊嚴佛土是正行也。若作是言，我能莊嚴佛土者，即存能所之共，起分別之見，故云共見，是不名菩薩。於正行中轉故，爲斷彼分別執故，安立第一義諦。第一義中雖莊嚴佛土，而不取莊嚴相。何以故？常寂光土，非嚴而嚴也。

△二顯是。

須菩提，若菩薩通達無我法者，如來説名真是菩薩。

論云，通達無我者，此言爲二種無我，謂人無我、法無我。反顯，若有二種我取，謂我成就爲人我取，莊嚴國土爲法我取，此非菩薩。

△二見智淨具足。論云，爲應知中實證得故安立見，爲教彼衆生寂靜心故安立智。是即一體五眼，見一心三智，知中實證得五眼菩提，即自行也。教彼衆生住三智心，即化他也。文爲二，初見淨。

須菩提，於意云何？如來有肉眼不？如是，世尊，如來有肉眼。須菩提，於意云何？如來有天眼不？如是，世尊，如來有天眼。須菩提，於意云何？如來有慧眼不？如是，世尊，如來有慧眼。須菩提，於意云何？如來有法眼不？如是，世尊，如來有法眼。須菩提，於意云何？如來有佛眼不？如是，世尊，如來有佛眼。

然此經前後，無不遣相，唯此文中，空生具答如來有五眼者，何耶？須知遣相非無，在次文兼説。但此中具答之意如何？良由般若能生五眼，特彰顯此，是故具答。如《大論》云，六波羅蜜，般若波羅蜜爲本。以是故，説般若波羅蜜能生五眼。菩薩漸漸學是五眼，不久當作佛。以此故知，今至佛地，爲顯如來具足五眼。論云，如來不唯有慧眼，爲令知見淨勝故，顯示有五種眼。若異此，則唯求慧眼見淨。然若蕩相明空，應慧眼所見，在如來不唯慧眼而具五眼。《請觀音》云，五眼具足成菩提。以是義故，如來具問，而空生具答。若不具答，菩薩行般若時，不爲成就五眼菩提，故云若異此，則唯求慧眼見淨也。論云，於中略説有四種眼，謂色攝、第一義諦攝、世諦攝、一切種一切應知攝。且色攝復有二種，一者謂法界修果，此爲五眼麤境界故，是初色攝。故知五眼義該十法界。果謂修果也，修則屬事，此爲麤境界，故是色攝。二者第一義智力故，世智不顛倒轉，是約二智體一説。二第一義諦攝，論謂在先。三世諦攝，則分别義，如來所具五眼，實不分張，衹是一眼，備有五用，能照五境。雖四眼通因，同彼所見，佛過彼所見，故爲世諦攝也。四一切種一切應知攝者，此就法眼。論云，於中爲人説法，若彼法爲彼人施説，此地説名法眼。一切應知中，一切無功用智，説名佛眼，此等名爲見淨也。若分别爲言，佛眼是體，四眼是用。若作總别，則涅槃是總，三德是别，五眼亦爾。

△二智淨。又二，初喻河沙。

須菩提，於意云何？如恒河中所有沙，佛説是沙不？如是，世尊，如來説是沙。須菩提，於意云何？如一恒河中所有沙，有如是沙等恒河，是諸恒河所有沙數，佛世界如是，寧爲多不？甚多，世尊。

△二顯智相。智有三種，一切智，空也；道種智，假也；一切種智，中也。

佛告須菩提，爾所國土中所有衆生若干種心，如來悉知。

若干者，若，如也，干，數也。顔師古云，設數之辭也。論云，若干種心者，應知有二種，謂染及淨，即共欲心、離欲心也。

何以故？如來説諸心皆爲非心，是名爲心。

皆爲非心者，第一義中都無有心故，是名爲心者。世諦説則有諸心異故，然見淨中不説眼即非者。如論云，以一住處故見智淨，後安立第一義，初亦得成就。

所以者何？須菩提，過去心不可得，現在心不可得，未來心不可得。

世諦則有過、現、未殊，第一義觀世體不實，皆不可得。須知法界非三世所攝。

△三爲福自在具足，爲二，初福非有漏，

二福性自在。初又二，初問。

須菩提，於意云何？若有人滿三千大千世界七寶以用布施，是人以是因緣，得福多不？

偈云，佛智慧根本，非顛倒功德。以是福德相，故重説譬喻。天親釋云，心住雖顛倒，福德非顛倒。何以故？佛智慧根本故。須知福相法身中，舉大千七寶布施，此中復舉，故云重説。若爾，二文何異？當知前文藉般若導，達事福即性，顯此經功深，故舉較量。此中直就無漏福體，不舉較量。所以重舉者，顯福相同也。

△二答。

如是，世尊，此人以是因緣，得福甚多。

無漏，福德因緣也。

△二福性自在。

須菩提，若福德有實，如來不説得福德多。以福德無故，如來説得福德多。

疏云，無則稱性，是名爲多。多即自在，解脱之德也。

△四身具足。然雖達福智具足，未審於身相所見如何？更審其見，於中爲二，初爲好具足，二爲相具足。好即八十種好，相即三十二相。初又二，初問。

須菩提，於意云何？佛可以具足色身見不？

△二答。

不也，世尊，如來不應以具足色身見。何以故？如來説具足色身，即非具足色身，是名具足色身。

△二相具足。又二，初問。

須菩提，於意云何？如來可以具足諸相見不？

△二答。

不也，世尊，如來不應以具足諸相見。何以故？如來説諸相具足，即非具足，是名諸相具足。

如來以相好爲問，空生並答不也者，由了知色相非如來體，故云不應等也。即非具足者，以第一義法身即非色相故也。是名具足者，以世諦即法身，不離色相故也。偈云，法身畢竟體，非彼相好身。不離於法身，彼二非不佛。疏云，上二句釋二不應，下二句釋二是名。

△五語具足，然見相必須説法，故更示之。於此爲三，初正示。

須菩提，汝勿謂如來作是念，我當有所説法。莫作是念。

以身例説，身既非身，有何所説？是故遮云莫作是念等。偈云，如佛法亦爾。

△二反顯。

何以故？若人言如來有所説法，即爲謗佛，不能解我所説故。

疏云，即爲謗佛者，謗有四種，謂增、減、相違、戲論也。若言有所説，即爲增謗。

△三復宗。

須菩提，説法者，無法可説，是名説法。

隋譯謂説法、説法者。天親云，何故重言説法、説法者？偈云，所説二差别故。何者是二？一者所説法，二者所有義。所説法，能詮教也，所有義，教下所詮理智等八法也。什師略不重云説法者，但舉能詮，必具所詮也。無法可説，是名説法者，偈云，不離於法界，所説既會法界，則無説而説，若離法界而有所説者，則墮自相。偈云，説法無自相。

△六心具足。以如來心等彼衆生心，謂心具足。上雖以示身口二輪，皆不可得，未審如來之心所住如何？是以假緣興問。三論次第宛然，且下有六十二字，隋譯文有，秦本則無，此譯人存略故。圭峯纂要，孤山淨覺，並不入斯文，以例《大論》十分略九，非無其理。然天竺三論皆釋此文，既是正譯，或添入者，義亦無害，是以無著釋此心具足中有六意，則生起連環，似不可缺。近代諸師亦尚解釋，況復霻王特令迦[三]之。如通慧《僧

傳》云，唐上都釋靈幽素持《金剛般若》，偶疾暴終，杳歸冥府，引之見王，俾令諷誦。誦畢，王曰，尠少一節，何貫花之線斷乎？師壽雖盡，且於還人間十年，要勸一切人受持斯典，如其真本在豪州鍾離寺石碑上。幽終七日而穌，遂奏，奉敕令寫此經，添其句逗。故令秦本多所加入者，良由此也。就文爲六，一爲念處，二爲正覺，三爲施設大利法，四爲攝取法身，五爲不住生死涅槃，六爲行住淨。初又二，初問。

爾時，慧命須菩提白佛言，世尊，頗有衆生於未來世聞説是法，生信心不？

爲欲顯示世尊念處故設問，謂頗有衆生等。慧命者，如荊溪云，善吉解空，空慧爲命，故云慧命。又諸慧人中，佛慧第一，佛於般若命其轉教，其爲慧人所命，故云慧命。

△二答。

佛告須菩提，彼非衆生，非不衆生。何以故？須菩提，衆生衆生者，如來説非衆生，是名衆生。

先就衆生體通，約二諦説。論云，彼非衆生者，第一義故，非不衆生者，世諦故。何以故下別示如來念處。論云，於諸衆生中，顯示如世尊念處故。然則衆生，既不出二諦，即同世尊念處，有誰聞法生信心耶？衆生衆生者，初標起云衆生，次牒釋云衆生者，以如來念處第一義中無非聖體，有何衆生？若有衆生者，乃成增益。此遮增益邊故，如來説非衆生。此顯不共義也，以世諦則有可説事，由如來説非衆生名衆生。若無彼衆生，乃成損減。此遮損減邊，故云是名衆生，此顯示相應義也。須知，以離二邊之失，真俗相即，一體圓詮。

△二爲正覺，爲二，初問。

須菩提白佛言，世尊，佛得阿耨多羅三藐三菩提，爲無所得耶？

且如來念處，既無有衆生，亦應於菩提無所得耶？此問因上而生。若爾，什公何以略去？須知，略之所以者，由正覺中，既顯示菩提自相，無有少法可得。及生佛體同，平等無有高下。則如來念處無可念者，所以略之。

△二答。論云，爲離有見過已，顯示菩提及菩提道故。彼復顯示菩提有二種因緣，謂阿耨多羅語故，三藐三佛陀語故，且初多羅語。

如是，如是。須菩提，我於阿耨多羅三藐三菩提乃至無有少法可得，是名阿耨多羅三藐三菩提。

論云，顯示菩提自相故，菩提解脱相故，彼中無微塵許法有體，是故亦不可得，亦無所有。且菩提自相者，性體本有也。菩提解脱相者，性雖本有，道在修成，得菩提離生死縛，則解脱相也。彼中等者，指彼所修，則全性成修。性外未有微塵許法，别有體可得，是名阿耨菩提也。

△二爲佛陀語。

復次，須菩提，是法平等，無有高下，是名阿耨多羅三藐三菩提。

更舉能證人，故云復次。論云，顯示菩提者，人平等相。於中平等者，以菩提法故，得知是佛。菩提此云覺，則覺性無差，生佛平等相也。於平等中别顯修得，故曰菩提法，得知是佛也。無有高下者，論云，顯示一切諸佛第一義中壽命等無高下故，欲攝微弱之類，故舉壽命。義通十界，則第一義中十界體同，等無高下。《大品》云，是法平等，一切聖人皆能行不能到。須菩提言佛者，一切諸法中行力自在，云何不能行不能到？佛言，若諸法不平等，與諸佛有異，應當如是問。今諸凡夫、諸聖人法皆平等，是平等故，皆不可得。且不能行不能到者，修因名行，證果名到。問：多羅語與佛陀語何異？答：人法有異，但以詮辨稱語也。

△二顯示菩提道。

以無我、無人、無衆生、無壽者修一切善法，即得阿耨多羅三藐三菩提。須菩提，所言善法者，如來説非善法，是名善法。

以無我人等者，論云，顯示菩提生死法平等相故。以菩提生死雖有高下而無二體，以一體無差曰平等相。其如明暗，明時，暗不向東西南北去，全暗體是明，則明暗覆游，其體無二。如是則非離生死法，別求菩提，祇觀一切法即菩提相，故云修一切善法，即得菩提。正所謂障體即德，不待轉除者也。所言善法者，如來説生死非善之法，是名菩提善法。亦如《淨名》云，行於非道，通達佛道也。良由住般若故，觸目盡是菩提，豈見有生死法異？論謂此安立第一義相故，以第一義相，相相皆實，無可棄者。

△三施設大利法。論云，於中爲安立第一義教授故，弘持斯典，雖獲大利，如來之心，實無有念。爲顯此故，先舉施寶，較量法利。於此爲二，初較量法利，二實智除情。初又二，初舉施福。

須菩提，若三千大千世界中所有諸須彌山王，如是等七寶聚有人持用布施。

△二顯法利。

若人以此《般若波羅蜜經》乃至四句偈等受持讀誦，爲他人説，於前福德百分不及一千萬億分，乃至算數譬喻所不能及。

偈云，是故一法寶，勝無量珍寶。此法乃菩提因，故勝七寶布施。疏云，問：經明受持四句乃至爲他人説，顯是因中自利利他之相，何故論文作果上施設大利耶？答：因人得利，乃由持説果人之法，經從所利，論約能施。

△二實智除情，爲四，初法界無染。

須菩提，於意云何？汝等勿謂如來作是念，我當度衆生。須菩提，莫作是念。何以故？實無有衆生如來度者。

如來雖施設廣利衆生而不作念，故遮云汝勿謂等。莫作是念者，再誡。所以再誡者，此中顯示如來之心住實智，故無可度也。偈云，平等真法界，佛不度衆生。以名共彼陰，不離於法界。天親釋云，衆生假名與五陰共故，彼共陰不離法界，法界平等，實無有一衆生可度。

△二感教由緣。

若有衆生如來度者，如來即有我、人、衆生、壽者。

若有可度者，即爲有我人等取。而衆生獲其利者，由自性之所感也。

△三隨情稱我。

須菩提，如來說有我者，即非有我，而凡夫之人以爲有我。

如來既無我人等取，云何有時稱我？而如來說有我者，假名稱我，不實取我，故云即非有我。何緣假名稱我？蓋凡夫妄取，以爲有我，是故如來隨情說我。

△四隨智俱實。

須菩提，凡夫者，如來說即非凡夫。

以如來住實智故，則凡聖一如，而於凡夫亦不見是凡夫。準知，不應擅加是名凡夫句。

△四攝取法身，以就法身妙體，攝彼無差。文爲二，初顯法身，二遮偏取。初又二，初試問善現，二正示法身。初爲四，初以應相問。

須菩提，於意云何？可以三十二相觀如來不？

欲顯自性法身，而以外應相試問。問：第十一供養中亦問可以三十二相見如來，與此何異？答：不同，以上文云見，今文云觀。覩相見如來，爲供養故，內心觀如來，顯心具足故。

△二以相事答。

須菩提言，如是，如是，以三十二相觀如來。

此經有六譯，他譯皆答云，不應以相成就見如來。唯此譯有異者，疏云，或梵本不同，或什師善得經旨，即以相體而爲答辭，由是生起下文佛之難意。今謂不然。若爾，全成譯者語，非空生所答。須知什公全準梵文，不同諸譯。若然空生前文，數答所問，莫不皆云應相即法，何以此方不了，順問答取？當知前並問見故，不執外相應身，約應即法身體答。此中既問，可以三十二相觀如來，空生以謂佛問所觀，且所觀之境，莫不是緣生之事。由是順問，以應相事答。

△三以唯體難。

佛言，須菩提，若以三十二相觀如來者，轉輪聖王即是如來。

偈云，非是色身相，可比知如來。諸佛唯法身，轉輪王非佛。《大論》明輪王亦三十二相，佛亦三十二相。但佛有七事勝於輪王，一明好，二分明了了，三不失處，四具足，五深入，六隨智慧行，七隨處離著。

△四以唯體解。

須菩提白佛言，世尊，如我解佛所説義，不應以三十二相觀如來。

爲佛反詰，方解所説外相，世諦豈能得見如來内體法身？

△二正示法身。

爾時，世尊而説偈言，若以色見我，以音聲求我。是人行邪道，不能見如來。

此如來稱我，乃四德真常淨我，非假名稱我。若以外色聲求，則墮分別，豈見内體法身？論云，諸見世諦故，是人行邪靜。應知彼不見，故知由不能觀内體法身，□[四]同世禪邪靜。是以藏通唯知灰斷，不見常住法身。别教雖知常理，但相由理變，不能達相即理，皆名世諦邪見。故迦葉童子云，未聞三德涅槃以前，皆名邪見，唯圓見法身四德體具，方曰正見。隋譯此後復有一偈，彼如來妙體，即法身諸佛。法體不可見，彼識不能知。此偈正明法身，諸疏不説，承此伸釋，無謂繁剩。且法身有二，謂性德、修得。彼如來妙體者，彼指衆生本具性德法身妙體也。即法身諸佛者，即是諸佛修得所顯法身也。性具在迷，修得屬悟。迷悟雖殊，妙體不二，故文云即也。然法身妙色清淨湛然，唯佛眼方見，種智能知。簡非四眼所見，故云法體不可見，非二智所知。故云彼識不能知。學大乘者，能知法身妙色，雖是肉眼，名爲佛眼。人何自欺不見妙色？謂同彼太虚空，無一物名法身者，斯人未生圓解而起偏執也。秦譯缺此一偈者，疏云，是則羅什但存斥邪，流支具翻顯正。披沙若盡，金體自彰，童壽之意，諒在茲乎？

△二遮偏取。

須菩提，汝若作是念：如來不以具足相故得阿耨多羅三藐三菩提。須菩提，莫作是念，如來不以具足相故得阿耨多羅三藐三菩提。

此中文有二意，初防其作念，次遮其起心。且防作念者，由前既斥，不可以色聲相能見如來，是以防其作念，謂棄色相而求菩提。故經云，汝若作是念，如來不以具足相故得菩提。是則若離色相有菩提者，乃同彼偏見。由是遮其起心，故云莫作是念，謂如來不以具足相故得菩提。莫者，遮止之辭也。

△五不住生死涅槃，爲二，初爲不住涅槃，二爲不住生死。初又二，初防非。

須菩提，汝若作是念：發阿耨多羅三藐三菩提心者，説諸法斷滅。莫作是念。

由上爲防作念，謂如來以無相得菩提。雖已遮之，尚恐偏執涅槃空義發心。若作是念，則毁相修，説諸法斷滅故。復遮云，莫作是念也。

△二顯正。

何以故？發阿耨多羅三藐三菩提者，於法不説斷滅相。

論云，經言於法不説斷滅相者，謂如所住法而通達，不斷一切生死影像法，於涅槃自在行利益衆生事。此中爲遮一向寂靜故，顯示不住涅槃。須知，菩薩通達生死法，如影像之不實，是故不斷。於中自在，行利益衆生事，顯示不住涅槃者。是則若斷生死，安住涅槃，則説諸法斷滅，故云爲遮一向寂靜。寂靜者，偏空涅槃也。

△二不住生死。論云，若不住涅槃，應受生死苦惱。爲離此故，顯示不住流轉。於中爲二，初較量得忍。

須菩提，若菩薩，以滿恒河沙等世界七寶，持用布施。若復有人知一切法無我，得成於忍，此菩薩勝前菩薩所得功德。

論謂，七寶布施是有爲之福，尚於生死法中不受苦惱，何況菩薩於有爲法得自在故？無彼生死法我，得成於忍，已所生福德勝多於彼。疏云，經云菩薩者，且語上求之人。論云如來者，唯從佛地而説，左右之稱。

△二顯示不住。又二，初點示。

須菩提，以諸菩薩不住福德故。

論云，此顯示不住生死故。若住生死，即受福德。

△二重審。

須菩提白佛言，世尊，云何菩薩不受福德？須菩提，菩薩所作福德，不應貪著，是故説不受福德。

菩薩所作福德者，論謂世尊於餘處説應受福德故，則顯示方便應受，不應貪取。是故説不受福德，受者説有故。

△亦行住淨，以如來於四儀行住動靜中，無所取著故淨。爲二，初破執，二破見，於實境起執，於假名起見。破執爲二，初威儀行住，一名色觀破自在行住。初又二，初防非。

須菩提，若有人言，如來若來若去，若坐若臥，是人不解我所説義。

論云，應知爲威儀行住故，於中行者謂去來，住者謂餘威儀。是人不解所説應用，謂之實有也。

△二顯正。

何以故？如來者，無所從來，亦無所去，故名如來。

偈云，去來化身佛，如來常不動；於是法界處，非一亦非異。故知，化身隨緣去來，法身常住不動。以化即法故，非一亦非異，即來無所來，去無所去也。

△二破名色身自在行住。爲顯如來應身，名色不實故，以破妄執。於此爲三，初觀破色身，二觀破名身，三並説摶取。初又二，初細末方便。

須菩提，若善男子、善女人以三千大千世界碎爲微塵，於意云何？是微塵衆寧爲多不？甚多，世尊。

疏云，碎爲微塵者，假設之辭，欲明世界本空，須了微塵不實。欲明微塵不實故，先碎世界爲塵。

△二無所見方便。

何以故？若是微塵衆實有者，佛即不説是微塵衆。所以者何？佛説微塵衆，即非微塵衆，是名微塵衆。

論云，是爲無所見方便，此説有何義？若微塵衆第一義是有者，世尊即不説非聚。經言，佛説微塵衆，即非微塵衆，是故佛説微塵衆。以此聚體不成故，若異此者，雖不説，亦自知是聚，何義須説？

△二觀破名身。

世尊，如來所説三千大千世界，即非世界，是名世界。

論云，三千大千世界等者，此是無所見方便。此破名身，心但有名，而無形質。不說細末方便，此亦如前說第一義，即非世界，是名世界。

△三並說摶取，乃並說名色和合義。由上但真觀名色，不開摶取故。

何以故？若世界實有者，即是一合相。如來說一合相，即非一合相，是名一合相。須菩提，一合相者，即是不可說，但凡夫之人貪著其事。

論云，若世界實有，即是一合相者，於中爲並說若世界若微塵界故。有二種摶取，謂一摶取及差別摶取。衆生類衆生世界有者，此謂一摶取。微塵有者，此謂差別摶取，以取微塵衆集故。且衆生類者，四蘊種類，爲衆生界。四蘊之心，混然一體，名一摶取也。色蘊同彼外塵，名差別摶取也。如來說一合相即非一合相等者，論云，此上座須菩提安立第一義故，世尊爲成就如是義，故謂即非一合相也。論云一合相者，即是不可說等。此何所顯示？世諦言說故，有彼摶取第一義故，彼法不可說，不可說故，則非也。有彼摶取故，是名也。須知，二諦一體相，即偏執成非。但凡夫之人貪著其事者，揀非由凡夫妄立主宰，謂爲實事，顛倒因緣，往來三界。論云，彼小兒凡夫，如言說取，非第一義故，此屬虚妄也。

△二破見。論云，已說無所見方便，破義未說。無所見中，入相應三昧時不分別，謂如所不分別及何人、何法、何方便。云何不分別？此後具說。於此爲二，初破計，二顯正。初又二，初問。

須菩提，若人言佛說我見、人見、衆生見、壽者見，須菩提，於意云何？是人解我所說義不？

論云，顯示如所不分別。云何得顯示？如外道說我，如來說爲我見，爲破妄執，令知無我，此安置人無我也。然此以外人爲端而召問空生。

△二答。

世尊，是人不解如來所説義。何以故？世尊，説我見、人見、衆生見、壽者見，即非我見、人見、衆生見、壽者見，是名我見、人見、衆生見、壽者見。

是人不解，執實有故，世尊説我見者，論云，又爲説有此我見故，安置法無我。若有彼我見，是見所攝，故經云即非我見也。斯亦二諦之義，第一義中即非我見，世諦是名我見。由二諦相即，説非我名我也。如是方解佛所説義。論云，如是觀察，菩薩入相應三昧時，不復分別，即此觀察爲入方便，以安置二空故，不復分別。

△二顯正。

須菩提，發阿耨多羅三藐三菩提心者，於一切法應如是知，如是見，如是信解，不生法相。

論云，經言菩薩發菩提心者，此顯示無分別人已破無明，得中道如實智，故無所分別。論云，經言於一切法者，此顯示於何法不分別。經言，應如是知、如是見、如是信解者，此顯示增上心、增上智故。於無分別中知見勝解，於中若智依止奢摩他故知，依止毗鉢舍那故見。此二依止三摩提故勝解，以三摩提自在故。解内攀緣影像，彼名勝解，且增上心即菩提心，增上智即圓妙智。奢摩他，此云止，毗鉢舍那，此云觀，三摩提，此云等持。以此止觀等持故，明靜不二，則自在，解内虚通，如影像不實，則勝解。論云不生法相，此正顯示無分別。《大論》云，諸佛及大菩薩智慧無量無邊，常處禪定，於世間涅槃，無所分別。

須菩提，所言法相者，如來説即非法相，是名法相。

如來説即非法相者，第一義諦，指事即理，無所分別，此顯示不共義也。是名法相者，世諦指理即事，諸法宛然，此顯示相應義也。論云，應知欲願及攝散二種，如前所説，更無別義，是故不復説其方便。由文缺何方便一義，故點示。

△第三流通分。流名下注通名不壅，使正法之水，從今以注，當聖教之筌蹄，不壅於來世。然此經雖節節勸奬持説功深，未曾別示流通之旨，是故經畢，方別勸持流通。所以論云，不染行住，即流通義。於此爲二，初流通無染，二四衆奉行。初又云[五]，初説法無染。

須菩提，若有人以滿無量阿僧祇世界七寳持用布施，若有善男子、善女人發菩薩心者，持於此經乃至四句偈等，受持讀誦，爲人演説，其福勝彼。

論云，以有如是大利益故，決定應演説，如是演説而無所染。

△二流轉無染，指生死爲流轉也。

云何爲人演説？不取於相，如如不動。何以故？一切有爲法，如夢幻泡影，如露亦如電，應作如是觀。

云何爲人演説者，牒前也。論云，此有何義？顯示不可説故，不取於相。彼法有可説體，應如是演説。若異此者，則爲染説，以顛倒義故。又如是説時，不求信敬及以利養等，亦無染説。若心有染，則生死流轉也。如如不動者，上一如字是心，下一如字是境，心如如境，境如如心，心境一如，安住實理，何物能動？故曰如如不動。何以故者，何以不動。蓋達一切有爲法不實，如夢幻等故。然此經唯六喻，隋譯則有九喻，如云一切有爲法，如星、翳、燈、幻、露、泡、夢、電、雲，應作如是觀。疏云，什師無星、翳、燈、雲四喻，加影成六，以影則可攝彼四喻，乃取光影之影。若形影之影，唯局在身也，仍以六喻表對六法，謂神我及五陰也。今謂不然，若光影攝彼星等具，電亦應攝取耶？又以六法表對，但見正報，未盡一切有爲之言。

又出二圖子，將六喻會同九。唯若爾，既可會同，何不依論解？蓋徒然爾。今來須知譯人取喻，但欲見虛假不實之義，何必名數齊等？是則數雖不等，其義宛同。今依論四種有爲，帖釋此經六喻。四種有爲者，一自性相，二所住味相，三隨順過失相，四隨順出離相。且自性相者，論以星、翳、燈三，以喻自性中相、見、識三。今但以夢具相、見、識三義。何者？夢乃眠法，覆心虛妄所見。此相義，論云，此相如星，應如是見。何以故？無智闇中，有彼光故，有智明中，無彼光故。夢亦復爾，無智闇中有此夢故。夢中謂實，此見義，論云，人法我見如翳。何以故？以取無義，故夢中所執亦無義也。由謂實故，取著貪愛。此識義，論云，識如燈。何以故？渴愛潤取緣熾然，於中著夢中，受取貪著亦然，覺來方知是夢也。此相、見、識，悉由自性根識而生，皆如夢也。

〇二所住味相。論云，味著顛倒境界故，彼如幻。何以故？顛倒見故，良由不了前塵，如幻虛假，味著境界顛倒見故。

〇三隨順過失相。論以露泡爲喻，今更加影且泡者。論云，隨順苦體，以受如泡故。且有身則苦生，身爲苦體也。以受如泡者，受有三受，謂苦受、樂受、授受，三受浮僞如泡。是知，以三受而生三苦。即苦受生苦苦，苦受是違情逼迫，受必有漏苦身，苦上加苦，故云苦苦。樂受生壞苦，樂受是順情適悅，樂謝悲生，故云壞苦。捨受生行苦，捨違順苦樂平常，心是而生行苦。行即四相遷流，不安穩故。凡夫不知是苦，聖人觀之，無非是苦。如《俱舍》云，如以一睫毛，置掌人不覺。若安眼睛上，爲損極不安。凡夫如手掌，不覺行苦睫。智者如眼睛，緣極生厭怖。故知行是苦，此顯示苦義也。影者，由形則影生，影無自體，此顯示無我義也。露者，論云，顯示相體無有，以隨順無常故。如云五欲無常，如華上露，見陽則晞。以是即知相體無有定實，所謂無常也。

○四隨順出離相者，論以夢、電、雲喻過、現、未，今但取電喻現在。論云，現在不久住，故如電也，則過、未準知。如是解釋，義與文會，何必異求？應作如是觀者，結勸也。當作如是觀，知有爲世相虚僞，豈爲生死流動耶？

△二四衆奉行。

佛説是經已，長老須菩提及諸比丘、比丘尼、優婆塞、優婆夷，一切世間天人阿脩羅等，聞佛所説，皆大歡喜，信受奉行。

隋譯四衆文後云菩薩摩訶薩，阿脩羅後復云乾闥婆等，以彼驗此，合有八部，什師從略，但云阿脩羅等，則等八部也。皆大歡喜者，即三教得益不同，今但總略而云歡喜。信受奉行者，無疑曰信，領納曰受，由信受故奉行也。

金剛般若波羅蜜經采微卷下終

校勘記

〔一〕「放」，底本原校疑爲「於」。

〔二〕「□」，底本原校疑爲「輕」，次同。

〔三〕「迦」，疑爲「加」。

〔四〕「□」，底本原校疑爲「還」或「即」。

〔五〕「云」，疑爲「二」。

（劉如東整理）

〇二三九

金剛般若波羅蜜經采微餘釋〔二〕

宋曇應述

金剛般若波羅蜜經

世傳有加佛説二字，謂佛説金剛般若等，此後人謬加。須知經通五人説，謂佛、菩薩、弟子、天仙、化人五人也。若部内兼四人説者，題中不稱佛説。若一經始終金口所説者，題標佛説字，揀非兼四人所説也。然何以稱經。須知雖四人所説，爲佛印定，即同佛説，故得稱經。《大論》云：下四印定，通云佛説。若爾，既通云佛説，題標佛説，有何不可。須知，通云佛説，乃得稱經，非金口所説。若金口所説，唯一席而已。且此經凡有六譯，若什公與魏菩提流支及陳真諦，此三譯同名金剛般若等。若隋笈多，謂金剛能斷般若。其大唐奘法師與大周義淨，此二譯同名能斷金剛般若。是即由立題不同，遂釋義有異。笈多以能斷二字在金剛後，則取金剛堅利，以喻般若。曰金剛能斷般若，乃喻法立題。若奘師、義淨，以能斷二字在金剛前，如云菩薩堅執，猶如金剛，以般若空慧，能斷此執，故云能斷金剛般若，如《慈恩傳》。乃成單法立題。既以般若空慧爲能斷，金剛爲所斷，豈非單法。相傳海東曉師，亦有疏釋此經，乃同奘師之説，皆無取也。無著論以法喻立題，而什公等皆符合論意。

百鍊不消

須知非但金剛，只如此間邠鐵，亦百鍊不消也。《筆談》。

顯示不共

此對初義，别在此經，故云不共。然與下文文相有異，不可一例。

波羅蜜

梵語波羅，此云彼岸。蜜，此云到。若回文順俗，故云到彼岸。準諸文，略云三飜。諸經多飜爲到彼岸。生死此岸，涅槃彼岸，煩惱中流。菩薩以無相妙慧，乘禪定舟航，從生死此岸，渡涅槃彼岸。或飜事究竟，如《摩訶衍論》云，天竺語法，凡所作事畢，則云波羅蜜。或飜度無極，通論事理，悉有幽遠之義，合而言之，故云度無極。此約事理行滿，曰無極。

三一總別

然總別不應雙舉，譬如拳指，言總則總無別總，覽別爲總，如合指爲拳，唯拳無指；言別則別無別別，開總爲別，如開拳爲指，唯指無拳。若爾，如何總別雙存，謂三一總別耶。須知一是總題，乃總覽一經大義，則題中義含體、宗、用，故云總也。三是所詮別文，就別文説出體、宗、用，故云別也。有此文義兩途，故云三一總別，乃得雙舉。

慈氏

彌勒號慈氏，如《華嚴·法界品》云，或見彌勒最初證慈心三昧，從是已來號慈氏。

何意復造論作十八住釋經

淨覺謂八十頌在十八住論後者，非也。義淨三藏云，此經西方乃有多釋。考其始也，此頌最先，則八十頌。

事必屬正

亦如《法華》謂，從三昧安詳而起，雖未彰言，事必屬正。

三疑兢起

自舊反於此有總別兩疑。且總疑者，既集一千無疑羅漢，何故却有疑耶。別疑者，且小乘灰斷，如何却疑釋尊重出耶。小乘無它佛之談，如何疑它方佛來耶。小乘無作佛之分，如何疑阿難成佛耶。今爲伸釋。且總疑者，羅漢於四諦理上，決定無疑，於事上不了，故有疑耳，如羅漢不識赤鹽等。若別疑者，以小教不詮，故云無也。所以懷疑者，由迦葉禮敬而生，一千羅漢各各懷猶豫疑情，共有此三，非謂唱起所疑也。且小乘亦知有他方佛，但謂一佛各化一方，而不知十方諸佛悉是釋迦分身，謂無它佛之談。此乃四明答楊大年書語。自舊或謂權疑爲啓當來誠信者。若爾，阿難被黜出，乃見經論所説，再來入窟，亦經論明文，何以却不見再來之文。謂事非彰灼，故設權疑。或謂實疑，謂形容似佛，衆不識故疑。且《大論》明結集時，迦葉單白和僧，阿難方登寶座。若爾，何人不知高座是阿難，而却云不識故疑耶。况佛乃黄金色相，大衆一覩便了。若《微細律》，《合論》引。未見其律本文，恐阿難結集時，形容精爽，威儀似佛，諸天奉侍，如奉世尊，故云似佛。

多聞聞物

此兩聞字，須知多聞乃知聞，屬自，聞物乃傳聞，屬他。

不仰不下，不方不維

不仰，則不仰口食，仰觀星宿，占相吉凶也。不下，則不下口食，墾土掘地，種植田園也。不方，則不方口食，通致使命，馳走四方也。不維，維不正，四維也，謂醫藥卜算，小術而求食。此四曰四種邪食。

四王所奉鉢

四天王各奉一鉢，佛不偏故，俱受所獻，遂拍爲一。今鉢盂有四。

除慢

佛乃淨飯王之子，既行乞食，教中所制，若見餘比丘行乞，無輕慢也。

初廣大心

即弘誓心。弘者，大也。所有一切衆之類，則三界四生，並入弘誓願數，而滅度之。有人認作如來度生者，謬矣。

唯然

唯者諾，禮對。然者，領受。

爲欲審是，所以斥非

　欲審其是，義須反顯。若菩薩於一切衆生所，不起它相，皆如自體，則信解自它平等故。豈有我人等見真是菩薩。如是則心不顛倒也。

《寶積經》等

　《經》云，正法滅時，對邪稱正，則佛法滅時也。三不現前，則三寶隱没時也。此須末法最後時，謂五百歲，應以《大集》爲正。有人謂後五百歲，指正法一千年後五百年，對前爲後，應分二五。此説有違《寶積》。

事福本空

　本空，即妙性也。若爾，下文較量何似。

至於極少首題一句

　一部同詮實相，豈可只四句有功德耶。大師云，文文之下，通結妙名，句句之中，咸具體等，可以比知。

初果後進斷欲思六品

　下地思有九品，共潤七番生死。九品者，上中下大三品，每一品開三，成九。則上上一品能潤二生，上中、上下及中上三品各潤一生，其中中、中下共潤一生。是即斷六品，盡能潤六番生死，乃證二果。

羅漢有二種

　即慧、俱二種也，有退不退。若俱人得滅盡定則不退，慧人不得滅盡定則退。但是以聖退聖，終無以聖退凡。譬如沙井，中間若墮，真至於底方住。乃從四果退，至初果而住，作初果人所爲事。且退者即生再得，無有隔生。得者，多是慧解脱人。

論牒文

　論中凡兩番牒文，一如七義句於發啓行相中，次正釋經，並以恒河沙數爲句逗。依論讀文，方爲允當。

以佛世爲別相等

　別相者，三相各別。如《淨名經》云：

始坐道樹力降魔，得甘露滅覺道成。三轉法輪於大千，其輪本來常清淨。人天得道此爲證，於是三寶現世間。故知自迦葉佛入滅之後，三寶隱沒，人天減少，三惡道充滿。釋迦如來出世，方始三寶出現世間，故云於是三寶現世間也。此云別相，對一體得名。二、住持滅後說，由如來成道已，思報母恩，其母摩耶夫人已入滅，生忉利天，而如來九十日昇天，爲母說法，蔽諸大衆，皆不令知。時國主優填王憶佛故，以紫檀香，時毗首羯摩化作人匠，爲王雕造如來形像，自此有刻檀佛像。九十日夏滿，佛化三道寶堦，從天降下。是時國王人民，皆來迎佛。時旃檀像，亦塗步來迎。如來爲摩旃檀像頂云：我滅度後，汝當住持世間，廣爲人天而作佛事。自此有住持之名。阿闍世王造逆，身瘡發動，於涅槃會，遇佛聞法，身瘡即愈，獲無根信忍，遂發心日供千僧。如來滅後，迦葉欲結集法藏，擬行乞食，恐外道惡人難問，妨廢光陰，不如就闍王千分之供。遂集一千羅漢，於畢鉢羅窟結集，自此有教法住持世間。阿育王造八萬四千寶塔，度八萬四千人爲僧，自此有剃染之僧住持世間。且相從三寶，須知此一種三寶，別無有法，只是以佛世滅後，合而言之，由佛世三故，有滅後三，故曰相從。此並屬事。

論云如我昔爲歌利王等

此由安住實相理，故不愁惱，故云爾時無有我人等相也。既住實相，則實相無相，故云及無相也。無相不相，無生死相，不涅槃相，離二邊故，故云亦非無相也。

《大論》引迦旃延子等

迦旃延子，依《阿含經》說，菩薩三祇百劫不斷惑，所謂迦旃延子，自以聰明利根，不讀衍經，非大菩薩。是故龍樹於《大論》，處處以衍斥之，如云菩薩不斷結，是名大錯等。然則旃延既準《阿含經》，説菩薩不斷結，乃有憑據。所以荆溪云，《阿含》既云菩薩不斷結，而《大論》斥權，非謂全無，則亦有菩薩不斷結義，故著非謂全無之語。但旃延子不合專憑小教，是以《大論》處處破之，乃破其偏執小耳。

於中略説有四種眼

　　論釋有二意，一通釋，二辯折。於辯折有四種眼，四種俱約五眼。

色攝復有二種

　　世智，第一義智，二種也。問：論中而於色攝中復開二種智者，何耶。答：有二意，一者顯事必即理故，二明二智一體故。然此二義實一意耳，由事即理故，二諦一體。且初義者，色是事，於中開出第一義理者，顯事必即理故。若事不即理，世智九界則顛倒轉。論云，第一義智力故，世智不顛倒轉，由即理故，不顛倒轉。二、二智一體者，此約圓詮事理體一故，以世智全是第一義智，第一義智全是世智，雖分二智，實無二體。蓋一體相即，是故於色攝一法中開此二種也。譬如波水，全波是水，全水是波，波水雖異而無二也。須知五眼者，實果佛所證法門。而無著菩薩釋此，以四種五眼辯折，雖文約而義周，妙盡圓旨，與今天台所説符契，自非内證本同，所覽怜然，焉以臻此。

法界修果等

　　法界即十法界，果曰修果，修則屬事。五眼麤境界故色攝。十界者，肉天二眼則六凡界，慧眼則二乘界，法眼則菩薩界，佛眼則佛界。問：若以十界釋佛眼者，以下凡地獄等界，如何以釋佛眼耶。答：十法界果，實由佛果五眼能具，故約十法界以釋五眼，則不可以下凡地獄等界爲妨難。故《止觀》云，佛具五眼，豈可人天果報釋佛眼。《輔行》釋云，舉一佛果，具於十界，然不可以聖陰陰即果也。同凡，自是佛果能具十界，終不可以佛地獄界，以爲凡夫地獄界用釋佛眼也。若爾，且十界俱屬佛果，以何受稱。當知十界既由佛果能具，還從佛果，果德受稱。果德者，常樂我淨四德也。如荆溪云，三千果成，咸稱常樂，斯之謂歟。三千則十界。然若不得今家祖意消釋，而論文便見沈匿。

論謂在先

即指前經文五眼，即是爲令知見淨勝義，即第一義，更不重述，故指在先。

三世諦攝

論中不釋而次第一義者，由世諦分别故，所以佛之肉眼雖同凡夫所見，佛過彼所見。佛之天眼同天所見，佛過彼所見，所謂真天眼也。佛之慧眼同二乘見空，而佛過彼所見。佛之法眼同菩薩見假，而佛過彼所見。佛之佛眼，圓照無私，對五境異，遂有五用，謂之五眼。

以菩提法得知是佛

菩提法者，謂十界三諦平等之法，唯佛與佛乃能究顯。

不受苦惱

受人天富樂故。

雖不説亦自知是聚等

雖不説微塵衆，亦自知是衆塵聚集，何義須説。所以説者，爲顯無所見方便空義，故謂即非微塵衆也。

由上但觀名色等

上但約色及衆生身摶取，中觀破相應行，斯即名色身合説，不開摶取。此中爲破妄報，而名色之外别報名色之身，是故别開摶取，故云世界實有者即是一合相。且一合相者空也，而不知四蘊及衆塵摶取和合謂一合相，豈是真實。如此顯之，名色身報，情可以遣蕩。是故須菩提爲安立第一義空故説一合相，世尊爲成就空生所説，故謂即非一合相也。

若智依止奢摩他故知

奢摩他，此云止。所謂以止止散，即散而寂，散動則不知，寂靜則能知。

依止毗鉢舍那故見

毗鉢舍那，此云見。由觀能見，所謂以觀觀平聲。昏，即昏而即[三]，昏暗則不見，明即[三]則能見。吾祖云，明靜者，止觀之體也。是則止觀等持乃知見實理，非見實不能知，乃見實理而能證知，故於一切法無所分別。

《采微》其有缺辯及文略者，所以再行料理，補餘未釋，區區但欲結般若良緣耳。

乾道陸年太歲庚寅仲夏曇應題

校勘記

〔一〕底本據《卍續藏》。

〔二〕「即」，《摩訶止觀》（《大正藏》本）作「朗」。

〔三〕「即」，疑爲「朗」。

（李勁整理）

〇二四〇

金剛經科釋〔一〕

可明謹以爲法之心，修書上呈大居士：仰惟大教利生，唯般若空慧可以導萬行，福羣生，祛惑累，臻極理。四處十有六會，咸彰此道。至摧萬有，蕩一無，金剛力最堅最利，故世人多持誦之。幽明顯應，不易悉數。翻譯有六經，申通有三論，隨機見別，仍有異同。至我天台大禪師妙悟通經，作爲此疏，以釋秦本。五代亂離，流之東海。諸師別有所述，皆依傍諸論，彌縫別譯，破碎不能貫通。此疏復還，反有以爲僞者。樝菴嘗力辯焉，人始信受。愚頃于南湖觀室，伏讀此疏，喜不自勝。且曰：分實是方便二周，明不可思議十事，前後科判，自非大師，疇克若是。回視諸家述作，雖共有弘通美意，莫能及也。有僧善義，勇化緣，遂尋訪別本，與之讐校，刊留南湖，後毒皷嘗建講。比以城居失火，燎其板，深爲嗟惜！茲承下諭，知留意探討，欲入疏從經，以便看閲，誠殊勝事也。將以刊行，乃蒙示及，因得考其大略而評論焉。蓋欲傳遠以廣利四衆，是不可卒爾，謹別紙繕寫呈上，切祈詳覽。不宣。

可明謹白

行善欲便於檢閲，將疏入經，皈西山虛室講師，求印可。即蒙考校，開示此疏源流，又別紙批敷漏失句意，俾添入完備。行善於是不敢泯其所自，併刊行此書，勸衆信流通焉。

至元甲午年四明徐行善謹誌

校勘記

〔一〕底本據《卍續藏》。

金剛經科釋

金剛般若波羅蜜經　天台智者大師疏

略釋經題。

法譬標名。般若幽玄微妙難測，假斯譬況以顯深法。金即三義：一、寶中真上，不可侵毀；二、利用自在，摧破諸物；三、表裏清淨，影現分明。剛是堅義，謂身、命、財，身即法身，命即慧命，財即法財。功德助道，用譬三種般若：實相般若，理性常住。觀照般若，破五住惑。文字般若，解脱自在。如此三法，不縱不横，非並非别，成祕密藏。佛三種身，亦復如是。實相即法身，如《大經·金剛身品》。觀照即報身，如金剛三昧，破諸煩惱。文字即應身，隨機利益，普現無邊。舊云金剛譬十地後心因圓之位，今言初心至後，即有六種金剛也。

○體者，若見諸相非相，即見如來，是經之正體也。

○宗者，約實相之慧，行無相之檀，如人有目，日光明照，見種種色，是因。見諸相非相，是果。此之因果，同約實相。

○用者，破執爲用。一切封著，通名爲執。破諸相惑，顯出功能，亦自無滯，即力用也。

○教相有五：一、《摩訶》；二、《金剛》；三、《天王問》；四、《光贊》；五、《仁王》。廣略雖異，同名般若。摩訶，以廣歷色心乃至種智，皆摩訶衍。此文略説金剛爲喻也。

次廣解釋。

言金剛般若者，此乃摧萬有於性空，蕩一無於畢竟，甚堅甚鋭，名曰金剛。智名決斷，慧曰解知。萬像雖繁，物我無相，有爲斯絶，寂其機照，假名般若。西云跋闍羅，亦云斫迦羅，此翻金剛，云是利鐵，亦名破具。引《大經》云：佛告迦葉，汝今決斷，譬若剛刀。又云：劫火起時，一切皆銷，利鋭者在下，名金剛際。又云：往古諸佛舍利變爲金剛如意珠。今通取堅利爲譬。舊云：體堅用利，體堅衆惑不侵，用利能摧萬物。今問：體唯堅不利，用唯利不堅，亦應體則不利，用則不堅，此乃不堅不利，何謂堅利？《百論》云：眼非知，意非見。別既非見，合云何見？今依《中論》通此問，即無滯義。今言堅利者，不堅不利，假言堅利。如言苦以不苦爲義，無常以常爲義，空以不空爲義。此一例語，任運不畏斯難。般若如大火聚，四邊不可觸，豈可定作體用耶？體用因緣，不一不異，體堅用亦堅，用利體亦利。既其不一，假名義辨。若説體堅，即説用利，此是假名義一邊之説。離用無體，離體無用。用即寂，寂即用，無別有無用之體，體主於用也。亦無別有無體之用，用主於體也。不一亦不異，有因緣故亦可説一説異，爲破一説異，破異説一，假説一異。欲（一無欲字。）令衆生悟非一非異，只名此因緣不一不異，離斷常戲論。戲論不得入即是堅，能破斷常即是利也。

問：何者爲般若，如是堅利？

答：一往性空爲般若。不斷不常，不一不異，性空畢竟空爲般若，萬相一無，皆悉盡淨。《大論》云：般若有三種，實相、觀照、文字。實相，即理境[二]第一義諦。觀照，即行人智慧，智慧鑒此實相，説智及智處，皆名爲般若。文字，能爲作詮，亦爲般若。故云：無離文字説乎解脱。一體三名，同祕密藏。

問：有翻無翻？

答：翻爲智慧。

問：《大論》云，智慧輕薄，般若深重，云何相翻？

《釋論》七十卷釋須菩提五歎，不可稱，不可量，無等等，無有邊，如虚空。解不可稱句云：稱名智慧，此是稱量。檀度非智慧，不能準量，故稱名智慧。般若定實相，此釋不可量。何意不可量？欲明佛所得般若，明鑒實相甚深，窮邊極底，菩薩因中智慧，不能稱量佛果地般若。此是因中智慧輕薄，不能稱量果地般若，何得妄引無翻耶？《大經》云，慧有三種，般若、毘婆舍那、闍那，同一氣類，隨名而辨。約人，般若屬衆生，毘婆舍那一切聖人，闍那諸佛菩薩。就法者，毘婆舍那總相，般若別相，闍那破相。毘婆舍那，翻正知見，此即是總相知見。離出慧，即是般若屬衆生，衆生有慧數故。闍那，諸佛十地菩薩，有決斷義故，共爲一位耳。

波羅蜜，亦阿羅蜜、波羅伽等，翻度彼岸，亦彼岸到，亦度無極，此假名無度爲度耳。佛已度，智慧度，名一切智。菩薩未度亦不名度，度時亦不名度，不離已度未度故。而今言度，此乃假名説度。一、行度。二、時度。三、果度。六度善修滿足，爲行度。三僧祇滿，爲時度。得大菩提，爲果度。彼岸者，生死爲此岸，涅槃爲彼岸，煩惱爲中流，八正爲船筏。又慳貪爲此岸，佛果爲彼岸，布施爲河中，正勤爲船筏。又取相爲此岸，無相爲彼岸，智慧爲河中，精進爲船筏。一往如此。又即生死涅槃俱爲此，非生死涅槃俱爲彼。故云：遠離彼此岸，乃名波羅蜜。又前生死涅槃雙非中道爲二，非生死涅槃中道爲不二，二不二俱爲此，非二非不二俱爲彼，故遠離二邊及以中道，名波羅蜜。

修多羅，翻契經。經字訓法，訓常，由聖人心口也。

○次部帙者，第一部十萬偈，第二部二萬偈，並不來此土。第三部一萬八千偈，即《大品》，亦名《放光》。第四部八千偈，即《小品》，亦名《道行》。第五部四千偈，即《光贊》。第六部二千五百偈，即《天王問》。第七部六百偈，即《文殊問般若》。第八部三百偈，即此《金剛般若》。叡師云：並是如來隨機之説。般若非稱量，過諸數量，豈是一多四五之可説？

○次簡前後。言《金剛》前後者，肇師註云，五種般若，此説最初，文説千二百五十人，後説《大品》，大數五千人，受化轉多，故《摩訶》在後。若《金剛》在後者，《仁王經》云，初《摩訶》，次《金剛》。又護念付囑及得慧眼，未聞[三]此經，似宜一作如。在後。俱有證據，由人用耳。對機設教，廣略不同。從得道夜，訖泥洹夕，常説般若，明理一等。若依《光贊》，如來十九出家，三十成道，至四十二，二月十五日食後，爲諸菩薩説般若。

次譯經者。

羅什法師，秦弘始三年，即晉安帝十一年譯。又後魏末菩提流支譯論本八十偈，彌勒作偈，天親長行釋。總三卷，分文十二分：一、序分，二、護念分，三、住分，四、修行分，五、法身非身分，六、信者分，七、校量顯勝分，八、顯性分，九、利益分，十、斷疑分，十一、不住道分，十二、流通分。

講説時別，一途開章耳。就此一經，開爲三段：序、正、流通。

序爲緣起。説教之前，必有由漸，分衛、放光、雨華、獻蓋等也。由漸既起，正教宜陳，緣教相感，其猶影響，故有正説。又非止近被一時，乃欲遠傳來際，故有流通。三段各二，序有通有別，正説前後二周，流通付囑奉行。

如是我聞，一時佛在舍衛國祇樹給孤獨園，與大比丘衆千二百五十人俱。【科】[三]科釋分三。初、序分，二。初、通序。

文五。如是者，佛説般泥洹時，侍者請問，佛答云：一切經初皆安如是我聞者，親承金口而聞，事非謬也。一時者，言則當理，理亦如言。當理得時，令人開悟，聖不虛説，言必會機，故言一時也。佛者，大師之名。佛者覺義，異凡夫故自覺，異二乘故覺他，異菩薩故覺滿。在舍衛者，法王行運，應物而遊，在舍衛城憍薩羅國。舍衛名聞物國，勝物多出此境，嘉名遠振諸國，故名聞物。

又舍婆提者，昔有二仙，弟名舍婆，此云幼小，兄阿跋提，此名不可害，合此二人以名城也。祇樹給園者，須達市園，祇陀施樹，共立精舍，廣出他經。與大比丘者，聖化無祕，聽必有儔，俱聞如林，可明信矣。應有四衆，略而不載。比丘，云怖魔、乞士、破惡。千二百五十人者，三迦葉一千，目連、身子二百五十。此名通序，所以證信。

爾時，世尊食時，著衣持鉢，入舍衛大城乞食。於其城中次第乞已，還至本處。飯食訖，收衣鉢，洗足已，敷座而坐。【科】二、別序。

今辨別序以發起。具上十號，故曰世尊。食時者，食熟之時，人家皆有，施心易生。著衣，僧伽梨衣也。佛觀良田區塍，命出家人著此服也。持鉢，執四天王所奉應器。入舍衛城乞食，法身無得，何須乞食？天人妙供，百味日盈，自行分衛，福物之宜。乞食有十利：一、見相好；二、去疾；三、除慢；四、爲女人監護；五、天龍從；六、四天王鉢；七、富貧等；八、不雜；九、息謗；十、常在三昧，其實不食。此城縱廣千二百由旬，九億人家。園一作國。南城北，精舍在東。自外以適，故言入也。食時，如法食。衆生有此勝智，機緣將發，以表般若。著衣是被弘誓鎧，慈悲之心。持鉢是行鉢，鉢能盛飯，行能趣理，即表解脱。城即法性涅槃之城，觀五陰舍，悉皆空寂，不動如城，以表法身也。次第乞食，不越貧從富，不捨貴從賤，大慈平等故，即表菩薩次第行，次第學，次第道。行行因圓，故爲還至本處。本處即一切智處，歷色心觀至一切智。飯食乞，收衣鉢者，即是一作表。果後無復願行，無誓故收衣，不復進行故併鉢。洗足已，即是一作表。定慧無復垢累，塵沙無明永去，法水清淨，故言洗足。敷座者，即諸法空爲座，四無畏處，此說般若也。別序竟。

時長老須菩提在大衆中，即從座起，偏袒右

肩，右膝著地，合掌恭敬而白佛言：希有世尊，如來善護念諸菩薩，善付囑諸菩薩。【科】二、正宗分，二。初、周實智道，二。初、問，二。初、述贊。

長老須菩提是對揚主，有長人之德。夫神一作鉅。鍾雖朗，非扣不鳴，聖不孤應，影響惟仁。須菩提，翻空生，亦名善吉，或云東方青龍陀佛。從座起者，請業之儀，即事請道，側身避席。袒右肩者，隨國法以袒爲敬，亦示弟子執作爲便。右膝著地，屈曲伏從，示無違拒之皃。合掌，斂容祇肅，顯師尊道重故，克敬盡恭，專一之至。白佛言，述贊希有者，佛從前代八萬四千歲，皆輪王位，至釋尊身，若不出家，當二千五百歲作金輪王，而能捨位，從門乞食，是爲希有。此歎身密。護念歎意密，付囑歎口密。又是述贊，《大品》中意，護念即般若實道，如母能護念，付囑即方便權道，如父能教詔付囑。

世尊，善男子、善女人發阿耨多羅三藐三菩提心，【科】二、正問，三。初、躡述起問。

還躡前述，更起今問。發菩提心者，一切智也，總標旨歸，翻云無上正徧知覺。標心擬向，遠期正覺。

應云何住？【科】二、問住心。

入理般若，名爲住，此即實智也。

云何降伏其心？【科】三、問降心。

方便即權智，如善財言，我已先發菩提心，云何修行，云何學道？

佛言：善哉，善哉。須菩提，如汝所說，如來善護念諸菩薩，善付囑諸菩薩。【科】二、答，二。初、略許，三。初、述許。

如汝所說，贊請之儀，當理會機，盡善盡美，誠如所言。

汝今諦聽，當爲汝說。善男子、善女人發阿耨多羅三藐三菩提心，應如是住，如是降伏其心。【科】二、誡示聽。

若不審諦，即漏言遺理。誡令諦聽，言

理弗虛。

唯然，世尊，願樂欲聞。【科】三、受旨。

慈誡許説，敬肅傾心也。

佛告須菩提：諸菩薩摩訶薩應如是降伏其心：所有一切衆生之類，若卵生，若胎生，若濕生，若化生，若有色，若無色，若有想，若無想，若非有想非無想，【科】二、廣答，三。初、明般若體空無所有，三。初、正明體相空，二。初、明無相因，二。初、願無所有答降心，四。初、大心。

降心約願，住心約行，皆無所有，爲無相因。法身無色，爲無得果。許中先住後降，答中先降後住者，若約發心，前願後行，廣發誓願，權引於前，次入實相，以無住法住於妙理。若約修行，要須先修實慧，次用權道，故有二觀次第，前住後降。若就證時，權實一心中悟，不復前後。今就誓願中有四：一、廣大，二、第一，三、常心，四、不顛倒。初廣大心者，菩薩發願，普濟萬物，無邊曠遠，故名大心。欲願與涅槃寂滅極樂，故名第一。生死道長，衆生性多，而誨人不倦，名曰常心。不見能所，名不顛倒。釋大心者[四]，横亘四生，竪窮三界。四生是能住，三界爲所住。依觳謂卵，含藏曰胎，假潤稱濕，欻現曰化。若有色即欲色二界，無色即空處，有想是識處，無想不用處，非有想非無想即最上天。

我皆令入無餘涅槃而滅度之。【科】二、第一心。

欲與涅槃寂滅極樂，故名第一也。法不自起，因緣故生。但是因緣，自性皆空。順理爲解，乖宗成惑。惑即生死流轉，受身心苦。解即累滅苦盡，寂然永樂，謂之滅度。小乘涅槃，灰身滅智爲無餘。大乘以累無不盡、德無不圓爲無餘，生滅觀在名有餘也。

如是滅度無量無數無邊衆生，實無衆生得滅度者。【科】三、常心。

若有能所即懈息，以無休倦故名常心。度無量無邊，實無度者，《大品·度空品》

云度衆生如度虚空，明衆生無毫末可得，只解衆生本來無所有即是悟，悟即名度。若有衆生可度者，佛菩薩等即得殺罪。於一身理而爲論，實無有衆生，衆生顛倒，妄執謂有。今佛菩薩憐愍説法，令悟本無所有，名此悟爲度，實無别有衆生異理而度著涅槃中也。

何以故？須菩提，若菩薩有我相、人相、衆生相、壽者相，即非菩薩。【科】四、不倒心。

以失顯得。若有我人，可言有滅。但是假名，横計人我，執我爲非，忘我爲是。是非既彰，得失明矣。《大品》具明十六知見：一、我。二、衆生。三、壽者。四、命者。五、生者。六、養育。七、衆數。八、人者。九、作者。十、使作者。十一、起者。十二、使起者。十三、受者。十四、使受者。十五、知者。十六、見者。此中略明四耳。

復次須菩提，菩薩於法，應無所住，行於布施。所謂不住色布施，不住聲香味觸法布施。【科】二、行無所有，答住心，三。初、辨行，二。初、標無住本。

依無住本，行於布施，即住般若中也。娑婆世界，宜用檀義攝六：資生攝施，無畏攝戒、忍，法攝後三。但舉一檀，即攝六也。捨心無吝，謂之布施。無相可存，何吝之有？施爲六度之首，塵爲生法之機，二法皆空，于何不盡？

須菩提，菩薩應如是布施，不住於相。何以故？若菩薩不住相布施，其福德不可思量。【科】二、結成住義。

施受皆不可得，不住相也。正以虚心而施，福不可量。理既無量，心不應限，稱理行施，其福彌廣。

須菩提，於意云何，東方虚空可思量不？不也，世尊。須菩提，南西北方，四維上下虚空可思量不？不也，世尊。須菩提，菩薩無住相布施福德，亦復如是不可思量。【科】二、舉喻格量。

理行既顯，如説而行，其福甚多，齊太

虛也。

須菩提，菩薩但應如所教住。【科】三、結勸。

聖言無謬，理不可越，如佛所教，安心住實相也。

須菩提，於意云何，可以身相見如來不？

【科】二、明無得果，三。初、佛以身相問。

願行皆無相爲因，法身無色爲無得果。菩薩發心有三義：一、化衆生。二、修萬行。三、向菩提。降伏，明化物。辨住，示修行。如來身相，即菩提果體。若識法身，菩提可登。若計性實，乖之遠矣。此舉法身，明菩提空也。

不也，世尊。不可以身相得見如來，何以故？如來所説身相，即非身相。【科】二、善吉以無相答。

善吉深識法身，故言不可以身相而見。或一身一智，或言真應，或言法報應，皆是明果。若至果理不生不生，而般若生理不生不生，即法身不可説。習報二果不生不生，即報身不可説。慈誓不生不生，即應身不可説。如此三身皆不可説，那得以身相見如來？以因緣故，若得道人聞説即悟，得見如來。若聞不悟，雖説身相，即非身相，故不可見。

佛告須菩提，凡所有相，皆是虛妄，若見諸相非相，則見如來。【科】三、佛以相非相釋成。

非因非果，有因緣故，可得言因，亦可言果。如非初炎，非後炎，不離初後炎，即此意也。今只以相爲非相，非謂遣相別有一非相。若能如此，即見如來。

須菩提白佛言：世尊，頗有衆生得聞如是言説章句，生實信不？【科】二、信者行深，三。初、明行深，二。初、問。

佛告須菩提，莫作是説，如來滅後，後五百歲，有持戒修福者，於此章句能生信心，以此爲實。當知是人，不於一佛二佛，三四五佛而種善根，已於無量千萬佛所，種諸善根。聞是章句，乃至一念生淨信者，須菩提，如來悉知悉見，是諸衆生，得如是無量福德。【科】二、答。

初非一佛，二多積者，能信此經，出家持戒，在俗修福。後五百歲者，從六百至一千，亦云最後五百，始有佛法之名。能生信者，非值一二佛也。應以如來滅後，是其得道之時，如優波掘因緣，若尋其本，非一兩佛也。淨信無所得，信也。無相者，爲淨信。五百論師非不持戒，不信大乘，四依久植，故能信耳。既得實相淨信，如來以種智知，以佛眼見，見其一念淨信，得無量之福。如一人以華自供佛，一人以華與他供佛，所得福德，問羅漢，不能見，問彌勒，彌勒云：自者畢苦得辟支，與他得成佛，是菩薩心故。如來知見，般若爲佛母。佛常眼觀此經及受持者，福與虛空齊，非下所測，唯佛能知見耳。

何以故？是諸衆生無復我相、人相、衆生相、壽者相，【科】二、舉二空釋成，三。初、標，二。初、生空。

我，是自在之名。人，爲主宰之目。衆生，取續前爲義。壽者，以接後爲能。此四同爲人執，隨用以立四名，廣即十六知見。取著此見，不信般若。

無法相，亦無非法相，【科】二、法空。

今言法者，五陰空爲法，五陰相爲非法。即以陰空爲藥名法，陰有爲病名非法。陰病既除，空藥亦遣。非法既謝，在法亦亡。又持戒爲法，破戒爲非法。次若持若犯並非法，非持非犯爲法，是中道義。此信達中道，離有無二邊，乃信此經耳。

何以故？是諸衆生若心取相，即爲著我、人、衆生、壽者。【科】二、釋，二。初、生空。

若取法相，即著我、人、衆生、壽者。何以故？若取非法相，即著我、人、衆生、壽者。【科】二、法空。

是故不應取法，不應取非法。【科】三、結。

以是義故，如來常說，汝等比丘知我說法如筏喻者，法尚應捨，何況非法？【科】三、引證信者行深，六。初、舉經爲證。

譬欲濟河，構筏自運，既登彼岸，棄筏而去。將度生死，假乘萬行，既到涅槃，萬善俱捨。道法尚捨，而況非法？初以善捨惡，後則俱捨。

須菩提，於意云何，如來得阿耨多羅三藐三菩提耶，如來有所說法耶？【科】二、舉菩薩正行爲證，三。初、佛問有菩提可得，有法可說不，二。初、問。

須菩提言，如我解佛所說義，無有定法名阿耨多羅三藐三菩提，亦無有定法如來可說。

【科】二、答。

無定即是性空，解窮相盡，謂之菩提。無相故不有，假名即不無，不有不無，何實可得，何定可說。應化非真佛，亦非說法者。應既不說，真亦復然。離真無應，真應不同，由來真不說應說，說即不說，不說而說。若知如來常不說，是謂具足多聞。

何以故？如來所說法，皆不可取不可說，非法非非法。所以者何，一切賢聖皆以無爲法而有差別。【科】二、釋菩提無相可取。

諸法空不可說，非法即不有，非非法即不無。有無並無，理之極也。所以者何？理無生滅，謂之無爲。無爲之理，衆聖同解。解會無爲，結盡道成。一解脱義同入法性。無爲雖一解，有明昧淺深差別也。

須菩提，於意云何，若人滿三千大千世界七寶以用布施，是人所得福德，寧爲多不？須菩提言，甚多，世尊。何以故？是福德即非福德性，是故如來說福德多。若復有人於此經中受持，乃至四句偈等，爲他人說，其福勝彼。何以故？須菩提，一切諸佛及諸佛阿耨多羅三藐三菩提法，皆從此經出。須菩提，所謂佛法者，即非佛法。

【科】三、校量。

前舉虛空，此豈可盡？今一念信解，復一番格量，積寶多而功薄，四句約而福厚。金玉三千，止以養身，一偈雖約，妙極資神。愛佛功德，七住未忘，妙著難覺，宜應虛心也。七寶是事善緣因，人天果報，不動不出，故以動出之慧，導之得成菩提。一念圓信，能導衆善，此心爲勝實相，能出諸法。法即非法者，諸法不生，般若生也。

須菩提，於意云何，須陀洹能作是念，我得須陀洹果不？須菩提言，不也，世尊。何以故？須陀洹名爲入流，而無所入，不入色聲香味觸法，是名須陀洹。【科】三、舉羅漢偏行，二。初、舉四果，四。初、須陀洹。

此云修習無漏，亦逆生死流，亦入道流，不入色塵是逆流。至論在觀，無逆無入。言不入色者，即是六塵過去無明所感，無明不實，所感六塵那得是實？既其不實，那作定有無六十二見計，以不定性故名不入。海爲衆流之川，菩提神極之淵，始會無生，必盡源也。理無乖順，何入之有？違理故入六塵，背塵即會於理。下衆果類然。

須菩提，於意云何，斯陀含能作是念，我得斯陀含果不？須菩提言，不也，世尊。何以故？斯陀含名一往來，而實無往來，是名斯陀含。【科】二、斯陀含。

此云住薄，亦一往來。欲界九品思惑，已斷六品，餘三品在，故言薄。人天各一生，便成羅漢，故名一往來。而實無往來者，已得生法二空故。

須菩提，於意云何，阿那含能作是念，我得阿那含果不？須菩提言，不也，世尊。何以故？阿那含名爲不來，而實無不來，是故名阿那含。【科】三、阿那含。

此云不還，亦云不來。欲界結盡，上界證無學，應云不來。略以無兼不字者，互文現耳。

須菩提，於意云何，阿羅漢能作是念，我得阿羅漢道不？須菩提言，不也，世尊。何以故？實無有法名阿羅漢。世尊，若阿羅漢作是念，我得阿羅漢道，即爲著我、人、衆生、壽者。【科】四、阿羅漢。

此云無著，亦曰不生，三界生盡，所作已辦。羅漢稱道，前三皆果。果實通四，而獨稱道者，得盡無生二智，聲聞道極，故以道名。

世尊，佛說我得無諍三昧，人中最爲第一，是第一離欲阿羅漢。我不作是念，我是離欲阿羅漢。世尊，我若作是念，我得阿羅漢道，世尊則不說須菩提是樂阿蘭那行者，以須菩提實無所行，而名須菩提是樂阿蘭那行。【科】二、善吉自陳。

以己所解，驗理非虛，心空恒靜，諍從何起？蘭那者寂靜行，相盡於外，心息於內，內外俱寂，何時不靜？得名不虛，必稱實也。蘭那，此云無事。若自謂是離欲，即是有事，何謂無事？

須菩提，於意云何，如來昔在然燈佛所，於法有所得不？不也，世尊。如來在然燈佛所，於法實無所得。【科】四、舉往古事證。

如來在昔佛所行般若時，非但於假名不入色香等，亦不入涅槃，亦不入中道，是故得成菩提。四依齊此，明一念信人降伏其心，無我相等。

須菩提，於意云何，菩薩莊嚴佛土不？不也，世尊。何以故？莊嚴佛土者，即非莊嚴，是名莊嚴。是故，須菩提，諸菩薩摩訶薩應如是生清淨心，不應住色生心，不應住聲香味觸法生心，應無所住而生其心。【科】五、舉淨佛土。

證一念淨信，辨其應住，以無所住，住於般若而取佛土，即是四種莊嚴。若自嚴淨，即是寂光。若論化他，即具四土。相惑則土穢，虛明即國淨。嚴土之義亦在虛心，如是嚴淨土，應行檀等生清淨心。不住色香，其心無住。三番法非法等，一念淨心，無住之住，即是非因而因，而降住等也。

須菩提，譬如有人身如須彌山王，於意云何，是身爲大不？須菩提言，甚大，世尊。何以故？

佛說非身，是名大身。【科】六、舉須彌山王。

此即非果而果。須彌翻云安明，四寶所成，是十山中一：一雪山，二香山，三軻梨羅山，四仙聖山，五由乾陀山，六馬耳山，七尼民陀羅山，八斫迦羅山，九宿慧山，十須彌山。因大故果大，得法性五陰，成就法身，故言大如須彌。須彌以譬法性色，色大故般若大，如山大神亦大。習果既圓，報果亦滿，法身非身，故言大身。

須菩提，如恒河中所有沙數，如是沙等恒河，於意云何，是諸恒河沙寧爲多不？須菩提言：甚多，世尊，但諸恒河尚多無數，何況其沙？須菩提，我今實言告汝，若有善男子善女人，以七寶滿爾所恒河沙數三千大千世界，以用布施，得福多不？須菩提言：甚多，世尊。佛告須菩提：若善男子善女人於此經中，乃至受持四句偈等，爲他人說，而此福德勝前福德。【科】三、信受福重，明不無所有，四。初、福多。

恒河者，是神名。此河長八千由旬，廣四千由旬，甚深，象度皆没，沙細如麨，水白如乳。初言三千不即恒河者，自少至多，一恒河爲本，復數諸恒河之沙，三重爲數。捨寶多而福少，持經少而福多者，經之勝用也。故云此福勝前福也。

復次，須菩提隨說是經乃至四句偈等，當知此處一切世間天人阿修羅，皆應供養，如佛塔廟，何況有人盡能受持讀誦？【科】二、處重。

一切世間，總明處貴。天人修羅，略明三善道。供養如塔，此云方墳，亦云靈廟，尊法身故。敬塔爲重經故，貴說經處。《大品》：舍利起塔，不及般若，何故說處如塔？其義實爾，但世人敬塔故，令說處如塔。

須菩提，當知是人成就最上第一希有之法。【科】三、人尊。

法妙人稱，理故宜然。希有之法，是菩提成就，即人可尊。如《法華》說最實事即是第一義諦，最上之法也。

若是經典所在之處，則爲有佛，若尊重弟子。

【科】四、總明。

人能弘法，即人有法。以法成人，即法有人。人法所處，理當貴矣。非果而果，即爲有佛。若因而因，即以尊重弟子，謂普賢文殊等。

爾時，須菩提白佛言，世尊，當何名此經，我等云何奉持？【科】二、明名空無所有，四。初、名字空無所有，二。初、問名問持。

遵修爲奉，任弘爲持，在三成範，請問其軌。

佛告須菩提，是經名爲《金剛般若波羅蜜》，以是名字，汝當奉持。【科】二、答名答持，二。初、答。

名貫題目，義已備矣。境慧相從，通名般若，那要宜別，歸乎聖心。挈綱目舉，詮合義從。名正理顯，宜應修習。

所以者何？須菩提，佛說般若波羅蜜，即非般若波羅蜜。【科】二、釋，二。初、無所有。

夫名不虛設，必當其實。金剛所擬，物莫不碎。此慧所照，法無不空，即非般若，即慧空也。境滅慧忘，何相不盡？弘持之旨，宜在於此。釋中初無所有，二亦無所有，而意異故。明不無所有，此簡性空義。一者性自是空，二者破性說空，前有所無空，後無所有空。《大品》云：諸法無所有如是有，如是無所有，是事不知，名爲無明。有所無望前，無所有望後。前三藏中說性義皆破，即屬破性說空所攝。而此性義，前時爲緣爲有者，今日悉無，故言有所無。而言無所有，望後明諸法無所有。而復有不無所有義，即明如是有。故經云：不知名無明，破性說性空。橫論破病，一切悉皆洗淨，是盡亦盡，是淨亦淨。竪論入道，盡復有不盡義。此望道爲論，即此盡淨爲道。道有革凡成聖之用，不同二頭三手之無所有。復有不無所有義，即是如是有義。若是前無所有，一向無所有，無所有亦復無所有。後明無所有，即是不無所有。無所有名雖同，而意有異。就前中，初明如空，次明如不空。所以者何？佛説般若即非般若，此是如空。既以性空爲般若，般若即非般若，性空如亦空。

須菩提，於意云何，如來有所説法不？須菩提白佛言，世尊，如來無所説。【科】二、亦無所有。

境慧都空，復何所説？説不説，如不如，二智皆空也。

須菩提，於意云何，三千大千世界，所有微塵是爲多不？須菩提言，甚多，世尊。須菩提，諸微塵如來説非微塵，是名微塵。如來説世界非世界，是名世界。【科】二、受持福多，明不無所有，二。初、明微塵不無所有。

微塵即非微塵，是名微塵，故是無所有，如是有。《大品》云，不知名無明，今明了此如是有，即智慧也。散爲微塵，合成世界。世界無性故，非假名即是。

須菩提，於意云何，可以三十二相見如來不？不也，世尊，不可以三十二相得見如來。何以故？如來説三十二相，即是非相，是名三十二相。【科】二、明身相不無所有，二。初、正示。

非相假名身相，只以身爲非身，不是遣除身，別有非身也，亦非遣相，別有無相。相、無相，不一不異。

須菩提，若有善男子善女人以恒河沙等身命布施，若復有人以此經中乃至受持四句偈等，爲他人説，其福甚多。【科】二、校量。

説經名已，復一番校量，前寄捨財以明勝，此寄捨身以辨多。依報易捨，正報難捐。自易至難，示化漸也。身命布施，不免有生。弘持四句，累滅道成。

爾時須菩提聞説是經，深解義趣，涕淚悲泣，而白佛言，希有世尊，佛説如是甚深經典，我從昔來，所得慧眼，未曾得聞如是之經。【科】三、信受行深，四。初、善吉未聞。

嗟我晚悟，兼悲未聞，愍念一切衆生不知此法，故悲。聞此法喜，故悲。深嗟小乘，嗚呼自責，故悲。不善觀空，名得慧眼，故爾前雖聞而未聞，如此降伏應住也。

世尊，若復有人得聞是經，信心清淨，則生實相，當知是人成就第一希有功德。世尊，是實相者，則是非相，是故如來說名實相。【科】二、餘人能聞。

實相即是非相，若有少相即非實相，故以無相爲實相。如來說此而人能信，豈非第一希有！而言生實相者，即是無生生也。《大品》云：色不生故，般若波羅蜜生。若解色無生，即是無生觀智起，故般若生也。

世尊，我今得聞如是經典，信解受持，不足爲難。【科】三、善吉信易。

遇(五)佛道成，證聖方信何難。生值佛世，親得解悟，解故信之易也。

若當來世後五百歲，其有衆生得聞是經，信解受持，是人則爲第一希有。【科】四、餘人信難，四。初、信者希有。

生不值佛，而能信如是無相之法，斯豈不難？故末法時信最可稱美。

何以故？此人無我相、人相、衆生相、壽者相。【科】二、釋信者由。

由無我相，能信此經。若才有少許我人等相，即不信也。

所以者何？我相即是非相，人相、衆生相、壽者相即是非相。【科】三、釋無相意。

我相即是非相。無片許相可得，故其能不顛倒。我人等，從本以來，無一相可得，故其體本來無相，即爲希有。此是反釋。

何以故？離一切諸相，即名諸佛。【科】四、諸佛相盡解極。

相盡解極即是爲佛，能離有無畢竟常住。前亦云若見諸相非相，即見如來。

佛告須菩提，如是，如是，若復有人得聞是經，不驚不怖不畏，當知是人甚爲希有。何以故？須菩提，如來説第一波羅蜜，即非第一波羅蜜，是名第一波羅蜜。【科】四、如來述成。

若善吉自言，容可不定。言無我人即是佛者，佛今印定，如汝所説，是故非虚。一往怛愕名驚，心膽怯弱名怖，深惡前事名畏。又驚是始行，怖是二乘，畏是外道。亦初聞經不驚，二思義不怖，三修行不畏。第一即般若，諸度中最第一，從後數起亦第一。

須菩提，忍辱波羅蜜，如來説非忍辱波羅蜜。【科】三、明般若功用無所有，二。初、明無所有，三。初、力用無所有，五。初、體無所有

安耐名忍，加毁爲辱。既無我人，誰加誰忍？非忍爲忍，忍爲非忍，爲般若體也。

何以故？須菩提，如我昔爲歌利王割截身體，我於爾時無我相、無人相、無衆生相、無壽者相。何以故？我於往昔節節支解時，若有我相、人相、衆生相、壽者相，應生瞋恨。【科】二、功用，二。初、一世忍。

歌利，此云惡生王。何故忍即非忍？引事爲證。有苦能忍，有忍無苦。既無我人，割忍何生。若有人我，必生忿恚，而能恬然，無我明矣。

須菩提，又念過去，於五百世作忍辱仙人，於爾所世，無我相，無人相，無衆生相，無壽者相。【科】二、多世忍。

菩薩知身無所有，捨不足難。若有此身，捨大難也。尸毗代鴿，由是三藏中事忍。前明有忍無苦，今明無苦有樂。有慈悲故無恨，無恨故即樂也。

是故須菩提，菩薩應離一切相，發阿耨多羅三藐三菩提心。【科】三、勸誡，五。初、勸發心。

此是般若之中心，故須精解。初勸離相發心，菩薩以相盡爲極，故宜以忘懷而期心也。

不應住色生心，不應住聲香味觸法生心。【科】

二、誡離相。

即是前誡不住色，心中離一切相，不住聲香等也。

應生無所住心。若心有住，則爲非住。【科】三、勸應住。

般若無相可緣，心何所住？若心有住，即爲非住。住相即心動，故非住也。

是故佛説，菩薩心不應住色布施。【科】四、誡莫染心施。

令不住六塵行施，還舉前宗，會以成義，理無住故。應忘心而施，不住色，無財物也。

須菩提，菩薩爲利益一切衆生故，應如是布施。【科】五、勸修行。

令一作今。爲利益而行施，施不望報，利益必深也。

如來説一切諸相即是非相，又説一切衆生則非衆生。【科】四、引證，三。初、舉佛説。

舉佛説爲證，諸相皆無，不見施者，我説一切相即非相，不應住相生心行施。又説一切衆生即非衆生，受者亦無，不應化衆生而受度也。

須菩提，如來是真語者、實語者、如語者、不誑語者、不異語者。【科】二、舉能説人。

舉能説人爲證。真是不僞，實是無虚，如必當理，不誑非妄，不異即始終恒一。聖言不謬，故宜修行也。

須菩提，如來所得法，此法無實無虚。【科】三、舉所得法。

寄實以非虚，何實之可得耶？若疑我説法非者，及能説人亦非者，今我所證得法只自如此，心實作此證，不實不虚兩捨，無生無滅等例然。故所説如所得，非虚言也。

須菩提，若菩薩心住於法而行布施，如人入暗，則無所見。若菩薩心不住法而行布施，如人有目，日光明照，見種種色。【科】五、舉譬。

顯住相非曉，冥若夜遊。前舉有得爲非，

後舉無得爲是。若住色等行施，不能得見諸法。若不住法行施，如有目、日光，能得見色。無惑三事，即不住相也。慧見爲目，理境爲日，萬行顯别爲種種色。諸法本來空，菩薩觀心，復知其無所有而行施者，即所見明了。此中先法後譬，直說譬耳。

須菩提，當來之世，若有善男子善女人能於此經受持讀誦，則爲如來以佛智慧，悉知是人，悉見是人，皆得成就無量無邊功德。【科】二、能解仰參佛慧。

如來所見，理用非謬，明將來宜加勤修也。

須菩提，若有善男子善女人，初日分以恒河沙等身布施，中日分復以恒河沙等身布施，後日分亦以恒河沙等身布施，如是無量百千萬億劫以身布施，若復有人聞此經典，信心不逆，其福勝彼，何況書寫受持讀誦，爲人解說。【科】三、明福多。

若能如是信者，勝一日三時以恒沙身命布施。分一日爲三分，故言初中後。施重又多，功德彌曠。若於此經生心不逆，福勝前施，施即有限，信心無極，何況書持讀誦說。但言以信，況復弘持也。

須菩提，以要言之，是經有不可思議、不可稱量無邊功德。【科】二、明如是，有十。初、經不思議。

答上無所有，如是有不可思議事也。能知諸法本來無所有，而以無所有爲有，即不可思議。此文有十。第一，經不可思議，理圓道極，言即盡美，提宗積[六]實，約言之耳。物莫能測，不思議也。算數不該，不可稱量也，蕩然無涯、無邊耳。以要言之，略此三句矣。文理平等，無所有如是有，非般若爲般若，非身相爲身相，皆不可思議也。

如來爲發大乘者說，爲發最上乘者說。若有人能受持讀誦，廣爲人說，如來悉知是人，悉見是人，皆得成就不可量、不可稱、無有邊、不可思議功德。如是人等，則爲荷擔如來阿耨多羅三藐三菩提。【科】二、說不思議。

此經在始便爲大乘，不爲三乘。廣運無涯，謂之大乘。超三乘之勝，謂之最上。自非其人，不謬説也。包含名大，無勝最上。如來悉知見者，人高道曠，唯佛見之。荷擔菩提，千載不墜，由於人弘，任持運行，荷擔義也。背荷肩擔，非身而身，實相法身，非因非果，即是兩肩也。

何以故？須菩提，若樂小法者，著我見、人見、衆生見、壽者見，則於此經不能聽受讀誦，爲人解説。【科】三、人不思議。

三乘不堪聞，不信受，樂小是。二乘著我是凡夫，著見是外道，不能讀誦，以失釋得也，故爲人不可思議。

須菩提，在在處處若有此經，一切世間天人阿脩羅所應供養，當知此處則爲是塔，皆應恭敬，作禮圍繞，以諸華香而散其處。【科】四、地不思議。

地是無知法處，故貴，雖復廢言息義，此處常有天龍圍繞，如帝王所居之處，人皆宗重，天人供養。此處是塔，恭敬作禮，而散香華。

復次，須菩提，善男子善女人，受持讀誦此經，若爲人輕賤，是人先世罪業應墮惡道，以今世人輕賤，故先世罪業則爲消滅，【科】五、障不思議。

轉障爲輕也。本有重障，習學般若，先世重罪，現在輕受，止爲人輕賤，過去重罪即得消滅。罪起由惑，福生於解。福解既積，則宿殃滅矣。

當得阿耨多羅三藐三菩提。【科】六、記不思議。

即受記也。累滅解生，菩提可登，故佛懸記也。

須菩提，我念過去無量阿僧祇劫，於然燈佛前，得值八百四千萬億那由他諸佛，悉皆供養承事，無空過者。若復有人於後末世，能受持讀誦此經，所得功德，於我所供養諸佛功德，百分不及一，千萬億分，乃至算數譬喻所不能及。【科】七、持不思議。

明能持經者所得福德，勝佛往行，然燈佛時始獲無生忍。今能無所得心而持經者，得福勝我阿僧祇佛所值八百四千萬億那由他佛供養無空過者，福德算數不及。心限即福少，意曠則功德多也。

須菩提，若善男子善女人，於後末世有受持讀誦此經，所得功德，我若具説者，或有人聞，心即狂亂，狐疑不信。【科】八、信不思議。

具説無所得。持經所得福，時人聞則狂亂，狐疑不信。解通人曠，德必無涯。狂亂不信不足明道也。

須菩提，當知是經義不可思議，【科】九、義不思議。

萬行淵深，義誰能測？以無所得無所有，如是有無所有爲義，以非般若而爲般若，是故經義不可思議。

果報亦不可思議。【科】十、報不思議。

菩提妙果豈有心之所議？如《華嚴經》明初發心便成正覺，與微塵法界衆生爲眷屬，故知果報不可思議也。

爾時須菩提白佛言，世尊，善男子善女人發阿耨多羅三藐三菩提心，云何應住？云何降伏其心？【科】第二周方便道重説般若，或爲後來，或爲鈍根，或可智度善權，爲菩薩父母。如判大品般若方便兩道分文，此經略説，亦復如是。文爲二。初、重請。

佛告須菩提，善男子善女人發阿耨多羅三藐三菩提心者，當生如是心，我應滅度一切衆生，滅度一切衆生已，而無有一衆生實滅度者。【科】二、重答，三。初、體無有，三。初、受假，三。初、約釋迦因無有，三。初、因無，三。初、明得。

就體中辨於三假：初受假，次名假，後法假。受是人，人即有名。此人之與名，有能成之法也。三假是立法，云何將三假釋無所有？三假乃是立法，亦是壞法。今欲明無所有故，須將來釋。若横排一作論。破病，則實是一無所有。若竪論望道，即無所有而不無所有。此三假亦然，能成能破，故一有既字。言假有，竟何所有？既言假有，何爲而不有？初約釋迦因無所有。初明得者明發心，欲度衆生起弘誓願，我當滅度一切衆生。實無衆生得滅度者，此明菩薩知衆生如有，何可滅？若實有衆生可度，《釋論》云菩薩得殺衆生罪。又《大品·如化品》，佛語須菩提，諸法本有今無耶？此即責須菩提意。衆生非本時有，今時無，何須慰喻始行菩薩。本自無生，今何可滅也？

何以故？須菩提，若菩薩有我相、人相、衆生相、壽者相，則非菩薩。【科】二、明失。

以失明得，理可見矣。

所以者何？須菩提，實無有法發阿耨多羅三藐三菩提心者。【科】三、雙明得失。

無發心者，故知無我，即是行人空計我有惑，故非菩薩。

須菩提，於意云何，如來於然燈佛所，有法得阿耨多羅三藐三菩提不？【科】二、引證，二。初、問。

即引自昔得記之解，以證前説。

不也，世尊，如我解佛所説義，佛於然燈佛所無有法得阿耨多羅三藐三菩提。【科】二、答。

聖心難測，義推可圖，得記由於無相，無相之中即無所得也。

佛言，如是，如是，須菩提，實無有法如來得阿耨多羅三藐三菩提。須菩提，若有法如來得阿耨多羅三藐三菩提者，然燈佛則不與我授記，汝於來世當得作佛，號釋迦牟尼。以實無有法得阿耨多羅三藐三菩提，是故然燈佛與我授記，作是言，汝於來世當得作佛，號釋迦牟尼。【科】三、佛述。

佛述如汝所説者，在因時已自無所有，故無所得菩提。佛與我記，若見有法，則乖菩提，何容得記？無法得菩提，是故然燈授記。無法則會理，會理則向極，故得記也。

何以故？如來者，即諸法如義。若有人言如

來得阿耨多羅三藐三菩提，須菩提，實無有法佛得阿耨多羅三藐三菩提。須菩提，如來所得阿耨多羅三藐三菩提，於是中無實無虛。【科】二、約如來果無有，三。初、果人同如。

同如故無所有。諸法性空，理無乖異，謂之爲如。會如解極，故名如來也。若有人説如來得菩提者，此人俗間語，非理言也，實無法得菩提。佛，人也。菩提，道也。既無人法，誰得菩提。菩提之中，不見是非，非實即無是，非虛即無非也。

是故如來説一切法皆是佛法。須菩提，所言一切法者，即非一切法，是故名一切法。【科】二、證如來無所有。

如來在一切數故，凡夫違一切法爲邪，聖人順一切法爲正。正即覺悟，故皆佛法矣。

須菩提，譬如人身長大。須菩提言，世尊，如來説人身長大，則爲非大身，是名大身。【科】三、譬非果而果。

直舉人身類上諸法，緣假故長大，無性即非身。既非般若爲般若者，寧不以非身爲身耶？

須菩提，菩薩亦如是。若作是言，我當滅度無量衆生，則不名菩薩。何以故？須菩提，實無有法名爲菩薩。【科】三、約菩薩化他，明無所有，三。初、明化人。

滅度衆生不名菩薩者，元無衆生，横見衆生，見則乖道，非菩薩也。何以故下，釋菩薩自無，何有衆生？

是故佛説一切法，無我、無人、無衆生、無壽者。【科】二、引佛説證。

無菩薩亦無衆生，一切法都無人我也。

須菩提，若菩薩作是言，我當莊嚴佛土，是不名菩薩。何以故？如來説莊嚴佛土者，即非莊嚴，是名莊嚴。【科】三、明嚴土。

虛襟進道，嚴土濟物。濟物之行，方便慧也。解空無相，謂之爲慧。若言我能莊嚴國土，衆生可化，見惑違道，何名菩薩也？如來説非莊嚴，是名莊嚴者，無存於化，而土自嚴也。明應住義，受假竟。

須菩提，若菩薩通達無我法者，【科】二、名假無所有，二。初、達無我。

既云一切法皆無所有，何名菩薩？今實無一切諸法，而今言菩薩但有其名，今明此名，亦無所有。何名此爲菩薩？通達諸法無我等相，故名菩薩。真菩薩故，所以能通達無我也。

如來説名真是菩薩。【科】二、立真解。

通達非僞，真菩薩也。名假竟。

須菩提，於意云何，如來有肉眼不？如是，世尊，如來有肉眼。須菩提，於意云何，如來有天眼不？如是，世尊，如來有天眼。須菩提，於意云何，如來有慧眼不？如是，世尊，如來有慧眼。須菩提，於意云何，如來有法眼不？如是，世尊，如來有法眼。須菩提，於意云何，如來有佛眼不？如是，世尊，如來有佛眼。【科】三、法假無所有，三。初、智慧無。

即上如來悉知悉見，是人法雖多，不過功德智慧二種。嚴心爲其體，故備空也。智慧雖多，不過五眼。舊云：肉眼見障内，天眼見障外，慧眼見真，法眼見俗，佛眼通知内外法。今言但是一智，差别説之，故有五耳。《釋論》云：法眼知聲聞緣覺等法，故名法眼。是以知俗名法眼。然此中本明智慧空而直辨五眼。不言其空者，意現於後，後既將智體心空，智寧不空？後明功德空，前智豈不空？以前明智有，後明功德無。無有雖殊，智不乖也。

須菩提，於意云何，恒河中所有沙，佛説是沙不？如是，世尊，如來説是沙。須菩提，於意云何，如一恒河中所有沙，有如是沙等恒河，是諸恒河所有沙數佛世界，如是寧爲多不？甚多，世尊。佛告須菩提，爾所國土中所有衆生，若干種心，如來悉知。何以故？如來説諸心皆爲非心，是名爲心。所以者何？須菩提，過去心不可得，見在心不可得，未來心不可得。【科】二、明心無。

以舉恒沙等來，爲欲校量，取心明其空耳。如來説心，皆爲非心，只以非心爲心，此與前不異。五眼照理，無不周備。舉色心，收境盡矣。三世不可得，説非心名心。何者？以三世心無性可得故，可從緣而生心也。

須菩提，於意云何？若有人滿三千大千世界七寶以用布施，是人以是因緣，得福多不？如是，世尊，此人以是因緣得福甚多。須菩提，若福德有實，如來不説得福德多。以福德無故，如來説得福德多。【科】三、明功德無。

明福有實，此則有量，豈得多耶？以無福爲福，故多也。金玉無性，故可積滿三千。福德無實，則可曠施而多。心之無性，惑滅解生也。法假竟。

須菩提，於意云何，佛可以具足色身見不？不也，世尊，如來不應以具足色身見。何以故？如來説具足色身，即非具足色身，是名具足色身。須菩提，於意云何，如來可以具足諸相見不？不也，世尊，如來不應以具足諸相見。何以故？如來説諸相具足，即非具足，是名諸相具足。【科】二、經名無所有，二。初、名，三。初、身相無所有。

色身者，法身如空月，色身若水像。世間之色，無實可覩，尋其本實，即法身也。慧爲萬善之主，施爲衆行之首，總爲丈六金容，别則衆相，云娑婆隨現則爲相，豈可一方盡極？

須菩提，汝勿謂如來作是念，我當有所説法，莫作是念。何以故？若人言如來有所説法，則爲謗佛，不能解我所説故。須菩提，説法者無法可説，是名説法。【科】二、説法無所有，二。初、正對上名。

道成一作感。應出説法化人，謬傳毀聖名爲謗佛，無法可説是名説法。故傳説法之意，向言無説，非杜默不語，但無存而説，即説滿天[七]下，無乖法理之過也。

爾時慧命須菩提白佛言，世尊，頗有衆生於未來世，聞説是法生信心不？佛言，須菩提，彼非衆生，非不衆生。何以故？須菩提，衆生衆生者，如來説非衆生，是名衆生。

此六十二字秦譯無，而魏譯有，故天台疏中無科釋。

須菩提白佛言，世尊，佛得阿耨多羅三藐三菩提，爲無所得耶？【科】二、習應，二。初、問。

佛，人也。菩提，道也。佛得道故，説以示人。而言無法可説，未審得道不？

佛言：如是，如是。須菩提，我於阿耨多羅三藐三菩提乃至無有少法可得，是名阿耨多羅三藐三菩提。【科】二、答，二。初、應，二。初、釋。

相盡虚通，謂之菩提。菩提無相，有何可得？寂滅無得，道之至也。

復次，須菩提，是法平等，無有高下，是名阿耨多羅三藐三菩提。【科】二、結。

結成菩提義也。人無貴賤，法無好醜，平等菩提義也。

以無我、無人、無衆生、無壽者修一切善法，則得阿耨多羅三藐三菩提。須菩提，所言善法者，如來説非善法，是名善法。【科】二、習。

無我人，修一切善，即是修義。夫形端故影直，聲和則響順。忘我人而修因，必剋無相之菩提。所言善法下，人既不有，善何得實耶？善是離惡之名，法是軌持之義。

須菩提，若三千大千世界中所有諸須彌山王，如是等七寶聚，有人持用布施，若人以此《般若波羅蜜經》，乃至四句偈等，受持讀誦，爲他人説，於前功德，百分不及一，百千萬億分，乃至算數譬喻所不能及。【科】三、明福多，二。初、校量福多。

聚寶有盡，妙解無窮。一偈法寶，勝無量珍也。

須菩提，於意云何？汝等勿謂如來作是念，我當度衆生。須菩提，莫作是念。何以故？實無有衆生如來度者。若有衆生如來度者，如來則有我、人、衆生、壽者。須菩提，如來説有我者則非有我，而凡夫之人以爲有我。須菩提，凡夫者，如來説則非凡夫。【科】二、結歸無説。

菩提無得爲果，故以忘言而説。勿謂如來見衆生可度，若見有衆生，則爲我見，何謂如來？但説假名我耳，故非實我。而凡夫者聞説假名，不達言旨，以爲實我。如來説非凡夫者，凡夫不實故，可化而成佛也。

須菩提，於意云何，可以三十二相觀如來不？【科】二、行，五。初、正問。

謂衆生是有，可化而成聖，法身不無，可以妙相而期，故發問也。

須菩提言，如是如是，以三十二相觀如來。

【科】二、邪答。

聽者實爾，用三十二相見如來也。

佛言，須菩提，若以三十二相觀如來者，轉輪聖王則是如來。【科】三、佛難。

即以近事質之，令其自解。

須菩提白佛言，世尊，如我解佛所説義，不應以三十二相觀如來。【科】四、領〔八〕解。

時情謂然，我解不爾。

爾時世尊而説偈言，若以色見我，以音聲求我，是人行邪道，不能見如來。【科】五、佛舉正義爲釋。

金容焕眼而非形，八音盈耳而非聲。偏謬爲邪，愚邪隔不見也。

須菩提，汝若作是念，如來不以具足相故得阿耨多羅三藐三菩提，須菩提，莫作是念，【科】三、明功用無所有，二。初、正明如是有，二。初、果，二。初、誡。

功用無所有，即是有不斷滅義。有因有果，一切宛然，即是般若方便用。論云，得般若氣分故，有居空涉有之用，無復滯礙。有義雖多，不過因果，得菩提是果也。明果中二：初誡，次有。汝莫作是念，誡也。

如來不以具足相故得阿耨多羅三藐三菩提。

【科】二、明有。

勿言諸法一向無所有，故謂不以具足相

故得菩提。不偏在色聲，故向言非。非不身相，故復言是也。

須菩提，汝若作是念，發阿耨多羅三藐三菩提心者説諸法斷滅，莫作是念。【科】二、因，二。初、誡。

誡莫起斷滅，相盡寂滅故不有，道至一作王。十方非謂無，應畢而謝即不常，感至隨現故不斷。體合中道，軌物之式。限之一方，豈不謬哉！

何以故？發阿耨多羅三藐三菩提心者，於法不説斷滅相。【科】二、明有。

須菩提，若菩薩以滿恒河沙等世界七寶，持用布施，【科】二、結般若成忍，三。初、體道成忍行無，二。初、較量。

就忍行中先校量施寶。

若復有人知一切法無我，得成於忍，此菩薩勝前菩薩所得功德。何以故？須菩提，以諸菩薩不受福德故。【科】二、成忍行。

忘我則忍成，超出故勝也。

須菩提白佛言，世尊，云何菩薩不受福德？【科】二、體道證忍人無，二。初、因人不受，二。初、問。

須菩提，菩薩所作福德，不應貪著，是故説不受福德。【科】二、答。

乃云不受亦不受，受其報種，已名貪著。無存我人，邪染何生。

須菩提，若有人言如來若來若去，若坐若臥，是人不解我所説義。何以故？如來者，無所從來，亦無所去，故名如來。【科】二、果人不受。

若言從真如實際中來，善逝自及化人去至般涅槃，皆是不解佛所説義。如來道蔭之主，世界權應之宅，衆生慈育之子，舉此三事，大旨彰矣。無來無去，故名如來。解極會如，體無方所，緣至物現，來無所從，感畢爲隱，亦何所去也。

須菩提，若善男子善女人，以三千大千世界碎爲微塵，於意云何，是微塵衆寧爲多不？甚多，世尊。何以故？若是微塵衆實有者，佛則不説是微塵衆。所以者何？佛説微塵衆，即非微塵衆，是名微塵衆。【科】三、體道行忍用無，四。初、碎塵用。

以微塵成世界有合，世界有合故起見，見者則失。謂有此四妄想得者，非見爲見，乃至非塵爲塵爲得，此四並是般若用。塵界等是依報，見是正報，合通色心，即此下是碎塵用善男子，並是大行同華嚴佛，説非微塵爲塵。

世尊，如來所説三千大千世界，即非世界，是名世界。【科】二、碎界〔九〕用。

微塵非實，故可碎而爲多。世界非有，則可假借而成也。

何以故？若世界實有者，則是一合相。如來説一合相，則非一合相，是名一合相。須菩提，一合相者，則是不可説，但凡夫之人貪著其事。【科】三、合相用。

以非合爲合，故是不可説。只復言是合，此復非復，是故假名説合。何爲而非合，以非合爲合，竟何有合？《大經》四句皆不可説，有因緣故亦可得説。今亦無合，假説合耳。《中論》《大品》皆破合，當知無合。今經中説合，順俗假説耳。凡夫貪著事，不知事即理，理無所有，即是事無所有。何故？非世界，名世界。若實是有，即應一性合，不可分。假衆生名，一無合可得，假名無體，不可實説，疑惑則凡夫貪著，故計實。

須菩提，若人言佛説我見、人見、衆生見、壽者見，須菩提，於意云何，是人解我所説義不？不也，世尊，是人不解如來所説義。何以故？世尊説我見、人見、衆生見、壽者見，即非我見、人見、衆生見、壽者見，是名我見、人見、衆生見、壽者見。【科】四、碎諸見用。

凡夫謂諸見決定是見，今佛説非見，以本來無所有。諸見非實，可改爲正，衆生虛假，從凡至聖。

○正說竟。

須菩提，發阿耨多羅三藐三菩提心者，於一切法應如是知，如是見，如是信解，不生法相。須菩提，所言法相者，如來說即非法相，是名法相。【科】三、流通分，二。初、付囑，三。初、正付囑。

非止近益當時，亦且遠傳千載。始終既畢，故指宗勸人。凡欲發心成佛，淨國土，化衆生，當如上所說理而生知見也。如是信解者，理深未明，推信爲解耳。不生法相，但是虛假，非實法也。如來說非法相，是名法相。相窮理盡，明其唯如來說言非實，故應從信矣。

須菩提，若有人以滿無量阿僧祇世界七寶，持用布施，若有善男子善女人，發菩薩心者，持於此經，乃至四句偈等，受持讀誦，爲人演說，其福勝彼。【科】二、校量流通。

七寶有竭，四句無窮。明以無所得心持經一偈，其福勝彼有所得施。

云何爲人演說？【科】三、方法，二。初、標。

徵起也。

不取於相，如如不動。【科】二、釋，二。初、止。

弘通此經，若爲方法，須不取法相，須如真如。上如是智，下如是境。心境快一作扶合，故得不動，不動空有等法。

何以故？一切有爲法，如夢幻泡影，如露亦如電，應作如是觀。【科】二、觀。

明觀也。觀諸法夢幻等，而爲人說。句偈有真實，及有此假有也。《大品》十喻：一幻，二焰，三水月，四虛空，五響，六乾城，七夢，八影，九鏡像，十化。此中舉六，論本明九。然流通方法，不出止觀，故今略舉。即止爲觀，故見一切皆空夢幻。即觀而止，故一切夢幻等皆悉如如也。

佛說是經已，長老須菩提，及諸比丘、比丘尼、優婆塞、優婆夷，一切世間天人阿修羅，聞佛所說，皆大歡喜，信受奉行。【科】二、奉行流通。

聞法歡喜，既能信受，復如說行，說人

如法，受者得解般若真正之法，非是有所得斷常等法。三事具足，説人是佛，一切智人所説之法即中道正法，般若無所得法，受者最上乘人。久種三多，持戒修福，三德斯備，聞不驚怖，即能信解，是故歡喜。道藴聖心，持授則彰。宿感冥構，不謀而集。同聽齊悟，法喜蕩心。服玩遵承〔一〇〕，永不朽也。

《金剛經》者，諸家疏抄，不可勝數，而智者大師科註未流傳此方久矣。咲菴南遊，曾獲斯本，雖欲刊行，所費難辦，故命余作一偈，徧叩緇素，以求樂施。若有破慳者，則泯諸有於六喻，證般若於當念，徑登金剛不壞場，豈不快哉！其偈曰：

般若群談同不同　蒐台科註要流通

時人欲識金剛體　只在方兄一諾中

旹應永十九年龍集壬辰南吕下澣吉日寓龍華梵芳謹書。

鎖釋金剛經科儀會要一卷

宋宗鏡述

校勘記

〔一〕「理境」，底本作「境理」，據《金剛般若經疏》（《大正藏》本，下同）改。

〔二〕「聞」，底本作「閲」，據《金剛般若波羅蜜經疏》（《頻伽藏》本，下同）改。

〔三〕「【科】」以下，底本録於頁下，據註碼位置及文意移至此，下同。

〔四〕「名大心」至「釋大心者」，底本脱，據《金剛般若經疏》補。

〔五〕「遇」，底本作「過」，據《金剛般若波羅蜜經疏》改。

〔六〕「積」，《金剛般若經疏》作「表」。

〔七〕「天」，底本作「大」，據《金剛般若波羅蜜經疏》改。

〔八〕「領」，《金剛般若經疏》作「信」。

〔九〕「界」，底本作「界界」，據《金剛般若波羅蜜經疏》改。

〔一〇〕「承」，《金剛般若經疏》作「式」。

（徐蓀銘整理）

〇二四一

金剛經註解[一]

朕惟佛道弘深精密，神妙感通，以慈悲利物，以智慧覺人，超萬有而獨尊，從[二]曠劫而不壞，先天地而不見其始，後天地而不見其終，觀之《金剛般若波羅蜜經》，蓋可見矣。是經也，發三乘之奥旨，啓萬法之元微，論不空之空，見無相之相。指明虚妄，即夢幻泡影而可知，推極根原，於我人衆壽而可見。誠諸佛傳心之秘，大乘闡道之宗，而羣生明心見性之機括也。夫一心之源，本自清浄，心隨境轉，妄念即生。如太虚起雲，輒成障翳，如寶鏡蒙塵，隨韜光彩。由此逐緣而墮幻，安能返妄以歸真。惟如來以無上正等正覺，發慈悲至願，閔凡世之沉迷，念衆生之冥昧，爲説此經，大開方便。俾解黏而釋縛，咸滌垢以離塵，出生死途，登菩提岸，轉癡迷爲智慧，去昏暗即光明。是經之功德，廣矣大矣。雖然，法由心得，非經無以寓夫法，經以人傳，非言無以著夫經。爰自唐宋以來，註釋是經者無慮數十百家，雖衆説悉加於剖析，而羣言莫克於折衷。朕夙欽大覺，仰慕真如，間閲諸編，選其至精至要經旨弗違者，重加纂輯，特命鋟梓，用廣流傳。俾真言洞徹，祕義昭融，見之者如仰日月於中天，悟之者若探寶珠於滄海，豈不快哉，豈不偉哉。嗚呼，善人良士，果能勤誠脩習，虔禮受持，緣經以求法，因法以悟覺，即得滅無量罪愆，即得獲最勝福田。證果人天，永臻快樂，功德所及，奚有涯涘哉。謹書爲序，以俟[三]將來。

明永樂癸卯四月八日序

校勘記

〔一〕底本據《卍續藏》。校本分别爲：甲本，明永樂内府刻本《金剛經集註》（上海古籍出版社二〇〇二年影印本）；乙本，清康熙五十二年刻本《金剛經五十三家註》（臺北菩提印經會一九九〇年影印本）。

〔二〕「從」，甲本作「歷」。

〔三〕「俟」，甲本作「示」。

金剛經集註原序

天中天之大覺，聖中聖之能仁，開菩提解脱之門，示般若真如之理。放白毫光，徧照微塵刹海，舒廣長舌，敷宣最上大乘。斯大乘經者，誠諸佛之靈襟，實群生之淵府。離名離相，非色非心，蓋天蓋地，亘古亘今。其實書不到頭，亦乃卷不到尾，迷之則永劫沉淪，悟之則登時解脱。迷悟雖有差殊，生佛曾無間隔，斯經在處，即爲有佛。洪惟太宗皇帝，不忘靈山付囑之情，遂啓流通之念，故乃留神内典，簡閱諸編，選其至精至要經旨弗違者，重加纂輯，特命鋟梓，用廣流傳，而後親運睿思，焕發序文。有云，先天地而不見其始，後天地而不見其終，觀之《金剛般若波羅蜜經》，蓋可見矣。信哉至尊誠言萬古爲龜鑑焉。奉佛弟子來福等，覩斯最上大乘，如暗遇明，如貧得寶，如久病得痊安，如遠客歸故里，踴躍歡然，信受奉行。由是會約同志，罄捨珍資，命工重刊印施，遐邇流傳。普願五濁衆生，快登般若慈航，速達菩提彼岸。仰冀時和歲稔，雨順風調，國泰民安，法輪常轉者矣。

正統三年六月上旬吉日大功德禪寺住持右覺義洪蓮敬書。

金剛般若波羅蜜經舊序

《金剛經》者，乃諸佛傳授之心法，而天人光明無盡藏也。靈山會上，拈華微笑，迦葉音攝。已了此一大事。世尊在靈山會上，拈起青蓮華，迦葉破顔微笑。是時佛本無經，經亦無説。然法無頓漸，人有利鈍，性無加損，乘有上下，由是見聞覺知文字論説紛然自此而熾。至唐時，解註已有八百餘家，心法隱於耳目之傳，殃及後代兒孫，莫此爲甚矣。

竊以諸佛說法，不離自性，須知一切萬法，皆從自性起用。吾心地無非，自性戒；心地無癡，自性慧；心地無亂，自性定。常見自心自性，自脩自度，不從人得，即是自性釋迦，自心彌勒。先天地而不爲始，後天地而不爲終。所以一宿覺云，法身覺了無一物，本原自性天真佛。山谷道人亦云，公若知本原佛亦不相似。此又百尺[一]竿頭，進步下注腳也。蓋性無生滅，氣有聚散，煉氣合性，則千聖同源，萬靈常在。經中所謂金剛不壞身者，此乃學佛之極功，初非有待於外，切忌從人腳跟（音根，足踵。）走也。嘗謂諸佛無輪迴，聖賢無地獄。然未至於聖賢諸佛，隨人唱和，一切付之無有，此後世小人，敢於無所忌憚者。決裂於爲惡，趦趄於趨善，流轉六塵，拘攣四相，愛河漂浪之深，欲海沉溺之苦。形骸未變，而行甚虎狼，幽陰未墮，而魄沉鬼魅。乃知造物之無造，而四生六道之自造也。（見第三分造化因心等偈。）我佛大慈氏橫說縱說，感應無邊，如一月水萬竅風，聽其自[二]取，悉皆充足，亦不過爲衆生解黏釋縛，妄幻掃除，真實現前，還汝本來面目，而無一衆生可度也。

雖然，道本無言，言之則麤；禪本無說，說之則末。所以德山棒，（德山入門便棒。）臨濟喝，（臨濟入門便喝。）大愚三拳，（臨濟三度問黄檗佛法的大意，三度被打，後得大愚點破，忽然大悟，不覺失聲云：元來黄檗佛法無多子。愚云：你見箇甚麽，便恁麽道。臨濟於大愚肋下築三拳，愚遂托開云：汝師黄檗，非干吾事。）天龍一指。（俱胝和尚欲往諸方參尋，天龍和尚竪一指而示之，俱胝當下大悟。每云：我得天龍一指頭禪，一生用不盡。）無二法門，付之忘言。（《維摩經》文殊師利問維摩詰：我等各自説已，仁者當説何等是菩薩入不二法門。時維摩詰默然無言。）纔舉話頭，且喫茶去。（趙州和尚。）恁麽也不得，不恁麽也不得，恁麽不恁麽總不得。（祖師言，後來尊宿，舉揚不一。）到這裏，懸崖撒手，口耳俱喪，纔有所重，便成窠臼，（嚴頭示衆。）應無所住而生其心。（六祖因此句悟道。）蓋所重所住，皆爲禪病，而[三]諸佛祖所訶也。如上見成公案，會得時活潑潑地，不會得時只得弄精神，蓋好事不如無也。文遠侍者禮拜，被趙州打一棒。遠云：禮拜也是好事。州云：好事不如無。

或謂：吾道自濂溪河洛諸公開其秘，朱張文宣二先生集其成，昭如日月，人病弗繇耳。子於是學存養省察，亦有年矣，今乃遽然自叛其説，而於異學張本，以犯天下之不韙，何邪。僕曰：此一卷經，匹夫匹婦，人人受持誦念，叩其理義，懵母總切。然不知下落。今掇拾諸解之英華，因其所向而順導之，使人人知佛之行，此亦覺則同覺，成不獨成之意。元城劉先生有言曰：芻蕘之言，聖人擇焉。且佛法豈不及於芻蕘之言乎。公因舉《法華經》云，或遭王難苦，臨刑欲壽終，念彼觀音力，刀尋段段壞，猶如割水吹光，水火之性不動摇，亦如蠲諸毒苦，吾性湛然，此乃得觀音無畏之力。僕謂若參到無畏境界，則生死涅槃，猶如空華，得馬亡羊，無非夢幻。三境九幽，皆爲淨土，三清之境，九幽之獄。玉食糲飯，均是一飽。山林朝市，到處隨緣，逆境順境，總是樂國。心與般若相應，則六根四大何聚何散，身與真空相應，則刀割香塗何苦何樂。王荊公《讀維摩經有感》詩云：身如泡沫亦如風，刀割香塗共一空，宴坐世間觀此理，維摩雖病有神通。有黄龍《臨刑頌》云：將頭迎白刃，一似度春風。又《華嚴經》云：以白栴檀塗身，能除一切熱惱，得清涼也。此儒家謂之無入不自得，佛氏謂之隨順覺性也。又況國初以佛學名家者不可勝舉，如王文正公、鼂文元公、楊文莊公、文公，近世陳忠肅公、李忠定公，扶皇極，開太平，持危扶顛，排姦斥邪，風節凜然，與日爭輝，然亦何貶於儒道。文元公《法藏碎金》諸書，無非開佛心見。文莊公平日五鼓盥漱，誦《金剛經》者三十年而不輟。文公與璉禪師遊，出其所得，撰《景德傳燈録》以淑後人。由是而觀，區區之迹未可論人也。

或曰：德山携《金剛經鈔》南遊，見龍潭，至夜入室，揭簾而出，潭乃點紙燭付之，方接吹滅，山當下大悟，盡焚其鈔。德山長講〔四〕《金剛經》，後聞南方禪宗大興，遂携《疏鈔》南遊。先到龍潭，至夜入室，侍立更深。

潭曰：子何不下去。山遂揭簾而出，潭乃點紙燭度與，山方接次，潭便吹滅。山於此忽然大悟。來日山遂取《疏鈔》於法堂前，將一炬火提起，云：窮諸元辯，若一毫致於太虛，竭世樞機，似一滴投於巨壑。將《疏鈔》便燒。今子捃摭筌蹄，正所謂百年鑽故紙，無有出頭時。答曰：要熟須從這裏打過。如未造德山地位，便欲焚鈔，切恐子未夢見《金剛經》在。一日舉似潘舜卿、龔德莊，大噱極虐切，笑也。曰：唯舜卿、載初，清脩之士，不茹葷酒，深於此經，同共編集，去取之功尤多。圭捐金鋟梓，以廣法施云。

宋紹定辛卯長至日，大中大夫浦城縣開國男食邑三百户賜紫金魚袋致[五]仕楊圭謹識。

校勘記

〔一〕「尺」，底本作「丈」，據乙本改。

〔二〕「自」，底本作「目」，據乙本改。

〔三〕「而」，底本脱，據乙本補。

〔四〕「講」，底本作「搆」，據乙本改。

〔五〕「致」，底本作「攻」，據乙本改。

金剛經道場前儀 平時誦經，不用亦可

金剛經啓請

若有人受持《金剛經》者，先須至心念淨口業真言，然後啓請八金剛，四菩薩名號，所在之處，常當擁護。

淨口業真言

脩唎音利脩唎一摩訶脩唎二脩脩唎三薩婆訶四

淨三業真言

唵一娑嚩音縛婆二嚩秫音術馱三娑嚩達摩娑嚩婆四嚩秫度憾五

安土地真言

南音那無音謨三滿哆多上聲一母馱喃二唵三度嚕音魯度嚕四地尾薩婆訶五

虛空藏菩薩普供養真言

唵一誐音鵝誐曩二三婆嚩三韈無發切，呼至呼倈呼

烘日羅斛四

奉請八金剛真諦記云：六種金剛，對持經人，行獲無漏功德。今云八者，以對行人，轉八識成四智。

奉請青除災金剛除一切衆生宿世災殃主大海。

奉請辟音闢。毒金剛除一切衆生瘟毒病患主災毒。

奉請黄隨求金剛令一切衆生所求如願主功德。

奉請白淨水金剛除一切衆生熱惱苦主一切寶。

奉請赤聲火金剛令一切衆生九明見佛主生風。

奉請定持災金剛除一切衆生災難苦主琉璃。

奉請紫賢金剛能令一切衆生心開悟解主堅牢藏。

奉請大神金剛能令一切衆生智芽成就主龍王。

奉請四菩薩乃四無量心。

奉請金剛眷菩薩慈也。

奉請金剛索菩薩悲也。

奉請金剛愛菩薩喜也。

奉請金剛語菩薩捨也。

發願文行願相符。

稽首三界尊　皈命十方佛

我今發宏願　持此金剛經

上報四重恩　下濟三塗苦

若有見聞者　悉發菩提心

盡此一報身　同生極樂國

云何梵雙開秘密。

云何得長壽　金剛不壞身

復以何因緣　得大堅固力

云何於此經　究竟到彼岸

願佛開微密　廣爲衆生説

開經偈

無上甚深微妙法　百千萬劫難遭遇

我今見聞得受持　願解如來真實義

拈香讃

爐香乍爇，音泄。法界蒙熏，祇園海會悉遥聞，隨處結祥雲。誠意方殷，諸佛現全身。

聖號

南無本師釋迦牟尼佛三稱。

金剛經道場前儀終

金剛般若波羅蜜經目録

金剛般若波羅蜜經目録終

金剛經五十三家註解姓號目録

寶積如來　自在力王如來
日月珠光如來　金海光如來
通王如來　法常滿如來
文殊師利菩薩　後秦僧肇法師
天台智顗大師　梁傅大士
達磨大師　四祖忍大師
五祖大師　六祖大師
永嘉大師　宗密禪師
馬祖大師　百丈海禪師
南泉願禪師　歸宗禪師
黄檗運禪師　臨濟大師
大〔一〕陽玄禪師　同觀察禪師
圭峯禪師　慈受深禪師
祖印明禪師　海覺元禪師
琪禪師　圓悟禪師
徑山杲禪師　保甯勇禪師
真淨文禪師　古德禪師
雲菴了性禪師　茨菴僧微禪師
若訥禪師　富沙子榮禪師
冶父道川禪師　唐玄宗皇帝
逍遥翁　仙遊翁集英
周史卿真人　晋謝靈運
王日休居士　龐藴居士
顔如如居士　張無盡居士
李文會居士　鼂文元居士
劉居士　陳雄居士
無名氏

校勘記

〔一〕「大」，底本作「太」，據甲、乙本改。

金剛經註解卷之一

金剛般若波羅蜜經

僊遊翁集英曰：金剛者，金中精堅者也。剛生金中，百煉不銷，取此堅利，能斷壞萬物。五金皆謂之金，凡止言金者，謂鐵也。此言金剛，乃若刀劍之有鋼鐵耳。譬如智慧，能斷絶貪嗔癡一切顛倒之見。般若者，梵語，梵語者，西方之語也。唐言智慧，唐言者，中國之言也。性體虚融，照用自在，故云般若。梵語波羅蜜，唐言到彼岸。欲到彼岸，須憑般若。此岸者，乃衆平聲生作業受苦，生死輪迴之地。彼岸者，謂諸佛菩薩究竟超脱，清淨安樂之地。凡夫即此岸，佛道即彼岸。一念惡即此岸，一念善即彼岸，六道如苦海。六道者，天、人、阿脩羅、地獄、餓鬼、畜生。無舟而不渡。以般若六度爲舟航，度與渡同，六度見此，後陳解。渡六道之苦海。又西土俗語，凡作事了辦，皆言到彼岸。經者徑也，此經乃學佛之徑路，以金剛智慧，徑到彼岸。

沖應真人周史卿作《楊〔二〕亞夫真讚解》云：鐵之爲物，其生在鑛，其成爲鐵，性剛而體不變，火王去聲。而器乃成，佛之所以喻金剛也。又因其兄看《圓覺經》，以書示之曰：古人有云，青青翠竹總是真如，鬱鬱黄華無非般若。真如與翠竹一體，蓋無色聲香味觸法也。六塵。般若與黄華一類，蓋無見聞覺知也。

陳雄曰：波羅蜜有六，或布施，度慳貪。或持戒，度婬邪。或忍辱，度嗔恚。或精進，度懈退。或禪定，度散亂。各占六度之一。唯一般若，能生八萬四千智慧，則六度兼該，萬行俱備。是故如來以智慧力，鑿人我山，以智慧因，取煩惱鑛，以智慧火，鍊成佛性精金。夫植善根者，始而誦經，終而悟理，得堅固力，金剛是也。具大智慧，般若是也。度生死海，登菩提岸，波羅蜜是也。五祖大師常勸僧俗，但持《金剛經》即自見性成佛。六祖大師一夜聽五祖説法，恰至應無所住而生其心，言下便悟。茲其所以爲上乘頓教也歟。

顔丙〔二〕曰：只這一卷經，六道含靈，一切性中，皆悉具足。蓋爲受身之後，妄爲六根眼耳鼻舌身意。六塵，色聲香味觸法。埋〔三〕没此一段靈光，終日冥冥，不知不覺。故我佛生慈悲心，願救一切衆生，齊超苦海，共證菩提。所以在舍衛國中，爲説是經，大意只是爲人解黏去縛，直下明了自性，自性堅固，萬劫不壞，如金性堅剛也。

姚秦三藏鳩摩羅什奉詔譯

譯者，用中國之言，翻改西土之語也。

按《晉書》，鳩摩羅什，天竺人也。父鳩摩羅炎，龜茲《西漢書》龜茲音邱茲。王聞其名，請爲國師。王有妹，遂乃逼以妻去〔四〕聲。焉。既而羅什在胎，其母慧解隹買切。倍常，母遂與俱出家。年十二，其母携到沙勒。姚興後秦。迎羅什入逍遥園，譯出衆經。羅什死於長安，薪滅形碎，惟舌不爛。

○法會因由分第一

説法聚會，由此起因。

如是我聞。

王日休曰：是，此也，指此一經之所言也。我者，乃編集經者自謂，是阿難、迦葉阿，入聲。迦，音家。葉，音攝。也。如是我聞者，如此經之所言，乃我親聞之於佛也。弟子嘗問佛云，他時編集經教，當如何起首。佛言，從如是我聞起。

李文會曰：如是我聞者，如來臨涅槃日，阿難問曰，佛滅度後，一切經首初安何字。佛言，初安如是我聞，次顯處所。是故傳大士云，如來涅槃日，娑羅雙樹間。阿難没憂海，悲慟不能前。優波初請問，經首立何言。佛教如是著，萬代古今傳。若以諸大宗師言之，如者衆生之性，萬別千差，動靜不一，無可比類，無可等倫。是者，只是衆生性之别名，離性之外，更無别法。又云，法非有無謂之如，皆是佛法謂之是。

川禪師云：如是，古人道，唤作如如，早是變了也。且道變向什麽處去。咄，不得亂走，畢竟作麽生道。火不會燒卻口。如如，明鏡當臺萬象居。是是，水不離波波是水。鏡水塵風不到時，應現無瑕照天地。我者，爲性自在，强名之也。又云，身非有我，亦非無我，不二自在，名爲真我。又云，淨躶躶，赤灑灑，没可把。頌曰，我，我，認著分明成兩箇。不動纖毫合本然，知音自有松風和。聞者，聽聞也。《經》云，聽非有聞，亦非無聞，了無取捨，名爲真聞。又云，切忌隨他去。頌曰，猿啼嶺上，鶴唳林間。斷雲風卷，水激長湍。最愛晚秋霜午〔五〕夜，一聲新雁覺天寒。

一時佛在舍衛國祇音祈。樹給孤獨園。

肇法師曰：一時者，説此般若時也。

李文會曰：一時者，謂説理契機，感應道交之時也。

川禪師曰：一，相隨來也。頌曰，一，一，破二成三從此出。乾坤混沌未分前，已是一生參學畢。時，如人飲水，冷煖自知。頌曰，時，時，清風明月鎮相隨。桃紅李白薔薇紫，問〔六〕著東君總不知。

《疏鈔》云：佛者，梵語也，具云佛陀，唐言覺者，謂自覺、覺他、覺圓滿故。一切有情咸具此道，悟者即名佛，迷者曰衆生。

李文會曰：佛者梵音，唐言覺也。内覺無諸妄念，外覺不染六塵。又云，佛者，是教主也。非相而相，應身佛也。相而非相，報身佛也。非相非非相，法身佛也。

川禪師云：佛，無面目説是非漢。頌曰，小名悉達，長號釋迦。度人無數，攝伏羣邪。若言他是佛，自己卻成魔。秖把一枝無孔笛，爲君吹起太平歌。

六祖曰：舍衛國者，波斯匿王所居之國。祇者，匿王太子祇陀，樹是祇陀所施，故言祇樹。

《疏鈔》云：《經》云，舍衛國有一長者，名須達拏，常施孤獨貧，故曰給孤獨長者。因往王舍城中護彌長者家，爲男求婚，見其家備設香華，云來旦請佛説法。須達聞之，心生驚怖。何也。須達本事外道，乍聞佛名，所以怕怖。至來日，聞佛説法，心開意解，欲請佛歸。佛許之，令須達先歸家卜勝地，惟有祇陀太子有園，方廣嚴潔。往白太子，太子戲曰，若布金滿園，我當賣之。須達便歸家運金，側布八十頃園竝滿，是以太子更不復愛(七)其金，同建精舍，請佛説法，曰祇樹給孤獨園。

與大比音鼻。邱衆千二百五十人俱。

僧子榮引《智度論》三卷云：如來臨入涅奴結切。槃時，告阿入聲。難言，十二部經，汝當流通。復告優波離言，一切律戒汝當受持。阿難聞佛付囑，心没憂海。時優波離尊者語阿難言，汝是守護佛法藏者，當問佛未來要事。於是優波離尊者同阿難往問世尊四條事。第一問，一切經首當置何言。答曰，一切經首當置如是。第二問，以何爲師。答曰，以波羅提木叉，是汝大師。此云戒。第三問，依何而住。答曰，皆依四念處而住。四念者，一觀身不淨，二觀受是苦，三觀心不住，四觀法無我。第四問，惡性比邱，如何共住。答曰，惡性比邱，以梵檀治之，此云默擯。梵語梵檀者，猶中國言默擯。默擯者，正如黄魯直云：萬言萬當，不如一默，百戰百勝，不如一忍。擯者，敬而遠之之意。此處惡性比邱之道也。如來於是付囑言訖，在俱尸羅大城，娑羅雙樹間，示般涅槃。阿難聞佛入涅槃，悶絶憂惱，不能前問四事。

王日休曰：梵語比邱，此云乞士，謂上

乞法於諸佛，以明己之真性，下乞食於世人，以爲世人種福，此所以名乞士也。大比丘，則得道之深者，乃菩薩阿羅漢之類也。俱，謂同處也，謂佛與此千二百五十人，同處於給孤獨園中。

陳雄曰：比丘，今之僧是也。

李文會曰：比丘者，去惡取善，名小比丘。善惡俱遣，名大比丘也。若人悟達此理，即證阿羅漢位，能破六賊，小乘四果人也。

川禪師頌曰：巍巍堂堂，萬法中王。三十二相，百千種光。聖凡瞻仰，外道歸降。莫謂慈容難得見，不離祇園大道場。

爾時，世尊食時，著音酌。衣持鉢，

王日休曰：爾時者，彼時也。佛爲三界之尊，故稱世尊。三界者，謂欲界、色界、無色界也。

僧若訥引《毗羅三昧經》云：早起諸天，日中諸佛，日西異類，日暮鬼神。今言食時，正當午前，將行乞食之時也。

李文會曰：爾時者，佛現世時也。世尊者，三界四生中，智慧福德無有等量，一切世間之所尊也。食時者，正當午食將辦之時也。著衣者，著柔和忍辱之衣也。

《疏鈔》云：著衣者，著僧伽之衣，即二十五條大衣也。持鉢者，持四天王所獻之鉢也。

《遺教經》云：慚[八]恥之服，於諸莊嚴，最爲第一。

入舍衛大城乞食，

僧若訥曰：寺在城外，故云入也。乞食者，佛是金輪王子，而自持鉢乞食，爲欲教化衆生舍離憍慢也。

李文會曰：乞食者，欲使後世比丘不積聚財寶也。

於其城中次第乞已，

僧若訥曰：不越貧從富，不捨賤從貴，

大慈平等，無有選擇，故曰次第。

李文會曰：次第者，如來慈悲，不擇貧富，平等普化也。

還至本處飯食訖，收衣鉢，洗足已。

王日休曰：乞食而歸，故曰還至本處。飯食已畢，收衣鉢洗足者，謂收起袈裟與鉢盂，然後洗足。以佛行則跣足故也。

李文會曰：洗足已者，淨身業也。

敷座而坐。

顏丙曰：敷，乃排布也，排布高座而坐。

智者禪師頌曰：法身本非食，應化亦如然。爲長人天福，慈悲作福田。收衣息勞慮，洗足離塵緣。欲證三空理，跏趺示入禪。《疏鈔》云：三空者，三輪體空也。施者、受者，並財等，名三輪也。施者反觀體空，本無一物，故云理空。受者觀身無相，觀法無名，身尚不有，物從何受，故曰受空。施受既空，彼此無妄，其物自空，故云三輪體空。

川禪師頌曰：飯食訖兮洗足已，敷座坐來誰共委。向下文長知不知，看看平地波濤起。

○善現起請分第二

善現，即須菩提也，起來請佛說法。

時長老須菩提，

王日休曰：長老，謂在大衆中，乃年長而老者也。

李文會曰：時者，空生起問[九]之時也。長老者，德尊年高也。須菩提者，梵語也，唐言解空是也。

僧若訥曰：梵語須菩提，此翻善吉、善現、空生。尊者初生時，其家一空。相師占之，唯善唯吉，後解空法，以顯前相。

僧了性曰：須菩提，人人有之。若人頓悟空寂之性，故名解空。全空之性，真是菩提，故名須菩提。空性出生萬法，故名空生。尊者空性，隨緣應現，利人利物，亦名善現。萬行吉祥，亦名善吉。尊者隨德應現，强名五種。

在大衆中即從座起，偏袒右肩，右膝著地，合掌恭敬而白佛言：希有世尊，

李文會曰：須菩提解空第一，故先起問。右膝著地者，先淨三業，摧伏身心，整儀贊佛也。合掌者，心合於道，道合於心也。希有者，我佛性能含融萬法，無可比類也。

僧若訥曰：言偏袒者，此土謝過請罪故肉袒，西土興敬禮儀故偏袒，兩土風俗有所不同。言右肩者，弟子侍師，示執捉之儀，作用之便。言右膝著地者，《文殊問般若經》云，右是正道，左是邪道，用正去邪，將請以無相之正行。

王日休曰：白謂啓白。希，少也。世尊，佛號也。先歎其少有，次又呼佛也。

如來善護念諸菩薩，善付囑諸菩薩。

王日休曰：如來者，佛號也。佛所以謂之如來者，以真性謂之真如。然則如者，真性之謂也。真性所以謂之如者，以其明則照無量世界而無所蔽，慧則通無量劫事而無所礙，能變現爲一切衆生而無所不可，是誠能自如者也。其謂之來者，以真性能隨所而來現，故謂之如來。真如本無去來，而謂之來者，蓋謂應現於此，而謂之來也，若人至誠禱告則有感應，若欲爲一切衆生設化則現色身，皆其來者也，此佛所以謂之如來。然則言如如者乃真性之本體也，言來者乃真性之應用也，是則如來二字，兼佛之體用而言之矣。此經所以常言如來也。梵語菩薩，本云菩提薩埵，音朵。欲略其文而便於稱呼，故云菩薩。梵語菩提，此云覺。梵語薩埵，此云有情。有情則衆生也。一切衆生有佛性者，皆有生而有情。唯菩薩在有情之中乃覺悟者，故謂之覺有情也。大略言之，情則妄想也。菩薩未能絶盡其情想，唯脩至佛地，則情想絶矣，故佛獨謂之覺，而不謂之有情。佛言，一切

諸佛解脱諸想，盡無餘故，是也。佛又云，十一地菩薩皆有三種愚癡，豈非所謂愚癡者，亦情想之類乎。此菩薩所以謂之有情，而不得獨謂之覺也。

陳雄曰：菩薩，受如來教法者也。諸菩薩，指大衆言之也。大衆聽如來説法，固當信受奉行，儻如來不起慈悲心，衛護眷念，俾信受是法，則惡魔或得以惱亂，不付委囑託，俾奉行是法，則勝法有時而斷絶。故須菩提於大衆聽法之初，未遑他恤，惟願如來起慈悲心，爲之護念付囑也。

李文會曰：如者不生，來者不滅，非來非去，非坐非卧，心常空寂，湛然清淨也。善護念者，善教諸人不起妄念也。諸菩薩者，諸者不一之義，菩之言照，薩之言見，照見五藴皆空，謂色受想行識也。菩薩者，梵語也，唐言道心衆生，常行恭敬，乃至鱗甲羽毛、蛆蟲螻蟻，悉起敬愛之心，不生輕慢。此佛所謂蠢動含靈皆有佛性也。善付囑者，念念精進，勿令染著，前念纔著，後念即覺，勿令接續也。

世尊，善男子、善女人發阿耨奴沃切。多羅三藐彌略切，又亡沼切。三菩提心，

王日休曰：梵語阿，此云無。梵語耨多羅，此云上。梵語三，此云正。梵語藐，此云等。梵語菩提，此云覺。然則阿耨多羅三藐三菩提者，乃無上正等正覺也，謂真性也，真性即佛也。梵語佛，此云覺，故略言之則謂之覺，詳言之則謂之無上正等正覺也。以真性無得而上之，故云無上。然上自諸佛，下至蠢動，此性正相平等，故云正等。其覺圓明普照，無偏無虧，故云正覺。得此性者，所以爲佛，所以超脱三界，不復輪迴。

僧若訥曰：菩薩初脩行，皆發此廣大心也。

云何應於陵切。住，云何降胡江切。伏其心。

王日休曰：應，當也。云，言也。云何者，言如何也。須菩提於此問佛云，爲善之男子或女人發阿耨多羅三藐三菩提心，謂求真性成佛之心也，發求真性成佛之心，云何應住，謂當住於何處也，云何降伏其心，謂當如何降伏此妄想心也。

僧若訥曰：須菩提正發此二問，一問衆生發無上〔一〇〕心，欲求般若，云何可以安住諦理。二問降伏惑心，云何可以折攝散亂。一經所説，不出此降住而已。

李文會曰：云何降伏其心者，須菩提謂凡夫妄念，煩惱無邊，當依何法，即得調伏。

佛言：善哉，善哉，須菩提，如汝所説，如來善護念諸菩薩，善付囑諸菩薩。汝今諦聽，當爲汝説。

李文會曰：如汝所説者，是佛贊歎須菩提能知我意，善教諸人，不起妄念，心常精進，勿令染著諸法相也。諦聽者，諦者名了，汝當了達聲塵，本來不生，勿逐語言，詳審而聽也。

王日休曰：諦，審也，謂仔細聽也。

善男子、善女人發阿耨多羅三藐三菩提心，應如是住，如是降伏其心。唯以水切。然世尊，願樂五教切。欲聞。

李文會曰：應如是住者，如來欲令衆生之心，不生不滅，湛然清淨，即能見性也。

龐居士曰：世人重珍寶，我愛刹那靜。金多亂人心，靜見真如性。

逍遥翁曰：凡夫之心動而昏，聖人之心靜而明。又云，凡人心境清淨，是佛國淨土，心境濁亂，是魔王穢土也。

黄蘗禪師曰：凡夫多被境礙心，事礙理，常欲逃境以安心，屏事以存〔一一〕理，不知乃是心礙境，理礙事，但令心空境自空，理寂事自寂，勿倒用心也。又云，凡夫取境，智者取心，心境雙亡，乃是真法。亡境猶易，亡心至難。人不敢亡心，恐落於空，無撈摸處。不知空本無空，唯一真法界耳。凡夫皆逐境生心，遂生欣厭。若欲無境，當亡其心。心亡則境空，境空則心滅。若不亡心而但除境，境不可除，秪益紛擾。故萬法惟心，心亦不可得。既無所得，便是究竟，何必區區更求解脱也。如是降伏其心者，若見自性，即無妄念。既無妄念，即是降伏其心矣。唯者，應諾之辭。然者，恊望之謂。願樂欲聞者，欣樂欲聞其法也。

陳雄曰：唯者，諾其言也。然者，是其言也。

顔丙曰：發阿耨多羅三藐三菩提心，唐言謂無上正等正覺心也。應者，當也。住者，乃常住不滅也。須菩提問，有向善男女發菩提心者，應當如何得常住不滅，如何能降伏其心。佛稱善哉善哉，乃讚歎之辭。發菩提心者，應如是住，如是降伏其心。如是者，只這是也。唯然者，乃須菩提領諾之辭，與曾子曰唯無異。樂者，愛也。願愛欲聞説法也。

智者禪師頌曰：希有希有佛，妙理極泥洹。此云寂滅。《一覽集·入滅品》云：能事既畢入〔三〕泥洹，舍利以留爲佛事。云何降伏住，降伏住爲難。二儀法中妙，孚上座曰：法身之理猶若太虚，豎窮三際，横亙十方，彌綸八極，包括二儀。所謂包括二儀者，與此二儀法中妙之意同。三乘教喻寬。《法華經》三卷，佛言：乘是三乘，便得快樂。自求涅槃，是名聲聞乘。樂獨善寂，是名辟支佛乘。度脱一切，是名大乘。善哉今諦聽，六賊免遮攔。

○大乘正宗分第三

大乘非小乘，正宗非邪宗。《六祖壇經》曰：乘是行義。王日休曰：乘乃車乘之乘。

佛告須菩提：諸菩薩摩訶薩，應如是降伏其心，

李文會曰：摩訶薩者，摩訶言大。心量廣大，不可測量，乃是大悟人也。王解詳見

第二分。

所有一切衆生之類衆，《法華經》讀作平聲。

六祖曰：一切者，總標也。次下别列九種。

王日休曰：凡有生者，皆謂之衆生。上自諸天，下至蠢動，不免乎有生，故云一切衆生也。衆生雖無數無窮，不過九種，下文所言是。

李文會曰：衆生者，謂於一切善惡凡聖等見，有取捨心，起無量無邊煩惱妄想，輪迴六道是也。

僧若訥曰：言衆生者，應去聲呼，今皆平聲呼之，自古相承，稱呼之便。

若卵生，若胎生，若溼生，若化生，若有色，若無色，若有想，若無想，若非有想非無想[二]，

六祖曰：卵生者，迷性也。胎生者，習性也。溼生者，隨邪性也。化生者，見趣性也。迷故造諸業，習故常流轉。隨邪心不定，見趣墮阿鼻。平聲。起心脩心，妄見是非，内不契無相之理，名爲有色。内心守直，不行恭敬供養，但言直心是佛，不脩福慧，名爲無色。不了中道，眼見耳聞，心想思惟，愛著法相，口説佛行，心不依行，名爲有想。迷人坐禪，一向除妄，不學慈悲喜捨智慧方便，猶如木石，無有作用，名爲無想。不著二法想，故名若非有想。求理心在，故名若非無想。

王日休曰：若卵生者，如大而金翅鳥，細而蟣虱是也。若胎生者，如大而獅象，中而人，小而貓鼠是也。若溼生者，如魚鼈黿鼉，以至水中極細蟲是也。若化生者，如上而天人，下而地獄，中而人間，米麥果實等所生之蟲皆是也。上四種謂欲界衆生。若有色者，色謂色身。謂初禪天至四禪天諸天人，但有色身而無男女之形，已絶情欲也，此之謂色界。若無色界者，謂無色界諸天人也，此在四禪天之上，唯有靈識而無色身，故名無色界。若有想者，此謂有想天諸天人也，此天人唯

有想念，故自此已上，皆謂之無色界，不復有色身故也。若無想者，此謂無想天諸天人也，在有想天之上。此天人一念寂然不動，故名無想天。若非有想非無想者，此謂非想非非想天諸天人也。此天又在無想天之上，其天人一念寂然不動，故云非有想。然不似木石而不能有想，故云非無想。此天於三界諸天爲極高，其壽爲極長，不止於八萬劫而已。

李文會曰：若卵生者，貪著無明，迷暗包覆也。若胎生者，因境來觸，遂起邪心也。若溼生者，纔起惡念即墮三塗，謂貪嗔癡因此而得也。若化生者，一切煩惱，本自無根，起妄想心，忽然而有也。又教中經云，一切衆生，本自具足，隨業受報。故無明爲卵生，煩惱包裹爲胎生，愛水浸淫爲溼生，欻起煩惱爲化生也。又云，眼耳鼻舌不能廻光內燭，有所貪漏，即墮四生，謂胎卵溼化是也。色聲香味，廻光內燭，無所貪漏，即證四果，謂須陀洹等是也。

傅大士曰：空生初請問，善逝應機酬。先答云何住，次教如是脩。胎生卵溼化，咸令悲智收。若起衆生見，還同著相求。若有色者，謂凡夫執有之心，妄見是非，不契無相之理。若無色者，執著空相，不脩福慧。若有想者，眼見耳聞，遂生妄想，口說佛行，心不依行。若無想者，坐禪除妄，猶如木石，不習慈悲智慧方便。若非有想者，教中經云，有無俱遣，語默雙忘，有取捨憎愛之心，不了中道也。

臨濟禪師曰：入凡入聖，入染入淨，處處現諸國土，盡是諸法空相，是名真正見解。你若愛聖憎凡，生死海裏浮沉也。非無想者，謂有求理心也。

我皆令入無餘涅槃而滅度之。

李文會曰：我者，佛自謂也。皆者，總也。令者，俾也。入者，悟入也。無餘者，真常湛寂也。《法華經》云，佛當爲除斷，令盡無有餘。涅槃者，菩薩心無取捨，如大月輪，圓滿寂靜。衆生迷於涅槃無相之法，而爲生死有相之身也。滅者，除滅。度者，化度也。

六祖曰：如來指示三界九地，各有涅槃妙心，令自悟入。無餘者，無餘習氣煩惱也。涅槃者，圓滿清淨義，令滅盡一切習氣不生，方契此也。度者，渡生死大海也。佛心平等，普願與一切衆生，同入圓滿清淨無想涅槃，同渡生死大海，同諸佛所證也。煩惱萬差，皆是垢心，身形無數，總名衆生。如來大悲普化，皆令得入無餘涅槃。

《證道歌》曰：達者同遊涅槃路。註云，涅槃者，即不生不滅也。涅而不生，槃而不滅，即無生路也。

沖應真人周史卿對喫不拓和尚，指香煙云：要觀學人有餘涅槃，爐中灰即是。要觀學人無餘涅槃，爐中灰飛盡即是。

王日休曰：梵語涅槃，此云無爲。《楞伽經》云，涅槃乃清淨不死不生之地，一切脩行者之所依歸。然則涅槃者，乃超脱輪迴，出離生死之地，誠爲大勝妙之所，非謂死也。世人不知此理，乃誤認以爲死，大非也。此無餘涅槃，即大涅槃也。謂此涅槃之外，更無其餘，故名無餘涅槃。此謂上文盡諸世界所有九類衆生，皆化之成佛，而得佛涅槃也。如是滅度無量無數無邊衆生，實無衆生得滅度者。

王日休曰：一切衆生，皆自業緣中現。故爲人之業緣，則生而爲人，修天上之業緣，則生於天上，作畜生之業緣，則生爲畜生，造地獄之因緣，則生於地獄。如上文九類衆生，無非自業緣而生者，是本無此衆生也。故菩薩發心化之，皆成佛而得涅槃。實無一衆生被涅槃者，以本無衆生故也。

僧若訥曰：第一義中無生可度，即是常

心也。若見可度，即是生滅。良由一切衆生本來是佛，何生可度。所謂平等真法界，佛不度衆生。

陳雄曰：大乘智慧，性固有之。然衆生不能自悟，佛實開悟無量無數無邊衆生，令自心中愚癡邪見煩惱衆生，舉皆滅度矣。滅度如是其多，且曰實無衆生得滅度者，蓋歸之衆生自性自度，我何功哉。《六祖壇經》云，自性自度，名爲真度。《淨名經》云，一切衆生，本性常滅，不復更滅。文殊菩薩問世尊，實無衆生得滅度者如何。世尊曰，性本清淨，無生無滅，故無衆生得滅度，無湼槃可到。此皆歸之衆生自性耳。《華嚴經》云，若人欲了知，三世一切佛，應觀法界性，一切唯心造。《造化因心偈》云，賦象各由心，影響無欺詐。元無造化工，羣生自造化。

何以故。須菩提，若菩薩有我相、人相、衆生相、壽者相，即非菩薩。高麗祖名稷，避諱改即爲則。

六祖曰：脩行人亦有四相。心有能所，輕慢衆生，名我相。自恃持戒，輕破戒者，名人相。厭三塗苦，願生諸天，是衆生相。心愛長年，而勤脩福業，法執不忘，是壽者相。有四相即是衆生，無四相即是佛。

僧若訥曰：言我相者，以自己六識心相續不斷，於中執我此見，乃計内也。人相者，六道外境通稱爲人，於此諸境一一計著，分别優劣，有彼有此，此見從外而立，故云人相。如衆生相者，因前識心，最初投託父母，續有色受想行四陰，計其和合，名衆生相。如壽者相者，計我一期命根不斷，故云壽者相。

陳雄曰：貪嗔癡愛，爲四惡業。貪則爲己私計，是有我相。嗔則分别爾汝，是有人相。癡則頑傲不遜，是衆生相。愛則希覬長年，是壽者相。如來不以度衆生爲功，而了無所得，以其四種相盡除也。《圓覺經》云，未除四種相，不得成菩提。菩薩發菩提無上道心，受如來無相教法，豈應有四種相哉。設若有一於此，則必起能度衆生之心，是衆生之見，非菩薩也。菩薩與衆生，本無異性。悟則衆生是菩薩，迷則菩薩是衆生。有是四種相，在夫迷悟如何耳。何以故者，辯論之辭也。佛恐諸菩薩不知真空無相之説，故爲之辯論，而有及於四種相，十七分、二十五分皆云。

顔丙曰：一切衆生者，《涅槃經》云，見佛性者不名衆生，不見佛性者是名衆生。摩訶者，大也。佛告須菩提及大覺性之人，若卵胎溼化，乃蠢動含靈也，有形色，無形色，有情想，無情想，乃至不屬有無二境，衆生體雖不同，性各無二，此十類衆生，我皆令入無餘涅槃而滅度之。涅槃者，不生謂涅，不死謂槃。《經》云，如來證涅槃，永斷於生死。滅度者，滅盡一切煩惱，度脱生死苦海。令者，使也，我皆使入無餘涅槃。無餘者，羅漢雖證涅槃，尚有身智之餘，經中謂之有餘涅槃。唯無身智餘剩者，方謂無餘涅槃。又曰，實無衆生得滅度者，衆生既悟本性空寂，更滅度箇甚麽。若四相未能直下頓空，即非菩薩覺性也。

李文會曰：有我相者，倚恃名位權勢、財寶藝學，攀高接貴，輕慢貧賤愚迷之流。人相者，有能所心，有知解心，未得謂得，未證謂證，自恃持戒，輕破戒者。衆生相者，謂有苟求希望之心，言正行邪，口善心惡。壽者相者，覺時似悟，見境生情，執著諸相，希求福利。有此四相，即同衆生，非菩薩也。

臨濟禪師曰：五藴身田，内有無位真人，堂堂顯露，何不識取。但於一切時中，切莫間斷，觸目皆是。只爲情生智隔，想變體殊，所以輪迴三界，受種種苦。敢問諸人，觸目皆是，是箇甚麽。一一山河無隔礙，重重樓閣應時開。

川禪師曰：頂天立地，鼻直眼横。頌曰，

堂堂大道，赫赫分明。人人具足，箇箇圓成。秖因差一念，現出萬般形。

○妙行無住分第四

奥妙之行，本無住著。

復次，須菩提，

王日休曰：謂再編次佛與須菩提答問之言也，此乃敘經者自謂。

顔丙曰：復次，乃再説也。

菩薩於法應無所住，行於布施。佛言布施，猶儒家所謂應用也。

《疏鈔》云：言應無所住者，應者當也，無所住者心不執著。

李文會曰：菩薩於法者，總標一切空有之法也。應無所住者，一切諸法，應當無所住著也。《法華經》云，十方國土中，惟有一乘法，謂一心也。心即是法，法即是心。二乘之人，不能解悟，謂言心外即別有法，逆生執著，住於法相，此同衆生之見解也。

逍遥翁曰：凡夫不識自佛，一向外求，住相迷真，分別他境，不爲助道，但求福門，似箭射空，如人入暗。俱胝和尚凡見僧來問話，唯竪起一指頭。

佛鑑禪師頌云：不用將心向外求，箇中消息有來由。報言達磨西來意，秖在俱胝一指頭。菩薩了悟人法二空，心無取捨，能知凡聖一等，空色一般，善惡一體。

臨濟和尚頌曰：心境頓消融，方明色與空。欲識本來體，碧水白雲中。是菩薩心無所住著也。行於布施者，布者普也，施者散也，謂除我、人、衆生、壽者四相，煩惱妄想取捨憎愛之心，世尊即以教法布施，內破一切執著，外即利益一切衆生。菩薩布施，皆應無住，不見有我爲能施人，不見有他爲受施者，不見中間有物可施，三體皆空，住無所住。清淨行施，不愛己乏，不望報恩，不求果報也。

凡夫布施，希求福利，此是住相布施也。

永嘉大師云：住相布施生天福，猶如仰箭射虚空，力盡還墜也。

逍遥翁曰：誦《金剛經》者，若人了知住無所住心，得無所得法者，此名慧業。若人日積課誦之功，希求福利，此名福業。二者相去絶遠，如霄壤也。《法華經》云，若於後世讀誦是經典者，是人不復貪著衣服臥具飲食資生之物，所願不虚。

張無盡云：夫學道者，不可以温飽爲志。本求無上菩提出世間法，若以事不如意爲怨，而圖衣飯爲心者，又何益於事。

所謂不住色布施，不住聲香味觸法布施，

王日休曰：色，謂形色。聲，謂音樂。香，謂鼻之所聞。味，謂食物之味。觸，謂男女之慾。法，謂心之所校量思惟者。乃教化衆生，不使著於六塵也。

陳雄曰：《摩訶般若經》云，眼色識，耳聲識，鼻香識，舌味識，身細滑識，意法識。又《懺法》云，眼著色，耳著聲，鼻著香，舌著味，身著觸細滑，意著法塵，起種種業。此言住，亦識著之謂。凡夫六根不淨，貪是六者以快其欲，是名六塵。一不如其所欲，則必布施以求滿其欲，其所住而布施者然也。菩薩受如來無相教法，無諸欲之求，無能施之心，但以法施利益一切衆生。如水行地中，無有罣礙，無所住行，布施者然也。《華嚴經》云，不求色聲香與味，亦不希求諸妙觸，但爲救度諸羣生，常求無上最勝智。正此之所謂行布施也。又《華嚴》二十四卷云，眼識所知種種諸色，耳識所知種種諸聲，鼻識所知種種諸香，舌識所知種種諸味，身識所知種種諸觸，意識所知種種諸法。又《天地八陽經》云，眼常見種種無盡色，耳常聞種種無盡聲，鼻常嗅種種無盡香，舌常了種種無盡味，身常覺種種無盡觸，意常思想分別種種無盡法。詳此二經，既言種種諸聲，種種無盡聲，則王氏所言聲謂音樂者，恐失之拘於音樂矣。既言種種諸觸，種種無盡觸，則王氏所言觸謂男女之慾者，恐失之執於男女之慾矣。

張無盡曰：不住色布施者，謂智慧性照見一切皆空也。梵語檀那，此云施。菩薩無色可捨，名爲布施，如藥對病，似空含有。有病既除，空藥俱遣，色空泯絶，中道皆亡，了無一法可得。二乘之人，捨色取空，爲不住色而行布施。玄奘法師所譯經云，不住於色，不住非色，香味觸法，一例皆然。是故空有悉皆無住，無空可取，無有可捨，空有同如，一體平等，平等行施，即知法界不住有施，不住無施，不得有無二邊障礙，施心廣大，猶若虛空，所獲功德，亦復如是。故經中舉十方虛空較量施福，即斯意耳。傅大士《檀波羅蜜布施頌》曰，施門通六行，六行束三檀。資生無畏法，聲色勿相干。二邊純莫立，中道不須安。子樂曰：二邊即有無。二邊不立，有無俱遣，中道何安。鼂文元公曰：凡夫著有，不見有中之空。二乘著空，不見空中妙有。不著見於二邊，不取相於中道，惟佛即見。欲識無生處，背境向心觀。

〇不住聲者，清淨無罣礙也。梵語尸羅，此云戒。二乘之人，意謂從聲色起，遂向聲塵中分別。聞樂則喜，聞[一四]悲則哀。欲捨此聲，而取無聲，名之爲戒。菩薩無聲可捨，色若是有，聲從是生，色既本空，聲從何起。若能如是悟者，雖在生死中，生死不能拘，雖在六塵中，六塵不能染。在在處處，心常清淨。傅大士《尸羅波羅蜜持戒頌》曰，尸羅得清淨，無量劫來因。妄想如怨賊，貪愛若參辰。參辰即參商二星，一[一五]出一没，常相遠離。在欲而無欲，居塵不染塵。權依離垢地，當證法王身。《圓覺經注》云，佛爲萬法之王[一六]。

〇不住香者，謂見色清淨也。梵語羼音懺。

提，此云忍辱。二乘之人，妄生忍辱，惟恐貪著，欲行遠離，故名忍辱，正是捨色取空，不了中道也。殊不知香性本空，菩薩忍亦無忍，辱亦無辱。須是自性清淨，不生起滅之心，方始悟明心地。故古德曰，明心之士，其心猶如明鏡，能攝衆像，盡入其中，無有罣礙，清淨含容，無有邊際。傅大士《羼提波羅蜜忍辱頌》曰，忍心如幻夢，辱境若龜毛。《華嚴經》云：無則同於龜毛兎角。常能脩此觀，逢難轉堅牢。無非亦無是，無下亦無高。欲滅貪嗔賊，須行智慧刀。

〇不住味者，謂衆生性與如來性無所分別也。梵語毗離耶，此云精進。了知舌根本空，爲不住味，故云受諸飲食，當如服藥，或好或弱[七]，不可生憎愛也。黄蘗禪師曰，有識食，有智食。四大之身，飢瘡爲患，隨順給養，不生貪著，謂之智食。恣情取味，妄生分別，唯圖適口，不生厭離，謂之識食也。二乘之人，雖不住飲食之味，尚猶貪著諸法之味，以貪著故，名爲精進。菩薩之心，於諸法相，悉如夢幻，遇緣即施，緣散即寂。傅大士《毗離耶波羅蜜精進頌》曰，進脩名燄地，良爲慧光舒。二智心中遣，真俗二智。三空境上袪。無明念念滅，十二因緣法，無明緣行，行緣識，識緣名色，名色緣六入，六入緣觸，觸緣受，受緣愛，愛緣取，取緣有，有緣生，生緣老死憂悲苦惱。高下執情除。觀心如不間，何啻至無餘。

〇不住觸者，謂心無取捨也。内無菩提可取，外無煩惱可捨。梵語禪那，此云靜慮。二乘之人，認觸爲色身。色身若是有，即言離諸觸。色身既本無，諸觸何曾有。又云，了觸即無生，不住虚分別。一切諸萬法，本來無所動。六祖曰，一切萬法，皆從心生。心無所生，法無所住。又大陽禪師曰，大陽一禪，竟日如然。滔滔不間，觸目遇緣。若能如是，法法現前。傅大士《禪波羅蜜禪定頌》

曰，禪河隨浪靜，定水逐[一八]波清。澄神生覺性，息慮滅迷情。遍計虚分別，由來假立名。若了依他起，無別有圓成。《華嚴合論》第四卷云：遍計所執性、依他起性、圓成實性。

○不住法者，謂照見身心法相空也。梵語般若，此云智慧。諸法屬意，意屬識，此識是妄。《金剛三昧經》云，所見境界，非我本識。二乘之人，分別諸相，皆是妄識，本識又何可得也。菩薩了知本識究竟，故無分別。傅大士《般若波羅蜜智慧頌》曰，慧燈如朗日，蘊界若乾城。《華嚴》四十二卷云：龍依宫住，而能興雲。有人仰視，所見宫殿，當知是乾闥婆城。子榮曰：乾城者，即乾闥婆城，海上龍蜃化現餘氣，人見樓閣，忽爾還無。此破衆生妄執五蘊色身爲實有也。明來暗便謝，無暇暫時停。妄心猶未滅，乃見我人形。妙智圓光照，惟得一空名。又智者禪師《六波羅蜜萬行齊修總頌》云，三大僧祇劫，阿僧祇，數名。阿者無也，僧祇者數也，乃無數劫。萬行具齊脩。既悟無人我，長依聖道流。二空方漸證，人法二空。三昧任遨遊。三昧是梵語，中國言正定，亦云正見。創居歡喜地，長樂遂無憂。

臨濟禪師曰：佛有六通者，謂入色界不被色惑，入聲界不被聲惑，入香界不被香惑，入味界不被味惑，入身界不被觸惑，入意界不被法惑。所以達此六種，皆是空相，不能繫縛。此乃無依道人。雖是五蘊穢陋之身，便是地行菩薩。

黄蘗禪師曰：本是一精明，分爲六和合。精明者，一心也。六和合者，六根也，各與塵合，眼與色合，耳與聲合，鼻與香合，舌與味合，身與觸合，意與法合，中間生六識爲十八界。若了十八界無所有，一切皆空，束六和合爲一精明，此乃了悟之人，唯有真心蕩然清淨。

須菩提，菩薩應如是布施，不住於相。

六祖曰：應如無相心布施者，爲無能施之心，不見有施之物，不分別受施之人，故云無相布施。

僧若訥曰：應如是布施者，指出色香等六塵也。不住於相者，乃不住六塵之相。若住相布施者，但是人天果報而已。

李文會曰：菩薩應如是布施者，謂捨除一切煩惱憎愛之心也。然煩惱本性皆是妄見，有何可捨。《經》云，一切諸有，如夢如幻。一切煩惱，是魔是賊。

逍遥翁曰：夫[一九]煩惱性，是佛境界。觀煩惱性空，是正脩行學人。若止依此觀練精至，不須求别法也。夫見性之人，十二時中，凡遇逆順境界，心即安然，不隨萬境所轉，一任毁謗於我。我既不受，惡言謗黷返自歸己，所謂自作自受者也。譬如有人，手執火炬，擬欲燒天，徒自疲困，終不可得。故古德曰，心隨萬境轉，轉處實能幽。隨流認得性，無喜復無憂。

何以故。若菩薩不住相布施，其福德不可思量。

《疏鈔》云：何以故者，此證問意。施本求福，今令不住於相，其意云何。佛答，若菩薩不住相布施，其福德不可思量。若達三輪體空，方名不住相布施。不住者，心不住有爲之福也。三輪者，施者、受者并財等，是三輪也。施者返觀體空本無一物，故云理空。受者觀身無相，觀法無名，身尚不有，物從何受，故曰受空。施受既空，彼此無妄，其物自空，故曰三輪體空。

陳雄曰：世尊答文殊曰，財施爲凡，法施爲聖。蓋凡夫布施，必以滿三千世界七寶，爲求福之具，財施也，此住相布施也。且以人天大福報自期，數盡未[二〇]免輪迴。菩薩布施但一心清淨，利益一切衆生，爲大施主，法施也。此不住相布施也，雖不徼福，自然離生死苦，受大快樂，歷千劫而不古，超三界以長今，是所謂無限福德，實不可思惟而量度也。佛憫末世衆生被六塵染，未可遽化，姑誘以福德無限之説，使之頓悟法施之會。《維摩經》云，當爲法施之會，何用是財施會爲。

顔丙曰：住者，著也。菩薩於佛法中，應當無所著布施。布施者，捨施也，所謂不住於色聲香味觸法布施，六者謂之六塵，眼貪色，耳貪聲，鼻貪香，舌貪味，情塵相對謂觸，貪著有爲謂法。人性清淨，本無六根可得，六塵又向什麼處安頓。所以佛云，應當如是布施不住於相。若不著相捨施，其福德量等虛空，非思量可及。

李文會曰：不住於相者，非但見色是相，一切種種分別，皆名爲相。如是之相，皆從因緣而生。應知一切分別皆如夢幻，遇緣即施，緣散即寂。是故佛言凡所有相，皆是虛妄。又西明和尚云，法相若是有，可言住諸相，法相既本無，故言不住相。既不住相布施，其福德更有何思量也。

逍遥翁曰：須知諸法，如夢如幻，如影如響，如水中月，如鏡中像。又云，了達一切法，不住一切相，心如虛空，自然無礙。心住於相，即屬有法。故知一切法，不住一切相，即能見佛性也。

川禪師曰：若要天下行，無過一藝精。頌曰，西川十樣錦，添華色轉鮮。欲知端的意，北斗面南看。虛空不閡（礙同）。絲毫念，所以彰名大覺仙。

須菩提，於意云何，東方虛空可思量不。（音否）不（音弗）也，世尊。須菩提，南西北方，四維上下虛空可思量不。不也，世尊。須菩提，菩薩無住相布施，福德亦復如是不可思量。須菩提，菩薩但應如所教住。

李文會曰：不也，世尊者，須菩提謂虛空我思量之，實無可思量也。不可思量者，既已覺悟，心無能所，即無我、人、衆生、壽者四相，豈更有可思量。但應如所教住者，謂諸學人當依佛教，住無所住，必得悟入也。

謝靈運曰：聖言無謬，理不可越，但當如佛所教而安心耳。

陳雄曰：佛謂所教之住，與《華嚴經》住無所住同，如來教菩薩法，不過住無所住之法。菩薩受如來教，非敢變異，但當如其所教者，以無住爲住處。《楞嚴經》云，得住般若波羅蜜。《文殊般若經》云，佛告文殊師利，當云何住般若波羅蜜，文殊言以不住法爲住般若波羅蜜。復問，云何不住法，名住般若波羅蜜。文殊言，以無住相，即住般若波羅蜜。此住之法詳矣，無非住無所住之意。《三昧經》云，如來所説法，悉從於無住，我從無住處，是處禮如來。

顔丙曰：四維者，四隅也，如東方、東南方、西方、西北方之類。東西南北，及四維上下方，總謂十方。佛問如十方虛空可思量不，須菩提答不可思量，蓋大莫大於十方虛空，佛所以借此喻福德也。

傅大士曰：佛言菩薩無住相布施，福德亦復如是。虛空不可思量測度，菩薩當如佛所指教處住。佛教所謂住者，湛若十方空，無所住而住。頌云，若論無相施，功德極難量。行悲濟貧乏，果報不須望。凡夫情行劣，初且略稱揚。欲知檀狀貌，如空遍十方。

○如理實見分第五

此如如之理，爲真實見解。

須菩提，於意云何，可以身相見如來不。

寶積如來解曰：如來真身本無生滅，湛然常住。託陰受形，同凡演化，入神母胎。

擐胡貫切。此凡相各别，故云若見諸相非相，即見如來。頌曰，凡相滅時性不滅，真如覺體離塵埃。了悟斷常根果别，此名佛眼見如來。

王日休曰：此如來，乃謂真性之佛也。佛呼須菩提而問之云，可以用三十二相見真性之佛否。

不也，世尊，不可以身相得見如來。

王日休曰：此須菩提言不也，而又白世尊云，不可以身相得見如來，是其言不也者，乃大略言之，下乃詳言之也。

何以故。如來所説身相，即非身相。

王日休曰：此如來謂色身佛也。須菩提又自問，何故不可以身相見如來。乃自答云，如來所説身相，非是真實。故云即非身相，謂無有真實身相也。

川禪師頌曰：身在海中休覓水，日行嶺上莫尋山。鶯啼燕語皆相似，莫問前三與後三。

佛告須菩提：凡所有相，皆是虚妄，若見諸相非相，即見如來。

陳雄曰：須菩提欲人人見自性佛，所以有即非身相之説。色身是相，中無真實之體，故云皆是虚妄。法身非相，卻有真如本體寓乎其中。若見諸相非相，是見色身中有法身，見自性中有如來。而如來豈可外求，即吾性見矣。《壇經》云，佛即是性，離性無別佛。

顔丙曰：佛問可以身相見如來不，須菩提答不可。如來者，乃自性，不屬去來也。四大色身，本由妄念而生。若執虚妄身相，而欲見如來之性，譬如認賊爲子，終無是處。所以佛告須菩提云，凡所有相，皆是虚妄。若見諸相非相，即見如來。若能迴光返照，得見身相，無形可得，即是見自性如來。

傅大士頌曰：如來舉身相，爲順世間情。恐人生斷見，權且立虚名。假言三十二，八十也空聲。《大藏一覽集》示生品曰：菩薩以四月八日，因母晝寢，以示其夢，從右脅入。夫人夢覺，自知身重。菩薩住胎，十月滿足，四月八日，菩薩化從右脅而生，自行七步，舉其右手，作師子吼，天上天下，唯我獨尊。九龍空中吐清淨水，灌太子身，三十二相，八十種好，放大光明，普照三千大千世界，即名太子爲悉達多，漢言頓吉。有身非覺體，無相乃真形。

川禪師曰：山是山，水是水，佛在甚麼處。

頌曰，有相有求俱是妄，無形無相墮偏枯。堂堂密密何曾間，一道寒光爍太虛。

○正信希有分第六

生真正信向心，此人最爲希有。

須菩提白佛言：世尊，頗有衆生得聞如是言説章句，生實信不。佛告須菩提：莫作是説，如來滅後，後五百歲，有持戒脩福者，於此章句能生信心，以此爲實，

陳雄引《華嚴經》云：信爲道源功德母，長養一切諸善法。《智度論》云，佛法大海，信爲能入。蓋實信者，實諦之階也。須菩提疑衆生不能生實信，故作此問。而佛恐沮衆生實信之心，且告之以莫作是説。

僧若訥曰：持戒者，諸惡莫作。脩福者，衆善奉行。夫持戒脩福者，即種善根者也。

傅大士頌曰：因深果亦深，理密奧難尋。當來末法世，唯恐法將沉。空生情未達，聞義恐難任。如能信此法，定是覺人心。

川禪師曰：金佛不度爐，木佛不度火，泥佛不度水。頌曰，三佛儀形總不真，眼中童子面前人。若能信得家中寶，啼鳥山華一樣春。

當知是人，不於一佛二佛，三四五佛而種善根，已於無量千萬佛所種諸善根。

六祖曰：何謂種諸善根。所謂於諸佛所，一心供養，隨順教法，於諸菩薩善知識、師僧父母者、年宿德尊長之處，常行恭敬供養，承順教命，不違其意，是名種諸善根。於一切貧苦衆生，起慈愍心，不生輕厭，有所須求，隨力惠施，是名種諸善根。於一切惡類，自行柔和忍辱，歡喜逢迎，不逆其意，令彼發歡喜心，昔剛戾心，是名種諸善根。於六道衆生，不加殺害，不欺不賤，不毀不辱，不騎不箠，不食其肉，常行饒益，是名種諸善根。

王日休曰：何謂種善根乎。至誠稱其佛

號，或拈香一炷，或爲一拜，或以一物供養，皆謂之種善根。

僧若訥曰：顯其已多種善根者，見佛多，聞法多，脩行多也。

聞是章句，乃至一念生淨信者，須菩提，如來悉知悉見，是諸衆生得如是無量福德。

六祖曰：信心者，信般若波羅蜜能除一切煩惱，信般若波羅蜜能成就一切出世功德，信般若波羅蜜能出生一切諸佛，信自身佛性本來清淨，無有染污，與諸佛性平等無二，信六道衆生本來無相，信一切衆生盡得成佛，是名淨信心也。

傅大士頌曰：信根生一念，諸佛盡能知。脩因於此日，證果未來時。三大經多劫，六度久[三]安施。《證道歌》曰：六度萬行體中圓。註云：六度者，布施度慳貪，持戒度毀犯，忍辱度嗔恚，精進度懈怠，禪定度昏散，智慧度愚癡。熏成無漏種，《阿毗達磨論》云：漏者，令心連注，流散不絶，故名爲漏。僧問清平和尚曰：如何是有漏。平曰：笊籬。僧曰：如何是無漏。平曰：木杓。方號不思議。

李文會曰：得如是無量福德者，此謂如來知見衆生，無諸妄念，心常清淨，敬信其法，所得智慧勝妙功德不可測量。

川禪師曰：種甘草甜，種黄連苦。作如是因，獲如是果。頌曰，一佛二佛千萬佛，各各眼横兼鼻直。昔年會種善根來，今日依前得渠力。須菩提，須菩提，著衣喫飯尋常事，何須特地卻生疑。

何以故。是諸衆生無復我相、人相、衆生相、壽者相，無法相，亦無非法相。

肇法師曰：無法相者，明法非有，遣著有心也。亦無非法相者，明法非無，遣著無心也。

僧若訥曰：法相者，有見也。非法相者，無見也。捨二邊之著，故云無也。

川禪師曰：圓同太虛，無欠無餘。頌曰，法相非法相，開拳復成掌。浮雲散碧空，萬里天一樣。

何以故。是諸衆生若心取相，即爲著我、人、衆生、壽者。若取法相，即著我、人、衆生、壽者。何以故。若取非法相，則著我、人、衆生、壽者。

李文會曰：心若取相，即起妄念，故著我、人、衆生、壽者相也。

逍遥翁曰：有念無覺，凡人境界。有念有覺，賢人境界。無念有覺，聖人境界。智者可了知，説則難爲説。又云，欲外安和，但内寧靜。心虚境寂，念起法生。水濁波昏，潭清月朗。脩行之要，靡出於斯。

黄蘗禪師謂裴丞相曰：佛與衆生，唯止一心，更無差别。此心無始以來，無形無相，不曾生，不曾滅，當下便是，動念即乖，猶如虚空，無有邊際。唯此一心即便是佛，佛與衆生更無别異。但是衆生著相外求，求之轉失，使佛覓佛，將心捉心，窮劫盡形，終無所得。不知息念忘慮，佛自現前，此心即是佛，佛即是衆生，爲衆生時此心不減，爲諸佛時此心不添，遇緣即施，緣散即寂，不假脩證，本自具足。若不決定信此是佛，縱使累劫脩行，終不成道。取法相者，謂言心外有法，故著諸相也。又曰，造惡造善，皆是著相。著相造惡，枉受輪迴。著相造善，枉受勞苦。都總不如便自認取本心，心外無法，此心即法，法外無心，將心無心，心却成有，一切在我默契而已。若取非法相者，謂有取捨善惡凡聖等相也。

慈受禪師曰：順天門外古招提，爛熳春光照錦溪。物物更無心外法，箇中能有幾人知。

傅大士曰：人空法亦空，二相本來同。遍計虚分别，依他礙不通。圓成沉識海，流轉若飄蓬。圓成之理，墮在識海，流轉生死，有若飄蓬。欲識無生理，心外斷行蹤。

是故不應取法，不應取非法。

李文會曰：不應取法，不應取非法者，此謂有無俱遣，語默雙亡。若取法相，即有法執。若取非法相，即有空執。有執則煩惱熾然，無執則信心清淨。

傅大士頌曰：有因名無號，無相有馳名。有無無別體，（有之與無，本無各別之體。）無有有無形。（有無之形，本來無有。）有無無自性，（有無之間，無此自性。）妄起有無情。（有無之情，人自妄起。）有無如谷響，勿著有無聲。

川禪師曰：金不博金，水不洗水。頌曰，得樹攀枝未足奇，懸崖撒手丈夫兒。水寒夜冷魚難覓，留得空船載月歸。

以是義故，如來常說，汝等比邱知我說法如筏喻者，法尚應捨，何況非法。（筏，音伐。）

王日休曰：筏謂編竹木成牌以渡人，乃過水之具，亦船之類也。以是義理之故，乃指上〔三〕文所言之意也。佛嘗謂汝等比邱，當知我之說法，如船筏之譬喻，是未渡之時不可無船筏，喻若未了悟真性之時，不可無佛法也。既渡之後，則不須船筏，喻既了悟真性之後，即不須佛法也。如此則既悟之後，佛法尚當捨去，則非佛法而爲外道法者，尤當捨去，故云法尚應捨，何況非法。

傅大士頌曰：渡河須用筏，到岸不須船。此言盡之矣。

金剛經註解卷之一

校勘記

〔一〕「楊」，底本作「揚」，據甲、乙本改。

〔二〕「丙」，底本作「柄」，據甲、乙本改。

〔三〕「埋」，底本作「理」，據甲本改。

〔四〕「去」，底本作「云」，據文意改。

〔五〕「午」，底本作「牛」，據甲本改。

〔六〕「問」，底本作「間」，據甲、乙本改。

〔七〕「愛」，底本原校疑爲「受」。

〔八〕「慚」，底本作「漸」，據甲、乙本改。

〔九〕「問」，底本作「間」，據乙本改。

〔一〇〕「上」，底本作「土」，據甲、乙本改。

〔一一〕「存」，底本作「有」，據甲、乙本改。

〔一二〕「入」，底本作「人」，據乙本改。

〔一三〕「非無想」，底本作「非若無想」，據甲、乙本改。

〔一四〕「聞」，底本脱，據乙本補。

〔一五〕「一」，底本作「二」，據乙本改。

〔一六〕「王」，底本作「十六」，據乙本改。

〔一七〕「弱」，底本原校疑爲「惡」。

〔一八〕「逐」，底本作「遂」，據乙本改。

〔一九〕「夫」，底本作「天」，據甲、乙本改。

〔二〇〕「盡未」，底本作「未盡」，據甲本改。

〔二一〕「久」，底本作「欠」，據甲本改。

〔二二〕「上」，底本作「土」，據甲、乙本改。

金剛經註解卷之二

○無得無說分第七

當體空寂，無物可得。凡有言說，皆爲剩語。

須菩提，於意云何，如來得阿耨多羅三藐三菩提耶，如來有所說法耶。須菩提言：如我解佛所說義，無有定法名阿耨多羅三藐三菩提，亦無有定法如來可說。

僧若訥曰：空生領解佛旨，乃云第一義中無有定實之法可得，亦無有定實之法可說。

陳雄曰：《楞伽經》論七種空有曰，一切法離言說空，第一義聖智大空。如來了真空之妙，固無法可得，亦無法可說，是以設爲之問。無上菩提乃第一義，深妙難名，或持戒忍辱而得之，或精進禪定而得之，或聚沙爲塔，或稱南無，皆已得之，豈可拘以定法而名之哉。如來憫衆生之未悟，安得默然而離説。或爲志求勝法者説，或爲求無上慧者説，或爲求聲聞者説，《傳心法要》曰：自聲教而悟者曰聲聞。或爲求辟支佛者説，《法華經》曰：樂獨善寂，是名辟支佛乘。應機而酬，隨叩而答，寧有定法耶。佛盡變通之義，無執無著，須菩提兩言無有定法，非能解佛所説義乎。

李文會曰：如來有所説法耶者，佛所問意，恐謂如來有所説也。無有定法者，根器有利鈍，學性有淺深，隨機設教，對病用藥。《法華經》云，諸根利鈍，精進懈怠，隨其所堪，而爲説法。是故法無定相，迷悟懸殊。若未悟時，似無所得，若悟了時，似有所得。得與不得皆是妄見，但不可執著，自契中道。豈有定法可説耶。

川禪師頌曰：雲起南山雨北山，驢名馬字幾多般。請看浩渺無窮水，幾處方〔一〕兮幾處圓。

何以故。如來所説法，皆不可取不可説，非法非非法。

謝靈運曰：非法則不有，非非法則不無。有無竝無，理之極也。

王日休曰：此皆爲衆生而設，非有真實之法，故云非法。然亦假此以開悟衆生，又不可全謂之非法，故云非是非法也。

陳雄曰：如來所説者，無上菩提法也，可以性修，而不可以色相取，徒取則何以深造於性理之妙。可以心傳，而不可以口舌説，徒説則何以超出於言意之表。須菩提所以辯論，兩言其不可也。是法也，微妙玄通，深不可識，一以言有耶，雖有而未嘗〔二〕有，一以言無耶，雖無而未嘗無。此非法非非法之意。真空不空，其若是乎。

李文會曰：不可取者，空生深恐學人不悟如來無相之理。不可説者，深恐學人執著〔三〕

如來所説章句也。非者，無也。非非者，不無也。

黄蘗禪師曰：法本不有，莫作無見。法本不無，莫作有見。謂無即成斷滅，謂有即成邪見。

傅大士頌曰：菩提離言説，從來無得人。須依二空理，當證法王身。子榮曰：先悟人法二空，然後證涅槃妙果。有心俱是妄，無執乃名真。若悟非非法，逍遥出六塵。

川禪師曰：是什麽恁麽也不得，不恁麽也不得。廓落太虚空，鳥飛無影迹。咄。撥轉機輪却倒迴，南北東西任往來。

所以者何。一切賢聖皆以無爲法而有差别。

《疏鈔》云：未了人空法空，皆名執著。了此二法，即曰無爲。菩薩能齊證二空，聲聞方離人空未達法空，故云離一非，以證前之義，故云而有差别。

六祖曰：三乘根性，所解不同。見有淺深，故言差别。佛説無爲説者，即是無住。無住即無相，無相即無起，無起即無滅，蕩然空寂，照用齊施，鑒覺無礙，乃真是解脱佛性。佛即是覺，覺即是觀照，觀照即是智慧，智慧即是般若波羅蜜多也。

王日休曰：其言賢聖以無爲法而有差别者，何哉。蓋謂於無爲法之淺者，則爲賢人，若須陀洹之類是也。得之深者，則爲聖人，若佛與菩薩是也。此所以爲差别歟。

顔丙曰：佛問須菩提，如來得阿耨多羅三藐三菩提耶，如來有所説法耶。答云，如我解佛所説義理，皆無一定之法，可名可説。何故。如來所説法，如人飲水，冷煖自知。不可取，不可説，非法非非法。法屬有，非法屬無。執有著相，執無落空。所以道，不是法，不是非法。又以者用也，無爲者自然覺性，無假人爲。故一切賢聖皆用此無爲之法。然法本無爲，悟有淺深，遂生差别見，到頭則一也。

傅大士頌曰：人法俱名執，了即二無爲。菩薩能齊證，聲聞離一非。所知煩惱盡，空中無所依。常能作此觀，得聖定無疑。

海覺元禪師曰：一金成萬器，皆由匠者智。何必毗耶城，人人説不二。

川禪師頌曰：正人説邪法，邪法悉歸正。邪人説正法，正法悉皆邪。江北成枳江南橘，春來都放一般華。

○依法出生分第八

諸佛所依之法，盡從此經生出。

須菩提，於意云何，若人滿三千大千世界七寶以用布施，是人所得福德，寧爲多不。

王日休曰：三千大千世界者，此日月所照爲一小世界，其中間有須彌山，日月遶山運行故，南爲閻浮提，東爲弗婆提，西爲瞿耶尼，北爲鬱單越，是名四天下。日月運行，乃在須彌山之中腰，故此山之高，其半出日月之上。山上分四方，每方有八所，中間又有一所，共三十三所，謂之三十三天，梵語謂之忉利天是也。日月運行於此四天下，謂之一小世界。如此一千小世界，謂之小千。如此一千小千世界，謂之中千。如此一千中千世界，謂之大千。以三次言千字，故云三千大千，其實則一大千耳。如此方謂之一大世界。寧爲多不者，此寧字乃譯師之言，蓋若助辭耳，不必深考也。

六祖曰：此是如來問起。此意如何，布施供養，身外之福。受持經典，身内之福。身福即衣食，性福即智慧。雖有衣食，性中愚迷，即是前生布施供養，不持經典。今生聰明智慧，而貧窮無衣食者，即是前生持經聽法，不布施供養。外脩福德，即衣食。内脩福德，即智慧。錢財，見世之寶。般若，在心之珍。内外雙脩，方爲全德。此是讚歎持經功德，勝布施福也。

《疏鈔》云：七寶者，金、銀、琉璃、珊瑚、瑪瑙、赤真珠、玻瓈。佛意欲顯無爲之福，先將有漏之福問及善現，三千世界，盡著七寶以用布施，作福所得，其福德寧爲多不。下文須菩提答。

須菩提言：甚多，世尊。何以故。是福德即非福德性，是故如來説福德多。

謝靈運曰：福德無性，可以因緣增多，多則易著，故即遣之。

六祖曰：三千大千世界七寶持用布施，得福雖多，於性一無利益。依摩訶般若波羅蜜多脩行，令自性不墮諸有，是名福德性。心有能所，即非福德性。能所心滅，是名福德性。心依佛教，行同佛行，是名福德性。不依佛教，不能踐履佛行，即非福德性。

僧若訥曰：空生謂大千七寶，寶豐福勝，故曰甚多。是福德者，事福也。即非福德性者，非般若福德種性，既非理福，不趨菩提也。是故如來説福德多者，於世間事福，乃云多也。

陳雄曰：聚寶布施，持經精進，皆六度之一也。佛化度衆生，未嘗沮其布施，而獨喜其精進。蓋謂世人計著，多用金銀、琉璃、珊瑚、瑪瑙、真珠、玻瓈爲求福地，殊不知以覺性之寶，脩其性上福德。故併爲二者設爲之問，以較其優劣。持經精進者率性而脩也。性彌滿六虚，其福德亦如是，夫是之謂福德性。聚寶布施者，藉物而脩也。物有限，而其福亦有限，又非福德性之比。故須菩提辯論曰，是福德即非福德性。且斷之曰，如來説福德多者，以其有限，得以計其多寡故也。五祖嘗曰，自性若迷，福何可救。六祖亦曰，功德在自性，不是布施供養之所求。又曰，自悟自脩，是自性上功德。二佛之言，深契元旨。

李文會曰：三千大千世界七寶布施，此是住相布施希求福利，得福雖多，而於識心見性了無所得。傅大士頌云：寶滿三千界，賫持作福田。惟成有漏業，終不離人天。故知住相布施即非福德性。若人心無能所，識心見性，方名福德性也。

川禪師曰：事向無心得。頌曰，寶滿三千及大千，福緣應不離人天。若知福德元無性，買得風光不用錢。

若復有人於此經中受持乃至四句偈等，爲他人説，其福勝彼。

《疏鈔》云：此經者，人人俱有，箇箇周圓。上及諸佛，下及螻蟻，亦具此經，即妙圓覺心是也，無物堪比。

顔丙曰：復有人於此經中受持乃至四句偈等，受者直下承受，持者時時行持，更爲他人解説，如一燈傳百千萬燈，其福勝彼。如何便見得勝彼處。彼以七寶，乃住相布施，縱得濁福，福盡墮落。此因經悟性，四句現前，福等太虛，歷劫不壞。故云，住相布施生天福，猶如仰箭射虚空，勢力盡，箭還墜，招得來生不如意，爭似無爲實相門，一超直入如來地。

又四句決〔四〕疑《金剛經》者，乃大藏經之骨髓。若人受持是經，而不明四句下落，又豈能超生脱死，而成佛作祖也哉。古今論四句偈者不一，或指聲香味觸法是，或指經中二偈是，或云若見諸相非相即見如來，或云眼耳鼻舌，或云有爲句、無爲句、非有爲句、非無爲句，或云有諦無諦、真諦俗諦，各執己見，初無定論。唯《銅牌記》云，天親菩薩昇兜率宫，請益彌勒，如何是四句偈，彌勒云無我相、無人相、無衆生相、無壽者相是也。六祖大師復以摩訶般若波羅蜜多是也。若果執此兩轉語，便爲倒根，何異數他人珍寶，於自己無半文之分。幸而傅大士曾露箇消息，最是親切，云，若論四句偈，應當不離身。以是而觀，則四句偈者，初不假外求，而在吾心地明瞭，方真四句也。不然，六祖何以注四句偈云，我人頓盡，妄想既除，言下成佛。

向使此偈可以言傳面命，可以聰明測度而到，則我佛乃天人之師，住世四十九年，廣爲衆生説法三百五十度，而於此經凡一十四處舉四句偈，而終不明明指示端的，豈我佛吝其辭而不爲説破耶。蓋恐人執指爲月，而徒泥紙上之死句，而不能返觀内照於自己之活句也。且我佛尚不敢執著指示，況其餘者乎。吾之所謂活句者，死生不能汩[五]，凡聖立下風，在於常行日用中，字字放光，頭頭顯露，初無一點文墨污。若是箇漢，直下承當，早是蹉過了也，何更容些小見識解會，而分別此是彼非也。唯有過量人，方知鼻孔元來在面上。

傅大士頌曰：寶滿三千界，齎持作福田。唯成有漏業，終不離人天。持經取四句，與聖作良緣。欲入無爲海，須乘般若船。

唐玄宗皇帝云：三千七寶雖多，用盡還歸生滅。四句經文雖少，悟之直至菩提。

陳雄曰：《三昧經》云，一切諸法攝在一四句偈中。故得之者，不在於文字之多，但一念頃即入實諦，而其性天昭徹矣。若更有勤行脩進，受之不忘於心，持之不厭其久，説之普得聞知，非特覺一己之性，且將覺億萬人之性，其爲福德莫大焉，比之多施七寶爲勝。

張無盡曰：佛爲無上法王，金口所宣。聖教靈文若一誦之，則爲法輪轉地，夜叉唱空，報四天王，天王聞已，如是展轉，乃至梵天，通暗通明，龍神悦懌，猶如綸言，誕布詔令，横流寰宇之間，孰不欽奉。誦經之功其旨如此。若止形留神往，外寂中摇，尋行數墨而[六]已，何異春禽晝啼，秋蛩夜鳴，雖千萬遍，果何益哉。池陽薌山因禪師遺僧往大通鎮陳宅求經，頌曰，燈籠露柱熾然説，莫學驢年紙上鑽。看經須具看經眼，多見看經被眼謾。

何以故。須菩提，一切諸佛及諸佛阿耨多羅三藐三菩提法，皆從此經出。

《疏鈔》云：《經》云，三世諸佛及阿耨菩提，一切妙法皆從此經出，即明持經果滿，顯前義也。又《心經》云三世諸佛依般若波羅蜜多故得阿耨菩提，亦同此義。又忠國師云，茲經喻如大地，何物不從地之所生。諸佛唯指一心，何法不從心之所立。故云皆從此經出。

王日休曰：阿耨多羅三藐三菩提法者，謂真性也。一切諸佛阿耨多羅三藐三菩提法者，謂諸佛求真性之法也。何以故者，佛自問何故於此經受持講説所得福德，勝於彼三千大千世界七寶布施也。乃自答云，一切諸佛求真性之法，皆從此經出，則此經之功爲極大，而且無窮矣。

顔丙曰：何以故一切諸佛及阿耨多羅三藐三菩提法，皆自此經出者，蓋大藏經及從上諸佛無上正等正覺之法，皆出自此經。此經者，此外無餘經也。

僧若訥曰：皆從此經出者，非指此一經文句語言，乃指實相般若，即是一心，遍爲諸法性體，自己一念能生一切法故。

川禪師曰：且道此經從甚處出。須彌頂上，大海波心。頌曰，佛祖垂慈實有權，言言不離此經宣。此經出處還相委，便向雲中駕鐵船。切忌錯會。

須菩提，所謂佛法者，即非佛法。

王日休曰：佛於此再呼須菩提而告之，所謂佛法者，乃上文所謂阿耨多羅三藐三菩提法也。佛恐人泥於有此佛法，故云所謂佛法者，非有真實佛法，蓋虚名爲佛法而已。蓋謂佛法本來無有，惟假此以開悟衆生耳，是於本性中非爲真實也。

六祖曰：如來所説佛者令人覺，所説法者令人悟。若不覺不悟，即外佛外法者，即非佛法也。

顔丙曰：所謂佛法，即非佛法者，隨説隨剗也。

李文會曰：二乘之人，執著諸相以爲〔七〕佛法，遂乃向外尋求。

文殊師利云：一切衆生，愚迷顛倒，不知覺悟。種種脩行，不離身内。若於身外脩行，無有是處。菩薩於諸佛法都無染著，亦不捨離，見如不見，聞如不聞，心境空寂，自然清淨。是故佛法非佛法也。覺道之人，既能覺悟諸相皆空，但用所得知解妙藥，治箇心中妄想執著之病，心地自然調伏，無罣礙也。

川禪師曰：能將蜜棗子，換汝苦葫蘆。頌曰，佛法非法，能縱能奪。有放有收，有生有殺。眉間常放白毫光，癡人猶待問菩薩。

○一相無相分第九

只這一相，本自無形。

須菩提，於意云何，須陀洹洹音完。能作是念，我得須陀洹果不。須菩提言：不也，世尊。何以故。須陀洹名爲入流，而無所入，不入色聲香味觸法，是名須陀洹。

陳雄曰：須陀洹、斯陀含、阿那含、阿羅漢，此四菩薩，在一切凡夫人中爲第一。佛告彌勒菩薩，於《法華經》嘗言之矣，告大慧菩薩，於《楞伽經》亦詳言之。《大涅槃經》佛言，若有比邱欲得須陀洹果、斯陀含果、阿那含果、阿羅漢果，當勤脩習奢摩他、毗婆舍那二法。《大般若經》有預流果、一來果、不還果、阿羅漢果，正此之所謂四果也。又云脩行般若波羅蜜多時，不著預流果，不著一來果、不還果、阿羅漢果，抑又見四菩薩得是果而不存所得心也。今我佛恐四菩薩不知以無念爲宗，尚萌所得之念，故設四問，以爲能作得果得道之念不，須菩提皆以不也答之，復爲之辯論，以形容其所得之實。夫入流者，初入其門，得預聖人之流也。須陀洹已證入流之果，名爲入流，且心無所得，故曰而無所入。其所以無所入者，不入六塵境界耳。名須陀洹，其以是歟。

李文會曰：問第一果須陀洹者，知身是妄，欲入無爲之理，斷除人我執著之相，以無取心契無得理。無理則心空，無得乃理寂。雖然能捨粗重煩惱，而未能離微細煩惱，此人不入地獄，不作脩羅餓鬼異類之身，此謂學人悟初果也。

逍遥翁曰：夫煩惱者菩提之根本也。若人照了練習，可爲出世之法。譬如高原陸地不生蓮華，蓮華生於淤泥濁水中也。又云，煩惱勿令損於菩提心，譬如日月翳於煙雲中，而日月必無損也。珠玉落於泥滓中，珠玉亦無損也。莫管煩惱障，但存菩提心。入流者，謂捨凡入聖，初入聖流也。而無所入者，脩無漏業，不入六塵，然終未能捨離塵境。

傅大士頌曰：捨凡初入聖，煩惱漸輕微。斷除人我執，創始證無爲。緣塵及身見，今者乃知非。七反人天後，趣寂不知歸。不入色聲味觸法也。

圜悟禪師曰：報緣未謝，於人間世上有許多交涉，應須處之，使綽綽然有餘裕始得。人生各隨緣分，不必厭喧求靜，但令中虚外順，雖在閙市沸湯中亦恬然安隱，纔有纖毫見刺，即便打不過也。

須菩提，於意云何，斯陀含能作是念，我得斯陀含果不。須菩提言：不也，世尊。何以故。斯陀含名一往來，而實無往來，是名斯陀含。

肇法師曰：一往來者，一生天上，一生人中，便得涅槃，故名一往來。而實無往來者，證無爲果時，不見往來相也。

六祖曰：斯陀含人，名一往來，行從天上，卻得人間生，從人間死，卻生天上竟。欲界九品思惑，斷前六品盡，名斯陀含果。大乘斯陀含者，目覩諸境，心有一生一滅，無第二生滅，故名一往來。

王日休曰：一往來者，但色身一次往來

天上人間，而真性遍虚空世界，豈有往來哉。故此色身往來，非爲真實，但虚名爲一往來而已，故云實無往來。以色身非真實故也。

陳雄曰：一往來者，一往天上，一來人間，不復再來人間也。斯陀含已證一來之果，名一往來。且心無所得，而實無生滅相。名斯陀含，其以是歟。

李文會曰：問第二果斯陀含者，是漸脩精進之行，脩無漏業，念念不住六塵境界，然終未有湛然清淨之心。一往來者，謂人間報謝，一往天上，却來受生也。實無往來者，謂前念纔著，後念即覺，是無得果之心。心既無我，誰云往來，故曰而實無往來也。

須菩提，於意云何，阿那含能作是念，我得阿那含果不。須菩提言：不也，世尊。何以故。阿那含名爲不來，而實無不來，是故名阿那含。

僧若訥曰：梵語阿那含，此翻不來，已斷欲界思惑，更不來生欲界，故名不來。而實無不來者，謂不計不來相也。

陳雄曰：不來者，直生兜率天宫，不來欲界受生也。阿那含已證不來之果，名爲不來，且心無所得，而實無不來之相，名阿那含。以是之故，豈有他哉。

李文會曰：第三果阿那含者，已悟人法俱空，漸脩精進，念念不退菩提之心。名爲不來者，謂能斷除，内無欲心，外無欲境，已離欲界，不來受生，故名不來。心空無我，孰謂不來，故云而實無不來也。

傅大士頌曰：捨凡初入聖，煩惱漸輕微。斷除人我執，創始至無爲。緣塵及身見，今者乃知非。七返人天後，趨寂不知歸。《佛説四十二章經》曰：佛言阿羅漢者，能飛行變化，曠劫壽命，住動天地。次爲阿那含，阿那含者，壽終魂靈上十九天，於彼證阿羅漢。次爲斯陀含，斯陀含者，一上一還，即得阿羅漢，一上天上，一還人間。次爲須陀洹，須陀洹者，七死七生，便證阿羅漢。又《十六菩薩因果頌·阿氏多尊者頌》曰：萬行周通能覺性，驅除煩惱更勤脩。

七生七死方成道，初等陀洹入聖流。子榮曰：七返人天後者，七度往返天上人間受生，謂初果須陀洹人。趣寂不知歸者，第四果證得阿羅漢，已悟人法二空，怕染著世間生死，一向灰心滅智，入無餘界，沈空寂滅，不來塵世，化度衆生，爲有智無悲，不能入生死界，且自利也。

川禪師曰：諸行無常，一切皆苦。頌曰，

三位聲聞已出塵，往來求靜有疎親。明明四果元無果，幻化空身即法身。

須菩提，於意云何，阿羅漢能作是念，我得阿羅漢道不。須菩提言：不也，世尊。何以故。實無有法名阿羅漢。世尊，若阿羅漢作是念，我得阿羅漢道，即爲著我、人、衆生、壽者。

謝靈運曰：阿羅漢者，無生也。相滅生盡，謂之無生。若有計念，則見我人起相也。有註云，阿羅漢者，生已盡，行已立，所作已辦，不受後有，故於諸相諸法實無所得，更不於三界内受生，故名不生。

僧若訥曰：阿羅漢者名含三義，一、殺煩惱惑使，二、後報不來，三、應受人天供養。亦謂之無學果，自初果至阿羅漢果，無別有法，皆同證此無爲之體，無可取捨，故云實無等。又曰，若阿羅漢起得果之念，即有著我人等過。

陳雄曰：諸漏已盡，無復煩惱，名阿羅漢。阿羅漢心行般若波羅蜜故，法得是道。若自有法，是所得心未除，何以稱是名哉，故曰實無有法名阿羅漢。《法華經》云，於諸法不受，亦得阿羅漢，正謂此耳。自須陀洹而至於阿羅漢，自得果而至於得道，如是次第脩，則菩提無上道可以次第到。

顔丙曰：四果脩行，名四不還。須陀洹名爲入流者，隨順世間也。而無所入者，本性空故，居塵不染塵之説。斯陀含名一往來者，色身雖有來去，而法身湛然不動，而實無往來也。阿那含名爲不來者，離生死義，而實無不來者。假名不來，實爲動靜。阿羅漢能作是念而得道者，是爲著相，實無有法，但假名爲阿羅漢。

陳雄曰：世尊者，啓咨之辭也。念者，萌之於心也。須菩提啓咨世尊曰，設若阿羅漢作得道之念，是萌所得心，則四著謬妄，無不爲己，故曰即爲著我、人、衆生、壽者。

李文會曰：問第四果阿羅漢者，此是梵語，由須菩提當此果也，諸漏已盡，無復煩惱。實無有法者，謂無煩惱可斷，無貪瞋可離，情無逆順，境智俱亡，豈有得果之心。我心既空，無得道念。若於道有得，於法有名，是凡夫之行，即著我、人、衆生、壽者相也。

世尊，佛説我得無諍三昧，人中最爲第一，是第一離欲阿羅漢。世尊，我不作是念，我是離欲阿羅漢。

六祖曰：三昧，梵音，此云正受，亦云正見。遠離九十五種邪見，是名正見。

王日休曰：梵語三昧，亦云三摩地，亦云三摩提，此云正定，亦云正受，乃謂入定思想法也。正定者，謂入定之法，止也。正受者，謂定中所想境界而受之，非是妄想，故云正受。世人不知此理，乃謂三昧爲妙趣去聲。之意，故以善於點茶者，謂得點茶三昧。善於簡牘者，謂得簡牘三昧，此皆不知出處，妄爲此説也。於此三昧人之中，須菩提爲第一。

僧若訥曰：無諍者，《涅槃經》云，須菩提住虚空地，若有衆生嫌我立者，我當終日端坐不起。嫌我坐者，我當終日立不移處。一念不生，諸法無諍。言三昧者，得此無諍精妙之處，於諸弟子中最爲第一。

李文會曰：三昧者，梵語也，此名正定。心心無生滅，名爲正定，故云三昧人中最爲第一。離欲阿羅漢者，能離一切法，亦無離欲之心，微細四相皆已滅盡，愛染不生，故謂之離欲耳。又曰，無我心寂，不作是念，我是離欲得道果者。若作是念，即是心有生滅，不名離欲阿羅漢也。

川禪師曰：把定則雲橫谷口，放行則月落寒潭。頌曰，喚馬何曾馬，呼牛未必牛。兩頭都放下，中道一時休。六門迸出遼天鶻，獨步乾坤總不收。《六祖壇經》曰：六門，六根也。《禪宗頌古》白雲端曰：趙州放出遼天鶻。〇鶻，呼骨切，鷹鸇之屬，能摩霄漢。

世尊，我若作是念，我得阿羅漢道，世尊則不說須菩提是樂音效。阿蘭那行者，以須菩提實無所行，而名須菩提是樂阿蘭那行。

僧若訥曰：阿蘭那，此翻無諍。世尊雖稱歎我，我實不作是念。若作是念，世尊不應記我無諍之行最爲第一。又曰：離三界欲，證四果法，得無諍三昧，方受須菩提名。以須菩提翻爲空生，故云是樂阿蘭那行，若計著實有所行，則非無諍行也。

陳雄曰：三昧，梵語，此言正受也。無生法忍，證寂滅樂，是所謂無諍三昧也。《華嚴經》云，有諍說生死，無諍即涅槃。六祖偈曰，諍是勝負心，與道相違背。便生四相心，何由得三昧。須菩提證真空無相之妙，得六萬三昧，而無諍三昧爲最。以三昧力超出物表，不爲物役，名爲第一離欲阿羅漢宜矣。且啓咨世尊曰，我不作如是之念，則須菩提不存所得心可知。又曰，須菩提恐大衆不知去所得心，是以啓咨世尊至於再四。我者，須菩提自稱也。須菩提者，亦自稱也。樂者，好也。阿蘭那，梵語無諍之謂也。言樂阿蘭那行者，即是好無諍行之人也。夫萌之於心者曰念，見於脩爲者曰行。有所行，則必有是行。有是行，則必有是得。須菩提得無諍三昧，有是行故也。且曰無所行者，蓋以心無所得也。有是行而心無所得，宜乎世尊以樂阿蘭那行名之也。

顔丙曰：若阿羅漢生一妄念，作有所得想，即著四相。佛說，我得無諍三昧，人中最爲第一。無諍者，佛性包含大千，無有鬥諍。三昧者，唐言正見。人中第一，無鬥諍也，是第一。離欲阿羅漢者，六欲頓空也。阿蘭那行者，無人我行也。是樂無蘭那行者，窮其本性空寂，畢竟實無所行。所行謂之行。樂者，愛也。

李文會曰：阿蘭那者，是梵語也。此名無諍心。若作是念，心有生滅，即是有諍心。須菩提，實無所行，是無生滅，所以佛許須菩提是樂阿蘭那行者。

百丈[八]禪師云：只如今一切諸法，若於藏府中有纖毫停留，是不出網，但有所求所得，生心動念，盡是野干。若藏府中都無所求，都無所得，此人諸惡不生，人我不起，是納須彌於芥子中。不起一念貪瞋，是能吸四大海水。不受一切喜怒語言入耳中，於一切境不惑不亂，不瞋不喜，刮削併當得淨潔，是無事人，勝一切知解精進頭陀。是名有天眼，是名有法界性，是作車載因果，是佛出世度衆生。

傅大士頌曰：無生即無滅，無我復無人。永除煩惱障，長辭後有身。子榮曰：出生死苦，更不受父母胞胎之身。境亡心亦滅，無復起貪瞋。無悲空有智，翛思邀切。然獨任真。子榮曰：無悲空有智，翛然獨任真者，爲方證得果，悟人法空寂，更有餘習，一向沉空趣寂，爲不敢入衆生生死海中教化衆生，方有智慧，未全悲愍之心，故曰空有智。

川禪師曰：認著依前還不是。頌曰，蚌腹隱明珠，石中藏碧玉。有麝自然香，何用當風立。活計看來恰似無，應用頭頭皆具足。

○莊嚴淨土分第十

成就莊嚴，淨明心地。

佛告須菩提，於意云何，如來昔在然燈佛所，於法有所得不。不也，世尊。如來於然燈佛所，於法實無所得。

劉虯曰：言如來作菩薩時，在然燈佛所，

於法畢竟無所得，離所取也。

六祖曰：然燈佛是釋迦牟尼授記之師。故問須菩提，我於師處聽法，有法可得不。須菩提知法，即因師開示，而實無得，但悟自性本來清浄，本無塵勞，寂而常照，即自成佛。當知世尊在然燈佛所，於法實無所得。

王日休曰：如來，佛自謂也。昔，舊也。然燈即定光佛，乃釋迦佛本師。

陳雄曰：八王子，皆師妙光，得成佛道，而其最後成佛者，名曰然燈。十六王子出家爲沙彌，皆得如來之慧。最後者，我釋迦牟尼。然燈是釋迦授記之師，釋迦如來因師開導，得無上菩提法，爲諸釋之法王，於法寧無所得耶，但不存其所得心耳。佛恐諸菩薩所得心未除，故設是問。須菩提深悟佛意，以不也答之，且言於法實無所得，則以如來實得之心傳故也。言實則將以息大衆之疑心。

李文會曰：於法有所得不者，如來欲破二乘之人執著之心，故有此問。白樂天問寬禪師云，無脩無證，何異凡夫。師云，凡夫無明，二乘執著，離此二病，是名真脩也。真脩者，不得勤、不得怠，勤則近執著，怠則落無明，乃爲心要耳。此是初學入道之法門也。於法實無所得者，須菩提謂如來自性本來清浄，而於然燈佛所於法實無所得。

傅大士頌曰：昔時稱善慧，今日號能仁。善慧能仁者，皆釋迦佛號。看緣緣是妄，識體體非真。法性非因果，如理不從因。法性本乎自然，非因有果而後得，如理出於真性，不從有因而後能也。謂得然燈記，寧知是舊身。然燈佛即定光佛，乃釋迦本師也。舊身，即本來法身也。《涅槃經》曰：唯有法身，常住不滅。《寒山詩》曰：嘗聞釋迦佛，先受然燈記。然燈與釋迦，只論前後智。前後體非殊，異中無一異。一佛一切佛，心是如來地。

須菩提，於意云何，菩薩莊嚴佛土不。不也，世尊。何以故。莊嚴佛土者，即非莊嚴，是名莊嚴。

肇法師曰：是名離相莊嚴佛土。

《疏鈔》云：佛土者，佛之妙性也，衆生之真心也。如是心土，還可以相好莊嚴不。又云，不也者，即善現從理以答之。何故自心之土不在莊嚴，何故爲性無相，體等虚空，如何莊嚴，何名莊嚴。答，六度萬行，布施戒定慧等，一切善法皆是莊嚴。又云，若染斷常，即非淨土。《經》云，欲浄其土先淨其心，心〔九〕淨故即淨土也。問，心云何淨。答，外不染六塵，内無我人，不著斷滅，故名淨土。

王日休曰：既曰菩薩，而言莊嚴佛土，何也。蓋一大世界必有一佛設化，如此間大世界，乃釋迦佛設化之所。東方有大世界，乃不動佛設化之所是也。唯其一大世界有一佛設化，故凡大世界皆謂之佛土。而菩薩莊嚴者，蓋有菩薩於其佛土之中，作種種善事，以變易其世界，如阿彌陀佛爲菩薩時作無量善事，故其善緣福業，能變其世界，皆以黄金爲地，七寶爲樹林樓臺，是爲莊嚴也。佛於此又自問何以故者，謂何故菩薩言我當莊嚴清淨佛土者，爲非真實語也。乃自答云，莊嚴佛土者，即非莊嚴，是名莊嚴者，爲真性中非有此莊嚴，故此莊嚴但爲虚名而已，非是真實。唯真性爲真實故也。

陳雄曰：《維摩經》云，隨其心淨則佛土淨。蓋此心清淨，便是莊嚴佛土，奚以外飾爲哉。七寶宫殿，五采棟宇，皆外飾也。此凡夫之所謂莊嚴，非菩薩之所謂莊嚴。欲知菩薩莊嚴，當於非莊嚴中求之，則萬行莊嚴，是乃所以名其爲莊嚴也。

李文會曰：莊嚴佛土者，謂造寺寫經，布施供養，此是著相莊嚴。若人心常清淨，不向外求，任運隨緣，一無所得，行住坐卧，與道相應，是名莊嚴佛土。龐婆看藏經，維那請迴向，婆於面前取梳子，就腦後插去，迴向了也。此是無能所心。

傅大士頌曰：莊嚴絶能所，無我亦無人。斷常俱不染，頴脱出囂塵。

川禪師云：娘生袴子，青州布衫。頌曰，抖擻渾身白勝霜，蘆華雪月轉增光。幸有九臯翹足執，更添朱頂又何妨。

是故，須菩提，諸菩薩摩訶薩應如是生清淨心，不應住色生心，不應住聲香味觸法生心，應無所住而生其心。

《疏鈔》云：應者當也。故云當如是生清淨心，即佛勸生真如無染之心也。問，云何生清淨心。答，不應住色聲香味觸法生心。又《楞嚴經》云，若能轉物，即同如來，凡夫被物轉，菩薩能轉物。如是轉者，故曰應無所住而生其心。

王日休曰：梵語菩薩摩訶薩，此云覺衆生、大衆生，其實即所謂菩薩也。如是字，乃指下文，謂不當住於有形色者而生心，亦不當住於有聲音、馨香、滋味及所觸及一切法者而生其心。當無所住而生其心者，謂不可生心以住著於六塵，唯可於無所住著處生心也。諸佛教化衆生，有第一義、第二義。此經説第一義，雖至高而可曉，然不易到。淨土雖爲第二義，而人人可行。佛言脩淨土，而明第一義。讀誦大乘經典者，上品上生，則爲菩薩，生死自如。然則脩淨土者，豈可不曉此經之義，而受持讀誦，以期於上品上生也。

陳雄曰：菩薩莊嚴，既不在於外飾，則當反而求之於心。心苟清淨，莊嚴莫甚焉。故云應如是生清淨心。凡住六塵而生其心者，皆非清淨心也。菩薩豈應如是，且如佛心本來清淨無相，寧有所住。菩薩受如來教亦應如是。故云應無所住而生其心。與十四分應生無所住心同。佛言六塵之苦，每以色獨言於先，而繼之以聲香味觸法。蓋[一〇]以見色者，人情之所易惑，在六塵中尤其最者也。五祖爲六祖説《金剛經》，恰至應無所住而生其心，六祖言下大悟，乃言，何期自性本自清淨，何期自性本不生滅，何期自性本自具足，何期自性本無動摇。五祖曰，不識本心，學法無益。若言下識自本心，見自本性，即名丈夫天人。

李文會曰：菩薩之心，心常空寂。無諸妄念，不生不滅，不動不摇，即是清淨心也。凡夫之心無明起滅，妄想顛倒，取捨善惡、凡聖等見，是名濁亂心也。不應住色生心者，心若清淨，即不被諸境惑亂也。又曰，衆生之心本無所住，因境來觸，遂生其心，不知觸境是空，將謂世法是實，便於境上住心，正猶猿猴捉月，病眼見華。一切萬法皆從心生。若悟真性，即無所住，無所住心即是智慧，無諸煩惱，譬如太空，無有罣礙。有所住心，即是妄念，六塵競起，譬如浮雲，往來不定。《維摩經》云，欲得淨土，但淨其心。隨其心淨，即佛土淨。離卻有無諸法，心如日輪，常在虚空，自然不照而照，豈不是省力底事。到此之時，無棲泊處，即是行諸佛路，便是應無所住而生其心，是你清淨法身阿耨多羅三藐三菩提也。

傅大士頌曰：掃除心意地，名爲淨土因。無論福與智，先且離貪瞋。莊嚴絶能所，無我亦無人。斷常俱不染，穎脱出囂塵。

川禪師頌曰：見色非干色，聞聲不是聲。色聲不礙處，親到法王城。又曰，山堂靜夜坐無言，寂寂寥寥本自然。何事西風動林野，一聲寒雁唳長天。雖然恁麼，爭奈目前何。退後退後，看看頑石動也。

須菩提，譬如有人，身如須彌山王，於意云何，是身爲大不。須菩提言：甚大，世尊。何以故。佛説非身，是名大身。

王日休曰：須彌山王者，以此山在四天下之中，爲山之極大者，故名山王，謂在衆山之中而爲王者也。日月繞山而行，以爲晝夜，由此而分四面，爲四天下，其上有三十三天，可爲至大矣。人身豈有如是之大者乎，蓋譬喻耳。故云，譬如有人身如須彌山王也，雖如是至大，亦非真實，是虛名大身而已。故云，佛說非身，是名大身也。何則。凡有形相者皆爲虛妄，故三千大千世界亦爲虛妄，況如須彌山之身者乎。唯真性爲真實。此經說真性第一義，故以一切皆爲虛妄也。一切所以爲虛妄者，以其有形相。既有形相則無不壞者，縱使不壞，乃業力以持之，非本不壞也，業力盡則壞矣。唯真性無形相，故無得而壞。此所以爲不壞之本，自無始以來，至於今日，無有損動，故云常住真性。謂真性常住而無變壞，此所以爲真實也。

陳雄曰：須彌山，高廣三百三十六萬里，爲衆山之王。謂人身有如是之大，萬無是理。唯佛真性，清浄無相，無住著，無罣礙，包太虛，藏沙界，雖須彌山不足以擬其大。世尊欲以真心悟人，托大身以爲問，而須菩提深悟佛意，遂有甚大之對。恐大衆未曉，爲之辨論曰，佛說非身是名大身。非身者，法身也，真心也。文殊菩薩問世尊，何名大身。世尊曰，非身是名大身。具一切戒定慧，了清淨法，故名大身。蓋亦指真心言之也。如此則真心可以吞須彌山矣。

顏丙曰：色身雖大如須彌山王，畢竟非大，爲有生滅。佛說非身，非身乃爲此身也。本性無此妄身，是名大身，所謂佛身充滿於法界是也。

傅大士頌曰：須彌高且大，子榮曰：梵語須彌山，此云妙高山，出衆山之最。高大爲第一，是衆山之王，更有六萬小山而爲眷屬也。將喻法王身。子榮曰：報身佛能現千重化，化受用身，化十地菩薩，是爲說法之王。示現大身，實無最大之相，現心雖廣，亦無有廣見之心量也。七寶齊圍繞，子榮曰：須彌外更有十重金山圍繞也。六度次相鄰。子榮曰：報身佛因中，唯脩六度萬行，證得佛果，故云六度次相鄰也。四色成山相，《延光集注》：須彌東方玻璃峯紅色，南方琉璃峯青色，西方真金峯赤色，北方白玉峯白色。榮曰：須彌四面各有色，喻報身佛有四相。慈悲作佛因。子榮曰：菩薩人因地中，皆脩四無量心，具慈悲喜捨，脩諸萬行，方能成佛，故云作佛因。有形終不大，無相乃爲真。子榮曰：有形不名爲大身，法身無相，故名爲大身也。

川禪師曰：設有，向甚處著。頌曰，擬把須彌作幻軀，饒君膽大更心麤。目前指出千般有，我道其中一也無。便從這裏入。

○無爲福勝分第十一

現成公案，不假施爲，此無爲福，勝他有爲。

須菩提，如恒河中所有沙數，如是沙等恒河，於意云何，是諸恒河沙，寧爲多不。

王日休曰：西土有河名曰恒河，佛多以此河沙爲言者，蓋因衆人之所見，而取以爲譬喻也。然佛尚以此問須菩提寧爲多不者，蓋使須菩提先省悟此沙已不勝其多矣，然後爲下文之說也。寧字儒家訓豈，如此乃譯師用字，止如助字然，不須深考也。

須菩提言：甚多，世尊，但諸恒河尚多無數，何況其沙。

李文會曰：如恒河中所有沙數者，一沙即爲[二]一河，是諸河中各有其沙，河尚無數，何況其沙也。

川禪師曰：前三三，後三三。頌曰，一二三四數河沙，沙等恒河數更多。算盡目前無一法，方能靜處薩婆訶。

須菩提，我今實言告汝，若有善男子、善女人，以七寶滿爾所恒河沙數三千大千世界以用布施，得福多不。須菩提言：甚多，世尊。佛告須菩提：若善男子、善女人於此經中，乃至受持四句偈等，爲他人說，而此福德勝前福德。

肇法師曰：良由施福是染，沉溺三有，

三有謂三界，三界不離於有，故謂之三有。持經福淨，超昇彼岸，是故勝也。

《疏鈔》云：佛重顯無爲福勝有爲福也。《圓覺經》云，有大陀羅尼門名爲圓覺，流一切真如涅槃。如此之理，豈不是此經四句偈。何故。圓覺者妙性也，因圓覺妙性，流出一切真如之法，涅槃之理不生滅之道從此而出，亦同第八分之妙義也。如是解者，受持無廢，自利利他，普與有情咸達其道，而此福者即無爲福也。其福勝前恒河沙珍寶布施之福，所以題號無爲福勝之分。

王日休曰：佛再呼須菩提言，善男子、善女人於此經中受其義理而持守之，乃至以四句偈等爲他人説，則已不爲惡業所縛，而可以悟明真性，而人亦得聞此至理，而有悟明真性之漸，久而善根皆熟，可以脱離輪迴，永超生死，則萬劫無有盡期，故其福德勝於彼恒河沙數世界七寶布施無量無數也。佛嘗言，財施有盡，法施無窮，財施不出欲界，法施能出三界，此法施之福，勝於彼無量無數，不足怪也。

陳雄曰：七寶雖多，不過人間有限之物，布施以此，但受人間有限之福，較之經中一偈，悟之者生天，豈不相去萬萬耶。《三昧經》云，若復有人持以滿城金銀而以布施，不如是人所受持是經一四句偈。今有善男女非特受持，即自見性，又且解説教人見性，則彼此生天成無上道，迴視七寶之福爲不足道，故有勝前云。《華嚴》云，譬如暗中寶，無燈不可見。佛法無人説，雖慧不能了。是則解説之功，又孰有大於此者。

顔丙曰：將七寶滿世界布施，得福雖多，屬在有漏，未免窮盡。不如於此經中受持自己四句，更能展轉教人皆得入佛知見，此福德歷劫長存，故勝前著相福德。

李文會曰：甚多世尊者，謂七寶滿恒河

沙數三千大千世界以用布施，福德甚多。受持四句偈者，川禪師解註甚是詳明，載在應化非真分中。爲他人説，而此福德勝前福德者，若能説此大乘經義，化導衆生，了悟住無所住心，得無所得法，當知受持此經無爲功德，勝前以七寶滿恒河沙數三千大千世界有爲之福德也。

智者禪師頌曰：恒河數甚多，沙數更難量。舉沙齊七寶，能持布施槳。有相皆爲幻，徒言智慧强。若論四句偈，此福未爲長。

川禪師曰：真鍮不换金。頌曰，入海算沙徒費力，區區未免走埃塵。爭如運出家中寶，枯木生華别是春。

○尊重正教分第十二

受持正教之人，天人皆生敬重。

復次，須菩提，隨説是經乃至四句偈等，當知此處一切世間天人阿脩羅，皆應供養，如佛塔廟。

陳雄曰：隨説者，隨順衆生而爲説也。但説是經一偈之處，則凡在天道、人道、阿脩羅道者，舉皆以華香、瓔珞、幢幡、繒蓋、香油、蘇燈恭敬供養，如佛真身舍利寶塔在此，況能持誦一經全文乎。應知盡能持誦全文者，則所成就之法乃出世間上上法也，非尋常法也。故《壇經》有所謂摩訶般若波羅蜜法，最尊最上最第一。

謝靈運曰：封殯法身謂之塔，樹像虚堂謂之廟，聖體神儀全在四句，獻供致敬，宜盡厥心也。

六祖曰：所在之處，見人即説是經，常行無所得心，即此身中有如來全身舍利，故即如佛塔廟。心清淨而記是經，令諸聽者，除迷妄心，悟得本來佛性，常行真實，感得天人、阿脩羅、人非人等，皆來供養持經之人也。

王日休曰：謂隨其所在之處，乃一切處也。有人受持讀誦演説，則其功德威力爲甚大，故其處即成塔寺，而一切人及諸天與阿脩羅等皆恭敬也。阿脩羅有三種，一屬天趣，一屬人趣，一屬畜生趣，大概如人耳。唯瞋恨之心重，故托生於此類，其福力大者生天趣，其次者生於人趣，其下者生於畜生趣。

僧若訥曰：塔廟者，具云塔婆，此翻方墳，亦名圓塚。廟者，梵云支提，此云靈廟，安佛形貌處也。

李文會曰：隨説者，心無分別，理應萬差，逢凡説凡，逢聖説聖也。當知此處者，謂此心也。如佛塔廟者，若人但爲名聞利養，心不清淨而説是經，轉墮輪迴，有何利益。心若清淨即當空寂，不起妄念，以此無所得心，無能解心而説是經，令諸聽者生清淨心，無諸妄念，是名供養，即此幻身，便是法身中有如來全身舍利，感得天人恭敬，何殊塔廟。

何況有人盡能受持讀誦。須菩提，當知是人成就最上第一希有之法。若是經典所在之處，即爲有佛，若尊重弟子。

六祖曰：自心誦得此經，自心解得經義，自心體得無著無相之理，所在之處常脩佛行，即自心是佛。故言所在之處即爲有佛。

王日休曰：尊重弟子，謂弟子之可尊可重者，乃大弟子，則菩薩之屬也。盡能受持讀誦，則如佛與大弟子在焉。

僧若訥曰：經者，即法寶也。即爲有佛，即佛寶也。若尊重弟子，即僧寶也。經典所在之處，即三寶共居也。弟子者，學居師後故稱弟，解從師生故稱子。又云，以父兄之禮事師，故稱弟子。

傅大士頌曰：恒沙爲比量，分爲六種多。以恒河之沙，而比量此經之功德。究此經之功德，莫大乎六種波羅蜜也。《華嚴合論》九十六卷云，六種波羅蜜海是也。持經取四句，七寶詎能過。法門遊歷處，供養感脩羅。

經中稱最勝，尊高似佛陀。佛陀，即佛也。梵語佛陀，此云覺。

李文會曰：成就者，見性無疑也。最上第一希有之法者，佛與衆生本無差別。若能心常清淨，不生不滅，無諸妄念，便可立地成佛。

杲〔三〕禪師曰：身口意清淨，是名佛出世。身口意不淨，是名佛滅度。所在之處即爲有佛，若尊重弟子者。若能行住坐臥一切時中，心無起滅，湛然清淨，常脩佛行，念念精進，無有間斷，所在之處自心即佛，是名佛子，故可尊重矣。又云，即心是佛無餘法，迷者多於心外求。一念廓然歸本際，還如洗脚上船頭。又曰，即心是佛，更無別佛，即佛是心，更無別心。如拳作掌，似水成波。波即是水，掌即是拳也。

無業禪師問馬祖云：如何是即心是佛。祖云：即你不了底心是，更別無物也。迷即衆生，悟即是佛，如拳作掌，似掌作拳。師於言下省悟。

僧問大陽云：如何是佛。師云：如何不是佛。

僧問歸宗云：如何是佛。師云：我向汝道，汝還信否。僧曰：和尚誠言，安敢不信。師云：只汝便是也。

川禪師曰：合如是。頌曰，似海之深，如山之固。左旋右轉，不去不住。出窟金毛獅子兒，全威哮吼衆狐疑。思深不動干戈處，直攝天魔外道歸。

僧問慈受云：如何是佛。師云：擔水河頭賣。

○如法受持分第十三

當如此法，永受行持。

爾時，須菩提白佛言：世尊，當何名此經，我等云何奉持。佛告須菩提：是經名爲《金剛般若波羅蜜》，以是名字，汝當奉持。

王日休曰：梵語般若波羅蜜，此云智慧到彼岸。所云金剛智慧到彼岸者，謂明此經者，其智慧則如金之剛利，斷絶外妄，直至諸佛菩薩之彼岸也。以是名字汝當奉持者，謂奉事此義而持守之也。

陳雄曰：唐柳宗元曰，言之著者莫如經。此經未標名時，須菩提請名於佛，而佛目之曰《金剛般若波羅蜜》，俾須菩提依此名字遵奉受持，一心流布於天下後世。

李文會曰：言金剛者，堅利之物，故借金爲喻。般若者，智慧也，爲教衆生用智慧力，照破諸法無不是空，猶如金剛，觸物即碎，故名般若也。波羅蜜者，到彼岸也。心若清浄，一切妄念不生，能度生死苦海。汝當奉持者，只是奉持自心，行住坐卧，勿令分別人我是非也。

圜悟禪師曰：纔有是非，紛然失心。只這一句，驚動多少人做計較。若承當得，坐得斷，透出威音王那畔。若隨此語轉，特地紛然，自迴光返照始得。《天壇石鼓記》云，絲毫失度，即招黑暗之愆，霎頃邪言，即犯禁空之醜。天人耳目咫尺非遥，尅告行人自當省察。

死心和尚云：只者是，大似眼裏著刺。只者不是，正是開眼磕睡。諸人且道，畢竟作麽生則是，還委悉麽。點鐵化成金即易，勸人除却是非難。

川禪師拈曰：今日小出大遇。頌曰，火不能燒，水不能溺。風不能飄，刀不能劈。軟似兜〔三〕羅，硬是鐵壁。天上人間，古今不識。咦。

所以者何。須菩提，佛説般若波羅蜜，即非般若波羅蜜，是名般若波羅蜜。

陳雄曰：柳宗元曰，法之至者，莫尚於般若。《楞伽經》曰，智慧觀察，不墮二邊，得自覺聖趣，是般若波羅蜜。《三昧經》曰，心無心相，不取虚空，不依諸地，不住智慧，是般若波羅蜜。然般若波羅蜜至法也，始而親出佛口，故有佛説之句，終而默傳此心，則證入於般若三昧，揮脱根塵，超出於言意之表，而了無所得，此非般若波羅蜜也，又孰得而名之哉。既非如是，而且名其如是者何也。所謂中道圓融，不即不離，是又不可滅其名也。然則汝當奉持者，以是名字故。

顔丙曰：此是須菩提請佛爲法安名，更問如何遵奉行持，佛云是經名爲《金剛般若波羅蜜》。夫妙明本性，湛若太虚，體既尚無，何名之有。如來恐人生斷滅見，不得已而强安是名。所以傅大士頌云，恐人生斷見，權且立虚名。

李文會曰：佛説般若波羅蜜者，實相般若之堅，觀照般若之利，截煩惱源，達涅槃岸。即非般若波羅蜜者，既知法體元空，本無妄念，若無諸罣礙，湛然清淨，自在逍遥，是名即非般若波羅蜜也。

川禪師頌曰：一手擡，一手搦，左邊吹，右邊拍，無弦彈出無生樂。不屬宫商格調新，知音知後徒名邈。

須菩提，於意云何，如來有所説法不。須菩提白佛言：世尊，如來無所説。

顔丙曰：佛問有所説法不。須菩提答云，如來無所説者，蓋直下無開口處。若言有説，即爲謗佛。所以世尊臨入涅槃，文殊請佛再轉法輪。世尊咄云，吾住世四十九年，未嘗説著一字，汝請再轉法輪，是吾曾轉法輪耶。又佛偈曰，始從成道後，終至跋提河。於是二中間，未嘗説一字。

李文會曰：本心元浄，諸法元空，更有何法可説。二乘之人，執著人法是有，即有所説。菩薩了悟人法皆空，即無所説。是故《經》云，若有人言如來有所説法，即爲謗佛。

慈受禪師云[一四]：吾心似秋月，碧潭尤皎潔。無物堪比倫，教我如何說。寒山子說不得則且止，諸人還說得麽。直須口似磉盤，方始光明透漏。若能了悟色性皆空，有無俱遣，語默雙亡，即見自性清淨。雖終日言猶爲無言，雖終日説猶爲無説。

保甯勇禪師頌曰：門前諸子列成行，各逞英雄越霸王。如何獨有無言者，坐斷毗盧不可當。

傅大士頌曰：名中無有義，義上復無名。金剛喻真智，能破惡堅貞。若到波羅岸，入理出迷情。智人心自覺，愚者外求聲。

川禪師曰：低聲，低聲。頌曰，入草求人不奈何，利刀斷了手摩挲。雖然出入無蹤迹，文彩全彰見也麽。

須菩提，於意云何，三千大千世界所有微塵是爲多不。須菩提言：甚多，世尊。須菩提，諸微塵如來説非微塵，是名微塵。如來説世界非世界，是名世界。

陳雄曰：《華嚴經》云，三千大千世界以無量因緣，乃成一切衆生，豈外此而别有世界耶。悟者處此，迷者亦處此。悟者之心，清淨心也，以此心處此世界，即清淨世界。迷者之心，塵垢心也，以此心處此世界，即微塵世界。然世界許多，而微塵不勝其多，宜須菩提有甚多之對。又曰，諸微塵者，一切衆生心上微塵也。佛分身於微塵世界中，示現無邊大神力，開闡清浄無垢法，使一切衆生皆生清淨心，非微塵所可汚，故云非微塵。得出世間法，非世界所能囿，故云非世界。世尊答文殊曰，在世離世，在塵離塵，是爲究竟法。此言非微塵，非世界，即離塵離世也。

顔丙曰：世界微塵二者皆非真實。《經》云，一切山崖會有崩裂，一切江河會有枯竭，唯有法身常住不滅。

李文會曰：微塵者，衆生妄念煩惱，客

塵遮蔽淨性，喻如微塵。如是煩惱妄想，如病眼人見空中華，如愚癡人捉水中月，求鏡中像，枉用其心。

傅大士頌曰：積塵成世界，析界作微塵。界喻人天果，塵爲有漏因。塵因因不實，界果果非真。果因知是幻，逍遥自在人。

鼂太傅云：念起念止皆由自心，念起即一切煩惱起，無念即一切煩惱止。既由自心，何如無念。又古德云，一念不生全體現，六根纔動被云遮。

察禪師云：真淨界中才一念，閻浮早已八千年。

圜悟禪師上堂云：十方同聚會，箇箇學無爲。此是選佛場，心空及第歸。大丈夫具決烈志氣，慷慨英靈，踏破化城，歸家穩坐。外不見一切境界，内不見有自己。上不見有諸聖，下不見有凡愚。淨躶躶，赤洒洒，一念不生，桶底子脱，豈不是心空也。到這裏還容棒喝麽，還容元妙理性麽，還容彼我是非麽。直下如紅爐上一點雪相似，豈不是選佛場也。然雖如是，猶涉階梯在。且不涉階梯一句作麽生道，千聖會中無影迹，萬人叢裏奪高標。

逍遥翁曰：不怕念起，只怕覺遲。覺速止速，二妙相宜。知非改過，蘧顔可師。又曰，五鼓夢迴，緣念未起，靈響清徹，聞和達聰。爲三妙音，一曰幽泉漱玉。二曰清磬摇空。三曰秋蟬曳緒。凝聽靜專，頗資禪悦，安住妙境，何勝如之。要會麽。病覺四肢如鶴瘦，虚聞兩耳似蟬鳴。非微塵是名微塵者，一念悟來，轉爲妙用。前念無諸妄想，湛然清淨，即〔一五〕非微塵。後念不住清淨，是名微塵。非世界是名世界者，若無妄念，即佛世界。有妄念，即衆生世界。前念清淨，即非世界。後念不住清淨，是名世界。

謝靈運曰：散則爲微塵，合則成世界。

無性則非微塵世界，假名則是名微塵世界。

川禪師曰：南贍部洲，北鬱單越。頌曰，頭指天，脚踏地。饑則飡，困則睡。此土西天，西天此土。到處元正是大年，南北東西衹者是。

須菩提，於意云何，可以三十二相見如來不。不也，世尊，不可以三十二相得見如來。何以故。如來説三十二相，即是非相，是名三十二相。

王日休曰：三千大千世界微塵可謂極多矣。然見雨則爲泥，遇火則爲磚瓦，是無微塵之定體，所以爲虛妄也，是故説爲非微塵，謂非有真實微塵也，但虛名爲微塵而已。此謂極細而極多者也。若極大者則世界，世界亦非真實，蓋劫數盡時則壞，是亦虛妄，非爲真實，但名爲世界而已。雖現色身而爲三十二相，至涅槃時，則皆無矣。不可以此得見真佛，故云不可以三十二相得見如來。此如來謂真性佛也，下文言如來説三十二相，彼如來則謂色身佛耳。乃佛謂我説三十二相者，即是非相，謂非真實相也，但名爲三十二相而已。此分大意謂細而微塵，大而世界，妙而佛之色身，皆爲虛妄，但有名而已。唯真〔一六〕性爲真實，是以自古及今無變無壞，彼三者則有變壞故也。

陳雄曰：三十二相，勝妙殊絶，形體映徹，猶如琉璃。此相非是欲愛所生，《楞嚴經》有是言矣，謂其非是欲愛所生，則是從三十二行上得之。世人徒著三十二相而不脩三十二行，將焉自而得見法身如來。又曰，如來有是行，必有是相故也。説相者，其意在於三十二行，即非相也。曰非相者，其法身之謂歟。《華嚴經》曰，諸佛法身不思議，無色無形無影像。名三十二相亦以是耳，豈他求哉。故如來有是名之説。《般若經》云，如來足下有平滿相，是爲第一。如來足下千輻輪文，無不圓滿，是爲第二。如來手足竝皆柔軟，如兜羅綿，是爲第三。如來兩足一一指間如雁王，文同綺畫，是爲第四。如來手足諸指圓滿纖長可愛，是爲第五。如來足跟廣長圓滿，與趺相稱，是爲第六。如來足趺脩高光滿，與跟相稱，是爲第七。如來雙腨，漸次纖圓，如鹿王腨，是爲第八。如來雙臂，平立摩膝，如象王鼻，是爲第九。如來陰相藏密，是爲第十。如來毛孔各一毛生，紺青宛轉，是爲第十一。如來髮毛右旋宛轉，是爲第十二。如來身皮細薄潤滑，垢水不住，是爲第十三。如來身皮金色晃耀，諸寶莊嚴，是爲第十四。如來兩足、兩掌、中頸、雙肩七處充滿，是第十五。如來肩項圓滿殊妙，是第十六。如來膊腋悉皆充實，是第十七。如來容儀洪滿端直，是第十八。如來身相脩廣端嚴，是第十九。如來體相量等圓滿，是第二十。如來額臆並身上半威容廣大，如師子王，是二十一。如來常光，面各一尋，是二十二。如來齒相四十齊平，淨密根深，白逾珂雪，是二十三。如來四牙鮮白鋒利，是二十四。如來常得味中上味，是二十五。如來舌相薄淨廣長，能覆面輪至耳髮際，是二十六。如來梵音，詞韻和雅，隨衆多少無不等聞，是二十七。如來眼睫，猶若牛王紺青齊整，是二十八。如來眼睛紺青鮮白紅環，是二十九。如來面輪其猶滿月，眉相皎淨，如天帝弓，是第三十。如來眉間有白毫相，柔軟如綿，白逾珂雪，是三十一。如來頂上烏瑟膩沙，高顯周圓，猶如天蓋，是三十二。

顔丙曰：以上三十二相，乃莊嚴相也，若據如來妙相本性，湛然空寂，一相尚不可得，豈可以三十二相而求見也。佛在忉利天宫，目連令雕佛三十二相，只雕得三十一相，唯有梵音相雕不得。院主問南泉，如何是梵音相。泉云，賺殺人。

李文會曰：三十二相者，謂眼耳鼻舌身

五根中具脩六波羅蜜，布施、持戒、忍辱、精進、禪定、智慧是也。於意根中脩無住無爲，是三十二相清淨行也。如來説三十二相，即是非相，是名三十二相者，此謂法身有名無相，故云非相。既悟非相，即見如來。

逍遥翁曰：須知諸佛法身本性無身，而以相好莊嚴爲身。故臨濟云，真佛無形，真道無體，真法無相也。

川禪師曰：借婆衫子拜婆年。頌曰，你有我亦有，君無我亦無。有無俱不立，相對觜盧都。

須菩提，若有善男子、善女人，以恒河沙等身布施，

李文會曰：譬如有人捨身命布施，求無上菩提，此謂住相布施也。《禪要經》云，若於外相求之，雖經萬劫，終不能得。又教中經云，若見有身可捨，即是不了蘊空。昔日罽賓國王仗劍詣獅子尊者所，問曰，師得蘊空不。尊者曰，已得之矣。王曰，可施我頭。尊者曰，身非我有，何況於頭。王遂斬之，白乳高丈餘，王臂自落。是知人法俱空，不應住色布施，所以尊者不畏於死也。

傅大士曰：法性無前後，無中非故新。蘊空非實體，憑何見有人。故捨身命布施，即與菩提轉不相應。蓋謂不見佛性，縱捨身命如恒河沙數，何益於事。又曰，施命如沙數，人天業轉深。既掩菩（一七）提相，能障涅槃心。猿猴探水月，《證道歌》云：水中捉月，爭拈得。蘭蕩拾華針。《玉篇》蘭，力盎切；蕩，徒盎切。《本草》作莨菪子。亦名浪蕩，生食令（一八）人發狂，眼生華針，即以手拾之，其實無華針。愛河浮更没，苦海出還沈。

若復有人於此經中乃至受持四句偈等，爲他人説，其福甚多。

顏丙曰：若人以恒河沙等身命布施等者比也，雖受頑福，畢竟不明本性，如生豪貴之家，驕奢縱恣，不容不作業，反受業報。

爭如受持四句，爲他人説，自利利他，其福甚多。

傅大士頌曰：經中稱四句，應當不離身。愚人看似夢，智看見唯真。法性無前後，法性者，真佛性也，歷刧長存，故無前後。無中非故新。真性如虚空，本無形相，故云無中也。此性常住不滅，不以前生而故，不以今生而新，故云非故新也。蘊空無實相，憑何見有人。《心經》曰：照見五蘊皆空。

川禪師曰：兩彩一賽。頌曰，伏手滑槌不換劍，善使之人皆總便。不用安排本現成，箇中須是英靈漢。羅羅哩，哩羅羅，山華笑，野鳥歌。此時如得意，隨處薩婆訶。

金剛經注解卷之二

校勘記

〔一〕「方」，底本作「万」，據甲、乙本改。
〔二〕「嘗」，底本作「當」，據甲、乙本改。
〔三〕「著」，底本作「者」，據甲、乙本改。
〔四〕「決」，疑爲「偈」。
〔五〕「汨」，底本作「泪」，據甲、乙本改。
〔六〕「而」，底本作「面」，據甲、乙本改。
〔七〕「爲」，底本作「然」，據甲、乙本改。
〔八〕「丈」，底本作「文」，據甲、乙本改。
〔九〕「心」，底本脱，據甲本補。
〔一〇〕「蓋」，底本作「益」，據甲、乙本改。
〔一一〕「爲」，底本作「篇」，據甲、乙本改。
〔一二〕「杲」，底本作「果」，據甲本改。
〔一三〕「兜」，底本作「呪」，據甲、乙本改。
〔一四〕「慈受禪師云」，底本脱，據甲本補。
〔一五〕「即」，底本作「師」，據甲、乙本改。
〔一六〕「真」，底本後衍「十」字，據甲本删。
〔一七〕「菩」，底本作「人」，據甲、乙本改。
〔一八〕「令」，底本作「念」，據乙本改。

金剛經註解卷之三

○離相寂滅分第十四

直下頓空，離諸形相。既離形相，寂滅現前。

爾時，須菩提聞説是經深解義趣，涕淚悲泣而白佛言：希有世尊，佛説如是甚深經典，我從昔來所得慧眼，未曾得聞如是之經。

陳雄曰：深解義趣者，須菩提心悟真空無相義趣也。涕淚悲泣者，傷我值遇之晚，不獲早覺悟也。

顔丙曰：深解者，大徹大悟也。

李文會曰：須菩提聞説是經，了悟人法二空，即得中道之理，歎其希有，感極涕零也。未嘗得聞者，昔得慧眼於有見空，今聞是經，於空亦遣，是了中道，將欲起教以示未來也。

傅大士頌曰：聞經深解義，心中喜且悲。皆除煩惱斷，無能離所知。遍計於先了，圓成證此時。宿乘無礙慧，方便勸人持。

川禪師頌曰：自小年來慣遠方，幾迴衡嶽渡瀟湘。一朝踏著家鄉路，始覺途中日月長。

世尊，若復有人得聞是經，信心清淨，即生實相，當知是人成就第一希有功德。

李文會曰：信心清淨者，信本來心無法可得，不起妄念，心常空寂，湛然清淨。即生實相者，豁然了悟萬法由此淨心建立，是名實相。成就第一希有功德者，迷即佛是衆生，悟即衆生是佛，佛佛道齊，無法等比。

陳雄曰：性中具如來法身，夫是之謂生實相。《圓覺經》曰，一切實相性清淨故，悟理而至於證實相。吾知夫成就法身功德，莫能出乎其右者，謂之第一希有，信乎。經以福兼德，言者屢矣，而此獨言功德，不及福者，是功成果滿之時，則其福爲不足道，所以《壇[三]經》有功德在法身中，非在於福之句。

傅大士頌曰：未有無心境，曾無無境心。境亡心自滅，心滅境無侵。經中稱實相，語妙理能深。證知唯有佛，小聖詎能任。

顏丙曰：即生實相者，即是悟自性也。

世尊，是實相者，即是非相，是故如來說名實相。

顏丙曰：佛云實相無相。所謂是實相者，即是非相，如太虛空無一形相。若悟實相，不可執著實相，當如大士云彼岸更求離，但說假名，實相本無可得。

李文會曰：即是非相者，實相無相，故言爲非，不是無實相。如龜毛兔角，只說龜無毛、兔無角，不說無龜毛兔角，只說實相無相，不說無實相也。

達磨祖師曰：若解實相即見非相，若了非相，其色亦然。當於色中不生色體，於非相中不礙有也。正猶水中鹽味，色裏膠青，決定是有，不見其形，此之謂也。

傅大士云：衆生與壽者，蘊上立虛名。如龜毛不實，似兔角無形。

川禪師曰：山河大地，甚處得來。頌曰，遠觀山有色，近聽水無聲。春去華猶在，人來鳥不驚。古人畫屏詩。頭頭皆顯露，物物體元平。如何言不會，祇爲太分明。

世尊，我今得聞如是經典，信解受持，不足爲難。

王日休曰：信解者，謂信其義而曉解也。受持者，謂能受其義而持守之也。

陳雄曰：無狐疑心曰信，曉了意義曰解，欽承不忽曰受，佩服不厭曰持。

李文會曰：但只了悟人法二空，心無取捨，常令空寂，是名信解受持。如來慈悲方便，化導迷人。迷即佛是衆生，悟即衆生是佛。若能了悟，萬事皆空。以藥對病，以悟對迷，以善對惡，以静對動，以慧對愚，種種脩行只是對治。莫作諸惡，勉力爲善，依此脩行，縱横自在，又且何難。

傅大士頌曰：空生聞妙理，如蓬植在麻。凡流信此法，同火出㊂蓮華。恐人生斷見，大聖預開遮。如能離諸相，定入法王家。

川禪師曰：若不得後語，前話也難圓。頌曰，難難難，如平地上青天。易易易，似和衣一覺睡。行船盡在把梢人，誰道波濤從地起。

若當來世後五百歲，其有衆生得聞是經，信解受持，是人即爲第一希有。

李文會曰：若人心常空寂，湛然清淨，不著諸相，悟住無所住心，了得無所得法，是爲第一希有。

川禪師曰：行住坐卧，著衣喫飯，更有什麽事。頌曰，冰不熱，火不寒。土不溼，水不乾。金剛脚踏地，旛竿頭指天。若人信得及，北斗面南看。無所不可。

何以故。此人無我相、無人相、無衆生相、無壽者相。所以者何。我相即是非相，人相、衆生相、壽者相即是非相。何以故。離一切諸相，即名諸佛。

李文會曰：即是非相者，前言無相，即是滅色以明空義。復言非相，即是了悟我、人、衆生、壽者四相本來不生，故名實相。離一切相，即名諸佛者，此謂悟實相者，更無等比。當知是人不著二邊，不處中道，一切無住，即名爲佛。又云，離相清淨，解悟三空，契合實相，究竟涅槃。三空之義，初即人空，次即法空，後即空空。三世如來同證此理，故名爲佛。

川禪師曰：心不負人，面無慚色。頌曰，舊竹生新筍，新華長舊技。雨催行客到，風送片帆歸。竹密不妨流水過，山高豈礙白雲飛。

佛告須菩提，如是如是。

李文會曰：如是如是者，佛以須菩提所解空義，善契如來之法意也。

陳雄曰：《華嚴經》云，離諸和合相，是名無上覺。佛以覺言，外覺離一切有相，内覺離一切空相，於相而離相，於空而離空，得夫真空無相之妙，所以名其爲佛。若復有人得聞是經，不驚、不怖、不畏，當知是人甚爲希有。

肇法師曰：得大乘聞慧解，一往聞經，身無懼相，故名不驚。得大乘思慧解，深信不疑，故名不怖。得大乘脩慧解，順敬脩行，終不有謗，故名不畏。

陳雄曰：不驚則無疑心，不怖則無懼心，不畏則無退心。

李文會曰：不驚、不怖、不畏者，心若空寂，湛然清浄，等於虚空，有何驚怖。甚爲希有者，諸上根器得聞是經，諦聽受持，永不退轉，當知是人甚爲希有。

傅大士頌曰：如能發心者，應當了二邊。涅槃無有相，菩提離所緣。子榮曰：如脩行初發心脩菩薩行，須求大乘正知見人，悟達上乘，先了有無二邊之執，方證涅槃無相之理，故離所緣之心境也。無乘及乘者，人法兩俱捐。欲達真如理，應當識本源。

川禪師曰：秪是自家底。頌曰，毛吞巨海水，芥子納須彌。碧漢一輪滿，法光六合輝。踏得故鄉田地穩，更無南北與東西。

何以故。須菩提，如來説第一波羅蜜，即非第一波羅蜜，是名第一波羅蜜。

《疏鈔》曰：何以故者，顯因中最勝。明標第一波羅蜜者，有十種。一布施，二持戒，三忍辱，四精進，五禪定，六智慧，七慈，八悲，九方便，十不退。今言第一波羅蜜者，即布施波羅蜜。何故獨言布施爲第一。曰，布施者通攝萬行，直至菩提，尚行法施，因布施資生衆善。言非者，恐有能所之心，先拂去假名。行無住相施，故曰是名第一波羅蜜。

李文會曰：如來説第一波羅蜜者，若悟非相，即達彼岸，實相無二，故名第一。非第一波羅蜜者，了悟人法俱空，即無生死可度，亦無彼岸可到，何處更有第一，故云非第一也。是名第一波羅蜜者，悟一切法，即知諸法皆是假名。《法華經》云，但以假名字，引導於衆生。於斯了悟，能入見性之門，是名第一波羅蜜也。故知假名，如將黄葉作金，止小兒啼，二乘之人聞説假名，將謂是實，執著脩行，欲離生死，不知即無生死可離。

傅大士頌曰：波羅稱彼岸，於中十種名。《華嚴》六十六卷，善財童子見寶髻長者，言：願爲我説諸菩薩道。答言：檀波羅蜜、尸波羅蜜、忍辱波羅蜜、精進波羅蜜、禪波羅蜜、般若波羅蜜、方便波羅蜜、願波羅蜜、力波羅蜜、智波羅蜜。又《合論》九十六卷云：如是一百一十八大總持門，不出十波羅蜜中行。高卑緣妄識，次第爲迷情。焰裏尋求水，空中覓響聲。真如何得失，今始號圓成。子榮曰：真如之理，上至諸佛，下至含生，本自具足。流轉六道，亦未曾得。今始號圓成者，言下頓覺即佛。

川禪師頌曰：是名第一波羅蜜，萬別千差從此出。鬼臉神頭對面來，此時莫道不相識。

須菩提，忍辱波羅蜜，如來説非忍辱波羅蜜，是名忍辱波羅蜜。

《疏鈔》云：忍辱波羅蜜者，即十波羅中第三是也。

王日休曰：佛呼須菩提，而謂能忍辱方不起瞋心以昏亂真性，乃能到諸佛菩薩之彼岸，故云忍辱波羅蜜也。佛雖有時自稱如來，自稱佛，然亦有時稱我，其稱我，則特謂我身爾，若稱如來與佛，則謂己與諸佛如來皆然也，盡此一經皆如是。此佛謂我與諸佛説忍辱波羅蜜，真性中亦豈有此忍辱哉，故亦非真實，但爲虚名而已，故云是名忍辱波羅蜜。

李文會曰：忍辱波羅蜜者，若有能忍之心，即是見有身相，不達我、人、衆生、壽者諸非相也。大陽禪師舉火，問僧云會麽。

僧云不會。師云，起則遍周沙界，滅則了無所得。又龐居士問馬祖云，不與萬法爲侣者是什麽人。祖云，迴光自照看，待你一口吸盡西江水，然後向你道。圜悟禪師曰，參得此語透者，目前萬法平沉，無始妄想蕩盡。又云，大空無外，大象無形，盡世界撒來如粟米粒，總虚空似掌中珠，可以拽新羅國與波斯國鬭額，直得東勝神洲射箭，西瞿耶尼中垜。所以道，髑髏當千世界，鼻孔摩出家風。若是未出陰界，尚涉見聞覺知。恁麽説話，一似鴨聽雷鳴，隔靴抓癢。直饒脱却根塵，去却機境，尚餘一線路在。且二途不涉，一句作麽生道，還委悉麽。佛殿堦前石獅子，大洋海裏鐵崑崙。如來説非忍辱波羅蜜者，了悟人法二空，即無忍辱之相，是達我、人、衆生、壽者非相，故云非忍辱也。

何以故。須菩提，如我昔爲歌利王割截身體，我於爾時無我相，無人相，無衆生相，無壽者相。何以故。我於往昔節節支解時，若有我相、人相、衆生相、壽者相，應生瞋恨。須菩提，又念過去於五百世作忍辱仙人，於爾所世，無我相，無人相，無衆生相，無壽者相。

肇法師曰：歌利王即如來因緣中事也。爾時菩薩得無我解故，所以能忍也。又曰，五藴身非有，四大本來空。將頭臨白刃，一似斬春風。若以諸大宗師言之，即是先説有爲權教，後顯無爲實理。若表法言之，歌者即是慧之别名，利者刀也，非謂世間之刀，王者心也，是用慧刀割截無明煩惱之身體也。應生瞋恨者，謂色身與法身即不同也。當知割截之時，即不見有身相，亦不見有我、人、衆生、壽者四相，何處更有瞋恨也。《華嚴經》云，譬如虚空於十方中，求不可得，然非無虚空，菩薩之心亦復如是。

六祖曰：歌利王是梵語，此云無道極惡君也。世者，生也，如來因中五百生，脩行忍辱波羅蜜，以得四相不生。

李文會曰：如我昔爲歌利王割截身體者，如來設教，方便門多，若作教相言之，只是依文設教。爲歌利王割截身體，節節支解，曾無一念瞋恨之心。忍辱仙人者，如來五百世中脩忍辱波羅蜜行，欲令一切衆生成就忍辱波羅蜜法，不著諸相，見一切人迷悟賢愚貧富貴賤，平等恭敬不生輕慢，以至惡駡捶打，皆悉能忍，反生歡喜，不生瞋恨之心。

圜悟禪師曰：大[三]凡爲善知識，應當慈悲柔和善順，接物以平等，無諍自處。彼以惡聲色來加我，非理相干，訕謗毁辱，但退步自照，於己無嫌，一切勿與較量，亦不瞋恨，只與直下坐斷，如初不聞見，久之魔孽自消耳。若與之較，即惡聲相反，豈有了期。又不表顯自己力量，與常流何異。切在力行之，自然無思不服。且夫見性之人，聞人毁謗，如飲甘露，心自清涼，不生煩惱，則能成就定慧之力，不被六賊盜竊家寶，功德法財遂從此增長也。

傅大士頌曰：暴虐唯無道，時稱歌利王。逢君出遊獵，仙人横被傷。子榮曰：適君出遊獵，仙人横被傷者，謂如來因地脩行，證初地菩薩，脩忍辱仙行，在山中宴坐，遇歌利王出遊獵，王乃憩息，睡醒不見左右彩女，遂親入山，尋見衆姐宫女圍繞禮拜仙人。王乃大怒，問曰，云何恣情觀我女色。仙人曰，於諸女色，實無貪著。王曰，云何見色不貪。仙人曰，持戒。王曰，何名持戒。仙人曰，忍辱即是持戒。王乃將刀割仙人身。問曰，還可痛否。仙人曰，實不痛。王即節節支解，問曰，還可痛否。仙人曰，實不痛。其時輔相大臣諫曰，彼之大士，逢斯患苦，顔色忻然，無所摇動，奈何大王如斯利害。王乃止。爾時王者，即憍陳如是。時仙人者，即釋迦如來也。頻經五百世，前後極時長。承仙忍辱力，今乃證真常。

川禪師曰：智不責愚。頌曰，如刀斷水，似火吹光。明來暗去，那事無妨。歌利王，歌利王，誰知遠煙浪，别有好商量。又曰，目前無法，從教柳緑華紅。耳畔無聞，一任鶯啼燕語。頌曰，四大元無我，五蘊悉皆空。廓落虚無理，乾坤萬古同。妙峰巍巍常如故，誰管顛號刮地風。

是故，須菩提，菩薩應離一切相，發阿耨多羅三藐三菩提心。

陳雄曰：夫離一切相即名諸佛，而菩薩受如來無相教法者也。欲成佛道，必發菩提無上道心。蓋菩提無上道心即清淨無相心也。菩薩應當離一切相者，心常空寂，不生起滅，湛然清淨，是離一切相也。

川禪師曰：是即此用，離此用。百丈參馬祖。祖見師來，取禪床角頭拂子竪起。師云：即此用，離此用。祖掛拂子於舊處。頌曰，得之於心，應之於手。雪月風華，天長地久。朝朝雞向五更啼，春來處處山華秀。

不應住色生心，不應住聲香味觸法生心，應生無所住心。若心有住，即爲非住。

鼂太傅曰：自定純脩之法，但於一切時中，隨其辦及，止習無住之住足矣。僧肇《五論》云，聖人之心，住無所住。内解註云，安住無爲，名之爲住，住無方所，故名無住。又《六祖壇經》云，我此法門，無住爲本。又司馬子微《坐忘論翼》云，不依一物，而心常住。又云，出世之法，以無著爲本。《華嚴》云，一切境界，不生染著，淨身口意，住無礙行，滅一切障。世間受生，皆由著我，若離此著，則無生處。《涅槃經》云，凡夫著色，乃至著識。以著識故，則生貪[四]染心，故爲色縛，乃至爲識之所繫縛。以繫縛故，則不得免生老病死，憂悲大苦，一切煩惱。

王日休曰：應，當也。不應住色生心者，謂不當住著於凡有形色而生心也，若愛廣大居宇、美好器用之類是也。不應住聲香味觸生心者，謂不當住著於聲音馨香滋味及所觸而生心也。若愛聲樂謳唱，愛龍檀腦麝，愛飲食異味，愛嬌嬈婦女，皆是住著於聲香味觸而生心也。不應住法生心者，謂佛法本爲因衆生根器而設化，若住著之，則是泥於法，而無由見真性，故不當住著於此而生心也。應生無所住心者，謂凡有住著處，皆不得起心念也。若心有住，即爲非住者，謂心若有所住著，則其住著之非也。蓋當使一念寂然，如虚空然，則可以見真性矣。此與第十分大略同，然此再言之者，乃詳言之也，亦恐有弟子聽之不審者，亦恐有續來聽者，所以再言之。凡此經中重疊言者，義皆如此。

李文會曰：不應住色聲香味觸法生心者，心住六塵，即著諸相，取捨憎愛，無有休期。應生無所住心者，心無所住，隨處解脱，内外根塵，悉皆銷隕。若一切無心，即無所住也。趙州云，我見千百億個盡是覓作佛漢子，於中覓個無心底難得。

僧若訥曰：心本無形，因塵有相。塵滅心滅，真心湛然。

察禪師《心印頌》云：問君心印作何顔，心印何人敢授傳。歷劫坦然無異色，呼爲心印早虚言。須知體自虚空性，將喻紅爐火裏蓮。莫謂無心云是道，無心猶隔一重關。

圜悟禪師曰：在家菩薩脩出家行，如火中生蓮。蓋名位權勢意氣，卒難調伏，而況火宅煩擾煎熬，百端千緒。除非自己直下明悟，本性妙圓，到大寂大定休歇之場方能放下。廓爾平常，徹證無心，觀一切法如夢幻泡，空豁豁地，隨時應節，消遣將去，隨自己力量，轉化未悟，同入無爲無事法性海中，則出來南閻浮提打一遭，必不爲折本也。

黄蘗禪師曰：供養十方諸佛，不如供養一箇無心道人。何故。爲無心也。無心者，如如之體，内如木石不動不摇，外如虚空不塞不礙，是名佛也。又云，夫恒沙者，佛説是沙，諸佛菩薩釋梵諸天步履而過，沙亦不喜，牛羊蟲蟻踐踏而行，沙亦不怒。珍寶馨香，沙亦不貪，糞溺臭穢，沙亦不惡。此即無心之心，離一切相。衆生諸佛更無差别，但能無心，即便是究竟也。若心有住，即爲非住者，真如之心本無所住，若不住諸法相，即與道相應也，若住於法，即違正教，既違正教，即爲非住也。

是故佛説菩薩心不應住色布施。

謝靈運曰：不住色，無財物也。

陳雄曰：菩薩心何心也，無所住之心也。菩薩六根清浄，生無所住心，豈應布施以求其諸欲之滿意哉。然衆苦所本，眼根不淨爲先，佛故斷之曰，不應住色而爲之布施也。

李文會曰：不應住色布施者，菩薩不見有身相可捨，於諸宅舍道路，逢諸一切愚癡貧賤之人，毀罵捶打需索財物，若能隨順其意，令生歡喜，不生阻隔瞋恨之心，即是布施之義。若秖分辯是非，顧惜物寶，阻逆其意，令生瞋恨，即不名布施也。

黄蘗禪師曰：凡夫不肯空心，恐落於空，不知自心本空。愚人除事不除心，智者除心不除事。菩薩心如虚空，一切俱捨，所作福德，皆不貪著。然捨有三等。内外身心一切俱捨，猶如虚空，無所貪著，然後隨方應物，能所皆忘，是爲大捨。若一邊行道布德，一邊旋捨，無希望心，是爲中捨。若廣脩衆善，有所希望，聞法知空，遂乃不著，是爲小捨。大捨如火燭在前，更無迷悟。中捨如火燭在傍，或明或暗。小捨如火燭在後，不見坑穽也。

傅大士頌曰：菩薩懷深智，何時不帶悲。投身憂虎餓，《金光明經》云：如來因地爲薩埵王子時，一虎生七子，經七日無食，將欲死。時王子見，遂捨身以飼此虎也。割肉恐鷹饑。《殑伽經》云：如來因地時，在山中脩忍辱仙。時梵王帝釋遂化身，一化爲鷹，一化爲鴿，來試仙人。鷹趁其鴿，鴿投仙人，仙人遂以衣藏其鴿，鷹切就仙人覓其鴿，仙人遂將自身肉割一片以代鴿還鷹。○殑，其矜切。精勤三大劫，曾無一念疲。如能同此行，皆得作天師。

須菩提，菩薩爲利益一切衆生故，應如是

布施。

六祖曰：菩薩不爲求望自身五欲快樂而行布施，但爲内破慳心，外利益一切衆生而行布施。

陳雄曰：七寶雖滿大千界，等須彌山，亦有時而盡。布施以此，焉得人人而給。諸菩薩也，無諸欲之求，無能施之心，亦無所施之物。凡可以利益一切衆生者，無不爲已，則含靈抱識均被其澤。布施之心，但應如是。《華嚴經》云，不爲自身求快樂，但爲救護諸衆生。

李文會曰：應知如是布施者，儉於自已，奢於他人，是名利益一切衆生。若人心口相應，行解一般，是名利益於自己也。所學佛法自然廣大，雖具見聞，覺知萬境，不能染著，即是解脱了悟之人，豈無利益。

傅大士頌曰：所作依他性，脩成功德林。終無趨寂意，惟有濟羣心。行悲悲廣大，用智智慧深。利他兼自利，小聖詎能任。

川禪師曰：有佛處不得住，無佛處急走過。三十年後，莫言不道。頌曰，朝遊南嶽，暮往天臺。追之不及，忽然自來。獨行獨坐無拘繫，得寬懷處且寬懷。

如來説一切諸相即是非相，又説一切衆生即非衆生。

六祖曰：如來説我人等相，畢竟可破壞，非真實體也。一切衆生，盡是假名。若離妄心，即無衆生可得，故言即非衆生。

陳雄曰：《經》云，凡所有相皆是虚妄，人謂如來無所説，豈説一切虚妄之相哉。殊不知如來有所謂真説，而其所説者，乃真空無相之相，繼之以即是非相者，此耳。《涅槃經》云，見佛性者不名衆生，不見佛性者是名衆生。如來説一切諸相者，憫之也。苟能悟真空無相之理，則見自性，佛繼之以即非衆生者，此耳。

顔丙曰：本性虛明，實無可得，豈更有一切諸相，一切衆生之類。

李文會曰：謂能秉持律儀，脩行善法，而用布施，饒益衆生，不住諸相，諸相本空，故云即是非相。夫衆生者，五陰和合，假名衆生。

川禪師曰：別有長處，不妨拈出。頌曰，不是衆生不是相，春煖黄鸝啼柳上。説盡山煙海月情，依前不會空惆悵。休惆悵，萬里無雲天一様。

須菩提，如來是真語者、實語者、如語者、不誑語者、不異語者。

謝靈運曰：真不僞，實無虛，如必當理，不誑則非妄，語不異則始終恒一。聖言不謬，故宜脩行也。

陳雄曰：是語真實，無妄無虛。是語如如，契真如理，非欺誑之語，非怪異之語，所以破衆生狐疑之心故也。

顔丙曰：真而非假，謂之真語。實而不虛，謂之實語。如如不動，謂之如語。至於不誑語者，佛不誑惑於人。不異語者，佛語不爲怪異。此五語者，欲人生信心，不必生疑心。

李文會曰：迷即種種皆妄，故不真、不實、不如、有誑、有異也。悟即一切真、一切實、一切如、不誑、不異也。又曰，真語者，一切含生皆有佛性也。實語者，一切法空，本無所有也。如語者，一切萬法本來不動也。不誑語者，聞如是法皆得解脱也。不異語者，一切萬法本自空寂，將何爲異也。

傅大士曰：衆生與蕴界，名別體非殊。了知心是幻，迷情見有餘。真言言不妄，實語語非虛。始終無變異，性相本來如。

川禪師曰：知恩者少，負恩者多。頌曰，兩箇伍佰是一貫，阿爺元是丈夫漢。分明對面向渠言，凝水待得春風泮。真語者，實語者，呵呵呵，喏喏喏。

須菩提，如來所得法，此法無實無虛。

六祖曰：無實者，以法體空寂，無相可得。然中有恒沙性德，用之不匱，故言無虛。

王日休曰：此法但爲衆生而設，非真性中所有，故非爲真實也。然不可不藉此以悟明真性，又非徒然者，故非爲虛妄也。

陳雄曰：法即以心傳心，何法不因心之所立。如來以無所得心，而得夫真空無相之法，此法即此心，真體常存，一以爲實耶，然實而若虛，莫知其所以爲實。妙用無方，一以爲虛耶，然虛而若實，莫知其所以爲虛。實而無實，虛而無虛，其亦真空之妙歟。

李文會曰：此法無實者，心體空寂，無相可得也。無虛者，内有河沙功德，用而不竭也。欲言其實，無形可觀，無相可得。欲言其虛，見能作用。是故不可言有，不可言無。有而不有，無而不無。言辭不及，其惟聖人乎。若不離相脩行，無由達此法也。

傅大士頌曰：證空便爲實，執我乃成虛。非空亦非有，誰有復誰無。對病應施藥，無病藥還袪。須依二空理，顯脱入無餘。

川禪師曰：水中鹽味，色裏膠青。頌曰，硬似鐵，軟如酥。看時有，覓還無。雖然步步常相守，要且無人識得渠。咦。

須菩提，若菩薩心住於法而行布施，如人入暗即無所見。若菩薩心不住法，而行布施，如人有目，日光明照，見種種色。

王日休曰：布施謂法施，乃教化衆生也。若菩薩住於法而行布施，即是教化衆生。著於法，無由而見真性，故如人入暗則無所見。若不著於法，以教化衆生，則衆生由此開悟而見真性，故如人有目，又得日光，明以照之，乃見種種形色也。

僧若訥曰：無相布施，心不住法，則見真如，如人有目，日光明照，了一切境。

陳雄曰：菩薩云者，脩行人通稱也。設

若菩薩心與法俱勝，故有所住，而行其希求布施，此則無明暗障，貪愛自蔽，不悟真空妙理者也。如人處闇室之中，昏昏冥冥而一無所見矣。設若菩薩心與法俱泯，故無所住，而行其無希求布施，此則豁金剛眼，然般若燈，圓悟如來無上知見，自覺已圓，又能覺他。

李文會曰：如人入暗即無所見者，衆生之心本自無住。無住之心即見諸法實相，名爲菩薩。二乘之人心住於法，不見諸法實相，背菩提路，何異凡夫。如人背明而入暗室。如人有目，日光明照，見種種色者，二乘之人不見色而住色，譬如不見坑穽而墜坑穽，菩薩見色而不住色，譬如見坑穽不墜坑穽。一切諸法，但有假名，二乘之人爲無慧眼，不辨真假，菩薩即有慧眼，見種種色悉皆無相故。

達磨祖師曰：不見色即是見色耳。

逍遥翁曰：所見有是有不是，此世間妄眼，無是無不是，此世間之真眼。所知有可有不可，此世間妄心，無可無不可，此出世之真心也。

須菩提，當來之世，若有善男子、善女人，能於此經受持讀誦，即爲如來，以佛智慧悉知是人，悉見是人，皆得成就無量無邊功德。

陳雄曰：當來世者，如來滅後，像法末法之世也。此經者，載真空無相法之經也。此經當此世，非種善根者，難可得值。設若能受持讀誦，不獨爲口耳之學，抑亦究心學之妙，茲其所以爲能也。能爾則如來豈庸釋於我，必以無上知見而昭鑒之，則無量無邊功德，舉皆成就矣。非特利於一身，且將普施於群生。非特利於一時，且將遍及於千萬億劫，所謂無量無邊功德也。

顔丙曰：如來所得見性之法，不屬有無二境，所以道無實無虛。若菩薩心著於法布施，是爲著相，既曰著相，則無智慧，故如人入闇室中，生無所見。若心不著法布施，是人洞達明了，不受人瞞，故如人本有眼目，加以日光明照，見種種形色，曉然無隱。若當來之世，有善男善女，能於此經受持讀誦，直下頓悟謂之受，行不暫捨謂之持，即爲自性如來。以者，用也，能用佛之智慧。所謂智慧者，見性通徹，又非外道聰明也。悉知是人，悉見是人，皆得成就無量無邊見性功德。

李文會曰：當來之世者，即是如來滅後，後五百歲濁惡之時也。即爲如來以佛智慧者，若人心常精進，讀誦是經，即覺慧性漸開，應當了悟實相，人法二空，不被一切善惡凡聖諸境惑亂，即同如來智慧性也。悉知悉見是人成就功德者，三世諸佛無不知見了悟之人，故能成就無量無邊功德。

川禪師曰：因地而倒，因地而起，地向你道甚麼。頌曰，世間萬事不如常，又不驚人又久長。如常恰似秋風至，無意涼人人自涼。

〇持經功德分第十五

行持此經者，功德不可量。

須菩提，若有善男子、善女人初日分以恒河沙等身布施，中日分復以恒河沙等身布施，後日分亦以恒河沙等身布施，如是無量百千萬億劫以身布施，若復有人聞此經典，信心不逆，其福勝彼，何況書寫、受持、讀誦、爲人解說。

王日休曰：初日分謂早晨，中日分謂日午，後日分謂晚間，蓋西土之言如此，佛生其中而從其方言也。然於此經一起信心，得福尚多。於此一日三時，以恒河沙等身命布施百千萬億劫，無量無數者，以彼雖受無量福報，乃世間福耳。受世間福者，乃染煩惱之因，又因以作惡也。聞此經典，信心不逆，則自此種善根矣。善根既種，則日見增長，愈久而愈盛，此則爲出世間福，故彼不可以比，而勝於彼無量無數也。且人一日三時，烏得有恒河沙等身命布施哉，蓋假喻耳，乃極言其不可以比也。

陳雄曰：佛恐世人執著如來忍辱之説，徒以身布施，而於自己性與他人性無纖毫利益，故於十三分言之。至此復言，屢救其失。

肇法師曰：從旦至辰名初日分，從辰至未名中日分，從未至戌名後日分。於此三時乃至無量百千萬億劫捨身布施，亦不及受持是經，見自性耳。見自性者，謂深明實相，人法二空，乃是大悟人也。

傅大士頌曰：衆生及壽者，藴上假虚名。如龜毛不實，似兎角無形。《寒山詩》曰：身著空華衣，足躡龜毛履。手把兎角弓，擬射無明鬼。龜本無毛而謂之龜毛，兎本無角而謂之兎角，皆假虚名耳。今衆生、壽者，五藴之上豈有是哉，亦假虚名而謂之衆生，謂之壽者，亦猶龜毛之不實，兎角之無形也。捨身由妄識，施命爲迷情。詳論福與智，不及受持經。

李文會曰：信心不逆者，信順於理，故云不逆。《法華經》云，瞻仰尊顔，目不暫捨，心常精進，無有間斷也。受持讀誦者，行解相應謂之受，勇猛精進謂之持，心不散亂謂之讀，見性不逆謂之誦。爲人解説者，謂已悟入，能見自性，方便爲人解説此經，令悟實相，成無上道。此爲法施，無所住相，功德無有邊際，勝前百千萬億劫以身布施功德百千萬倍。

川禪師曰：人天福報即不無，佛法未夢見在。頌曰，初中後發施心同，功德無邊算莫窮。爭似信心心不立，一拳打破太虚空。

須菩提，以要言之，是經有不可思議、不可稱量無邊功德，

肇法師曰：明此法門所有功德，過心境界，故不可以心思也。過言境界，故不可以口議也。

王日休曰：所謂不可思議者，不可以心思，不可以言議也。不可稱量者，既言不可議，

則此所謂稱者，非稱説之稱，乃稱量之稱。古者稱與秤字通用，謂不可以秤秤也。不可量者，謂不可以器物量之也。

顔丙曰：每日三次以恒河沙比身布施。沙者，言其多也。如是積至無量不可數劫布施，不如於此經典信心不逆。不逆乃順行也，其福尚能勝彼有爲之福，何况更能發心書寫，受持讀誦，爲他人開解講説。佛以簡要言之，是經有不可思議稱量者，蓋諸佛讚歎，不及此功德至大無有邊際也。

李文會曰：無邊功德者，若人於此經典了悟人法二空，深明實相，功德廣大，即同佛心，無有邊際，不可稱量也。

如來爲發大乘者説，爲發最上乘者説。

王日休曰：乘乃車乘之乘，大乘謂菩薩乘也。阿羅漢獨了生死，不度衆生，故云小乘，蓋如車乘之小者，唯能自載而已。緣覺之人半爲人半爲己，故爲中乘，蓋如車乘之適中者也。菩薩爲大乘者，謂如車乘之大者，普能載度一切衆生也。此經欲普度一切衆生，故爲發菩薩大乘者説也。發乃起發之發，大乘謂起發此乘，以濟度衆生也。最上乘者謂佛乘也。佛又能兼菩薩而載度之，則在大乘之上，故爲最上乘。以此乘之上，不復有乘，故爲最上也。此經又爲起發佛乘者説，謂佛之化度菩薩，亦以此經之理也。

李文會曰：爲發大乘者説者，智慧廣大，能見自性，色空俱遣，不著二邊。二邊既無，即無中道可立，不染萬境，即是大乘菩薩所行之道也。爲發最上乘者説者，不見垢穢可厭，不見清淨可求，無遣可遣，亦不言無遣，無住可住，亦不言無住，心量廣大，廓若太虚，無有邊際，即是最上乘諸佛地位也。

黄蘗禪師曰：如來現世，欲説一乘真法，則衆生不信，興謗没於苦海，若都不説，則墮慳貪，不爲衆生普捨妙道，遂設方便，説有三乘。乘有大小，得有淺深，皆非定法，故云唯有一乘道，餘二則非真也。

川禪師曰：如斬一握絲，一斬一切斷。頌曰，一拳打倒化城關，一腳趯翻玄妙寨。南北東西信步行，休覓大悲觀自在。大乘說，最上說，一棒一條痕，一掌一握血。

若有人能受持讀誦，廣爲人說，如來悉知是人，悉見是人，皆得成就不可量、不可稱、無有邊、不可思議功德。如是人等，即爲荷擔如來阿耨多羅三藐三菩提。

謝靈運曰：千載不墜，由於人弘，任持運行，荷擔義也。

李文會曰：廣爲人說，知見是人皆得成就不可思議功德者，此謂上根器人，深明此經，了悟佛意，持此大乘經典，爲人解說，令諸學者各見自性無相之理，得見本源自心是佛。當知此人功德無有邊際，不可稱量也。

馬祖云：汝等諸人須信自心是佛，此心即是佛心。又云，心外無別佛，佛外無別心。

佛國白禪師云：心心即佛佛心心，佛佛心心即佛心。心佛悟來無一物，將軍止渴望梅林。《華嚴經》云，若不信自心是佛，無有是處。

圜悟禪師云：即心即佛，已是八字打開，非佛非心，重問當陽點破。不尋其言，一直便透，方見古人赤心片片。若也躊躕，則當面蹉過了也。又《心佛頌》云，佛即心兮心即佛，心佛從來皆妄物。若知無佛復無心，始是真如法身佛。佛佛佛，没模樣，一顆圓光含萬象。無體之體即真體，無相之相即實相。非色非空非不空，不動不靜不來往。無異無同無有無，難取難捨難指望。內外圓明到處通，一佛國在一沙中。一粒沙含大千界，一箇身心萬箇同。知之須會無心法，不染不淨爲淨業。善惡千端無有無，便是南無大迦葉。

黄蘗禪師曰：汝但除却凡情聖境，心外

更别無佛，祖師西來直指，一切人全體是佛。汝今不識，執凡執聖，向外馳騁，返自迷心，所以向汝道，即心是佛。一念情生，即墮異趣。無始以來，不異今日，無有異法，故名成等正覺。即爲荷擔如來阿耨多羅三藐三菩提者，聞經解義，如説脩行，廣爲人説無相之法，令諸學者悟明心地，能行無相無著之行，開發心中智慧光明，離諸塵勞妄念，共成無上菩提。當知此人負荷自性如來阿耨多羅三藐三菩提，在於身内也。

傅大士頌曰：偏計於先了，圓成證此時。宿乘無礙慧，方便勸入持。

川禪師曰：擘開太華手，須是巨靈神。頌曰，堆山積嶽來，一一盡塵埃。眼裏瞳人碧，胸中氣若雷。出邊沙塞静，入國貫英才。一片寸心如海大，波清幾見去還來。

何以故。須菩提，若樂小法者，著我見、人見、衆生見、壽者見，則於此經不能聽受讀誦，爲人解説。

王日休曰：樂，去聲，好也。小法，謂外道法也。外道之法，正爲著於有我、人、衆生、壽者，故爲種種之説，如此則於此經不相合矣，故不能聽受讀誦，爲人解説也。

陳雄曰：小法者，小乘法也。《法華經》云鈍根樂小法，言其志意下劣，不發大乘心者也。是人墮於邪見，不知所謂大乘最上乘法盡在此經，且不聽誦，況能爲人解説乎。著我人見，墮邪見也。《圓覺經》云，求大乘者，不墮邪見是也。

李文會曰：若樂小法者，凡夫愚鈍之量，不能聽信，廣學無上菩提，只脩福慧，六道輪迴因果之法，縱能强學，執著多聞，爲人解説，被明眼人覷著，手忙脚亂，一場敗闕。

保寧勇[五]禪師云：顔色規模恰似真，人前拈弄越光新。及乎入火重烹試，到了終歸是假銀。

藥禪師曰：古人心利，纔聞一言，便乃絶學，所以唤作絶學無爲閒道人也。今時人只欲多知多解，廣求文義，唤作脩行。不知多知多解，翻成壅塞，皆爲毒藥，盡向生滅中取，真如之中都無此事。從前所有一切解處，盡須併却令空，即是空如來藏。如來藏者，更無纖塵可有，即是破有。法王出現世間，亦云我於然燈佛所無有少法可得，此語只爲空你情解知量，但消融表裏情盡，都無依執，是無事人。三乘教網，只是應機之藥，隨宜所説，臨時施設，各各不同，但能了知，即不被惑。第一不得於心境上守文作解。何以如此。實無有定法如來可説。我此宗門不論此事，但止息念亡慮即休，更不用思前慮後。又云，學般若人不見有一法可得，絶意三乘，唯一真實，不可證得。謂我能證能得者，皆增上慢人。法華會上拂衣而去者，皆斯徒也。是故佛言，我於阿耨多羅三藐三菩提實無所得，默契而已，學者思之。但止依正法脩行，放下我、人、衆生、壽者四相，即不被一切諸境惑亂脩行。《正法眼藏》云，若欲脩行，當依正法，心體離念，相等虚空，不落聖凡，身心平等，如是脩者，名爲正法也。

川禪師曰：仁者見之謂之仁，智者見之謂之智。頌曰，不學英雄不讀書，波波役役走長途。娘生寶藏無心用，甘作無知餓死夫。

須菩提，在在處處若有此經，一切世間天、人、阿脩羅所應供養，當知此處即爲是塔，皆應恭敬作禮圍繞，以諸華香而散其處。

陳雄曰：在在處處，言所在之處不一也。若有此真經，譬如摩尼寶珠瑞光輝焕，則凡在天道、人道、阿脩羅道者，所應供養，即此處便是如來真身舍利寶塔，其誰不恭敬供養，禮拜圍繞，以諸華香而散其處。諸華香即《法華經》所謂須曼那華香、闍提華香、末利華香、瞻蔔華香、青蓮白蓮華香是也。

顏丙曰：大乘者，乃大根大器之人，一撥便轉，不樂小法。最上乘者，不居佛位，不重己靈，高超十地。《大藏一覽集》云菩薩十地者，歡喜地，證聖位故。離垢地，身心清淨。發光地，智已生明。焰慧地，妙解廓照。現前地，通達真俗。難勝地，功行超越。遠行地，隨方應化。不動地，忍智自如。善慧地，通力自在。法雲地，大智圓明。明了大法，此謂百尺竿頭更進一步底人。長沙云，百尺竿頭坐底人，雖然得入未爲真。百尺竿頭須進步，十方世界現全身。僧問，果如百尺竿頭，如何進步。長沙云，朗州山，澧州水。僧云，不會。長沙云，四海五湖皇化裏。此明眼人，即爲負荷自性如來阿耨菩提。若愛樂小法者，小法即世間有爲法，則著四相。既著四相，宜其不能聽受解説此經。在在處處，若有悟此經，即如佛塔，天、人、阿脩羅皆恭敬作禮，常持華香而散持經之處，供養此人。是謂一人辦心，諸天辦供也。

李文會曰：在在處處若有此經者，一切衆生六根運用，種種施爲，常在法性三昧之中。若悟此理，即在在處處有此經也。一切世間者，謂有爲之心也。天、人、阿脩羅者，天者逸樂心，人者善惡心，阿脩羅者瞋恨心，但存此心，不得解脱。所應供養者，若無天、人、阿脩羅心，是名供養。即爲是塔者，解脱之性，巍巍高顯，故云是塔也。以諸華香而散其處者，當於解脱性中開敷知見，薰植萬行，即法界性自然顯現。

傅大士頌曰：所作依他性，脩成功德林。子榮曰：所作依他性者，凡日用施爲，皆是真如妙用，故云依他性。脩成功德林者，脩習成就菩提道果也。終無趨寂意，唯有濟羣心。子榮曰：終無趨寂意，唯有濟羣心者，即不效小乘人且期自利，沉空趨寂，唯有大乘利衆生心也。《護法論》云：傅大士齊建武四年丁丑五月八日生，時有天竺僧嵩頭陀來，謂曰，我昔與汝毗婆尸佛所，同發誓願，今兜率天宫衣鉢見在，何日當還。大士曰，度生爲急，何思彼樂乎。蓋謂度生爲急者，即唯有濟羣心。

何思彼樂者，即終無趣寂意也。行悲悲廣大，用智智弘深。利他兼自利，小聖詎能任。小聖乃小乘人也。

川禪師曰：鎮州蘿蔔，雲門糊餅。僧問趙州：親見南泉，是否。州云：鎮州出大蘿蔔頭。僧問雲門：如何是超佛越祖之談。門云：糊餅。又云：作麼生是聞聲悟道，見色明心。乃云：觀音菩薩將錢來買糊餅。放下手云：元來只是饅頭。頌曰，與君同步又同鄉，起坐相從歲月長。渴飲饑餐常對面，不須回首更思量。

○能淨業障分第十六

若能常清淨，業障盡水消。

復次，須菩提，若善男子、善女人受持讀誦此經，若爲人輕賤，是人先世罪業應墮惡道。以今世人輕賤故，先世罪業即爲消滅，當得阿耨多羅三藐三菩提。爲音韋。

僧若訥曰：上明生善，今明滅惡。造作定業，不可逃避，行般若故，易重爲輕。《大論》云，先世重罪應入地獄，以行般若故現世輕受，譬如重囚應死，有勢力護，則受鞭杖而已。

陳雄曰：持此真經有彌天功德，爲天人所恭敬供養宜矣，今且爲人所輕賤，何也。蓋是人前生罪業深重，當墮地獄、餓鬼、畜生、阿脩羅道，永無出期，以今生持經之功，止爲人輕賤罵辱而已，則前生罪業爲之消除，當來世佛果菩提可得成就矣。世人喜於爲惡，嫉於爲善者多矣，一見是人爲人輕賤，便謂讀經爲無益，福報爲虚語，甚者有雲門之罵，藥山之戒，使人人起退轉心，所以長善而救失云。

顔丙曰：若人前世曾作罪業故，今世被人輕賤，應墮落惡道，若能受持讀誦此經，直下見性，如大虛空，方知罪性本空，故云先世罪業即爲消滅，又得無上正等正覺。昔有二比邱，一犯婬罪，一犯殺罪，中心不安，求波離尊者懺悔，波離即以小乘法爲彼雪懺，二比邱愈生疑懼。後遇維摩大士，卻爲解説云，罪性本空，不在中間內外，二比邱聞之頓悟，直下寂然空闊，無罪可得。所以永嘉云，維摩大士頓除疑，猶如赫日消霜雪。

李文會曰：此謂若人受持讀誦此經，應合得人恭敬，今復有疾患貧窮諸苦，反爲人所憎惡。世人不達先業，將謂誦經爲善即無應驗，遂生疑惑，殊不知若非經力，應墮惡道，以今世人輕賤故，折三塗之報，速得無上菩提。

傅大士頌曰：先身有報障，今日受持經。暫被人輕賤，轉重復還輕。若了依他起，能除遍計情。常依般若觀，何慮不圓成。

張無盡曰：四序炎涼去復還，聖凡只在刹那間。前生罪業今生賤，了卻前生罪業山。

川禪師云：不因一事，不長一智。頌曰，讚不及，毀不及。若了一，萬事畢。無欠無餘若太虛，爲君題作波羅蜜。

須菩提，我念過去無量阿僧祇劫於然燈佛前，得值八百四千萬億那由他諸佛，悉皆供養承事，無空過者。若復有人於後末世，能受持讀誦此經，所得功德，於我所供養諸佛功德，百分不及一，千萬億分，乃至算數譬喻所不能及。

《疏鈔》云：佛言，我之供佛功德千萬億倍，不及持經功德一分，故云算數譬喻所不能及。

王日休曰：梵語阿僧祇，此云無央數。梵語那由他，此云一萬萬。於無量無央數劫，在然燈佛先，則釋迦佛說此經時去然燈佛已無量無數矣。又於其先遇八百四千萬億那由他諸佛出世，則其劫數固不勝其多。佛眼皆能見之，以慧性爲無窮故，無始以來事皆知之，此所以爲佛也。人皆有此慧性，但蔽之耳。供養如是諸佛，其功德終不可及此經功德。以彼則爲財施，受財施之報者，日漸少而終至於有盡。此則爲善根，善根則日滋長，而終至於成佛，故無窮也。以有盡比無窮，所以不可及也。

陳雄曰：阿僧祇、那由他，梵語皆無數之謂。歷無數劫，供無數佛，求福而已，不若持此真經，見自本性，永離輪迴。五祖云，終日供養，只求福田，不求出離生死苦海，自性若迷，福何可救。是故供佛功德雖百分百千萬億分，乃至算數之多，譬如微塵恒沙，皆不及持經功德之一分也。末世人徒知事佛，而不知佛究竟處盡在此經，捨經何從而得。是以作如是説，而第其優劣。梁武帝造寺布施，供佛設齋，問達磨祖師有何功德，答曰實無功德。後人不了此意，韶州韋使君因問六祖，六祖大師開示之曰，造寺布施，供佛設齋，名爲脩福，不可將福以爲功德，功德在法身中，非在脩福。又曰，功德在自性，不是布施供養之所求。此所以福不及功德，供佛不及持經也。

李文會曰：阿僧祇劫者，梵語也，唐言無數時。供養阿僧祇恒河沙佛，施寶滿三千大千世界，捨身數如微塵，所得功德，不如有人於此經典得悟真性，勝前所得功德百千萬億。達磨對梁武帝云，造寺寫經，供養布施功德，只獲人天小果，實非功德也。

川禪師曰：功不浪施。頌曰，億千供佛福無邊，爭似常將古教看。白紙上頭書黑字，請君開眼目前觀。風寂寂，水漣漣，謝家人秖在漁船。

須菩提，若善男子、善女人於後末世，有受持讀誦此經所得功德，我若具説者，或有人聞，心即狂亂，狐疑不信。

僧若訥曰：狐疑者，狐是獸，一名野犴，其性多疑，每渡河水，且聽且渡。上雖較量彰顯福德之多，猶是略説，若更具説，聞者狐疑，心必狂亂。

李文會曰：所得功德我若具説者，謂説悟後淨妙境界也。前爲樂小法者，爲説降住小乘之法，欲令悟入，尚兹不信，若便爲説見性大乘之法，解通人曠，得必無涯，狂亂不信，徒隨其狐疑也。

須菩提，當知是經義不可思議，果報亦不可思議。

王日休曰：具，盡也。我若盡説其功德，人聞之，心則狂亂，狐疑不信，以其極大，人則驚怪故，甚者心則狂亂，其次則疑惑不信也。當知是經義不可思議，果報亦不可思議者，謂此經之義不可以心思，亦不可以言議。若人依此脩行，及得果報，亦豈可以心思言議哉。佛數數言此經功德，至此又極稱之者，豈虚言哉。以其悟明真性，脱離輪迴之本，是豈有窮盡耶。

顔丙曰：梵語阿僧祇劫，此云不可數劫。佛於然燈佛前得值無數諸佛，一一供養承事，未曾空過。若後世有人受持讀誦此經，所得見性功德，比我前供養功德百分不及他一分。見性功德有百千萬億分，算數譬喻所不能及。

佛言，我若説持經功德，或人聞之，心生狂亂，疑惑不信，當知此經不可思議，果報亦不可思議。不信佛言，反生誹謗，惡果既熟，必受惡報。

謝靈運曰：萬行淵深，義且難測。菩提妙果，豈得心思。

川禪師曰：各各眉毛眼上横。頌曰，良藥苦口，忠言逆耳。冷煖自知，如魚飲水。何須他日待龍華，今朝先授菩提記。

〇究竟無我分第十七

直下究竟，本無我體。

爾時須菩提白佛言，世尊，善男子、善女人發阿耨多羅三藐三菩提心，云何應住，云何降伏其心。佛告須菩提：善男子、善女人發阿耨多羅三藐三菩提心者，當生如是心，我應滅度一切衆生，滅度一切衆生已，而無有一衆生實滅度者。

《疏鈔》曰：言滅度一切衆生已者，時

中妄想，取捨人我，貪瞋嫉妬，一切不善心即是一切衆生。以無我心，將忍辱以降伏，令邪惡不生，即是滅度一切衆生已。已即盡也。言而無有一衆生實滅度者，即煩惱妄念，取捨貪瞋，一切不善心，本自不有。因貪財色恩愛情重，方有此心。今既知覺，以正智而滅之，亦不可見實有滅者。本自不生，今亦不滅，故云而無有一衆生實滅度者。

陳雄曰：《大涅槃經》云，自未得度先度他。《懺法》曰，先度衆生，然後作佛。故度一切衆生者，我佛之所應爲也，不然則絶物矣，又何以作佛耶。佛了真空無相，則能所俱寂，雖衆生已滅度，且不起能度之一念，亦不見所度之衆生，故曰無一衆生實滅度者。

李文會曰：云何應住，云何降伏其心者，注見善現起請分中。當生如是心者，謂二乘之人執著諸相，起諸妄念，如來指示，令其心常空寂，湛然清淨。

黄蘗禪師曰：心淨其心，更無别法，此即真佛。佛與衆生一心無異，猶如虚空，無雜無染，如大日輪照四天下。日升之時，明徧天下，虚空不曾明。日没之時，暗徧天下，虚空不曾暗。明暗之境自相凌奪，虚空之性廓然不變。佛與衆生，心亦如是。我應滅度一切衆生者，佛言我今欲令一切衆生除滅妄念，令見真性。

圭峰禪師曰：覺諸相空，心自無念，念起即覺，覺之即無。脩行妙門，唯在此也。

慈受禪師曰：有利根者，一撥便轉。性頑鈍者，只在夢中。山僧有箇醒磕睡底道理，不免傾心吐膽而爲諸人説破。良久云，且勤照管鼻孔。愚者若見此，一如路逢客。智者見點頭，恰如飢得食。滅度一切衆生已，而無有一衆生實滅度者，此謂不可見有衆生是自己度者。若有此念，即著我、人、衆生、壽者四相，即非菩薩清淨心也。

川禪師曰：有時因好月，不覺過滄洲。頌曰，若問云何住，非中及有無。頭無纖草蓋，足不履閻浮。細似鱗虚析，輕如蝶舞初。衆生滅盡知無滅，此是隨流大丈夫。

何以故。須菩提，若菩薩有我相、人相、衆生相、壽者相，即非菩薩。所以者何。須菩提，實無有法發阿耨多羅三藐三菩提心者。

六祖曰：須菩提問佛，如來滅後，後五百歲，若有人發阿耨多羅三藐三菩提心者，依何法而住，如何降伏其心。佛言，當發度脱一切衆生心，度脱一切衆生，盡得成佛已，不得見有一衆生是我滅度者。何以故。爲除能所心也，除有衆生心也，亦除我見心也。

王日休曰：此分大概如第三分所言，須菩提於此再問者，豈非爲續來聽者問乎。佛再言之，唯增實無有法發阿耨多羅三藐三菩提心者一句。且上既言發阿耨多羅三藐三菩提心者，當生如是心，生如是心則是法矣，若無法，烏能得見真性而成佛乎。然此乃言實無有法發阿耨多羅三藐三菩提心，何也。蓋上言當生如是心者，是心亦非真性中所有，亦爲妄爾。故此言實無有法，其意乃在於實字，謂究其實，則真性中無此也。佛恐弟子誤認所謂當生如是心者爲真實，故此又説破，以爲非實也。然則非徒本無一切衆生，而發此求真性之心者，亦本無法。蓋真性中本來蕩然空空，所謂一法不立，一塵不染者是也。

顔丙曰：當生如是心者，當發這箇心。佛度衆生已盡，性本空，故無一衆生可滅度者。若生四相望報心，即非菩薩。實無有法發阿耨多羅三藐三菩提心者，蓋實際不受一塵，何有於法。

傅大士頌曰：空生重請問，無心爲自身。欲發菩提者，當了現前因。行悲疑似妄，用智最言真。度生權立我，證理即無人。

川禪師曰：少他一分又爭得。頌曰，獨

坐儵然一室空，更無南北與西東。雖然不借陽和力，爭奈桃華一樣紅。

須菩提，於意云何，如來於然燈佛所，有法得阿耨多羅三藐三菩提不。

王日休曰：如來，佛自謂也。然燈佛乃釋迦牟尼佛本師也。佛呼須菩提問云，我始於本師然燈佛處有法所得，名之爲無上正等正覺之真性否。

不也，世尊，如我解佛所説義，佛於然燈佛所無有法得阿耨多羅三藐三菩提。

六祖曰：佛告須菩提，我於師處不除四相，得授記不。須菩提深解無相之理，故言不也。

李文會曰：佛言如來於然燈佛所有法得三菩提不者，須菩提謂若有般若了悟心在，即是有法，尚有所得之心，故云無有法得三菩提也。

佛言：如是，如是。

李文會曰：佛言如是如是者，善契如來之法意也。

川禪師曰：若不同床睡，爭知紙被穿。頌曰，打鼓弄琵琶，相逢兩會家。君行楊柳岸，我宿渡頭沙。江上晚來疎雨過，數峰蒼翠接天霞。

須菩提，實無有法如來得阿耨多羅三藐三菩提。

王日休曰：佛深以須菩提之言爲當，故再稱如是。復呼須菩提，而隨其言以爲實無有法如來所得名爲無上正等正覺之真性者，深然之之意也。

須菩提，若有法如來得阿耨多羅三藐三菩提者，然燈佛即不與我授記，汝於來世當得作佛，號釋迦牟尼。

王日休曰：若有法可得，則然燈佛即傳之矣，何待授記當來世方得作佛耶。釋迦之義，此云能仁。牟尼之義，此云寂默。能仁者，即心性無邊，含容一切。寂默者，即心體本寂，動靜不干也。釋迦於周昭王二十四年，歲在甲寅，四月八日，化從母右脇而生，自行七步，舉其右手，作師子吼，天上天下，惟我獨尊。九龍空中吐清淨水，濯太子身。名悉達多，此言頓吉。至穆王五十三年，歲次壬申，二月十五日，於俱尸羅國大城娑羅樹間示般涅槃。世尊住世七十九年也。

無名氏曰：萬法本空，若於法有得，是爲執相。一心無礙，若於覺有證，是爲有我。能所未除，佛豈印證哉。授記者，謂能了悟真性，必得成佛也。

李文會曰：若有一切法，是有一切心，故云即非佛法。若無一切法，是無一切心，云何不是佛。故龍牙和尚云，深念門前樹，能令鳥泊棲。來者無心喚，去者不慕歸。若人心似樹，與道不相違。與我授記當得作佛，號釋迦牟尼者，始因智慧而得見性，若有能所之心，即是有法可得，性同凡夫，如何得授記耶。然無記可記，是名授記。若於心上無纖粟停留，即是無法可得，自性清淨，故云來世當得作佛。

慈受禪師頌曰：一顆靈丹大似拳，服來平地便升仙。塵緣若有絲毫在，蹉過蓬萊路八千。

川禪師曰：貧似范丹，氣如項羽。頌曰，上無片瓦，下無卓錐。日往月來，不知是誰。噫。

以實無有法得阿耨多羅三貌三菩提，是故然燈佛與我授記，作是言，汝於來世當得作佛，號釋迦牟尼。何以故。如來者，即諸法如義。

王日休曰：且此所謂如來者，本謂真性佛。蓋如者，謂真性遍虛空世界，而常自如。若欲現而爲一切無不可者，故謂之如。又隨所感而來現，故名如來。是如來者，真性之名也。故詳言之則爲阿耨多羅三藐三菩提，略言之則爲如來，又略言之則爲佛。然則佛與如來者，有時指色身而言，若如來有肉眼不，如來以其佛智悉知是人是也，此則謂真性耳。真性又名真如者，謂外物皆妄，唯性爲真。其言如者，乃上文所謂真性自如而無所不可現之意也。故以真實之性爲真如，而又謂之如來也。

僧若訥曰：如來者即真如也，真如不離諸法，故云即諸法如義。

陳雄曰：佛辯論如來膺釋迦尊號者何故，蓋以了諸法空，得如如之義也。如者，真如也。《楞伽經》云，離不實妄想，是名如如住。如如者，得無所有境界。故《維摩經》云，如者不二不異，一切法亦如也，衆聖賢亦如也，至於彌勒亦如也。

李文會曰：一切諸法本來清淨，蓋由取捨分别諸法，所以濁亂，不得自如。心若清淨，則自然如中天杲日，歷歷分明。於諸法上都無取捨分别，即是諸法如義。又云，若不脩因，即無證果，須無因果法之可得，諸法皆如，如理即佛。

傅大士頌曰：法性非因果，如理不從因。謂得然燈記，寧知是舊身。

川禪師曰：且住且住，文殊與淨名對談不二。如何是不二。不得動著，動著則三十棒。頌曰，上是天兮下是地，男是男兮女是女。牧童撞著看牛兒，大家齊唱羅羅哩，是何曲調萬年歡。

若有人言如來得阿耨多羅三藐三菩提，須菩提，實無有法佛得阿耨多羅三藐三菩提。

王日休曰：佛謂若有人言，佛得無上正等正覺之真性，是人則爲妄語。何則。真性者，佛本來自有之，止爲除盡外妄，乃見真性耳。凡言得者，皆自外而得，此真性豈有自外而得哉。故言得者，則爲不實語也。佛乃呼須菩提而自答云，非有法如來得之，名其法爲無上正等正覺之真性也。蓋性則吾之本有，法則自外而來，惟假法以去除外妄，而明真性，豈謂於法有所得而名爲真性哉。

陳雄曰：如來於菩提無上道得之心傳，於法實無所得。不善言如來者，言如來有所得，是不明如來心傳之語。佛故呼須菩提而告之曰，實無有法可得，蓋沮人言之謬妄也。

須菩提，如來所得阿耨多羅三藐三菩提，於是中無實無虛。

王日休曰：如來所得正覺之法者，謂佛所得以明真性之法也。此非真性中所有，故曰非實，謂亦爲妄也。然必賴於此以明真性，故云非虛。

陳雄曰：如來了無所得，而其所得者，菩提無上道耳。蓋菩提無上道，有真空妙理存乎其間，實而無實，虛而無虛，與十四分如來所得法同。

僧微師曰：無實者，以菩提無色相故。無虛者，色相空處即是菩提。故知如來所證菩提之法不空不有，故曰無實無虛。

李文會曰：於是中者，清淨心也。無實者，真空無分別。故《境界經》云，諸欲不染故，敬禮無所觀。無虛者，妙用也，具河沙德用也。

川禪師曰：富嫌千口少，貧恨一身多。頌曰，生涯如夢若浮雲，活計都無絶六親。留得一雙青白眼，笑看無限往來人。

是故如來説一切法，皆是佛法。

王日休曰：因是之故，佛説諸法，皆是用之以脩行而成佛之法也。然則法又豈可以無哉。今禪家絶不用法，大背經意矣。佛所以隨説而又掃去者，蓋謂不可泥於法耳〔六〕，豈可絶無法哉。傅大士之頌曰，渡河須用筏，到岸不須船。今禪家不用法，乃未到岸而不須船者，豈不自溺於苦海，且誤人於苦海哉。

陳雄曰：佛即心也，心即法也。有是佛心，則必有佛法。如來説一切法，無一切外道邪説厠於其間，故斷之曰皆是佛法。

馬祖曰：一切衆生從無量劫來，不出法性三昧，長在法性中，著衣喫飯，言談秖對，六根運用，一切施爲，盡是法性。不解返源，所以隨名逐相，迷情妄起，造種種業。若能一念迴光返照，全體聖心，何處不是佛法。

川禪師曰：明明百草頭，明明祖師意。頌曰，會造逡巡酒，能開頃刻華。琴彈碧玉調，爐煉白丹砂。幾般伎倆從何得，須信風流出當家。

須菩提，所言一切法者，即非一切法，是故名一切法。

王日休曰：佛〔七〕又恐人泥於法，故又呼須菩提而言，所言一切法者，即非真實一切法，但假此以脩行耳，非真性中所有，故虚名爲一切法而已。

顔丙曰：如來者，即諸法如義，乃如如不動之意。於是中無實無虚，無實者，向甚處摸索，無虚者，何處不分明。虚實乃斷見常見。大士云，斷常俱不染，所以道即非一切法。

川禪師曰：上大人〔八〕，邱乙已。頌曰，是法非法不是法，死水藏龍活潑潑。是心非心不是心，逼塞虚空古到今。秖者是，絶追尋，無限野雲風捲盡，一輪孤月照天心。

須菩提，譬如人身長大。須菩提言：世尊，如來説人身長大，即爲非大身，是名大身。

王日休曰：須菩提以嘗聞〔九〕佛説此語，故曉此理，乃呼世尊而答云，如來説人身長大，則非真實大身，是虚名爲大身而已。第十分所言是也。

李文會曰：色身有相，爲非大身。法身無相，廣大無邊，是名大身。黄蘗有云，虚空即法身，法身即虚空，是名大身也。

川禪師曰：喚作一物即不中。南嶽懷讓禪師見六祖，祖問：什麼處來。曰：嵩山來。祖曰：是什麼物恁麼來。曰：

說似一物即不中。頌曰，天產英靈六尺軀，能文能武善經書。一朝識破娘生面，方信閒名滿五湖。

須菩提，菩薩亦如是，若作是言，我當滅度無量衆生，即不名菩薩。

王日休曰：梵語菩薩，此云覺衆生。佛又呼須菩提，而言菩薩亦如是者，此如是乃指上文，蓋謂覺衆生者亦非爲真實，亦如大身之不爲真實，徒虛名而已。何則。真性中豈有覺衆生哉，唯有佛謂之覺，覺即真性也。若作是言者，此是言乃指下文，謂我當滅度無量衆生。即不名菩薩者，謂以衆生爲有，而我乃化之成佛而得滅度，如此見識則不可名之爲覺衆生，以一切衆生於真性中本無，惟從業緣中現，故不可以爲有也。

李文會曰：即不名菩薩者，二乘之人，若有煩惱妄想不能除滅，即同凡夫。滅色取空，不了色性，即非菩薩。《淨名經》云，色性自空，非色滅空，如病眼人見空中華，無有是處。

何以故。須菩提，實無有法名爲菩薩。

王日休曰：佛又自問，何故上文之意謂一切衆生爲有者，不名爲覺衆生乎。乃呼須菩提而自答云實無有法名爲覺衆生者，謂真性中實無法以名爲覺衆生也。且脩行而至於菩薩者，誠賴佛所說之法，故知脩行之理。而此言實無有法者，特謂真性中無此法耳。

李文會曰：實無有法名爲菩薩者，一切空寂，本來不生，不見有生死，不見有涅槃，不見有善惡，不見有凡聖，不見一切法，是名見法。正見之時，了無可見，即是菩薩。故云實無有法名爲菩薩。

是故佛說，一切法，無我，無人，無衆生，無壽者。

王日休曰：是故者，謂上文所言之故也，乃謂實無有法名爲覺衆生之說也。佛說一切法無我，無人，無衆生，無壽者，謂佛說諸法，皆謂我、人、衆生、壽者本無有也。此四者統而言之，皆謂之衆生，此衆生既本無有，烏得有覺衆生乎。

陳雄曰：上文言實無有法，尚何有法可説耶。然佛本無言説，其所説者不過真空無相。《維摩經》云，法無衆生，離衆生垢故。法無有我，離我垢故。法無壽命，離生死故。法無有人，前後際斷故。此真空無相法也。佛説一切法者，此耳，外此則我佛無所説。

顔丙曰：色身長大，爭奈有生滅有限量即非大身。若造作此言，我當滅度無量衆生，即不名菩薩。迷則佛衆生，悟則衆生佛，實無有法名爲菩薩，是故佛説一切法，無四相可得。

川禪師曰：唤牛即牛，呼馬即馬。頌曰，借婆衫子拜婆門，禮數周旋已十分。竹影掃堦塵不動，月輪穿海水無痕。

須菩提，若菩薩作是言，我當莊嚴佛土，是不名菩薩。

《疏鈔》云：言佛土者，心土也。佛土無相，云何莊嚴。若有莊嚴，法即是增。

陳雄曰：以定慧之寶，莊嚴心佛土者，菩薩也，不言其功，而人莫見其迹。以金珠之寶，莊嚴世間佛土者，凡夫也，自言其功，而常急於人知。《文殊般若經》云，爲一切衆生發大莊嚴，而心不見莊嚴之相。菩薩如是，豈肯自言其功哉。若作是言，是四種相未除，即凡夫之見，其誰名爲菩薩耶。

李文會曰：我當莊嚴佛土，是不名菩薩者，《妙定經》云，若人造作白銀精舍滿三千大千世界，雖有無量布施福德，謂心有能所，即非菩薩。不如一念無能所心，所得功德，勝前功德百千萬倍。

何以故。如來説莊嚴佛土者，即非莊嚴，是名莊嚴。

肇法師曰：此明不達法空，取莊嚴淨土，故非菩薩。復明離相無爲，莊嚴佛土也。

王日休曰：此與第十分之意同，於此再言者，爲續來聽者説，故兼説下文也。

陳雄曰：如來所説者，莊嚴心佛土也。心佛土本來清浄無相，何假莊飾，故云即非莊嚴。常人以莊嚴爲莊嚴，而如來則以非莊嚴爲莊嚴，有妙莊嚴存焉，是則所以名其爲莊嚴。故《淨土論》云，備諸珍寶性，具足妙莊嚴。世人著世間佛土而不知反。佛前言而此復言，救弊云爾。

顔丙曰：心常清淨，不染世緣，是爲莊嚴佛土也。雖曰莊嚴，不可作莊嚴相，故曰即非莊嚴，但强名而已。

李文會曰：即非莊嚴，是名莊嚴者，實無有法可得阿耨多羅三藐三菩提。實無有法，名爲菩薩，豈復取莊嚴相。如是即逍遥自在，無纖毫罣礙，云何是莊嚴，云何不是莊嚴，故云即非莊嚴，是名莊嚴也。

須菩提，若菩薩通達無我法者，如來説名真是菩薩。

王日休曰：據《楞伽經》説二無我，謂人無我與法無我也。人無我者，謂人無本體，因業而生。法無我者，謂法無本體，因事而立。若作富貴之業則生於富貴中，作貧賤之業則生於貧賤中，是人無本體也。若因欲渡水，則爲舟楫之法，因欲行陸，則爲車輿之法，是法無本體也。一切法皆因事而立，即是假合，假合即爲虚妄。若信此理而悟解之，是真菩薩之見識，故云如來説名真是菩薩。

顔丙曰：通達無我法者，直下大悟，如漆桶底脱，四通八達，廓然無我。我身既無，何更有法。人法雙忘，只這真是菩薩，更莫别求。

李文會曰：通達無我法者，於諸法相無所滯礙，是名通達。若作有所能解，是名我相。若作無所能解，湛然清淨，是名無我，故云真是菩薩。僧問馬祖，作何見解即得達道。

答云，自性本來具足，但於善惡事上不滯，方喚作脩道人。取善捨惡，觀空入定，皆屬造作，更若向外馳求，轉疎轉遠。一念妄想，便是三界生死根本。但無一念，是除生死根本，即得法王無上珍寶。

傅大士曰：人與法相待，二相本來如。法空人是妄，人空法亦祛。人法兩俱實，授記可非虛。一切皆如幻，誰言得有無。

川禪師曰：寒即普天寒，熱即普天熱。頌曰，有我元無我，寒時燒軟火。無心似有心，半夜拾金針。無心無我分明道，不知道者是何人。呵呵。

○一體同觀分第十八

萬法歸一，更無異觀。

須菩提，於意云何，如來有肉眼不。如是，世尊，如來有肉眼。須菩提，於意云何，如來有天眼不。如是，世尊，如來有天眼。須菩提，於意云何，如來有慧眼不。如是，世尊，如來有慧眼。須菩提，於意云何，如來有法眼不。如是，世尊，如來有法眼。須菩提，於意云何，如來有佛眼不。如是，世尊，如來有佛眼。

日月殊光如來解曰：言肉眼者，照見胎卵溼化，色身起滅因緣也。言天眼者，照見諸天宫殿，雲雨明暗，五星二曜，旋伏因緣也。言慧眼者，照見衆生慧性深淺，上品下生，輪迴託陰因緣也。言法眼者，照見法身遍充三界，無形無相，盡虚空遍法界因緣也。言佛眼者，照見佛身世界無比，放光普照，破諸黑暗，無障無礙，圓滿十方，尋光見體，知有涅槃國土也。此五眼如來，其中若有上根上智之人，能識此五種因緣，即名爲大乘菩薩也。

陳雄曰：《華嚴經》云，肉眼見一切色故，天眼見一切衆生心故，慧眼見一切衆生諸根境界故，法眼見一切法如實相故，佛眼見如來十力故。一、是處非處如實力。二、知三世報業力。三、知諸禪解脱三昧力。四、知衆生諸根上下力。五、知衆生種種欲力。六、知世間種種性力。七、知一切道至力。八、得夙命智力。九、得天眼能觀一切力。十、得漏盡智力。《大般若經》所謂清淨五眼是也。世尊設五眼之問，須菩提皆答以有如是之理，可謂善問答矣。

顏丙曰：化身觀見爲肉眼，普照大千爲天眼，智燭常明爲慧眼，了諸法空爲法眼，自性常覺爲佛眼。有僧問尊宿云，觀音菩薩用許多手眼作麽。尊宿云，通身是手眼。若人於這裏薦得，一眼也無，豈更落三落四。然雖如是，須是箇漢始得。能具足此五眼者，唯自性如來也。《五眼度世品經》云，佛言隨世開化，入於五道而淨五眼。一、肉眼，處於世間，現四大身，因此開化，度脱衆生。二、天眼，諸天在上，及在世間，未識至道，示以三乘。三、慧眼，其不能解智度無極，皆開化之，並入大慧。四、法眼，其在褊局，不能恢泰，悉開化之，解法身一無去來，令平等三世。五、佛眼，其迷惑者，不識正真，陰蓋所覆，蓋者遮也。譬如睡眠，示以四等四恩之行，布施持戒，忍辱精進，一心智慧，善權方便，進退隨宜，不失一切，令發真正道意。

李文會曰：一切凡夫皆具五眼，而被迷心蓋覆，不能自見。若無迷心妄念，如得翳障退滅，五眼開明，見一切色也。内外空寂，名爲肉眼。見自真性，是法平等，名爲天眼。見自性中般若之智，名爲慧眼。見諸色相，心不動摇，見一切法，無一切法，見一切相無一切相，是名法眼。見前際無煩惱可斷，中際無自性可守，後際無佛可求，三際清淨，是名佛眼。又云，若以無相爲法身者，名爲慧眼而見如來。指空論有，假立名相，名爲法眼而見如來。若了有無，即非有無，二邊寂滅，全體法身，周遍法界者，具足佛眼而見如來。

傅大士頌曰：天眼通非閡，肉眼閡非通。法眼唯觀俗，慧眼直緣空。佛眼如千日，照異體還同。圓明法界内，無處不含容。

川禪師曰：盡在眉毛下。頌曰，如來有五眼，張三祇一雙。一般分皂白，的的別青黄。其間些子爻訛處，六月炎天下雪霜。

須菩提，於意云何，如恒河中所有沙，佛説是沙不。如是，世尊，如來説是沙。須菩提，於意云何，如一恒河中所有沙，有如是沙等恒河，是諸恒河所有沙數佛世界，如是寧爲多不。甚多，世尊。

六祖曰：恒河者，西國祇洹精舍側近之河，如來説法，常指此河爲喻。佛説，此河中沙，一沙況一佛世界，以爲多不。須菩提言，甚多，世尊。

王日休曰：恒河中所有沙，有如是沙等恒河者，謂一粒沙爲一恒河也。是諸恒河所有沙數佛世界如是者，是諸恒河，謂一粒沙爲一恒河，如此恒河中所有之沙則不勝其多矣。佛世界如是者，謂世界如是之多也。此其爲多，不在所言矣。然而佛又以問須菩提者，何也。亦以廣坐説法，欲人先明瞭於心，故不厭其詳複，而將爲下文之説也。佛世界者，謂凡一大世界，必有一佛設化，故凡大世界，皆謂之佛世界。

李文會曰：恒河沙數者，欲明衆生有種種妄念，故舉無窮之沙以爲喻耳。

佛告須菩提，爾所國土中，所有衆生，若干種心，如來悉知。

王日休曰：所有衆生，謂彼世界中凡有之衆生，乃一切衆生也。其衆生之心，如來所以悉知者，以此心爲妄想，乃自真性中現。既生此妄想心，自佛觀之則有形相矣，有形相故可得而知也，若寂然如虚空則無得而知矣。且所謂他心通者，六通。天眼通，微視大千。天耳通，洞聽十方。他心通，悉知種類。宿命通，達三世事〔一〇〕。神境通，形無罣礙。如意通，任運自在。謂彼既起心念，則此可得而知也。聞有人把碁子於手中，令他心通者觀之，則知其爲碁子，以己知爲碁子故也，然己則不知其數之多寡，使彼言之，則亦不知其數，以己不知其數故也。由是言之，若一起心念，則如有形相，故可得而知。如佛者，豈止他心通而已哉。故無量衆生，一起心念皆悉知見，無足疑也。

顔丙曰：若干乃幾多之意。若幾多心，如來悉知，心鏡一明，無不遍知。

僧若訥曰：若干者，若，如也，干，數也。顔師古云，設數之辭也。若干有二種，一世間凡夫心，二出世間聖人心，如來盡能知之，故名正遍知也。

李文會曰：若干種心，如來悉知者，眼耳鼻舌身意，若起心動念處，皆是國土，於國土中所有衆生，若干種種差別之心，心數雖多，總名妄心，既覺是妄，故云悉知。

川禪師曰：曾爲浪子偏憐客，慣弄壺觴識醉人。頌曰，眼觀東南，意在西北。將[二]謂猴白，更有猴黑。一切衆生一切心，盡逐無窮[三]聲與色。喝。

何以故。如來説諸心皆爲非心，是名爲心。爲音韋。

六祖曰：爾所國土中所有衆生，一一衆生皆有若干差別心，數雖多，總名妄心，識得妄心非心，是名爲心。

顔丙曰：如來説諸心實無心可得，故曰非心，但强名曰心。

李文會曰：覺妄之心即是非心。本無妄念，不起妄心，即是自性本心，故云是名爲心，即是菩薩心，亦名涅槃心，亦名大道心，亦名佛心。故臨濟禪師云，若一念心能解縛，此是觀音三昧法。

川禪師曰：病多諳藥性。頌曰，一波動，萬波流，似蟻循環豈了期。咄，今日爲君都割斷，出身方號丈夫兒。

所以者何。須菩提，過去心不可得，現在心不可得，未來心不可得。

肇法師曰：聞説諸心，謂有實心，故須破遣，明三世皆空。故論云，過去已滅，未來未起，現在虛妄，三世推求，了不可得。

《疏鈔》云：未覺不知，隨時流轉，故有三世。若悟真一之心，即無過去、現在、未來，若有過去心可滅，即是自滅。若有未來心可生，即是自生。既有生滅，即非常住真心，即爲依他心、虛妄心。若一念有生滅心，即成六十二種邪見，九百種煩惱。

王日休曰：常住真心即真性也。是以自無量無數劫來，常一定而不變動，豈有過去、未來、現在哉。若有過去、未來、現在，則爲妄想，此三心是也。且若飽而未欲食，則欲食之心爲未來，饑而正欲食，則欲食之心爲現在，食畢而放匕箸，則欲食之心爲過去。是此心因事而起，事過而滅，故爲妄想也。不可得者，謂無也。言此三心本來無有，乃因事而有耳。《圓覺經》所以言六塵緣影爲自心相者，謂衆生以六種塵緣之影，爲自己之心相也。

僧若訥曰：《本生心地觀經》云，如佛所説，唯將心法爲三界主，心法本源不染塵穢，云何心法染貪瞋癡。於三世法，誰説爲心。過去心已滅，未來心未至，現在心不住。諸法之內，性不可得。諸法之外，相不可得。諸法中間，都不可得。心法本來無有形相，心法本來無有住處，一切如來尚不可見心，何況餘人得見心法。

顔丙曰：謂思念前事者爲過去心，思念今事者爲現在心，思念後事者爲未來心，三念總放下著[三]，謂之不可得。《經》云，前念後念及今念，念念不被邪見染，此爲三心不可得。古云，一念不生全體現，亦謂三際俱斷，三念俱妄，了不可得。

傅大士頌曰：依他一念起，俱爲妄所行。便分六〔一四〕十二，九百亂縱橫。《法華經》二卷，世尊偈言：薄德少福人，衆苦所逼迫。入邪見稠林，若有若無等。依止此諸見，具足六十二。《毗婆沙論》云：六十二見者，五蘊中各起四見，四五二十，三世各二十，通爲六十。斷常二見爲根本，總爲六十二見。且於色蘊中，即色是我，離色非我，我中有色，色中有我，五蘊中具有此四。《疏鈔》解三心云：若一念有生滅心，即成六十二種邪見，九百種煩惱。過去滅無滅，當來生不生。常能作此觀，真妄坦然平。鼂文元公遇高士劉惟一，訪以生滅之事。劉曰：人常不死。公駭之。劉曰：形死性不滅。是知此性歷劫常存。

《未曾有經》云：妙吉祥菩薩因見一人言我造殺業，決墮地獄，如何救度，菩薩即化一人。亦曰，我造殺業，決墮地獄。前人聞已，言我亦然。化人告之，唯佛能救。相隨共詣。化人白佛，我造殺業，怖墮地獄，願佛救度。佛即告言，如汝所説造殺業者，汝從何心而起業相，爲過去耶，未來耶，見在耶。若起過去心者，過去已滅，心不可得。若起未來心者，未來未至，心不可得。若起見在心者，見在不住，心不可得。三世俱不可得故，即無起作。無起作故，於其罪相何所見耶。善男子，心無所住，不在内外中間。心無色相，非青黄赤白。心無造作，無作者故。心非幻化，本真實故。心無邊際，非限量故。心無取捨，非善惡故。心無轉動，非生滅故。心等虚空，無障礙故。心非染淨，離一切數故。善男子，作是觀者，即於一切法中，求心不可得。何以故。心之自性即諸法性，諸法性空，即真實性。由是義故，汝今不應妄生怖畏。是時，化人聞佛説法，即白佛言，我今得悟罪業性空，不生怖畏。爾時，實造業者亦白佛言，我今得悟罪業性空，而不復生怖畏之想。

李文會曰：謂三世心無性可得，故可從緣而生。

肇法師云：聞説諸心，謂有實心，故須破遣，明三世皆空。故云過去已滅，未來未起，見在虛妄，三世推求，了不可得。故云，若悟無法無相無事平常真心，即法體空寂，不生不滅，湛然清淨，豈有前念、後念、今念可得也。

馬祖曰：道不用脩，但莫洿染。何謂洿染，但有生死造作趣向，皆是洿染。若欲直會其道，平常心即是道。何謂平常心，無造作，無是非，無取捨，無憎愛，無凡聖。是故《經》云，非凡夫行，非聖賢行，是菩薩行。

趙州問南泉云：如何是道。泉云：平常心是道。

圜悟禪師頌曰：欲識平常道，天真任自然。行船宜舉棹[一五]，走馬即加鞭。若遇飢來飯，還應困即眠。盡從緣所得，所得亦非緣。

川禪師曰：低聲低聲，直得鼻孔裏出氣。頌曰，三際求心心不見，兩眼依然對兩眼。不須遺劍刻舟尋，雪月風華常見面。

金剛經注解卷之三

校勘記

〔一〕「壇」，底本作「特」，據甲、乙本改。
〔二〕「出」，底本作「世」，據甲、乙本改。
〔三〕「大」，底本作「太」，據甲、乙本改。
〔四〕「貪」，底本作「食」，據乙本改。
〔五〕「勇」，底本作「永」，據甲本改。
〔六〕「耳」，底本作「月」，據甲、乙本改。
〔七〕「佛」，底本作「脩」，據甲、乙本改。
〔八〕「人」，底本作「大」，據甲、乙本改。
〔九〕「聞」，底本作「門」，據甲、乙本改。
〔一〇〕「事」，底本作「專」，據甲、乙本改。
〔一一〕「將」，底本作「府」，據甲、乙本改。
〔一二〕「窮」，底本作「穿」，據甲、乙本改。
〔一三〕「著」，甲、乙本作「者」。
〔一四〕「六」，底本作「大」，據甲、乙本改。

〔一五〕「棹」，底本作「掉」，據甲、乙本改。

金剛經註解卷之四

○法界通化分第十九

佛身充法界，通達化無邊。

須菩提，於意云何，若有人滿三千大千世界七寶以用布施，是人以是因緣得福多不。如是，世尊，此人以是因緣得福甚多。須菩提，若福德有實，如來不説得福德多，以福德無故，如來説得福德多。

自在力王如來解曰：此雖如是布施，只是有礙之寶，不是無爲清淨功德，是故如來不説多也。若有菩薩以盧舍那身中七寶菩提，持齋禮讚，從其心燈化生功德，不生不滅，堅如金剛，乘香華雲，入無邊界，起光明臺，供養十方一切諸佛，此是無爲功德，見性之施，化爲菩薩。頌曰，廣將七寶持爲施，如來不説福田多。若用心燈充供養，威光遍照滿娑婆。

《疏鈔》云：若據捨大千珍寶布施，其福極多。若執著希望福德，有餘則有盡。故云，若福德執實有，如來不説得福德多。此是反釋之義。言以福德無者，無希望心也。既無希望，即爲無住相施，是名無爲福。若依無住無爲而施者，故如來説得福德多。

僧若訥曰：福有者取相也，福無者離相也。離相故稱性，性如虚空，其福無量。

顔丙曰：假使盡世界七寶布施，此乃人天小果，有漏之因，終不免輪迴，畢竟有墮落，不足爲多。以福德無故，此其所以爲多也。所謂無之一字，趙州教人見性看話頭，自云，狗子還有佛性無。應云，無。只將這無字貼向鼻頭上，崖來崖去，久久自然有箇入頭處。是則是，切不得作無字會。

僧微師曰：世尊召云，須菩提，若能施

之人，以妄識爲本，脩布施行，即取著能所者，以爲實有此福，即成顛倒。如來不説此福德多，以福德無故者，若能施之人，以佛智爲本，脩布施行，悉皆離相，不見福爲實有，即非顛倒，如來説此人福德甚多。

李文會曰：凡夫住相布施七寶，希求福利，此是妄心，所得福德，不足爲多。不如淨妙無住之福，無得之德，同於虚空，無有邊際。

智者禪師頌曰：三千大世界，七寶滿其中。有人持布施，得福也如風。猶勝慳貪者，未得達真宗。終須四句偈，知覺證全空。

川禪師曰：猶勝别勞心。頌曰，羅漢應供薄，象身七寶珍。雖然多濁富，爭似少清貧。罔象只因無意得，離婁失在有心親。

○離色離相分第二十

色相緣妄生，離妄即見性。

須菩提，於意云何，佛可以具足色身見不。不也，世尊，如來不應以具足色身見。

陳雄曰：色身者，三十二相也。具足者，無一而虧欠也。備三十二行而具足是相，三十二行法身中有之，欲見法身如來，識自本心，見自本性足矣，豈應見於具足色身也哉。何以故。如來説具足色身，即非具足色身，是名具足色身。

陳雄曰：《壇經》云，皮肉是色身。《楞嚴經》云，色身非是佛。觀此則知肉身無如來，殊不知有生如來存焉。知色身非法身，殊不知有妙色身存焉。《華嚴經》又云，清淨妙色身，神力故顯現。曰妙色身，則現一切色身三昧，便是法身如來，即非具足色身可知。以非具足色身而名爲具足色身者，蓋得其所以具足色身故也。

須菩提，於意云何，如來可以具足諸相見不。不也，世尊，如來不應以具足諸相見。何以故。

如來説諸相具足，即非具足，是名諸相具足。

陳雄曰：《楞伽經》云，相者，若處所、形相、色像等現，是名爲相。此言諸相者，種種變現神通之相也，又不止於三十二相而已。如來離色離相，以淨行則具足三十二，以智慧則具足八萬四千，具足三明六神通，八解脱。《法華經》三卷云：佛於天人大衆之中説是法時，六百萬億那由他人，皆得三明六通，具八解脱。此之具足，即非諸相之所謂具足也。然此之具足乃其實也，而諸相具足特其華耳。充其實則其華必副之，是以有諸相具足之名。

顔丙曰：佛，覺也。覺性如虛空，不應以具足色身見。唯見性人方知即非色身，如夫子毋我，顔子坐忘是也。自性如來，不應以〔二〕具足諸相見，性尚不可得，又何有諸相，故以即非之説爲掃除之。

王日休曰：此分與第五分、第十三分之意同，於此再言者，爲續來聽者説也。

李文會曰：心既空寂，湛然清淨，豈有色身諸相可得。凡夫既不著有，即著於空。有此斷常二見，謂觀空莫非見色，觀色莫不皆空，即是具足色身，具足諸相，非具足也。空色一如，有無不異，方可能觀。無身而見一切身，無相而見一切相，是名色身具足，諸相具足也。僧問趙州，狗子有佛性麽。州云，狗子無佛性。僧云，蠢動含靈皆有佛性，爲什麽狗子無佛性。州云，爲他有業識在。夫有業識之人，種種著於有，起諸妄想者，此名顛倒知見。種種落於空，都無所悟者，此名斷滅知見。宿有善根之人，無此顛倒斷滅二病，而能洞曉空趣，此名真正知見。若悟此理，乃可隨時著衣喫飯，長養聖胎，任運過時，更有何事。

四祖謂牛頭融禪師曰：百千妙門，同歸方寸，恒沙功德，總在心源。一切空門，一切慧門，一切行門，悉皆具足神通妙用，只在你心。業障煩惱，本來空寂。一切果報，性相平等。大道虚曠，絶思絶慮。如是之法，無欠無餘，與佛無殊，更無別法。但只令心自在，莫懷妄思，亦莫歡[三]忻，莫起貪瞋，莫生憂慮，蕩蕩無礙，任意縱横，不作諸善，不作諸惡，行住坐臥，觸目遇緣，皆是佛之妙用。

祖印明禪師頌曰：養就家欄水牯牛，自歸自去有來由。如今穩坐深雲裏，秦不管兮漢不收。

傅大士頌曰：八十隨形好，相分三十二。《般若經》第十卷言八十種好，文繁不録。應物萬般形，理中非一異。人法兩俱遣，色心齊一棄。所以證菩提，實由諸相離。

川禪師曰：官不容針，私通車馬。頌曰，請君仰面看虚空，廓落無邊不見踪。若解轉身些子力，頭頭物物總相逢。

○非説所説分第二十一

解脱非干舌，能言不在聲。

須菩提，汝勿謂如來作是念，我當有所説法，莫作是念。何以故。若人言如來有所説法，即爲謗佛，不能解我所説故。

李文會曰：心既清淨，語默皆如。遇緣即施，緣散即寂。

張無盡曰：非法無以談空，非人無以説法。此謂不同生滅之心有法可説也。若有生滅心在而説法者，是教一切人不能得見自性，謂之謗佛。但無生滅心，方可説法。

川禪師曰：是即是，大藏小藏從甚處得來。頌曰，有説皆爲謗，無言亦不容。與君通一線，日出嶺頭紅。

須菩提，説法者，無法可説，是名説法。

王日休曰：若人言如來有所説法，即爲謗佛者，謂佛本不説法，以真性無法可説。

若以爲佛本説法，即爲志在於法耳。佛豈志在於法哉。此所以爲謗佛，所以爲不能解佛所説之故也。佛又呼須菩提而言，説法者，實無有法，謂本來無法，特爲衆生去除外妄而説耳，此法豈真實哉。衆生既悟則不用此法矣，故但虚名爲説法而已。此分與第七分言無有少法如來所得之意大略同，亦與十三分所謂無有少法如來所説之意同，然此再舉者，復詳言之，亦爲續來聽者説也。

顔丙曰：終日喫飯，不曾咬著一粒米。終日著衣，不曾掛著一莖絲。所以我佛横説直説，四十九年未曾道著一字，唯同道方知。若言如來有所説，即爲謗佛，不能解會我所説。直饒説得天華亂墜，也落在第二著。唯能坐斷十方，打成一片，非言語可到，是名真説法也。所以道，墻壁瓦礫説禪浩浩。前輩頌云，也大奇，也大奇，無情説法不思議。若將耳聽終難會，眼處聞聲方得知。

謝靈運曰：教傳者，説法之意也。向言無説，非杜默而不語，但無存而説，則説滿天下，無乖法理之過。無存，謂不著諸相，心無所住也。

傅大士頌曰：相寂名亦遣，心融境亦亡。去來終莫見，語默永無妨。智入圓成理，身同法性常。證真還了俗，不廢是津梁。

川禪師曰：兎角杖，龜毛拂。頌曰，多年石馬放毫光，鐵牛哮吼入汪洋。虚空一喝無蹤迹，不覺潛身北斗藏。且道是説法不是説法。

爾時慧命須菩提，

《疏鈔》云：爾時，當起問之時也。言慧命者，善現達佛智海，入深法門，悟慧無生，覺本源之命，非去非來，故曰慧命須菩提。

陳雄曰：慧命須菩提，見於《法華經》信解品，慧以德言，命以壽言，即長老之異名也。

顏丙曰：慧命者，具智慧性也，故曰天命之謂性。

白佛言：世尊，頗有衆生於未來世聞説是法，生信心不。佛言：須菩提，彼非衆生，非不衆生。何以故。須菩提，衆生衆生者，如來説非衆生，是名衆生。

《疏鈔》云：佛言彼非衆生者，皆具真一之性，與佛同源，故曰非衆生。言非不衆生者，背真逐妄，自喪己靈，故曰非不是衆生。

王日休解第二分云：命者壽之意，壽者老之意。其言慧命者，以須菩提既得慧眼，且年高矣。須菩提於此問頗有衆生於未來世聞説是法生信心不，佛言彼非衆生非不衆生者，恐聽法者誤認衆生以爲實有，故曰彼非衆生，謂自業緣中現，業盡則滅，豈有真實衆生也。然亦有衆生之身現在此，又不可謂之非衆生，故曰非不衆生，但非真實而爲虚幻耳。佛又自問云何以故者，謂何故非不衆生。乃呼須菩提而自答云衆生衆生者，謂凡爲衆生者，則所謂一切衆生也。如來説非衆生是名衆生者，謂一切衆生，佛皆以爲非真實衆生，但虚名爲衆生而已。此佛自言也，而又言如來説者，豈非諸佛亦如是説乎。

顏丙曰：須菩提問佛，衆生於未來世，聞説是法，生信心不。佛答曰，彼非衆生非不衆生者，蓋衆生屬有，不衆生屬無，彼衆生性本同太虚，不落有無二見。如來説非衆生，但假名衆生。故佛嘗曰，我不敢輕於汝等，汝等皆當作佛。我佛未嘗輕衆生也如此。

智者禪師頌曰：不言有所説，所説妙難窮。有説皆爲謗，至道處其中。多言無所解，默耳得三空。三空解，見第一分。又《疏鈔》云有、無、中道，亦曰三輪體空。智覺刹那頃，無生無始終。《俱舍》等論，謂時之最少，名一刹那。一(三)百二十刹那名一怛刹那。六十怛刹那，名一羅婆。三十羅婆，名一牟呼栗多，亦云須臾。三十牟呼栗多，爲一晝夜。

川禪師曰：火熱風動，水溼地堅。頌曰，指鹿豈能成駿馬，言烏誰謂是翔鸞。雖然不許纖毫異，馬字驢名幾百般。靈幽法師加此慧命須菩提六十二字，是唐長慶二年，今在濠州鍾離寺石碑上記。六祖解在前，故無解，今亦存之。

李文會曰：此則魏譯偈也。長慶中僧靈幽入冥所，指魏譯則存，秦[四]譯則無也。謂言若敬信佛法，即著聖見，非衆生也。若不信佛法，即著凡夫見，非不衆生。若起此二見者，是不了中道也。須是令教凡聖皆盡，不住兩頭，方是真正見解。故云，衆生衆生者，如來説非衆生，是名衆生也。

○無法可得分第二十二

悟性空故，無法可得。

須菩提白佛言：世尊，佛得阿耨多羅三藐三菩提，爲無所得耶。佛言：如是如是，須菩提，我於阿耨多羅三藐三菩提，乃至無有少法可得，是名阿耨多羅三藐三菩提。

王日休曰：此分與第七分大槩同，於此再言者，爲續來聽者説也。佛言如是如是者，蓋深許其言之當也。阿耨多羅三藐三菩提，無有少法可得者，謂性中無有少法可得。無有所得，則蕩然空空，是不可以形相求，不可以言説求也，但説名爲無上正等正覺而已。

陳雄曰：《壇經》云，妙性本空，無有一法可得。既無一法可得，寧復有菩提可證耶。我佛無得無證，無名可名，是以强名曰阿耨菩提。

顏丙曰：有法可得，是名法縛。無法可得，方名解脱。須菩提以無所得之辭而告世尊，世尊即以如是如是而證據之。佛又云，我於無上正等正覺乃至無少法可得，虛名而已。

智者禪師頌曰：諸佛智明覺，覺性本無涯。佛因有何得，所得爲無耶。妙性難量比，得理即無差。執迷不悟者，路錯幾河沙。

李文會曰：若有少法可得，亦是著相。誌公禪師云，但有纖毫即是塵，舉意便遭魔所擾。《經》云，若人欲識佛境界，當淨其意如虚空。學道之人，但於一切諸法無取無捨，見如不見，聞如不聞，心如木石，刮削併當，令内外清淨，方是逍遥自在底人。《法句經》云，雖終日見，猶爲無見，雖終日聞，猶爲無聞。草堂清和尚云，擊石乃出火，火光終不然，碧潭深萬丈，直下見青天。逍遥翁云，内覺身心空，外覺萬事空，破諸相訖，自然無可執，無可爭，此謂禪悦。所謂大明了人，勿令有秋毫許障礙，微塵許染著，堅久不渝，便是無上士、不動尊也。

琪禪師曰：念念釋迦出世，步步彌勒下生。分别現文殊之心，運用動普賢之行。門門而皆出甘露，味味而盡是醍醐。不出栴檀之林，長處華藏之境。若如此也，行住坐卧觸目遇緣，雖應用千差，且湛然清浄。

川禪師曰：求人不如求己。頌曰，滴水生冰信有之，緑楊芳草色依依。春華秋月無窮事，不妨閑聽鷓鴣啼。

○淨心行善分第二十三

以清淨心，行諸善法。

復次，須菩提，是法平等無有高下，是名阿耨多羅三藐三菩提。

王日休曰：所謂法者，乃真性也。真性豈可謂之法哉，强名曰法耳。上自諸佛，下至蠢動含靈，其真性一同，故云平等無有高下。謂色身則有高下，真性則無高下也。

謝靈運曰：人無貴賤，法無好醜，蕩然平等，菩提義也。

肇法師曰：明此法身菩提，在六道中亦不減下，在諸佛心中亦不增高，是名平等無上菩提。

《真武説報父母恩重經》云：物不能平物，惟水不動則可以平物。物不能等物，惟權衡之公則可以等物。平則無高無下，等則無重無輕。

李文會曰：是法平等無有高下者，凡夫不見自性，妄識分別，自生高下，謂佛是高，衆生是下。菩薩了悟人法二空，上自諸佛，下至螻蟻，皆有佛性，無所分別，故一切法皆平等，豈有高下也。

黄蘗禪師曰：若觀佛作清淨光明解脱之相，觀衆生作垢濁暗昧生死之相，作此解者，歷恒河沙劫終不能得阿耨菩提。又云，心若平等，不分高下，即與衆生諸佛，世界山河，有相無相，偏十方界，一切平等，無彼我相。此本源清淨心，常自圓滿，光明徧照也。

傅大士頌曰：水陸同真際，飛行體一如。法中何彼此，理上豈親疎。自他分别遣，高下執情除。了斯平等性，咸共入無餘。

以無我、無人、無衆生、無壽者，

王日休曰：所以名爲無上正等正覺者，以真性中本無我、人、衆生、壽者。此四者乃妄縁中現，而真性則平等，豈有四者之異哉。故名爲無上正等正覺也。

修一切善法，即得阿耨多羅三藐三菩提。

王日休曰：一切善法，乃佛接引衆生悟明真性之法也。依此法修行，即得無上正等正覺之真性。此真性，我本有之，豈可謂之得哉。蓋凡言得者，皆謂自外而得，此則非自外而得，故不可謂之得。然此則言得者，蓋不得已而强名曰得耳。

李文會曰：脩一切善法者，若不能離諸相而修善法，終不能得解脱。但離諸相而修善法，即得阿耨多羅三藐三菩提也。又云，若人於一切事無染無著，於一切境不動不摇，於一切法無取無捨，於一切時常行方便，隨順衆生，令皆歡喜，而爲説法，令悟菩提真性，此即名爲修善法也。

川禪師曰：山高水深，日生月落。頌曰，僧是僧兮俗是俗，喜則笑兮悲則哭。若能於此善參詳，六六從來三十六。

須菩提，所言善法者，如來説即非善法，是名善法。

王日休曰：佛又呼須菩提而謂，所言善法者即非善法，謂本來無此善法，乃假此以開悟衆生耳，故但虚名爲善法而已。

顔丙曰：兩頭話有三十六對，善與惡對，有與無對，生與死對，去與來對，動與静對，語與默對，勝與負對，高與下對。不作兩頭見，是爲平等法，亦名無上正等正覺。以無四相心修一切善法，即得阿耨多羅三藐三菩提。所謂即非善法者，蓋凡夫執惡，聲聞著善，若不離善法，又落兩頭機，豈爲平等。

傅大士頌曰：水陸同真際，飛行體一如。子榮曰：水陸同真際者，總標四生有情之本，皆有一真之性，故云飛行體一如。今據《經》云是法平等，無有高下，故此頌亦總四生而言之也。水之所產，陸之所生，水陸雖不同，而一性之真際則未嘗不同也。有翼者能飛，有足者能行，飛行雖不一，而一性之本體則未嘗（五）不一也。法中何彼此，理上豈親疏。性中所有之法，曾何彼此之闕。性中所具之理，豈有親疏之殊。自他分別遣，自者己也，他者人也，自己他人妄生分別者，皆當遣去。《圓覺經》曰：自他身心。注云：自之身心，即我相也。他之身心，即人相也。又曰：自他憎愛故。注云：於自則愛，於他則憎。高下執情除。妄分高下而生執著之情，亦當除去。了斯平等性，咸共入無餘。《經》曰：是法平等，無有高下。有人若能了悟平等之性，則咸共入於無餘涅槃矣。《寒山詩》曰：佛性元平等，總有真如性。但自審思量，不用閑爭競。

李文會曰：不住相故，即非善法。無漏福故，是名善法。《法華經》云，初善、中善、後善者，初謂發善心時，須是念念精進，不生疑惑懈怠之心。中謂常修一切善法，令悟真性，不著諸法相也。後謂即破善法，直教一切善惡凡聖，無取捨憎愛之心，平常無事。故云，即非善法，是名善法也。古德云，了取平常心是道，飢來喫飯困來眠。又云，常平等心，如此廣大，妙觀察智，如日光明，體用及此，是佛境界。

川禪師曰：面上夾竹桃華，肚裏侵天荊棘。頌曰，是惡非惡，從善非善。將逐符行，兵隨印轉。有時獨上妙高峰，卻來端坐閻王殿。見盡人間祇點頭，大悲手眼多方便。

○福智無比分第二十四

福智等虛空，無物可比喻。

須菩提，若三千大千世界中所有諸須彌山王，如是等七寶聚，有人持用布施，

《疏鈔》云：大千世界中所有須彌山王，上至忉利天，下至崑崙際，若有將七寶如須彌山高，持用布施，獲福不可知數，還有過此福者不。下文答。

僧微師曰：佛召云，須菩提，且如一四天下，則有一須彌山，若據三千大千世界，所有百億須彌山。是衆山之最，故言山王。

若人以此般若波羅蜜經乃至四句偈等，受持讀誦，爲他人説，於前福德，百分不及一，百千萬億分，乃至算數譬喻所不能及。

《疏鈔》云：若於無住般若，受持真四句偈，及書寫誦念，爲他人演説，如是等人，所得功德不可稱計。何以故。悟性圓融，不斷有爲而證無爲，不除妄想而趨真常，達第一義於一念之間，得無爲福，無爲福德量等虛空，不可思議。故《經》云，於前捨須彌山珍寶布施福德，若比無爲福，百千萬億倍不及一倍。

王日休曰：此言所有諸須彌山王如是等七寶聚布施，而不可以比受持演説之功者，以彼則世間福，終有時而受盡，此則爲出世間福，愈增長而終無窮故也。

陳雄曰：佛以性上福德爲最上，以身中

七寶爲希有。儻七寶滿三千大千世界之多，等須彌山之高大，有能持以布施，則其福德，想不下於須彌山。今有人焉，持誦真經并四句偈，説與他人，是修自性上福德，是聚自身中七寶，回視多施七寶之福，萬萬不侔。五祖曰，自性若迷，福何可救。六祖曰，乘船永世求珠，不知身是七寶。二佛之言，皆爲世人不修身修性，徒施珍寶，以爲求福之道。

顔丙曰：此一分專較量福德輕重。若有人將七寶比於須彌山王布施，所得福德，比之持經之人，百分不及一分，況持經之人又能悟四句偈等，受持讀誦，爲他人説，不特自利，又且利他。如此福德無量，有百千萬億分，乃至不可算數譬喻。正如寒山云，無物堪比倫，教我如何説。

李文會曰：聚七寶布施，如三千大千世界中須彌山王，所得無量無邊功德，此爲住相布施，終無解脱之期。不如受持讀誦此經，乃至四句偈等所得無住相淨妙功德，勝前功德百千萬倍。

傅大士頌曰：施寶如沙數，唯成有漏因。不如無我觀，了妄乃名真。欲證無生忍，要假離貪瞋。人法知無我，逍遥出六塵。

川禪師曰：千錐劄地，不如鈍鍬一捺。頌曰，麒麟鸞鳳不成羣，尺璧寸珠那入市。逐風之馬不竝馳，倚天長劍人難比。乾坤不覆載，劫火不能壞。凛凛威光混太虚，天上人間總不如。噫。

○化無所化分第二十五

衆生性本空，化亦無所化。

須菩提，於意云何，汝等勿謂如來作是念，我當度衆生。須菩提，莫作是念。何以故。實無有衆生如來度者。

僧若訥曰：如來雖設法施，廣度衆生，而不作是念，故誡云，汝等勿謂也。莫作是念者，重誡也。度無度相，能所一如。故論偈云，平等真法界，佛不度衆生。

李文會曰：實無有衆生如來度者，如來不見有衆生可度。又云，謂諸衆生起無量無邊煩惱妄想，於一切善惡凡聖等見，有取捨分別之心，迷情蓋覆菩提之性。佛出於世，教令覺悟，降六賊，斷三毒，除人我。若能了悟人法二空，無諸妄念，心常空寂，湛然清淨，更不停留纖毫滯礙，即是見性，實無衆生可化度也。石霜禪師云，休去歇去，古廟香爐去，枯木寒灰去，一念萬年〔六〕去，如大死人去。若能如此用心，安有不成道乎。

若有衆生如來度者，如來即有我、人、衆生、壽者。

王日休曰：佛謂須菩提云，汝等勿謂如來作是念，我當度衆生。又呼須菩提而再言曰，莫作是念，何以故者，以實無衆生如來所度。謂一切衆生皆是妄緣中現，其實無有，若言有衆生如來所度，即是執著於有我、人、衆生、壽者也。

僧若訥曰：若見有可度者，即同凡夫有我執也。

李文會曰：若有衆生如來度者，如來即有四相。佛之不度衆生者，以人人具足，箇箇圓成，本來是佛，與佛無異。

圜悟禪師曰：赤肉團上，人人古佛家風。毗盧頂門，處處祖師巴鼻。若也恁麼返照，凝然一段光明，非色非心，非內非外。行棒也打他不著，行喝也驚他不得，直得淨躶躶赤洒洒，是箇無生法忍，不退轉輪，截斷兩頭，歸家穩坐。正當恁麼時，不須他處覓，秖此是西方。

傅大士頌曰：夜夜抱佛眠，朝朝還共起。起坐鎮相隨，語默同居止。纖毫不相離，如身影相似。欲識佛去處，只這語聲是。衆生但爲業障深重，與佛有殊。若能迴光返照，一刀兩段，即便見自性也。若不因佛經教，一切衆生無因自悟，憑何修行得至佛地，此是如來無所得心，故云，若有衆生如來度者，即有我、人、衆生、壽者相也。

川禪師曰：春蘭秋菊，各自馨香。頌曰，生下東西七步行，人人鼻直兩眉横。哆啝悲喜皆相似，那時誰更問尊堂。還記得在麽。須菩提，如來説有我者即非有我，而凡夫之人以爲有我。

僧若訥曰：如來既無我人等相，云何有時稱我。須知假名稱我，對所度衆生，隨時説我。

李文會曰：有我者即是凡夫，非我者隨處作主，應用無方。故云，凡是佛因，佛是凡果。《境界經》云，三世諸佛皆無所有，唯有自心。既明因果無差，乃知心外無法。二乘之人執有我相，欲離生死而求涅槃，欲捨煩惱而求滅度，是捨一邊，不了中道，乃同凡夫行也。

須菩提，凡夫者，如來説即非凡夫，是名凡夫。

王日休曰：佛又呼須菩提而言，凡夫者，謂非有真實凡夫，但虚名爲凡夫而已，此所謂隨舉隨掃也。上言凡夫，是之謂舉。下必言無真實凡夫，是之謂掃。與其掃之，曷若不舉。蓋不舉則無以明其理，譬如過渡而不用筏者也。不掃則恐人泥其説，譬如到岸而不登，乃住於筏上者也。此所以必舉之而又必掃之。

僧若訥曰：因上如來説我，釋非凡夫，卻見佛與凡夫有隔。於是亡泯，則聖凡平等，故云即非凡夫。

顔丙曰：當人自性自度，迷來悟度，邪來正度。從上諸佛言句，但爲指出路頭，須是自行自履，豈由他人。所以道，實無衆生如來度者。若有可度，是如來有四相。如來乃見性人也，所以無我。凡夫未見性人也，所以我相未忘。佛又恐人落分别界，故曰即非凡夫。所以見如來凡夫，本同一性，不容分别。

李文會曰：即非凡夫者，一念清靜，非凡非佛，故云即非凡夫。凡夫亦空，迷者妄執，但無執著，即一切清淨耳。

智者禪師頌曰：衆生修因果，果熟自然圓。法船自然度，何必要人牽。恰似捕魚者，得魚忘却筌。若道如來度，從來度幾船。《經》上文曰實無有衆生如來度者，一切衆生本來是佛，何生可度。

川禪師曰：前念衆生後念佛，佛與衆生是何物。頌曰，不見三頭六臂，却能拈匙放筯。有時醉酒罵人，忽爾燒香作禮。手把破砂盆，身披羅錦綺。做模打樣百千般，驀鼻牽來祇是你。嗄。

〇法身非相分第二十六

清淨法身，非屬相貌。

須菩提，於意云何，可以三十二相觀如來不。須菩提言：如是如是，以三十二相觀如來。

王日休曰：如來謂真佛也。第五分已言此意矣。於此再言者，爲續來聽者説故，兼及轉輪聖王之説也。

李文會曰：空生疑謂衆生是有，可化成聖，法身不無，可以妙相而見之也。

川禪師曰：錯。頌曰，泥塑木雕縑彩畫，堆青抹緑更粧金。若言此是如來相，笑殺南無觀世音。

佛言：須菩提，若以三十二相觀如來者，轉輪聖王即是如來。須菩提白佛言：世尊，如我解佛所説義，不應以三十二相觀如來。

六祖曰：世尊大慈，恐須菩提執相之病未除，故作此問。須菩提未知佛意，乃有如是如是之答。早是迷心，更言以三十二相觀如來，又是一重迷心，離真轉遠，故如來爲説，除彼迷心。若以三十二相觀如來者，轉輪聖王即是如來。轉輪聖王雖有三十二相，豈得同於如來。世尊引此言者，以遣須菩提執相之病，令其所悟深徹。須菩提被諭，迷心頓釋，故云如我解佛所説義，不應以三十二相觀如來。須菩提是大阿羅漢，所悟甚深，得方便門，不生迷路，以冀世尊除遣細惑，令後世衆生所見不謬也。

王日休曰：佛又呼須菩提而言，若以三十二相觀如來者，轉輪聖王即是如來，且轉輪聖王是爲四天王，乃管四天下。正五九月照南閻浮提，二六十月照西瞿耶尼，三七十一月照北鬱單越，四八十二月照東弗婆提，常如輪之轉，以照四天下，察人間善惡，故名轉輪聖王。以其福業之多，故色身亦具足三十二相，一如佛，佛故謂若以三十二相爲佛，則轉輪聖王亦當爲佛，是不可以三十二相見佛，故繼云不應以三十二相觀如來也。

李文會曰：轉輪聖王即是如來者，佛以近事質之，令其自解。又云，未達我、人、衆生、壽者四相，即是心有生滅，生滅即是轉輪義。王者，心也。雖脩三十二淨行，生滅之心轉展愈多，終不復契本來清淨真如之理，故云不應以三十二相觀如來也。

川禪師曰：錯。頌曰，有相身中無相身，金香爐下鐵昆侖。頭頭盡是吾家物，何必靈山問世尊。如王秉劍。

爾時，世尊而説偈言：

若以色見我　以音聲求我

是人行邪道　不能見如來

劉虬曰：音聲色相，本自心生，分別之心，皆落邪道。若能見無所見，聞無所聞，知無所知，證無所證，體茲妙理，方見如來。

《虚皇天尊經》章四十四妙行曰，妄爲妙相七十二，頂負九色光，諸大仙人以是覩天尊也。天尊曰，我以非色，汝妄爲色。我以非相，汝妄爲相。若以九色七十二相觀我，即是離無著有，不可與聞無上之義。

《疏鈔》云：佛言，善現，汝不可以眼見我之法身。何故。法身無色相，云何見得。衆生妙性，亦復如是，不可以見之。又言，以音聲求我者，佛之法身，還可耳音而聞，若以耳聞者，亦非法身。如衆生自性還可以耳聞，若以耳聞者，即非佛性。所以佛言，若以見聞我法身者，是人行邪道，不能見如來。如來法身者，非色非聲，無形無狀，不可以心思，不可以識識，在凡不少，至聖不增，看時不見，悟則全彰。

王日休曰：我謂真我，乃性佛也。此如來亦謂真性之佛。若以色見我，以音聲求我，是人行邪道者，謂真性佛無形無相，故不可以形色見，亦不可以音聲求。若以形色見，以音聲求，是人所行者，乃邪道也。真性乃正，故非邪也，形色音聲則爲邪耳，故以形色音聲求佛，則是所行者邪道，豈可以見正覺常住之真性佛哉。故曰不能見如來。如來即所謂真我，即所謂性佛也。

僧若訥曰：言我者，此是法身真常淨我，隨流布而説。若以色見聲求，心遊理外，皆名邪見，不能見法身。肇法師所謂諸相煥目而非形，八音盈耳而非聲。應化非真佛，亦非説法者。法體清淨猶若虚空，無有染礙，不落一切塵境。

陳雄曰：我者，我之性也，法身如來即我性，是視之不見，以色相取不可也，聽之不聞，以音聲求不可也。《華嚴經》云，色身非是佛，音聲亦復然。又云，不了彼真性，是人不見佛。惟内觀返照，即性而修，則如來得之於方寸之間矣。

顏丙曰：轉輪聖王外貌端嚴，具足三十二相，然不明佛性，但享頑福，有時而盡。佛言若以三十二相觀如來者，轉輪聖王即是如來。須菩提後聞佛語，方始稱如我解佛義，不應以三十二相觀如來，所以世尊爲説偈言，若以色見我，以音聲求我。我者，有我相也，不得大自在。欲以形色言音而求見我相者，是人乃行邪道，即非正見。不能見如來者，不能得見此如如之性也。

傅大士頌曰：涅槃含四德，唯我契真常。《楞嚴》四卷：非大涅槃，非常、非樂、非我、非淨。注云：非所證法，涅槃四德是也。涅槃是總，四德是別。齊名八自在，獨我最靈長。《懺法》云：身常覺諸佛涅槃，八自在觸。非色非聲相，心識豈能量。看時不可見，悟理即形彰。

川禪師曰：直饒不作聲求色，見亦未見如來在。且道如何得見，不審不審。頌曰，見色聞聲世本常，一重雪上一重霜。君今要見黃頭老，黃頭老乃釋迦佛也。走入摩耶腹内藏。摩耶夫人，乃釋迦佛母。噫，此語三十年後，擲地金聲在。

○無斷無滅分第二十七

依空又落空，無生斷滅見。

須菩提，汝若作是念，如來不以具足相故得阿耨多羅三藐三菩提。此第一章。須菩提，莫作是念，如來不以具足相故得阿耨多羅三藐三菩提。此第二章。須菩提，汝若作是念，發阿耨多羅三藐三菩提者説諸法斷滅，此第三章。莫作是念。何以故。發阿耨多羅三藐三菩提心者於法不説斷滅相。此第四章。

陳雄曰：此一分經總是四章，原佛之意，初則反其辭而語須菩提曰，汝若作是念，如來以具足相故得阿耨多羅三藐三菩提。次則正其辭而謂之曰，莫作是念，如來不以具足相故得阿耨多羅三藐三菩提。如下文亦然，初則反其辭而語須菩提曰，汝若作是念，發阿耨多羅三藐三菩提心者説諸法斷滅相。次則正其辭而謂之曰，莫作是念，發阿耨多羅三藐三菩提心者於法不説斷滅相。世本第一章多誤作如來不以具足相故。新州印六祖注本，南浦陳氏施本第一章竝無不字，於理爲當。王虚中注本、武夷張公綽施本竝作如來可以具足相故，其理亦通。壽州石本皆有不字，經義尤明。

王日休曰：諸法斷滅者，謂一切法皆斷之滅之，而不用也。相謂凡法之相也。佛經所謂相者，凡有者皆謂之相，故晝明則謂之明相，夜暗則謂之暗相，經所説之法則謂之法相，非佛經所説之法則謂之非法相，所以於此言不用法而斷滅之者，則謂之斷滅相也。且法者，固不可以泥，然亦豈可以斷滅之哉。譬如渡水，既渡之後，固不須舟楫，未渡之前，豈可無舟楫耶。是故既悟之後，不須佛法。未悟之前，不可以無佛法。所以發求無上正等正覺真性之心者，必須依佛法脩行，不可遂斷滅佛法而謂不用法。故云，汝若作是念，發求無上正等正覺真性心者説諸法斷滅相，不可作是念也。何故不可作是念乎，以發求真性心者，必依佛法以脩行，故於法不可斷滅也。

顔丙曰：此一卷經，雖然只説無之一字，佛又恐人執著此無，一向沉空滯寂，棄有著無，反成斷滅相，何異《證道歌》云棄有著空病亦然，還如避溺而投火。故此一分，專戒人不可斷滅。今人或已悟，或未悟，便以無爲極則，誤人不淺。昔張拙秀才參西堂藏禪師，問，山河大地，三世諸佛，是有是無。藏答云，有。拙云，錯。藏云，先輩曾參見什麼人來。拙云，曾見徑山來。某甲問徑山，皆言無。藏云，待先輩得似徑山時，一切皆無即得。大凡未見性人，如何便説一切皆無。所以佛告須菩提，汝莫作是念，如來不以具足相故得阿耨多羅三藐三菩提。汝若果作是念發心，即是説諸法斷滅相。何故。凡發無上正等正覺心，不可説斷滅相。

李文會曰：如來不以具足相故者，佛恐須菩提落斷滅見，是故令離兩邊。然性含萬法，本自具足，應用徧知，一即一切，一切即一，去來自由，無所罣礙。此法上至諸佛，下至含識，本無欠少，是名具足相也。説諸法斷滅，莫作是念者，諸法性空，空即是常，是故不斷不滅。若作念云，無相而有道心者，是斷一切行，滅一切法，此乖中道也。又云，若作有相觀，即是一邊見。若作無相觀，亦是一邊見。若不作有無觀，即是斷滅法。故知真如法性，不是有，不是無，湛然不動，觀與不觀，皆是生滅。故云，莫作是念也。於法不説斷滅相者，見性之人自當窮究此理。若人空心静坐，百無所思，以爲究竟，即著空相，斷滅諸法。

智者禪師頌曰：相相非有相，具足相無憑。法法生妙法，空空體不同。斷滅不斷滅，知覺悟深宗。若無人我念，方知是至公。

鼂太傅曰：諸佛説空法，爲滯於有故。若復著於空，捨鷹還逐兎。故云，大士體空而進德，凡夫説空而退善。當知有爲是無爲之體，無爲是有爲之用也。

川禪師曰：翦不齊兮理還亂，拽起頭來割不斷。頌曰，不知誰解巧安排，捏聚依前又放開。莫謂如來成斷滅，一聲還續一聲來。

○不受不貪分第二十八

不受者，一塵不染，縱有向甚處著。不貪者，心等虚空，欲愛從何處生。

須菩提，若菩薩以滿恒河沙等世界七寶持用布施，若復有人知一切法無我，得成於忍，此菩薩勝前菩薩所得功德。

六祖曰：通達一切法，無能所心，是名爲忍。此人所得福德，勝前七寶之福。

李文會曰：知一切法無我者，一切萬法本來不生，本來無我相，所得功德，即非七寶布施等福所能比也。得成於忍者，既知人法無我，則二執不生，成無生忍，此乃勝前七寶布施菩薩。夫萬法本來無性，皆因自己之所顯發。且如眼對色謂之見，耳對聲謂之聞。見聞是根，色聲是塵，色聲未對之時，我性常見常聞，未曾暫滅。色聲相對之時，我性未曾暫生。此是菩薩了悟真性，活潑潑地，洞然同於太虛，所以不曾生滅。凡夫即被妄心所覆，隨六塵轉，即有生滅，故塵起即心起，塵滅即心滅，不知所起滅心皆是妄念也。若見六塵起滅不生，即是菩提。

川禪師曰：耳聽如聾，口說如啞。頌曰，馬下人因馬上君，有高有下有疎親。一朝馬死人歸去，親者如同陌路人。只是舊時人，改郤舊時行履處。

何以故。須菩提，以諸菩薩不受福德故。

王日休曰：以諸菩薩不受福德故者，謂菩薩濟度衆生無非得福，然菩薩不享世間富貴，但積福於虛空而已，故曰不受福德。積於虛空，愈久而不已，直至於成佛，故成佛之福德如天地廣大。所以佛稱兩足尊者，謂福與慧兩者皆足也。

須菩提白佛言：世尊，云何菩薩不受福德。須菩提，菩薩所作福德不應貪著，是故說不受福德。

王日休曰：菩薩所作福德不應貪著者，謂菩薩本不爲作福德而度衆生，其福德自然隨之，如人行日中，本不爲日影，而日影自然隨之。若爲作福德而度衆生，則是貪著其福德而欲享受也。爲其非貪著而享受，是故說不受福德。其言是故者，蓋爲不貪之故，所以言不受也。

李文會曰：不貪世間福德果報，謂之不受。又云，菩薩所作福德不爲自己，止欲利益一切衆生，此是無所住心，即無貪著，故云不受福德。

智者禪師頌曰：布施有爲相，三生卻被吞。《證道歌》曰：住相布施生天福，猶如仰箭射虚空。勢力盡，箭還墜，招得來生不如意。注云：古德云，人天福報爲三生冤，人罕知之，良由世人因其福力，不明其本，就上增添，以此世福，恣情娛樂，臨命終時，福盡業在，反墮惡道，受種種苦，故云招得來生不如意也。此頌言布施有爲相。三生卻被吞者，其説亦同。三生者，今生、後生、再後生是也。七寶多行慧，那知捨六根。但離諸有欲，旋棄愛情恩。六根乃眼、耳、鼻、舌、身、意，但能離諸有欲，旋即棄捨愛恩之情。若得無貪相，應到法王門。

川禪師曰：裙無腰，袴無口。頌曰，似水如云一夢身，不知此外更何親。箇中不許容他物，分付黄梅路上人。蘄州黄梅縣東，五祖弘忍大師傳法與六祖慧能，故曰分付黄梅路上人也。

○威儀寂靜分第二十九

四威儀中，性靜無染。雲庵曰：威儀者，行住坐卧也。寂靜者，去來不動也。

須菩提，若有人言如來若來若去，若坐若卧，是人不解我所説義。

《疏鈔》云：佛言若有人言如來有來有去，有坐有卧，即不解佛意也。何故。只如衆生妙性，還有來去坐卧否。衆生亦如是，如來亦如是，行住坐卧，四威儀中常住寂滅。若有動者，即云不解所説義也。

何以故。如來者，無所從來，亦無所去，故名如來。

《疏鈔》云：如來者，來而無來，去而不去，住而不住，非動非靜，上合諸佛，下等羣生，一性平等，故號如來。

王日休曰：此分三言如來，皆謂真性佛也。若有人言如來若來若去、若坐若卧，是人不解我所説義者，真佛無相，故不可以若來若去、若坐若卧形容之。若可以形容者，則是有相，故此人不曉解我所説義也。何以故者，佛又自問何故不解我所説義乎。乃自答云，我所謂如來者，謂真佛也，真佛既無形相，又偏虚空世界，豈有去來哉。故云無所從來，亦無所去。其言故名如來者，謂真性自如而無所不可。凡其所現，乃隨衆生業緣而來現，其實則偏虚空世界而未嘗有去來，此所以名之曰如來而已。而其言如來者，亦强爲之名耳，真性不可以形容故也。詳見第二分與此後分。

陳雄曰：如來現千百億化身，演真空無相法，如鏡中像，無生滅義，故人不知其何所從來，亦不知其何所從去。《華嚴經》云，上覺無來處，去亦無所從，清淨妙色身，神力故顯現。《三昧經》云，亦無來相及以去相，不可思議。六祖云，諸法空寂是如來清淨坐。無住云，身心寂滅是如來卧處。然則來去坐卧，又孰得而輕議哉。今有人焉，輒言如來具四威儀，所見謬甚。夫何了得如來所説真空義趣。《圓覺經》著真空之説曰，雲駛音史，疾也。月運，舟行岸移，蓋謂月未嘗運，岸未嘗移，真如體性未嘗作止生滅，皆人謬見耳。

顔丙曰：行住坐卧謂之四威儀，見性能行持人，所謂行住坐卧，常若虚空。若人言如來尚屬來去坐卧，是人不解會所説義理。何故。如來者，如如本性也，本無動静，所以無去無來，故假名如來。昔肅宗皇帝詔國一禪師入内道場，師見帝起身，帝曰，禪師何必見寡人起身。曰，檀越何得以四威儀中見貧道。如此步步行持，謂之寂静。

李文會曰：來無所從，去無所至，來去皆如，其誰來去。又云，無所從來者不生，亦無所去者不滅，不生者謂煩惱不生，不滅者謂覺悟不滅也。又云，知色聲起時，即知從何而來，知色聲滅時，即知從何而去，故色聲香味觸法自有起滅，我心湛然，豈有來去生滅相耶。寂而常照，照而常寂，行住坐卧，四威儀中，無不清淨也。

智者禪師頌曰：如來非動静，言説未形容。斷除人我見，方得達真宗。見相不求相，身空法亦空。往來無所著，去住盡皆通。

川禪師曰：山門頭合掌，佛殿裏燒香。頌曰，衲卷秋雲去復來，幾迴南嶽與天台。寒山拾得相逢笑，且道笑箇什麽，笑道同行步不擡。

○一合理相分第三十

真性遍虚空，强名爲一合。凡夫執成相，菩薩契妙理。

須菩提，若善男子、善女人以三千大千世界，碎爲微塵，於意云何，是微塵衆，寧爲多不。須菩提言：甚多，世尊。何以故。若是微塵衆實有者，佛即不説是微塵衆。所以者何。佛説微塵衆，即非微塵衆，是名微塵衆。世尊，如來所説三千大千世界，即非世界，是名世界。

王日休曰：微塵衆，蓋謂微塵如此之多也。須菩提既答佛言甚多，又白世尊，而自問云何以故者，謂彼微塵衆何故甚多乎。又自答云，若是微塵衆實有者，佛即不説是微塵衆。蓋謂真性爲實有，則不可説，而此微塵衆非實有，故佛説之。是其可説，皆爲虚妄。唯真性爲真實，故不可説。所以佛嘗言不可説、不可取者，蓋謂此也。所以者何，乃須菩提自問云，所以微塵衆若爲實有，佛即不説是微塵衆，何也。又自答云，佛説微塵衆即非微塵衆，是名微塵衆者，謂佛所説爲微塵衆，即非有真實微塵衆，乃虚名爲微塵衆而已。須菩提又白世尊而言，如來所説三千大千世界即非世界，是名世界者，謂世界亦非爲真實，但虚名爲世界而已。詳見十三分解。以佛嘗言之，故此稱如來説也。

李文會曰：微塵者，妄念也。世界者，身之別名也。微塵是因，世界是果，微塵世界者，謂因果也。然自己真性非因非果，能與六道衆生爲因果也，謂自性是因，六道是果。故知微塵起於世界，輪[七]迴由於一念。雖見小善，不可執著，雖逢小惡，必須除去。且衆生於妄念中起貪瞋癡業，妄受三界夢幻之果，如彼微塵積成世界，不知因果元是妄心，自作自受，一念悟來，即無微塵，世界何有，故云即非微塵，是名微塵，即非世界，是名世界。若欲建立世界，一任微塵熾然。若欲除滅世界，覺悟人法俱空，了無一法可得，湛然清淨，不被諸境所轉，皆由於自己也。僧了性曰，此分，佛恐末劫人重重執著因果，不相離捨，故重囑須菩提，人人身中有微細善惡雜念，猶如大千世界微塵之多，此念無非影響虛妄建立，故云非微塵衆。亦因轉卻無明煩惱之心，變作慈悲無礙之智，方入空寂智解，得大安樂，是名微塵衆。

傅大士頌曰：欲證無生忍，要假離貪瞋。人法知無我，逍遥出六塵。

川禪師曰：若不入水，爭見長人。頌曰，一塵纔起翳摩空，碎抹三千數莫窮。野老不能收拾得，任教隨雨又隨風。

何以故。若世界實有者，即是一合相。

王日休曰：何以故者，須菩提自問。何故世界非真實乎？乃自答云，若世界實有者，即是一合相。一合相謂真性也。真性遍虛空世界，又無形相，故一而不可分之以爲二，合而不可析之以爲離，非有相也，强名曰相耳。若以世界爲實有，則是真性耳。蓋真性方爲實有，何則。自無始以來，常存而無變壞，自然而非假合。一切虛幻者，皆非真性之本，豈非實有乎。而世界烏可以比之哉。以世界亦是假合，劫數盡時，亦有變壞，此所以爲虛幻而不可以爲實有，故不可以比真性也。

李文會曰：微塵謂因，世界謂果，若執因果爲實有者，即被相之所縛，故云即是一合相。

金海光如來曰：世界者，如來自說盧舍那佛住持三千大千世界，身上化生菩提之樹，號蓮華藏世界，不說窒礙世界也。一合相者，一切衆生身中佛性與盧舍那法身是一合相也。頌曰，如來自說蓮華藏，負荷三千擐胡貫切，穿也。大千。菩薩了空歸一合，凡夫貪著被魔纏。

如來說一合相，即非一合相，是名一合相。

王日休曰：如來說一合相者，須菩提謂佛嘗說真性爲一合相也。即非一合相者，謂真性如虛空，然非實有物，如一之而不可二，合之而不可離者也。是名一合相者，謂但强名爲一合相而已。凡言即非，皆謂實無也。凡言是名，皆謂虛名也。

李文會曰：但莫執爲實有，亦莫執爲實無。於相離相，故云即非一合相，是名一合相也。

須菩提，一合相者，即是不可說。

王日休曰：佛唯曾說真性爲一合相，故須菩提於此以爲實有。佛乃又呼須菩提而言，一合相者，則是不可說，以真性不可言說，但强名爲一合相耳。

李文會曰：即是不可說者，須是學人自省自悟，於理事上各無罣礙。今凡夫一向貪著事相，不達於理，所以說因果，著因果，說世界，著世界也。

但凡夫之人，貪著其事，

王日休曰：佛謂凡夫之人不知明悟真性，乃貪著真性中所現之事耳。謂色身六根也，凡夫者泥此色身與六根爲我，故沉淪六道，無由脫離，此所以爲凡夫也。《華嚴經》云，離諸和合性，是名無上覺。佛以覺言，外覺離一切有相，內覺離一切空相，於相而離相，於空而離空，得夫真空無相之妙，所以名其爲佛。

六祖曰：一合相者，眼見色愛色，即與色合，耳聞聲愛聲，即與聲合。至於六塵若散，即是真世界。合即是凡夫，散即非凡夫。凡夫之人，於一切法皆合相，若菩薩於一切法皆不合而散。何以故。合即繫縛起生滅，散即解脱，亦不生，亦不滅。若有繫縛生滅者，即是凡夫。所以《經》云，但凡夫之人，貪著其事。

顔丙曰：微塵雖多，未足爲多，世界幻成，終無實義。若説實有微塵，實有世界，即是彼此著相。彼既是相，我又著相，兩相相合，謂一合相。所謂一合相，即是不可説，但凡夫未悟，妄生貪著。

圜悟禪師曰：你但上不見有諸佛，下不見有衆生，外不見有山河大地，内不見有見聞覺知、好惡長短，打成一片，一一拈出，更無異見。

逍遥翁曰：學道之人，但只了悟靈明之心，是謂本源所有〔八〕，念念妄想，皆爲塵垢，勿令染著，久當證知清淨法身也。

傅大士頌曰：界塵何一異，報應亦同然。非因亦非果，誰後復誰先。事中通一合，理則兩俱捐。欲達無生路，應當識本源。

川禪師曰：捏聚放開，兵隨印轉。頌曰，囫圇成兩片，擘破卻團圓。細嚼莫咬碎，方知滋味全。

○知見不生分第三十一

直下打成一片，知見自然不生。

須菩提，若人言佛説我見、人見、衆生見、壽者見，須菩提，於意云何，是人解我所説義不。不也，世尊，是人不解如來所説義。何以故。世尊説我見、人見、衆生見、壽者見，即非我見、人見、衆生見、壽者見，是名我見、人見、衆生見、壽者見。

通王如來解曰：佛言此四句等之相，只見其性，不見其相。疊前三遍再説者，是佛分别棄身見性之義也。頌曰，佛説我見衆生見，爲觀其性不觀身。破相取空歸寂滅，脱除枷鎖出迷津。

王日休曰：我見者，謂其見識以爲實有我也。人見、衆生見、壽者見者，謂其見識以爲實有人，有衆生，有壽者也。此言無此四者之見識，謂真性中皆無此也。以此四見，非爲真實，故云即非我見、人見、衆生見、壽者見，但爲虚名而已。故云是名我見、人見、衆生見、壽者見，謂此見非真性中所有，亦爲虚妄故也。

李文會曰：佛説般若金剛之法，始即令諸學人先除麤重四相，如大乘正宗分中説也。次即令見自性之後，復除微細四相，如究竟無我分中説也。此二分中，即皆顯出理中清淨四相。若於自心無求無得，湛然常住，是清淨我見。

黄蘗禪師曰：百種多知，不如無求最第一也。道人是無事人，實無許多般，心無事亦無。又云，諸學道人若欲得成佛，一切佛法總不用學，但學無求無著。無求即心不生，無著即心不滅。不生不滅，便是佛也。若見自性本自具足，是清淨人見。於自心中本無煩惱可斷，是清淨衆生見。自性無變無異，無生無滅，是清淨壽者見，故云即非我、人、衆生、壽者見，是名我、人、衆生、壽者見也。

須菩提，發阿耨多羅三藐三菩提心者，於一切法應如是知，如是見，如是信解，不生法相。須菩提，所言法相者，如來説即非法相，是名法相。

顔丙曰：如是二字可謂親切。若發無上正等正覺心者，於一切法應當如此知，如此見，如此信解，不必外求法相。然初入道時，不假法相故無入頭處。既見性了，亦當遠離，不必執著。所謂得魚忘却筌，到岸不須船之説。所以末後爲汝剗却云，即非法相，假名法相。

李文會曰：發阿耨多羅三藐三菩提心者，應知一切衆生，皆有佛性。應見一切衆生無漏智慧，本自具足。應信一切衆生靈源真性，無生無滅。若能了悟此意，即是一切智慧，不作有能所心，不存知解相，口説無相法，心悟無相理，常行無相行。故云不生法相，是名法相也。

智者禪師頌曰：非到真如理，棄我入無爲。衆生及壽者，悟見總皆非。若悟菩提道，彼岸更求離。法相與非相，了應如是知。

川禪師曰：飯來開口，睡來合眼。頌曰，千尺絲綸直下垂，一波纔動萬波隨。夜靜水寒魚不食，滿船空載月明歸。

○應化非真分第三十二

應現設化，亦非真實。

須菩提，若有人以滿無量阿僧祇世界七寶，持用布施，若有善男子、善女人發菩提心者，持於此經，乃至四句偈等受持讀誦，爲人演説，其福勝彼。

法常滿如來解曰：緣此經根本以破相爲宗，了空爲義。迷性布施，皆不證真。能識四句涅槃之門，演説法身如如不動，觀有爲法同於夢幻。若作此見，教化衆生，勝彼所用七寶布施之福也。頌曰，此經破相依空寂，勸持四句最爲尊。佛斷有爲六種錯，齊心歸信涅槃門。

王日休曰：無量，在西土亦爲數名。梵語阿僧祇，此云無央數，亦爲數名。此二者之爲數，但積數至多，然後至此。此言無量無央數者，謂無量之無央數，蓋自一無央數至十無央數，以至百千萬億無央數，然後積而至於無量無央數也。由是言之，則所謂無量阿僧祇世界者，不止如恒河沙數世界。而已發菩提心者，謂發廣大濟度衆生之心也。是以前言恒河沙等世界七寶，此則言無量阿僧祇世界七寶，是尚以彼爲少，而此則極言其多者也。以是布施，尚不及受持演説此經得福爲多者，以彼則世間福，終有時而盡，況因受福而又作惡乎，此則出世間之福，故其福則無時而盡，第有增長，終無受福作惡之理。此所以勝於彼無量無數也。

李文會曰：發菩提心者，謂大乘最〔九〕上乘種性人也。老子云，不見可欲，使心不亂。此小乘之力。若見可欲而心亦不亂，此大乘之力也。疎山如禪師云，一波纔動萬波隨，汩没塵寰幾箇知。突兀須彌横宇宙，縱横妙用更由誰。持於此經四句偈等受持讀誦者，七寶有竭，四句無窮，悟達本心，了無所得。持於此經，其福勝前七寶布施之功德也。

云何爲人演説，

李文會曰：云何爲人演説者，四大色身不解説法聽法，是你面前孤明歷歷，通徹十方底解説解聽。莫要記他語言，縱饒説得天華亂墜，其心不會增。便總不説，其心不曾減。求著轉遠，學著轉疎，惟在默契，悟者自知也。

川禪師曰：要説有甚難，只今便請諦聽諦聽。頌曰，行住坐臥，是非人我。忽喜忽瞋，不離這箇。這箇劈面唾。平生肝膽一時傾，四句妙門都説破。説時縱有萬千言，悟來一似閒雲過。

不取於相，如如不動。

王日休曰：佛自問云〔一〇〕，如何爲人演説。乃自答云，不取於相，如如不動耳。如如不動者，如者自如之謂，如如則自如之甚也。真性中，欲現而爲天人，則爲天人。欲現而爲異類，則爲異類。譬如鏡中現影，無所不可，是自如之甚也。而徧虛空世界，常住而未嘗動，故曰不動。佛鑑和尚示衆，舉僧問法眼，不取於相，如如不動，如何不取於相，見於不動去。法眼云，日出東方夜落西。其僧有省。若也於此見得，方知道旋風偃嶽，本來常靜，江河競注，元自不流。如或未然，不免更爲饒舌。天左旋，地右轉，古往今來經幾徧。金烏飛，玉兎走，纔方出海門，又落青山後。江河波渺渺，淮濟浪悠悠，直入滄溟晝夜流。遂高聲云，諸禪德，還見如如不動麽。

李文會曰：此謂悟達無心無相可取之人，若是有心不取於相，却是取相。心本是空，相亦是空，人法俱空，有何可取也。

真淨文禪師曰：但無一切心，自然合天[二]道。應用在臨時，莫言妙不妙。如如不動者，學人若謂我知也，學得也，契悟也，解脱也，似此見解，皆是有動心，即是有生滅。若無此心，即一切法皆攝不動，不動即内外皆如，故云如如不動也。

川禪師曰：末後一句，始到牢關，直得三世諸佛，兩目相觀，六代祖師退身有分，可謂是江河徹凍，水泄不通，極目[三]荊榛，難爲措足。到這裏，添一絲毫，如眼中著刺，減一絲毫，似肉上割瘡。非爲坐斷要津，蓋爲識法者恐。雖然恁麽，佛法只如此，便見陸地平沉，豈有燈燈續焰。川上座今日不免向猛虎口中奪食，獰龍頷下爭珠，豁開先聖妙門，後學進身有路，放開一線，又且何妨。語則全彰法體，默則獨露真常，動則隻鶴片雲，靜則安山列嶽，舉一步如象王迴顧，退一步若獅子嚬呻。法王法令當行，便能於法自在。秖如末後一句又作麽生道，還委悉麽。雲在嶺頭閒不徹，水流澗下太忙生。頌曰，得優遊處且優遊，雲自高飛水自流。秖見黑風翻大浪，未聞沉却釣魚舟。

何以故。

一切有爲法　如夢幻泡影
如露亦如電　應作如是觀

王日休曰：何以故者，佛自問何故爲人演説，不取於相，如如不動也。佛乃自答云，一切有爲法，如夢幻泡影，如露亦如電，應作如是觀者，謂有爲法則有相而動，故如此六者，真性則無相而不動，故異於六者也。所謂法者，謂凡有所爲者皆是也。上自天地造化，下至人之所爲，皆有爲法也。然此稱六如以設教化，則止謂人事耳。佛以無形相而無所爲者爲真性，故以有形相而一切有爲者爲僞妄。其言如夢者，謂當時認以爲有，覺則悟其爲無也。如幻者，謂有爲法非真實，如幻人以草木化作車馬倉庫之類也。如泡者，謂外像雖有，其中實無。如影者，謂光射則有，光滅則無也。如露者，謂不牢也。如電者，謂不久也。此有爲法，應如是以觀看，則悟其爲空，乃知真性，方爲真實，不可以不明悟也。經多言四句偈者，以前四句則言真佛之無形相，此則言有爲法之不爲真實，此不問其是偈非偈，若於二者之中一有所悟，則非淺淺矣。佛所以言四句偈等者，謂不必專於偈，凡可以演説者皆是，况此爲言之要者乎。

僧若訥曰：言一切有爲法者，謂衆生界内遷流造作，皆是虚妄，終有敗壞，如夢幻等，畢竟不實。當作如是觀，豈爲生死流動耶。陳雄曰：佛所謂一切法者，真空無相法也。故一切賢聖皆以無爲法，曰有爲法則夢、幻、泡、影、露、電之如，不其妄乎。惟了真空無相者，能作是觀，以悟六如之妄，則必離六如，以證如如不動之理。優波離尊者語阿難曰，諸有爲法竝是無常，想夫觀六如而得是句。

顔丙曰：四句偈者，乃此經之眼目，雖經八百手註解，未聞有指示下落處。人多不悟自己分上四句，却區區向紙上尋覓，縱饒尋得，亦只是死句，非活句也。活句者，直下便是。然雖如此也，須親見始得。佛眼云，千説萬説，不如親見一面。縱不説，亦自分明。要須返己自參，切不可騎牛覓牛也。若人將七寶無量布施，不如發菩提心受持自己四句，爲人開演解説，使一切衆生皆得見性成佛，其福勝彼。云何爲人演説，不取著於相，如如不動，湛若太虚。何以故。蓋世間一切有爲之法，如夢寐之非真，如燈幻之眩惑，如水泡之暫時，如人影之易滅，如朝露之易消，如閃電之倏忽。應作如是觀者，應立如此見性之法。

僧微師曰：如夢幻泡影，如露亦如電。行人了萬法如夜夢，睡時似有，覺了全無。萬法迷時似有，悟得全無，故觀如夢。《淨名》云，是身如夢，爲虚妄見。幻者幻術也，剪紙作兔，結[三]草成馬，本無實體。萬法緣生妄有，本無自體，故如幻。《淨名》云，是身如幻，從顛倒起。泡者，風擊水成泡，豈能久住。觀萬物，似浮漚不實。《淨名》云，是身如泡，不得久立。影者，水中月影，光射物影，全體虚假亦然，故如影。《淨名》云，是身如影，從業緣現。露者，晨朝溼露也，暫有即無，觀萬法亦然。電者，閃電也，忽有忽無，念念無常，觀萬法亦如電光，刹那生滅，故如電。《淨名》云，是身如電，念念不住。《維摩詰經注》云：維摩詰，秦言淨名。

李文會曰：一切有爲法者，生老病死，貧富貴賤，士農工商，赤白青黄，馨香臭穢，有無虚實，深淺高低，皆是妄心起滅有爲之法也。如夢幻泡影，如露亦如電者，一切有爲之法，即是世間萬事皆如夢幻泡影，不得久長。夢者，妄想也。幻者，幻化也。泡者，如水上之泡，易生易滅也。影者，如身之影，無所捉撮也。露者，霧露之露，不得久停也。電者，雷電之電，頃刻之光也。六如之義盡於此。

傅大士頌曰：如星翳燈幻，皆爲喻無常。王曰：如星者，謂暗時則現，明時則無，喻衆生愚暗，故有此有爲法，若明悟則無也。如翳者，謂衆生自有光明於内，乃爲有爲法所蔽，如眵翳障目之光明也。如燈者，謂暗時則用，明時則不用，喻衆生愚暗，故用有爲法，明悟則不用也。幻註在前。漏識修因果，誰言得久常。危脆同泡露，如雲影電光。王曰：如雲影者，謂聚散不常也。電注在前。饒經八萬劫，終是落空亡。《楞嚴經》云：有十種仙，皆於人中煉心，不修正覺，别得生理，壽千萬歲，妄想流轉，不修三昧，報盡還來，散入諸趣。學者觀此十仙之始末，則傳頌所謂饒經八萬劫，終是落空亡者，亦可嘿喻矣。應作如是觀者，有爲無爲皆由自己，心常空寂，湛然清淨，無纖毫停留罣礙，自然無心，如如不動。應作如是觀也。僧問雲門大師云，如何是佛。門云，乾屎橛。太平古禪師爲作頌曰，我佛如來乾屎橛，隨機平等徧塵寰。迷頭認影區區者，目對慈顔似等閒。

蟾首座問洞山云：佛真法身，猶若虚空，應物現形，如水中月，作麽生是應底道理。洞云，如驢覷井。蟾云，恁麽則正是迷頭認影。洞云，首座又作麽生。蟾云，何不道如井覷驢也。還會麽。若教有意千般境，纔覺無心萬事休。

川禪師曰：行船盡在把梢〔一四〕人。頌曰，水中捉月，鏡裏尋頭。刻舟求劍，騎牛覓牛。空華陽燄，夢幻浮漚。一筆勾斷，要休便休。巴歌社酒村田樂，不風流處也風流。

佛説是經已，長老須菩提，及諸比丘、比丘尼、優婆塞、優婆夷，一切世間天、人、阿脩羅，聞佛所説，皆大歡喜，信受奉行。

顔丙曰：僧謂之比丘，師姑謂之比丘尼，居士謂之優婆塞，道姑謂之優婆夷。一切世間之人，及天上之人、阿脩羅神，乃六道中之三道也，聞佛所説此經，皆生大歡喜心，信而承受，尊奉行持佛教。

李文會曰：夫至理無言，真空無相，謂都寂默也。但不著言説，不著知解，即是無言無相。《金剛經》之旨趣，本謂此也，是以旋立旋破，止要諸人乃至無有少法可得，即不被一切諸境所惑。若得心地休歇，即謂之清淨心。亦謂之本來心，亦謂之到彼岸，亦謂之涅槃，亦謂之解脱，其實一也。四祖問三祖云，如何是諸佛心。祖云，汝今是什麼心。四祖云，我今無心。三祖云，汝既無心，諸佛豈有耶。即於言下省悟。此是學人標致。《法華經》云，資生業等，皆順正法。

張無盡曰：傅大士、龐居士，豈無妻子哉。若也身處塵勞，心常清淨，便能轉識爲智，猶如握土成金，一切煩惱皆是菩提，一切世法皆是佛法。若能如是，即爲在家菩薩，了事凡夫，豈不韙歟。上根之人，一聞千悟，得大總持，又何假如許開示耶。

逍遥翁曰：人天路上，作福爲先，生死海中，脩道爲急。若欲快樂人天而不植福，出離生死而不明道，是猶鳥無翼而欲飛，木無根而欲茂，奚可得哉。又云，夫英雄之士，圖王不成，猶得爲霸，馳騁之人，逐鹿不成，尚能得兔。學大乘者，設使未成，猶勝人天之福。

古德頌曰：歷劫相隨心作身，幾迴出没幾因循。此身不向今生度，更向何時度此身。幸冀勉旃，莫教當面蹉過。

川禪師曰：三十年後，莫教忘卻老僧，不知誰是知恩者。呵呵，將謂無人[一五]。頌曰，飢得食，渴得漿。病得差，熱得涼。貧人遇寶，嬰子見娘。飄舟到岸，孤客還鄉。旱逢甘澤，國有忠良。四夷拱手，八表來降。頭頭總是，物物全彰。古今凡聖，地獄天堂。東西南北，不用思量。刹塵沙界諸羣品，盡入金剛大道場。

金剛般若波羅蜜經

金剛經注解卷之四終

校勘記

〔一〕「以」，底本脱，據甲、乙本補。

〔二〕「歡」，底本作「權」，據甲本改。

〔三〕「一」，底本作「二」，據甲、乙本改。

〔四〕「秦」，底本作「泰」，據甲、乙本改。

〔五〕「嘗」，底本作「當」，據甲、乙本改。

〔六〕「年」，底本作「念」，據甲、乙本改。

〔七〕「輪」，底本作「論」，據甲、乙本改。

〔八〕「有」，底本脱，據甲、乙本補。

〔九〕「最」，底本作「景」，據甲、乙本改。

〔一〇〕「佛自問云」，底本脱，據甲本補。

〔一一〕「天」，底本原校疑爲「大」。

〔一二〕「目」，底本作「自」，據甲、乙本改。

〔一三〕「兔，結」，底本作「爲給」，據乙本改。

〔一四〕「梢」，底本作「稍」，據甲、乙本改。

〔一五〕「人」，底本作「大」，據甲、乙本改。

金剛經道場後儀

般若無盡藏真言

納謨同南無薄伽音茄伐帝一鉢喇若二波羅蜜多曳音裔三怛當伐切姪他四唵五紇痕入聲唎地唎室唎六戍嚕知七三密栗知八佛社曳九莎訶十

金剛心真言

唵一烏倫尼二娑婆訶三

補闕真言

南謨喝囉音倈怛那音儺哆囉夜耶一佉恰平聲囉佉囉二俱住俱住三摩囉摩囉四虎囉吽呼烘五賀賀六蘇怛拏女加切吽七潑抹音末拏八娑婆訶九〔一〕

普回向真言

唵一娑摩囉二娑摩囉三彌摩曩四薩哈呼馬切囉五摩訶咱爻上聲哈囉吽六

收經偈

三途永息常離苦　六趣休隨汨没因

河沙含識悟真如　萬類有情登彼岸

誦經讚

斷疑生信，絶相超宗，頓忘人法解真空，般若味重重。四句融通，福德歎無窮。

普禮

南無祇園會上佛菩薩三稱。

金剛經道場後儀終

校勘記

〔一〕「九」，乙本後有「圓滿真言唵呼嚕呼嚕社野穆契莎訶」。

金剛經會解跋

大藏諸經，凡佛口所宣，無不甚深微妙。獨《金剛》一卷，指明虚妄，推極根源，爲衆生解粘釋縛之捷徑，故受持者衆，而其靈感亦最著。然世所流通但多本文，諸家之注未能全備。兹編所輯，特爲精要，三十年前鐫於東城，顧氏澤菴印布，旋復滯閣。今幸版仍完好，歸於進思汪君。君發心印施，兼冀同志協贊流傳，使讀誦者一啓卷而逮其玄津，悟其微旨，即六度而該萬行，空四相而證菩提，本性中一段靈光積劫不壞，堅利如金，庶無負我佛捄世慈悲，而印施者之功德行願，亦與俱無窮矣。適胤文戴居士以一帙示我，爲欣喜讚歎，合十頂禮而敬識之。

康熙癸丑夏六月朔念齋繆彤。

重刻金剛經跋

《般若經》六百卷，《金剛經》特其中之一卷耳，而性宗密諦包括無餘，大要以無住生心爲歸著。蓋無住則空諸所有，生心則不落頑空。何以入門。因六如以無四相，得成於忍，如如不動，已登彼岸矣。二分云，發阿耨多羅三藐三菩提心，應如是住，如是降伏其心。發處即是降處，亦即是住處。所謂當下便是，轉念即乖是也。注者不下六七百家，求其曉暢精核，迄無善本。吾友黄君妙嚴，酷躭竺典，究心淨土，宦遊南越垂十餘年，所歷多惠政。公餘猶訪緇素，參研所得。今年秋，余浪遊庾嶺，寓妙嚴署齋，談次示余一編，得之淮陰程君秋泉，乃前明永樂朝命諸臣彙考輯訂，較諸本最精，敷坐莊誦，歎爲觀止。妙嚴慮舊板漫漶，無以廣其傳也，即付之剞劂，匝月工竣。《經》云，修淨土人能讀大乘經者，定應上品上生，吾知般若種子此於身中妙嚴之超詣深矣。

乾隆四十一年歲次丙申九月既望之七日杭人陶學椿拜書。

十七家解註金剛經姓號目録

五十三如來

晉康樂侯謝靈運

後秦解空僧肇

武當山居士劉虯

一註本不顯名

梁朝傅大士頌

智者頌

李唐六祖慧能

李唐疏鈔僧宗密作序

皇宋富沙僧子榮

龍舒居士王日休

冶父僧道川頌

上竺僧若訥

致政陳雄

如如居士顔丙

雲庵僧了性

茨庵僧微師

男承議郎知廣州淳安縣事楊宗元校正

蠡峯逸民潘舜龍同編

中大夫浦城縣開國男食邑三百户賜紫金魚袋

致仕楊圭編

（徐蘇銘整理）